Arnd Beise · Charlotte Corday

MARBURGER STUDIEN ZUR LITERATUR

herausgegeben
von
Burghard Dedner und Wilhelm Solms

Band 5

Arnd Beise

Charlotte Corday

Karriere einer Attentäterin

HITZEROTH

Abbildung Umschlagvorderseite: Alfred Hrdlicka, Der Tod des Marat, 1986/87

Die Deutsche Bibliothek – CIP-Einheitsaufnahme

Beise, Arnd
Charlotte Corday – Karriere einer Attentäterin / Arnd Beise.–
Marburg : Hitzeroth, 1992
(Marburger Studien zur Literatur ; Bd. 5)
ISBN 3-89398-099-7
NE: GT

Umschlaggestaltung: Gerhard Exel
Herstellung: Joh. Aug. Koch, Marburg
Printed in Germany
ISBN 3-89398-099-7

Inhalt

»Der patriotische Tod« des Jean Paul Marat[1] und sein literarisches Nachleben. Aufriß der Problemstellung

Das Attentat und seine unmittelbaren Folgen

> Marat a été assassiné à huit heures du soir par une femme, qui, depuis plusieurs jours, allait chez lui pour en obtenir, diton, la grâce des citoyens d'Orléans. Il était alors au bain, et l'assassin lui a plongé un poignard dans le sein: il en est expiré sur-le-champ. La femme n'a pas cherché à prendre la fuite, elle est restée paisiblement dans sa voiture, en attendant qu'on la capturât: 'Je m'en f..., s'est-elle écriée: le coup est fait; le monstre est mort.' Cet événement a fait ici une vive sensation, et l'on craint qu'il n'ait des suites désastreuses.

So berichtet am Tag nach der Ermordung des vielleicht nicht berühmtesten, so doch berüchtigsten Jakobiners *L'Observateur de l'Europe*.[2] Aber schon diese Nachricht stimmt nicht mehr mit dem wahren Tathergang überein; natürlich setzte sich die Mörderin, Marie-Anne Charlotte Corday, nicht wieder in ihren Fiaker und wartete ruhig auf ihre Arrestation. Im Gegenteil: Durch das Rufen des Sterbenden alarmiert eilten Freunde und Nachbarn herbei, schlugen die Mörderin - die nach eigenen Angaben durchaus an Flucht dachte - nieder, bewachten sie bis zum Eintreffen der Polizei, kümmerten sich um den tödlich Verwundeten, der erst nach einigen Minuten unter den Händen eines zu Hilfe geeilten Arztes verschied (auf seinem Fauteuil übrigens und nicht etwa in der Badewanne, aus der man ihn herausgehoben hatte).[3]

Kaum acht Stunden nach dem Mordanschlag setzt also schon im Zeitungsbericht die Literarisierung des ungeheuerlichen Ereignisses ein; daß die Täterin selbst ihr Attentat gewissermaßen ästhetisiert hatte, bot die günstige Voraussetzung. »Ihre Geistesgegenwart und Standhaftigkeit bis zum letzten Augenblick«, ihre heiteren und ruhigen »Mienen«, die man bis dato »schwerlich jemals bey einer weiblichen Person gesehen« hatte, ihre »Ruhe und Unbefangenheit«, ihre »Schönheit und Geistesgröße«, die »von fast allen bewundert« wurden[4], überlagerten alsbald die Wirklichkeit. Das ästhetische Moment der Selbstinszenierung der Charlotte Corday[5], die lakonische Kühle ihrer ostentativ zur Schau getragenen impassibilité faszinierte die Zeitgenossen und fasziniert noch heute. Sogar die Jakobiner des Comité de Sûreté générale waren von dieser »femme extraordinaire«, deren Ausstrahlung sie zu Recht fürchteten, außerordentlich beeindruckt.[6]

Wenn sich das ästhetische Element gegenüber den historischen Ereignissen jedoch verselbständigt, kommt es zu Gestaltungen, für die ich hier stellvertretend bloß Pierre Drieu la Rochelles Cordaydrama (1941) erwähnen will. In diesem Stück identifiziert der Autor Charlotte Corday und Saint-Just gleichermaßen als Inkorporationen einer faschistischen Jugendbewegung.[7] Weil sie sich so ähnlich sind, versprechen sie sich während ihrer langen Unterredung im Gefängnis sogar symbolisch die Ehe.[8] Corday und Saint-Just gleichen sich in diesem Stück, weil sie beide extrem sind: das aber heißt letztlich, die Form hat sich endgültig von ihrem Inhalt befreit. Nicht die Ideen oder Programme, für die sie stehen, sind entscheidend, sondern bloß daß sie beide radikal und gewalttätig sind, macht sie zu verehrungswürdigen Personen. Charlotte Corday wird damit zu einer Säulenheiligen des Sorel'schen »Mythos der Gewalt«. Als solche wird Corday auch von italienischen Faschisten (zum Beispiel Enrico Corradini 1908) gefeiert[9], während der deutsche Nationalsozialismus, dem es darum geht, »mit den 'Errungenschaften' der Französischen Revolution gründlich aufzuräumen«[10], Corday beschweigt.

Da über die längste Zeit des nur fünfundzwanzigjährigen Lebens Cordays, trotz der unglaublichen Anstrengungen französischer Gelehrter des neunzehnten Jahrhunderts[11], kaum sichere Kenntnisse vorhanden sind, fühlt sich die schöne Literatur umsomehr berufen, das hinter der genannten impassibilité vermutete Geheimnis der faszinierenden Mörderin zu lüften. Das fängt mit Flugschriften, die Titel tragen wie *Détails de l'assassinat commis hier à 8 heures du soir, sur la personne de Marat, député à la Convention Nationale, par Charlotte Cordier [sic], de Caën*[12] an und hört mit biografisch-psychologischen Romanen wie dem von Sibylle Knauss (1988) nicht auf. »Die Rätsel zu lösen, welche Charlotte Corday umdrängen«[13], haben sich »die Geschichtsschreibung, die Poesie und die Kunst [...] vereinigt«, wie der erste und bisher einzige wissenschaftlich arbeitende deutsche Biograph bemerkt[14], jedoch: der Geschichtsschreibung kommt dabei nur der kleinste Teil zu - umsomehr als in der Historiographie der französischen Romantik Belletristik und Wissenschaft ein unauflösbares Amalgam gebildet haben.

Lamartines *Histoire des Girondins* (1847) ist zwar ein großartiger, aber eben doch ein Roman. In gewisser Weise gilt dies auch für das gleichzeitig entstandene Werk von Jules Michelet, jedenfalls wenn es um die Frauen geht.[15] All das aber stellt im Zusammenhang dieser Studie keine Behinderung dar; denn nicht das historische Ereignis ist es, was den Literaturwissenschaftler interessiert, sondern es sind die Spuren, die es im kollektiven Gedächtnis »Literatur« hinterlassen hat - um das zu übernehmen, was Georges Duby für die Geschichtswissenschaft im engeren Sinn formulierte.[16]

Da sich das Leben der Charlotte Corday gewissermaßen in einem einzigen Punkt konzentriert, fast in einer Tat erschöpft, beginnt das »Geschichten-Erzählen« schon am 14. Juli 1793, eben nicht unwesentlich gefördert dadurch, daß das Attentat von der Mörderin schon wie ins Leben übersetzte Poesie angelegt ist. Und: ihr Opfer war nicht irgendein Mensch, noch nicht einmal ein Politiker wie viele andere, er selbst war schon Symbol. Marat verkörperte im Juli 1793 die Revolution.

Hippolyte Taine, einer der brillantesten Köpfe der französischen Reaktion um 1880, diagnostiziert bei Marat zwar einen klinischen Wahnsinn, aber er muß sich doch vor der historischen Größe des Revolutionärs verbeugen; er kann es auch, indem er die Epoche, die Marat verkörpert, für ebenso wahnsinnig erklärt:

> Das größte Ungeheuer ist Marat. Sein Geisteszustand grenzt an Wahnsinn; sein Wesen zeigt die Hauptzüge des Wahnsinns: die wütende Überspanntheit, die unablässige Überreiztheit, die fiebrische Tätigkeit, die unversiegbare Schreibseligkeit, die Unwillkürlichkeit des Denkens und den Starrkrampf des Willens unter dem Zwang und dem Druck einer fixen Idee. [...] Marat hat sich von Anfang bis zum Ende streng im Fahrwasser der Revolution gehalten und ist vor lauter Verblendung klarsehend gewesen, und zwar dank seiner Narrenlogik, dank der Übereinstimmung seiner eigenen Krankheit mit der öffentlichen Krankheit seiner Zeit, dank dem Umstand, daß seine Raserei die einzige vollkommen entwickelte unter so vielen unvollkommen und langsam ausbrechenden Rasereien war. Er allein blieb unbewegt, triumphierend und ohne Gewissensbisse, und er allein erklomm mit einem Sprung den steilen First, den seine Nebenbuhler entweder gar nicht zu erklettern wagten oder doch nur langsam hinauf tappten.[17]

Charlotte Corday beschloß, diese zum Symbol gewordene Person durch einen Gewaltstreich zu beseitigen, und hoffte, durch das damit erregte öffentliche Aufsehen die Franzosen aus ihrer politischen Umnachtung aufzuschrecken und zum Aufstand gegen die plebejisch-jakobinische Diktatur zu bewegen. Sie war sich darüber vollkommen im klaren, daß ihre Tat unter Umständen zugleich ihren Tod bedeuten konnte, glaubte aber dieses Opfer für die Freiheit ihres Vaterlandes notfalls bringen zu müssen. In ihrer »Adresse an die Franzosen«, einem Papier, das man als ihr politisches Testament oder Rechtfertigung der Bluttat vor der Geschichte bezeichnen könnte, schreibt sie:

> [...] Machenschaften und Parteiungen brechen überall aus; der Berg triumphiert durch Verbrechen und Gewalttat; ein paar Ungeheuer, die sich an Eurem Blut vollgetrunken haben, leiten seine abscheulichen Komplotte und führen uns auf tausend verschiedenen Wegen zum Abgrund. [...] Franzosen! Ihr kennt Eure Feinde, erhebt Euch! Vorwärts marsch! Der Berg werde vernichtet, auf daß es nur noch Brüder und Freunde gebe! [...] O mein Vaterland! Dein Unglück zerreißt mir das Herz, ich kann dir nichts bieten als mein Leben, und ich danke dem Himmel, daß ich die Freiheit habe, darüber zu verfügen; [...] ich will, daß mein letzter Hauch meinen Mitbürgern nützlich sei, daß mein Haupt, wenn es in Paris herumgetragen wird, ein Signal für alle Gesetzesfreunde sei und daß der wankende Berg seinen Untergang in der Schrift meines Blutes lese [...].[18]

Tatsächlich hat der Mord Cordays erhebliche Wirkungen - nur ganz andere als sich die Täterin vorstellte. In Frankreich herrschte insbesondere beim Volk, das seine Schildwacht verloren hatte, Bestürzung. Marat wurde nicht nur »Freund des Volks« genannt, er *war* der »Ami du peuple« wie seine im wesentlichen von ihm allein geschriebene Zeitung anfangs hieß, und in der er dezidiert sansculottische Ansichten vertrat. Der 1914 ermordete französische Sozialist und Pazifist Jean Jaurès hält noch hundert Jahre später Marats Tod für eines der größten Unglücke der Revolution, denn: »Peut-être s'il avait pu vivre un an encore, aurait-il empêché les funestes déduirements.«[19]

Marats Tod bewirkt in Frankreich grob gesagt zweierlei: zum einen ist er Ausgangspunkt neuer revolutionärer Kultformen (ich komme darauf zurück), festigt also emotionale Bindungen an die Revolution; zum andern aber beschleunigt er politisch die Errichtung der Terreur, der sogenannten Schreckensherrschaft, weil vielen Abgeordneten und politisch exponierten Persönlichkeiten mit einem Mal bewußt wird, welcher Gefahr nicht nur die Revolution abstrakt, sondern sogar konkret ihre Personen ausgesetzt sind. Viele geraten in Panik, da sie fürchten, möglicherweise das nächste Opfer zu sein.[20] Ein zeitgenössisches Flugblatt warnt:

> Danton, Robespierre, Barére, Thuriot, Hérault-Séchelles und alle anderen wahren Montagnarden, paßt auf Euch auf! Möglicherweise sind die Dolche, die Euch treffen sollen, schon geschliffen und die Mörder schon ausgewählt. Die Paralytiker, die noch mit Euch im Konvent sitzen, haben den Eid geleistet, ihre verhafteten und unter Anklage gestellten Komplizen zu rächen. Gestern haben sie ihren Schwur an Marat in die Tat umgesetzt; morgen wird ein andrer das Opfer sein.[21]

Mithin ist der vorderhand wichtigste Effekt der Mordtat, daß sich Marats berechtigte Paranoia vor den Nachstellungen der Konterrevolution verallgemeinerte. Tatsächlich gibt es z. B. im Prairial des Jahres III (22. und 23. Mai 1794) Anschläge auf Robespierre und Collot d'Herbois. Der zweite Anschlag, unternommen von der zwanzigjährigen Cécile Renault, »Tochter eines sehr royalistischen Papierhändlers«[22], die mit zwei kleinen Messern Robespierre töten wollte, sei von Charlotte Corday inspiriert gewesen, behauptet Reck-Malleczewen;[23] ihr Attentat wäre »übrigens in jedem Falle sehr kindisch gewesen«, stellt Kropotkin kopfschüttelnd fest[24], und in der Tat berührt es merkwürdig, wenn wir erfahren, daß Cécile Renault bei ihrer Festnahme »äußerst kaltblütig [erklärte], sie habe alle Wäsche bei sich, die sie für die Gefängnishaft brauche, bevor sie guillotiniert werde.«[25] Im übrigen hatten diese Attentatsversuche keinen anderen Erfolg, als die Durchsetzung des Prairial-Gesetzes über den großen Schrekken, *La Grande Terreur*, zu beschleunigen.[26]

Politisch verhärtete der Tod Marats die Fronten, denn der »Mann, der das *Verbündnis* von Jakobinern und Sansculotten in seiner Person gleichsam versinnbildlicht hatte«[27], lebte nicht mehr. Während Hébertisten und Enragés um das literarische Erbe Marats stritten, rüstete sich der Jakobinerkonvent zur Ausschaltung der extremen Linken, der eigentlichen Volksbewegung; denn ohne die nun fehlende Integrationsfigur schien die

Gefahr, die von den Enragés und ihren Verbündeten ausging, zu groß. Nur ein Marat hätte sie bändigen können, davon war man überzeugt. Levasseur beschreibt in seinen Erinnerungen die Funktion Marats so:

> Niemals hatte Marat den geringsten Einfluß im Konvent... Seine Narreteien waren ungefährlich, aber sie waren zugleich so etwas wie ein demokratisches 'Maximum', das nicht mehr überboten werden konnte... So war Marat eine Art Schutzschild gegen die Popularität der eigennützigen Demagogen im Solde des Auslands.[28]

Noch deutlicher und zugleich zynischer[29] bestimmte Camille Desmoulins dieses »demokratische Maximum«:

> Zum Glück haben wir Marat, der wegen seines unterirdischen Lebens und seines unermüdlichen Arbeitens als das Maximum an Patriotismus betrachtet wird, und dieser Besitzstand ist so verbrieft, daß das Volk immer glauben wird, daß alles, was über Marats Vorschläge hinausgeht, nur Raserei und Extravaganz sein kann.[30]

Nach Marats Tod kommt es erst zu der als Schreckensherrschaft bezeichneten Phase, in der die Jakobiner sich zunächst (vergeblich) bemühen, die Einheit der Bewegung unter ihrer Führung zu erhalten[31], dann aber die eigentliche Volksbewegung ausschalten, um sich endlich selbst zu paralysieren. Daß der Mord an Marat von einer Frau verübt wurde, diente den Jakobinern auch als Vorwand, gegen die Socété des Républicaines révolutionnaire unter Claire Lacombe, den letzten 1793 noch existierenden Klub von Revolutionärinnen und »gleichsam die Frauenabteilung der [...] Enragés«[32], vorzugehen: die politische Ausschaltung der Frauen und der Sansculotterie waren Ende 1793 eins. Damit erst nahm die Schreckensherrschaft ihren Lauf. Zwar sagt das Zählen von Köpfen in der Regel fast nichts, doch in diesem Fall mögen zwei Zahlen dies verdeutlichen: Von der Einsetzung des ersten Revolutionsgerichts am 17. August 1792 bis zu Marats Tod im Juli 1793 waren in Paris nur 64 Personen als Verschwörer gegen die Revolution verurteilt worden. In der ebenso langen Zeit vom Tod Marats bis zum Sturz Robespierres im Juli 1794 starben 2572 Menschen auf dem Schafott;[33] in diesem Sinn - daß mit Marat den Jakobinern die Integrationsfigur nach links fehlte und daß die Phase der *terreur* erst nach Marats Tod begann - ist auch die Äußerung Jaurés' zu verstehen, mit einem lebenden Marat wäre Frankreich viel erspart geblieben.

Wie sieht es mit den hier aber vor allem interessierenden Folgen des Mordanschlags in der Kunst aus? Marat war schon vor seinem Tod ein Held der Revolution, eine Symbolfigur der Jakobinerrepublik.[34] Dies war sogar der Grund für seinen Tod. Umso mehr aber wurde er, nachdem er ermordet war, zu einem Objekt revolutionärer Heldenverehrung. Es entwickelte sich ein höchst populärer Kult um die Märtyrer der Freiheit, insbesondere um Marat.[35] Zwischen September und November werden in Paris ungefähr 50 Marat-Feiern veranstaltet, zum Teil werden Elemente der alten volksreligiösen Tradition umgeschmolzen, so daß man von sansculottischen Bürgerinnen Litaneien über das Herz Marats hört: »Oh Herz Jesu, Herz Marat, heilig Herz Marat«.[36] Fournel etwa zitiert ein »Glaubensbekenntnis«, das Marat in der Funktion des geoffenbarten Gottes und seiner Heiligen vorführt;[37] Hunderte von Straßen, Plätzen, Wohnvierteln, Dörfern, selbst Städte werden umgetauft (so heißt etwa *Montmartre* nunmehr *Mont-Marat*). Kinder erhalten als zweiten Vornamen *Marat*, sogar Mädchen: sie werden z. B. Julie-Marat getauft.[38] Diese Tendenzen fallen mit der Dechristianisierungswelle 1793/94 zusammen. Von der Revolutionsregierung werden sie eher einzudämmen gesucht als gefördert; denn der Verehrung einzelner Helden sah man mit Mißtrauen entgegen, da sie im Ruch stand, einen neuen Cäsarismus zu befördern. Die »offizielle« Revolution favorisierte daher den anonymen oder kollektiven Helden, was im »Volk« durchaus auf Widerspruch stieß: nach der Verkündigung des »Höchsten Wesens« schreibt ein Jakobiner aus Arles empört, sie wollten keinen anderen Kult als den Marats.[39] Letztlich ließ sich gegen die Verehrung des patriotischsten Revolutionärs schlechterdings nichts einwenden, wollte man sich nicht gegen die Revolution selbst wenden. Noch *nach* Robespierres Sturz ist der revolutionäre Mythos Marats so groß, daß die Thermidorianer ihn nutzen, um sich vom Verdacht der Konterrevolution zu reinigen: die schon im November 1793 beschlossene Pantheonisierung Marats findet erst im September 1794 statt, angeblich weil »diese Heiligsprechung [...] nur durch Robespierre's Eifersucht aufgeschoben worden war«.[40]

Dem populären und spontan aus den untersten Volksklassen sich entwickelnden Kult steht die natürlich sublimiertere Aneignung durch die Hochkunst gegenüber. Bekanntestes Beispiel ist Jacques-Louis Davids berühmtes Bild *La Mort de Marat* (1793), mit dem der »Kultusminister« der jakobinischen Republik seinem ermordeten Freund im gleichen Jahr noch ein unsterbliches Denkmal setzte; aber auch die Theater bringen das Ereignis umgehend auf die Bühne.

Es ist natürlich, daß zunächst nur revolutionsfreundliche Stücke aufgeführt wurden: die Zeit der Rede- und Pressefreiheit des Jahres 1792 war natürlich 1793/94 vorbei.[41] Eine »revolutionäre Zensur« - und sei es auch nur die der öffentlichen Meinung[42] oder der eigenen Schere im Kopf in einem Klima der Angst[43] - verhinderte antimaratistische Ergüsse in der Literatur.[44] Wenn man solche Gedanken öffentlich machte, verlor man alsbald seinen Kopf, wie Adam Lux zum Beispiel. Aber auch wenn man sie nicht öffentlich machte, konnte man auf dem Schafott enden - so etwa André Chenier, der eine Ode auf Charlotte Corday verfaßt hatte, die die schöne Mörderin hymnisch feiert; allerdings kam die Ode erst lange nach seinem Tode an die Öffentlichkeit.[45] Die Zeitgenossen wußten von dem Werk dieses anerkannt größten Dichters der Revolutionszeit nichts; seine konterrevolutionäre Gesinnung wurde aber durch einige Zeitungsartikel und anders dennoch ruchbar, so daß er sein Leben 1794 unter der Guillotine beschloß, was manche Literarhistoriker den Jakobinern bis heute am allerwenigsten verzeihen.[46]

Schon am 8. August 1793 - also nur drei Wochen nach dem Tod Marats[47] - wurde im Théâtre des Variétés Amusantes Gassier Saint-Amands Stück *L'Ami du Peuple, ou la mort de Marat* aufgeführt. Mathelins *Marat dans le souterrain des Cordeliers, ou la journée du 10 août* kam am 6. November 1793 auf die Bühne des Théâtre de l'Opéra-Comique National, am 3. Februar 1794 schließlich wird Jean François Barraus Drama *La Mort de Marat* im Toulouser Theâtre de la Republique uraufgeführt. Obwohl sich zumindest bei Saint-Amand eine gewisse Sympathie mit der Mörderin, die von der Kritik auch übel vermerkt wurde, nicht leugnen läßt, sind diese drei Stücke grundsätzlich dem Helden Marat gewidmet. In allen Fällen wird er nach seinem Tode wieder auferweckt und in einer Apotheose - die die meisten revolutionären Stücke abschloß - umgeben von allegorischen Figuren wie Freiheit, Gerechtigkeit, Gleichheit dem Volk von Frankreich als Ratgeber und Gewissen wieder zur Verfügung gestellt.[48] In der Regel ging die Aufführung dann in eine reale Revolutionsfeier über, deren Protagonisten die vorigen Zuschauer waren.

In abermals drei Stücken ist die Mörderin die Heldin des Dramas: Es handelt sich erstens um Jean-Baptiste Salles *Charlotte Cordai* aus dem Jahr 1794[49], sodann um zwei nach Robespierres Sturz publizierte Stücke: die anonym erschienene Tragödie Gamons, ebenfalls mit dem Titel *Charlotte Corday* (1795) und das auch anonym herausgegebene Drama *Charlotte Corday ou la Judith moderne*[50] von 1797.

Die letztgenannte Tragödie ist eine platte, um jede historische Angemessenheit unbekümmerte Übertragung des biblischen Stoffs auf den Mordfall Corday und soll hier nicht besprochen werden;[51] anders als dieses royalistische Erzeugnis aber sind die girondistischen Verarbeitungen von Salle und Gamon einer Untersuchung wert; ich will mich aber hier auf einige Bemerkungen zu François Joseph Gamons[52] Tragödie beschränken, da anhand dieses Stücks noch einmal die Verschränkung von Poesie und Realität im Bewußtsein der Zeitgenossen Cordays exemplarisch deutlich wird. Zugleich handelt es sich um eine der wenigen dezidiert republikanisch gesinnten Corday-Dramen; 1795 publiziert, steht es am Beginn einer explizit republikanischen Tradition, die in Deutschland freilich recht schwach vertreten ist: im neunzehnten Jahrhundert gesellt sich Gamons Stück nur noch der Anonymus von 1849 bei.

Corday als Theaterfigur. Ein unpoetischer Stoff?

Gamon leitet das Drama durch ein Vorwort, eine Wiedergabe des gerichtlichen Verhörs und den Abdruck von Cordays Brief aus dem Gefängnis an Barbaroux ein, versucht also, dem Stück einen dokumentarischen Rahmen zu geben. In seinem Vorwort werden seine Intentionen deutlich genannt. Es heißt dort:

> [...] tout-à-coup la fameuse conspiration du 31 May 1793 vînt ravir à l'univers le fruit de deux grandes révolutions.[53] Elle renversa le parti *de la Gironde*, ou

pour mieux dire tous les Français qui voulaient la Republique & des loix, & mit sur le trône Marat, Hebert, Danton, Roberspierre, &c. Toute la faction des Jacobins d'alors, composée d'hommes pervers, ambitieux, sanguinaires & presque tous misérables. (S. 3 f.)

Der Text fährt dann mit den üblichen Denunziationen gegen die Jakobiner sowie den »feilen und rohen Pöbel«, der ihre Herrschaftsgrundlage bilde, fort; demgegenüber stehen die Girondisten, »plus philosophes qu'hommes d'etat« (S. 4) und daher in der Auseinandersetzung leider unterlegen. Von Marat sagt Gamon ausdrücklich, er sei »der erste Tyrann Frankreichs in diesen Zeiten der Anarchie« (S. 7), Corday dagegen handle aus lauteren Motiven gemäß dem Motto, das auf dem Titelblatt des Dramas prangt: »Dulce pro patrià mori.« Sie erscheint Gamon schlechthin ideal und so droht er allen, die ihre Reinheit verleumden:

Douée d'un esprit agréable, d'une ame sensible, d'un caractère énergique, d'une beauté rare, ayant même reçu ces avantages d'une naissance distinguée, qui ne sont rien aux yeux de la raison, Charlotte Corday conçut à la fleur de son âge, le sublime dessein de se dévouer à sa patrie, & de l'affranchir du plus vil des tyrans. La calomnie qui sent le besoin de répandre son venin sur toutes les vertus, & de ternir 'éclat des plus belles actions, a répandu que le fanatisme royal, que le désir de venger un amant dont la mort était attribuée à Marat, avait inspiré cette femme héroïque. Calomniateurs infâmes, taisezvous, & respectez Charlotte: l'amour de la patrie & de la liberté, la haine des tyrans, voilà les sentiments qui embrasaient & consumaient son ame. (S. 7 f.)

Die von französischen Girondisten getroffenen Einschätzungen sind auch für die deutschen Intellektuellen nicht nur der damaligen Zeit typisch. Alle die der Revolution nicht grundsätzlich feindlich gegenüberstehen, etwa weil sie eifernde Royalisten sind, befinden sich während der Phase jakobinischer Hegemonie argumentativ in einer verzwickten Lage. In einem der (trotz aristokratischer Ideologie) oft brillant erzählten Romane der Karoline de la Motte Fouqué findet sich folgende charakteristische Situation: in der königstreuen Vendée begehrt ein Verwundeter und Verfolgter bei Aristokraten Schutz vor seinen Verfolgern, wenigstens bis zu seiner Wiederherstellung. Es stellt sich heraus, daß er Barbaroux ist, einer der flüchtigen Girondisten. Die Heldin des Romans, Elisabeth [de la] Rochefoucault[54] schaudert vor ihm zurück, denn »tief aus ihrem Herzen schrie es herauf: der hat das Todesurtheil seines Königs unterzeichnet! ganz Frankreichs Blut klebt an dieser Hand!«[55] Und in der Tat ist sich Barbaroux - der im übrigen als mürrischer, nachlässiger, wenn nicht verlotterter Mann gezeichnet ist und also in keiner Weise der Sympathieträger ist, zu dem er sonst so gern stilisiert wird - ganz klar darüber, daß er sich »in Mitten einer aufrührerischen Provinz, unter dem Schutz glühender Verfechter alter Irrthümer befinde[t]«[56] und daß er einen Kampf nach zwei Seiten führt: gegen die Aristokratie und zugleich gegen die Jakobiner.

Bestechend genau hat Fouqué diese Situation durchschaut und gestaltet - wie nebenbei gesagt, von einem durch und durch royalistisch-reaktionären Standpunkt aus den Jakobinern Gerechtigkeit widerfahren zu lassen, offenbar leichter ist als von einem liberal-bürgerlichen.[57] Barbaroux verteidigt sich denn auch gegen seine aristokratischen Mildtäterinnen mit Argumenten, die der Autorin aus dem Prozeß Cordays geläufig sein konnten:

> Durfte es Brutus bereuen den Cäsar erschlagen zu haben, weil Octavian dennoch die Krone stahl? Soll die Ernte auf die Saat zurückschließen lassen, weil ein Geier die ausgestreuten Körner fraß? Doch trauern durfte Brutus über den Geier und mit edlem Römerzorn die kaum wiedergebornen Menschenrechte welken sehen. [...] ich für mein Theil habe noch nicht anders empfinden gelernt, wie jene Römer, und bin stolz darauf, schon vor der Revolution ein Republikaner gewesen zu seyn.[58]

Barbaroux besteht im folgenden darauf, weder mit dem Konvent in Paris noch mit den royalistischen Truppen in der Vendée gemeinsame Sache machen zu können, lieber wolle er sterben (I, 83). Lassen wir die weiteren Ereignisse des Romans auf sich beruhen: hier kam es mir auf den sonst in der deutschen Literatur selten so klar herausgestellten Konflikt des gemäßigten Demokraten zwischen zwei Fronten an. Wir finden ihn ebenfalls in originalen Zeugnissen der Girondisten selber, deren eigentümliche Argumentation überraschen könnte, wenn man sich nicht diese Zweifrontenstellung vor Augen führt. Ein besonders schönes Beispiel sind die Erinnerungen und Aufzeichnungen des Jean Baptiste Louvet de Couvray, der als Ankläger Robespierres in die politische Geschichte einging, in der Literaturgeschichte jedoch sich mit seinem *Chevalier de Faublas* (1787) als Milchbruder des Choderlos de Laclos einen Platz sicherte.

Louvet glaubt noch als »Représentant proscrit« an die Republik und ihre Institutionen. So sieht er sich durch das Urteil des Revolutionstribunals bestätigt in seiner frühern Vermutung, daß Hébert »ein Werkzeug der auswärtigen Mächte« war.[59] Daß die herrschenden Montagnards möglicherweise ein Interesse daran haben könnten, Hébert als ausländischen Agenten zu verleumden und daß das Tribunal lediglich ein Werkzeug dazu sein könnte, kommt Louvet nicht in den Sinn. Ebenso wie er daran glaubt, daß vor dem Tribunal die Wahrheit ans Tageslicht tritt, ist er davon überzeugt, daß Frankreichs Verderben durch getarnte Royalisten und ausländische Agenten befördert werde: durch die Cordeliers. Louvet ist Anfang 1794 ganz sicher,

> daß der Ausschuß des öffentlichen Heils izt tausend unwidersprechliche Beweise haben mag, daß Chaumette, nebst Marat, eines der hauptsächlichsten Werkzeuge der Fremden gewesen; so wie auch Chalier in Lion, und Savon in Marseille. Dieß aber bekannt zu machen, hieße freylich, Robespierre, Barrere, und die anderen Tyrannen gar zu sehr bloßstellen; welche nur auf diesen schändlichen Stufen sich auf den Gipfel erheben haben können, wo sie stehen. Ueberdem sind jene drey Räuber todt, und vermögen gegen das Septemvirat des öffentlichen Heiles nichts mehr; die kühnen und sehr lebendigen Hebert

und Chaumette hingegen, hat man wohl guillotiniren müssen, wenn man herrschen wollte; und um sie guillotiniren zu können, mußte man sagen, was sie wären.[60]

Mit anderen Worten: der »Dictator« Robespierre und seine Helfershelfer können das gute Frankreich nur deshalb unterjochen, da sie sich auf die Schultern solcher »Royalisten« wie Marat und Konsorten stützen können;[61] werden diese »Werkzeuge auswärtiger Mächte« zu gefährlich, verkündet man der Öffentlichkeit, wer sie wirklich sind.[62] Daß verschiedene Vorstellungen von Republik im Umlauf sein könnten, vermag Louvet nicht zu denken. Daß das Experiment Revolution aus dem Ruder der Gironde gelaufen ist, kann er sich nur damit erklären, daß Söldner Pitts und des Royalismus sich verschworen haben. Dies könnte man als absurde Meinung eines einzelnen abtun, wenn es eben nicht die herrschende wäre, jedenfalls bei den Girondisten und auch bei den sogenannten deutschen Jakobinern, die in der Regel ja ebenfalls girondistische Positionen vertraten.

Für Konrad Engelbert Oelsner zum Beispiel ist Marat der Hauptdemagoge, der »das gute Volk« zum Pöbel macht. Es scheint ihm höchst wahrscheinlich, daß Marat und seine Genossen »unter der Maske eines Feindes der Royautät und der Aristokratie [...] vielleicht genauer als man glaubt, mit den Gegenrevolutionisten zusammenhängen«;[63] Oelsner schreibt weiter:

> Marat und die Matadorn der Kordeliers stehen laut Meinung eines weisen Mannes, im Solde der Aristokratie. In der Tat arbeiten diese Schufte geradezu auf die Vernichtung aller Autorität selbst der der Nationalversammlung los, um mit Hilfe der Anarchie dem Despotism wieder aufzuhelfen; [...]. Merkwürdig bleibt immer, daß die wenigen von den ertappten Banditen, in Freiheit gesetzt, Danton, Marat, und andern, Gelegenheit gelassen worden ist, nach Engelland zu entfliehen.[64]

Das nämliche gilt für den von konservativer Seite als »Lügner, Landesverräter, landesflüchtiger Jakobiner, Religionsspötter, Pasquillant, zum falschen Eide Verführer«[65] denunzierten Georg Friedrich Rebmann. Er, der sich als »Demokrat« verstand, »welche man nach einer sehr unlogischen Verwirrung der Begriffe auch Jakobiner zu nennen pflegt,«[66] kämpft gegen die Verunglimpfung der »guten Revolution« der Girondisten. In einem nicht zufälligerweise an »die mittlere Klasse des deutschen Volks« gerichteten Artikel, erklärt er:

> Bei dem Worte Revolution möchtet ihr mir etwa an Laternenpfähle, an Ersäufung und Verjagung der Priester, an Zerstörung der Kirchen, an Guillotinieren und der Himmel weiß an was alles denken, und das wäre mir nicht lieb. Alle diese Dinge haben mit dem Begriffe einer Revolution nichts gemein, sowenig ein Autodafé mit einer Messe, weil man ehemals Messen las, wenn man die Ketzer verbrannte.[67]

Diese falsche Vorstellung wäre durch die jakobinische Phase der Revolution verursacht worden. Die Entstellung der »guten Revolution« sei aber nur auf Verräter zurückzuführen gewesen, Verräter am Recht der Menschheit, Verräter an der Republik. Dies ist ja auch das Hauptargument solcher Schriftsteller wie Jean-Baptiste Salle oder François Joseph Gamon.

Ob Marat, Saint-Just, Robespierre, Danton oder Hébert aus Bösartigkeit, Barbarismus oder anderen Gründen zu »Verrätern« an der Zivilisation und der Gerechtigkeit wurden, bleibt für diese Autoren zweitrangig; Rebmann etwa ist wie viele seiner Gesinnungsgenossen davon überzeugt, daß es sich bei den führenden Jakobinern um eine Gruppe von England bestochener Agenten handelt, die die Republik in Mißkredit bringen und zugrunde richten sollten, kurz es handele sich um »eine Bande Bösewichter, angeführt von Pitts Freunde Marat,« die sich verabredet hätten, »alle wahren Republikaner in Frankreich zu morden und die ausgezeichnetsten Bösewichter, Tollköpfe und Diebe an die Spitze der Regierung des neuen Freistaates zu setzen.«[68]

Wie aber nun läßt sich die Geschichte der Corday mit solchen ideologischen Vorgaben dramatisch gestalten? In einem Zeitalter, das noch nicht gewohnt ist, historistisch zu denken und noch immer dazu neigt, Theater und Historie in eins zu setzen, ist das nicht so schwierig. Gamon ändert einfach die historischen Gegebenheiten für seine Bühnendarstellung ab; so verlegt er die Tat um anderthalb Monate vor, läßt sie am 31. Mai 1793 stattfinden. Ort des Mordanschlags ist der Nationalkonvent, im Gefängnis schließlich ist Corday mit Barbaroux zusammen, ihre Hauptauseinandersetzung führt sie mit Roberspierre (sic), der mit Marat der wichtigste Komplotteschmieder ist. Diese Veränderungen geschehen nicht ohne Grund - und auch nicht unbegründet. Dem Drama sind schließlich Dokumente wie das Verhörprotokoll sowie Briefe der Corday vorangestellt, so daß die Leser nicht über den wirklichen Ablauf der Ereignisse im Unklaren gelassen wird. Jedoch gehört es zur Absicht des Verfassers, reine »Äußerlichkeiten« der Geschichte zugunsten eines »stimmigeren« Ablaufs zu korrigieren, um damit die geheimen, d. h. verborgenen Zusammenhänge augenfällig zu machen. Es heißt im Vorwort:

> J'ai placé dans la journée du 31 May la mort de Marat, qui n'arriva qu'au mois de Juillet suivant; par ce moyen j'ai eu occasion d'esquisser cette désastreuse journée, qui changea tout-á-coup la France libre, en un théâtre de meurtres & de brigandages. (S. 9)

Der Zusammenhang zwischen Geschichte, die hier Theater wird, und dem Theater, das sich damals Geschichte nannte, wird offenbar. Mit dem 31. Mai 1793, also der Ausschaltung der Girondisten, verläßt Frankreich den Lauf der Geschichte, um in ein blutiges Schauspiel einzutreten. »Roberspierre« (wie er im Schauspiel heißt) erklärt denn auch in einem Seitengang des Nationalkonvents Marat:

[...] armons contre eux le bras de la justice; / Empruntons ses déhors, son glaive, ses bourreaux, / Son terrible apparail, ses sanglans tribunaux. / [...] / Le Peuple est né pour croire, & non pas pour juger. / Pour lui le châtiment est la preuve du crime, [...]. (II, 6; S. 65)

Roberspierre also führt das Volk mit einem Schauspiel hinter das Licht. Daß das Volk zu dumm ist, dies zu bemerken, weiß Charlotte Corday, ruft sie doch schon im ersten Akt - als sie durch den Deputierten Barbaroux vom geplanten Sturz der Gironde erfährt - aus: »O ciel! Marat l'emporte, & le peuple égaré, / Tombe sans doute aux pieds de ce monstre adoré!« (I, 3; S. 43)

Den Tod der Freiheit[69] nunmehr geht Charlotte Corday rächen. Es erscheint dem Autor wegen seines idealistischen Geschichtsbilds nicht ahistorisch, zusammengehörige Ereignisse, die nur zufällig auseinander liegen, wieder zusammenzurücken. Vor allem aber zeichnet sich das Stück dadurch aus, daß hier eine politisch enthusiasmierte Corday allein um der Freiheit willen diesen Akt der historischen Gerechtigkeit vollbringt: Im Verlauf des neunzehnten Jahrhunderts geht das Wissen verloren, daß es Menschen (und vor allem: auch Frauen) gibt, besser: gab, »die ihr besonder[e]s Interesse auf die Seite setzen, und sich für ihr Vaterland aufzuopfern wissen«[70] (wie die Angeklagte Corday vor dem Tribunal formulierte). Entsprechend beschwert sich 1850, als Ponsards Tragödie *Charlotte Corday*, deren Titelheldin Marat aus reinem politischen Idealismus tötete, uraufgeführt wird, die Kritik über die »unglaubwürdige« Darstellung der Corday. Der Theaterrezensent Pontmartin schreibt über die Titelheldin:

Sie ist nicht genug Frau, nicht genug Mädchen. Sie hätte uns mehr gerührt, wenn sie, bevor ihre Tat alle Gefühlsregungen tötete, in ihrem Herzen ein wenig mehr natürliche Gefühle empfunden und weniger politische Probleme gewälzt hätte.[71]

Und noch eine zweite Frage hatte die Aufführung von Ponsards Stück aufgeworfen. »Le sujet de Charlotte Corday est-il un de ceux qui se puissent adapter sérieusement au théâtre?« fragt Théophile Gautier.[72] Eine berechtigte Frage, wenn man bedenkt, daß vor Peter Weiss (1963/65) vornehmlich, wenn auch nicht ausschließlich poetae minores sich des Stoffs annahmen. Aber: liegt es wirklich im Sujet selbst begründet, daß es wenig wirklich überzeugende literarische Verarbeitungen des Marat-Corday-Stoffs gibt?

Friedrich Theodor Vischer, der wahrscheinlich bedeutenste Theoretiker des bürgerlichen Realismus in Deutschland war dieser Auffassung. Er schrieb an Karl Kösting, einen wenig bedeutenden Schriftsteller, der sich 1864 mit dem Plan gleich zu einer ganzen Reihe von Revolutionsdramen trug und diese mit einer *Charlotte Corday* eröffnen wollte:

Ich bin begierig, wie Sie die Charl[otte] Corday bemeistern. Die Stoffe aus der französischen Revolution widerstreben dadurch der Poesie, dass die Leidenschaft in ihnen etwas Krampfhaftes hat und dass der Dichter in Versuchung ist, zur Versöhnung mit dem für den nächsten Blick fruchtlosen und trostlosen Ende dieses grossen Kampfes mit zu bemerkbarer Absicht auf eine Zukunft hinzuweisen, die auch uns noch in weiter Ferne steht.[73]

Vischer rät Kösting also ab und verweist den jungen Schriftsteller auf das »günstigere Stoffmagazin« des sechzehnten Jahrhunderts; insbesondere empfiehlt er Kösting, ein Drama über Florian Geyer in Angriff zu nehmen. (Eine gute Idee, wie sich allerdings erst dreißig Jahre später herausstellte, als mit Gerhart Hauptmann ein begabterer Dramatiker sich des Stoffs annahm.[74]) Nun, Karl Kösting mühte sich offenbar trotzdem mit der Französischen Revolution ab, bis er durch zahllose wiewohl vergebliche Versuche frustriert genug war, um in sein Kollektaneenheft einzutragen:

> Die französische Revolution scheint auf den ersten Anblick der grossartigste Stoff zu dramatischer Behandlung zu sein. Dem ist jedoch nicht so. Denn bei näherer Betrachtung erweisen sich die Helden oder Heldinnen derselben entweder als Betrüger oder als Betrogene, alle aber als Narren, die das Heil von aussen erwarten. Die Revolution ist der furchtbarste Kampf ums Dasein, den der Egoismus jemals kämpfte. Keine Versöhnung, Schurken und Schwachköpfe werden von Gaunern und Dummköpfen übertölpelt, ein ekelhaftes Schauspiel.[75]

Ob Kösting recht hat, wenn er behauptet, die Französische Revolution als Ganze biete keinen sinnvollen Vorwurf zu einem Drama, das bleibe einmal dahingestellt. Für den Corday-Stoff wird diese Frage aber ernstzunehmen sein; nicht nur Théophile Gautier hat Zweifel an der Eignung von Cordays Geschichte für die Bühne. Luise Büchner, die Schwester des Dichters der wohl größten deutschen Revolutionstragödie, konstatiert ebenfalls, daß an Cordays »seltenem Wesen« die Poesie so oft gescheitert ist, weil sie als Gegenstand ganz ungeeignet sei[76], eine Behauptung, die Büchner wohl bei ihrem Freund Karl Gutzkow abschrieb;[77] während bei diesem aber die persönliche Angst vor der handelnden, eigene Ansprüche einklagenden Frau im Vordergrund stehen dürfte, während Gutzkows reaktionäre Haltung in der sogenannten Frauenfrage bekannt ist[78], steht Luise Büchner als »wackere, tüchtige, unerschrockene und unermüdliche Mitstreiterin in dem Kampfe um die Verbesserung der Erziehung und der Stellung des weiblichen Geschlechts«[79] diesbezüglich zweifelsohne auf der anderen Seite: ihr wird angesichts der Charlotte Corday keineswegs bange, sie hält sie aber trotzdem für unpoetisch, und zwar weil Corday in keine Liebesgeschichte verwickelt war (auch für Büchner gehört zu einer Frau in der Dichtung offenbar unverzichtbar die Liebe dazu).

Auf anderer Ebene argumentiert noch heute Gerhard Schulz gegen die literarische Eignung des Cordaystoffs. Denn, so begründet er, falls Corday allein gehandelt habe, so benötige sie im Drama einen starken Marat als Gegenspieler, beide müßten sich profilieren können. War sie dagegen nur Teil einer Gruppe, so entfiele gerade das, was sie in den Augen des Publikums bewundernswert mache, nämlich der einsame, freie Entschluß zur Tat und zur Sühne. Ein starkes Verantwortungsgefühl für das Vaterland reiche als dramatischer Vorwurf kaum für fünf Akte aus und der von Jean Paul zum Beispiel so bewunderte ruhige und feste Gang zum Tod sei auf der Bühne kaum darstellbar. Also, schließt Schulz, »wandten sich dem Stoff denn auch nur geringere Talente zu, die solche Gefahren nicht von vornherein erkannten.«[80]

Ich glaube, dies wird der Sache nicht gerecht, da für Schulz' Argumentation eine unausgesprochene Voraussetzung ist, daß die literarische Verarbeitung der Historie treu bleiben müsse; dies muß sie aber nur in dem Maß, wie die Erinnerung an das gestaltete Ereignis noch frisch ist. Auch muß man nicht notwendig versuchen, einen klassizistischen Fünfakter zu schreiben; es scheitern in der Tat nur die Autoren, die genau dies versuchen: andere Autoren, die wie Senkenberg beispielsweise eine eher assoziative Montage von Einzelszenen planen, halten den »Fall Charlotte Corday« zu Recht für bühnentauglich.

Judith-Variante: »Der zwischen den Geschlechtern anhängige große Proceß«. Die Frau Corday als Mörderin des Mannes Marat

Einleitung: Geschlechterkampf als Thema

Nicht einfach nur eine Konterrevolutionärin hatte einen führenden Vertreter der jakobinischen Revolution erschlagen. Heute fällt am Mordfall Charlotte Corday besonders auf, daß eine Frau einen Mann erschlug. Den Zeitgenossen jedoch war dies nicht unbedingt das Wichtigste: die meisten Schriftsteller, die in Deutschland um 1800 die öffentliche Meinung bestimmten, gehen im Gegenteil davon aus, daß es prinzipiell keinen Unterschied mache, ob ein Mann oder eine Frau den Tyrannenmord begeht, auch wenn sie die aktive Tat einer Frau in der Regel als ungewöhnlich empfinden. Mehrheitlich halten sie es aber im Grundsatz für *möglich*, daß auch das weibliche Geschlecht es zur Höhe männlicher Existenzform bringen kann - die einzige Möglichkeit der Gleichberechtigung, die sie sich vorstellen können. In der Tat ist aufklärerisches Denken an nur *einer* Wahrheit interessiert, nicht an mehreren oder auch nur zweien (und in der Tradition der Aufklärung in der Regel auch die meisten politisch progressiven Strömungen Europas). Das heißt in bezug auf die Geschlechterfrage, daß sich aufklärerische Denker bei Konstatierung der prinzipiellen Ungleichheit der Geschlechter in der Regel nur eine vertikale Über- oder Unterordnung vorstellen können; die entwickelste Ausprägung dieser Vorstellung findet sich bekanntlich bei Rousseau (5. Buch des *Émile*, 1762), der das Frauenbild nahezu unanfechtbar für weit über hundert Jahre quasi präjudizierte. Die Gleichberechtigung der Geschlechter - wenn sie denn gewünscht wird - wäre nur in der Angleichung des unterlegenen an das überlegene möglich.[81] Zwei mit gleicher Berechtigung *nebeneinander* stehende Lebenswelten männlicher oder weiblicher Prägung sind im achtzehnten Jahrhundert außerhalb des Denkbaren. Diese Konstruktion liegt dagegen zum Beispiel der (allerdings männlichen) Projektion der *femme fatale* am Ende des neunzehnten Jahrhunderts zugrunde: fremd sind sich da die Geschlechter und vor allem stehen sie unversöhnlich gegeneinander.[82] Der Kampf der Geschlechter, meist tödlich endend, findet sich in der Literaturgeschichte aber natürlich schon lange vor der letzten Jahrhundertwende. Unabhängig von der biographischen oder konkret literarischen Realisation[83] ist dies im Kern schon bei Hebbel ausgeprägt. Sein Judith-Drama soll, wenn wir Hebbels eigenen Aufzeichnungen in seinem Tagebuch Glauben schenken, den Konflikt des Ewigweiblichen mit dem Ewigmännlichen zum Ausdruck bringen, »den zwischen den Geschlechtern anhängigen großen Proceß«, wie es im Vorwort des Erstdrucks heißt.[84] Es handelt sich beim Männlichen und Weiblichen um zwei a priori verschiedene »Prinzipien« des Daseins. (Hebbel spricht von der »natürlichen Feindschaft [...] zwischen Mann und Weib.«[85]) Daß der Geschlechtsunterschied als solcher, konkret und nicht bloß abstrakt, dafür konstitutiv ist, bemerkt man beim Lesen des Dramas[86]: es beruht ganz auf sexuell motivierten Handlungen. Welche Bedeutung die Sexualität in dem Zusammenhang spielt, ließe sich auch an Schillers *Jungfrau von Orleans* zeigen. Schillers Jungfrau nämlich wird zu Beginn des Dramas mit vorwiegend männlichen Attributen von ihrem geschlechtlichen Makel befreit; ihre Heldenhaftigkeit läßt sich bei Schiller nur durch den vollständigen Verzicht auf Sexualität herstellen, woran dann am Ende auch die (im übrigen eher »weiblich« gezeichnete) Liebe zu dem als Feind aber ohnehin unerreichbaren Lionel nichts mehr ändert: Der sittlich-erhabene Charakter hat die Anfechtungen des dunklen Triebs erfolgreich bekämpft. Wäre dies nicht geschehen, hätte Johanna ihre Geschlechtlichkeit (und man darf formulieren: geschlechtliche Identität) behalten, wäre sie nicht mehr zu unterscheiden von den »zu Hyänen« gewordenen Weibern der Großen Revolution. Jedoch muß ich betonen, daß es bei Schiller *nicht* zwei feindliche Prinzipien sind, die sich im Männlichen und Weiblichen gegenüberstehen; Inge Stephan stellt zutreffend fest, daß »der Widerspruch zwischen Männer- und Frauenrolle, den die historische Johanna erlebt hat, [...] bei Schiller völlig eingeebnet« wird.[87] Im übrigen ist bekannt, daß Schillers Frauenbild eindeutig in dem rousseauschen Schema einer vertikalen Wertskala befangen ist.

Ohne auf die sozioökonomischen oder psychologischen Bedingungen des Schillerschen oder Hebbelschen Frauenbilds an dieser Stelle eingehen zu wollen, und ohne auch zu beachten, daß am Ende bei beiden etwa die gleiche »Frau« entsteht, geht es mir zunächst darum, den grundlegenden Unterschied in der *Methode* zu konstatieren, mit der sie ihre Geschlechterbilder konstruieren. Denn dies ist für die Rezeption des historischen Ereignisses vom 13. Juli 1793 und seiner Protagonisten von entscheidender Bedeutung. Daß Schiller und Hebbel selbst kein Corday-Drama schrieben, spielt dabei keine Rolle. Ironischerweise befaßten sich beide mit dem Stoff: Schiller hatte sich bekanntlich den Corday-Stoff als möglichen Vorwurf für eine Tragödie notiert[88], Hebbel konzipierte seine Judith just zu der Zeit, als seine Gönnerin und Entdeckerin Amalie Schoppe ihren Marat-Roman schrieb und publizierte.[89]

Ich habe das Kapitel mit dem Namen »Judith« verbunden: das mag insofern mißverständlich sein, als viele der Cordays, die im folgenden auftauchen werden, mit der biblischen Judith wenig gemein haben. Eher trage ich dem Rechnung, daß Hebbels Judith (ähnlich etwa Georg Büchners Danton im politischen Bereich) die Auffassung der Figur derart voreinstellte, daß der objektive Blick auf andere Interpretationen dieses Mythologems beinahe unmöglich wird: weder Nestroys Stück (1849), noch Georg Kaisers (1911) oder Jean Girandoux' (1931) Adaption sind ohne Hebbel denkbar. Ich möchte mit dem Titel »Judith-Variante« andeuten, daß bei den in diesem Kapitel behandelten Werken der Geschlechtsunterschied als solcher problematisiert wird; meist geschieht dies sogar, ohne daß damit Fragen der Sexualität verbunden würden wie bei Hebbel. Aber auch Judith läßt sich bekanntlich so gestalten: Salomon Hermann Mosenthals »Judith« (1870) wie die entsprechenden Arbeiten Thomas Bailey Aldrichs (1896 und 1904) bringen Corday und Judith beinahe zur Deckung.[90] Insofern ist die Überschrift auch nicht ein Verweis auf die Hebbelsche Konkretion des Judithmythos, sondern nur auf die dargestellte Methode Hebbels, den Geschlechtsunterschied zu thematisieren.[91]

Während die am Anfang dieser kurzen Einleitung angesprochenen Texte von Autoren, die eine Ebenbürtigkeit der Geschlechter annehmen, in meinem dritten Kapitel verhandelt werden, soll dieses zweite Kapitel also den literarischen Adaptionen des Corday-Stoffs Aufmerksamkeit widmen, für die der Geschlechtsunterschied zwischen Täterin und Opfer *konzeptionell* von Bedeutung ist. Diejenigen, die Cordays Attentat mit demselben Leisten messen, mit dem sie auch männliche Handlungen bewerten, kennen selbstverständlich auch den Hinweis auf das Geschlecht der Täterin und vergleichen sie beständig mit Jeanne d'Arc, Judith oder Jaël, glauben aber zumeist, daß es ein Vorzug der »modernen« Zeit, des aufgeklärten Jahrhunderts, sei, daß Cordays Tat »jene stolze Behauptung, nur der Mann sei zu großen Handlungen geschaffen, widerlegen« *muß*, wie Franz von Kleist schrieb.[92] Der Geschlechtsunterschied ist bei ihnen also nicht konzeptionell wichtig.

Demgegenüber gibt es die vermutlich weit größere, in den ersten Jahren nach 1793 jedoch publizistisch und literarisch nicht sehr hervortretende Fraktion derer, die durch das Geschlecht der Täterin extrem irritiert werden. Sie kennen grob gesagt zwei Möglichkeiten, dies Skandalon der Geschichte zu bewältigen, nämlich erstens die triviale Entschärfung, die die Corday-Literatur des neunzehnten Jahrhunderts dominiert, oder eben die Idee des Geschlechterkampfs, die im zwanzigsten Jahrhundert dominieren wird.

Triviale Entschärfungen: Corday im 19. Jahrhundert

Der Mann beglückt die Welt und er zerstört
Ihr Glück; indeß das Weib den kleinen Kreis
Beglücken soll, der liebefordernd es Umgiebt
Fritz Eickhorn, 1856[93]

Eine sehr häufig gewählte Möglichkeit, die unheimliche Faszination der schönen Mörderin zu domestizieren, ist trivial, banal und unpoetisch. Corday wird als verzweifelte Liebhaberin, als Rächerin für Ehegatten, Bräutigam, Vater oder irgendwen sonst dargestellt.

Anders als aus Treue z. B. ist heroisches Auftreten von Frauen in der Geschichte für viele gar nicht vorstellbar - jedenfalls, was die nicht mehr in Traditionen des Rationalismus stehenden Autoren angeht. Man braucht nur eine der vielen Sammlungen von Geschichten über »merkwürdige«

oder »berühmte Frauenzimmer« herauszugreifen, um dies zu überprüfen. In dem Goethes Schwager Christian August Vulpius zugeschriebenen *Pantheon berühmter und merkwürdiger Frauen* finden sich durchaus einige Berichte über Heroïnen der Geschichte; ich will einige der austauschbaren Biographien aufs Geradewohl herausgreifen.

Beispielsweise wird von Bianka Rubea berichtet, die 1253 die vom Tyrannen Ezzelino belagerte Stadt Bassano furchtlos gegen die Feinde verteidigt hätte, aber sie warf nur deshalb »mit dem Schwerte sich wüthend unter die Feinde, den Tod ihres Gemahls zu rächen, und an seiner Seite ihr Leben zu verbluten.«[94] Ezzelino trägt letztlich den Sieg davon, Bianka wird gefangen, ihm zugeführt und muß sich trotz verzweifelter Gegenwehr von dem Tyrannen entehren lassen. Durch einen trickreichen Plan erlangt sie die Möglichkeit, am Grabe ihres Mannes zu sterben.

Ein anderes Beispiel aus demselben Band, das nur vermeintlich anders funktioniert: Eine Häuptlingstochter aus Angola schwingt sich nach der Enthauptung ihres Vaters durch die Kolonialherren zur Führerin eines aufständischen und unbesiegbaren Haufens auf, in dem als Männer verkleidete Frauen und als Frauen ausstaffierte Männer, welche sich alle von Menschenfleisch ernähren, gegen die Portugiesen kämpfen. Jede Zärtlichkeit zwischen den Geschlechtern wird von der unbarmherzigen Führerin mit dem Tode bestraft. Ihr ist nicht beizukommen, bis die in ihrer Jugend Getaufte durch die Gnade Gottes ergriffen und reuig wird, worauf sie von ihrem Tun abläßt und im Schoße der Kirche bis ins hohe Alter lebt.[95]

Und noch ein drittes Beispiel soll aus eben demselben Band angeführt werden: Die Schottin Margarethe Lembrun, ehemalige Bediente Maria Stuarts, deren Mann aus Gram um den Tod der geliebten Königin gestorben war, will beide an Elisabeth I. rächen. Durch eine Unachtsamkeit aber wird ihr Vorhaben entdeckt. Man findet bei ihr zwei Pistolen, deren erster Schuß für die Königin, deren zweiter für sie selbst bestimmt war. Auf Befragen Elisabeths gibt sie folgende Erklärung ab:

> Da ich nun beide, meine Königin und meinen Gemahl, herzlich geliebt habe, so wollte ich ihren Tod an Euch rächen. Mein Herz widerstrebte, aber ich blieb entschlossen, und empfinde, daß weder Vernunft noch Gewalt etwas über die Entschließung eines Weibes vermögen, die von Liebe zur Rache getrieben wird.[96]

All diesen Geschichten ist folgendes gemein: Aus Liebe zum Gatten oder Vater, der getötet wurde, verschreiben sich die Frauen einer blutigen Rache, die zwar nicht in ihrem Wesen liegt (»mein Herz widerstrebte«), gegen die aber alle Vernunftgründe nichts helfen. Stets verbunden ist die Rachsucht mit einer Opferbereitschaft, die den eigenen Tod nicht nur in Kauf nimmt, sondern wünscht - insofern geht sie unter, muß untergehen, denn der Untergang der bewaffneten Frau gehört untrennbar zu ihr; sollte sie unbesiegbar sein, so muß sie doch mindestens aus religiöser Reue wieder in die normalen Bahnen des Lebens zurückgelenkt werden, wie dies im Falle der angolanischen Prinzessin geschah, was man füglich auch als

Scheitern bezeichnen könnte. Daß im letzteren Fall noch mit exotischen Elementen wie Geschlechtertausch, Anthropophagie und dergleichen gearbeitet wird, ist zwar einerseits ein seit dem 16. Jahrhundert üblicher Topos des »Exotismus«, paßt sich aber andererseits auch ausgezeichnet in die Reihe Liebe-Treue-Rache-Unvernunft-Selbstopfer ein, welche konstituierende Merkmale solcher Erzählungen von Heldenfrauen sind.[97]

Joseph-Alexandre de Segur veröffentlicht 1803 ein Buch mit dem Titel *Les Femmes, leur condition et leur influence chez différents peuples anciens et modernes*.[98] Im dritten Band des Werks zitiert Segur ausführlich Erinnerungen des Verteidigers der Charlotte Corday, stellt dabei fest, daß es ausschließlich politischer Fanatismus und nicht etwa private Leidenschaft gewesen sei, der die Corday zu ihrer Tat getrieben habe. In der zweiten Auflage seines Werks 1820 erscheint ihm dies denn doch zu gewagt, zu heroisch für eine Frau. Also erklärt er nun: über dieser Tat walte ein Geheimnis, denn politischer Fanatismus könne schwerlich ihr Antrieb gewesen sein, da Corday sicher nicht unschuldig gewesen sei (offenbar ist Jungfräulichkeit eine Bedingung sine qua non für weiblichen Heroismus). Nur Rache für eine verlorene Liebe könne ihr Motiv gewesen sein.[99] Denn: Grillen der Liebe kennen keine Grenzen, behauptet Segur, und: ohnehin sei Cordays Tat eher exaltiert als heroisch gewesen, denn wahres Heldentum habe mehr Grandeur, sei weniger gewalttätig, dafür aber beständiger. Als analoges Beispiel und wie zum Beweis führt er den Brief an, den eine junge Frau im Jahr 1815 an ihren Geliebten, einen Adjutanten Napoleons, geschrieben hätte. Dort stünde zu lesen:

> Ich bin eifersüchtig auf die Liebe, die Du für dies Monster hegst... Ich zittre, wenn ich nur daran denke... Schon sein Name erregt fürchterliche Konvulsionen bei mir - willst Du mich denn zu einer zweiten Charlotte Corday machen?[100]

Seither wissen die meisten Corday-Dramen oder Erzählungen das von Segur apostrophierte Geheimnis zu lüften. Vornehmlich der Girondist Barbaroux oder der bereits 1789 in Caen gelynchte Offizier Henri de Belzunc (oder: Belsunce) haben gute Aussicht, von den Dichtern und Publizisten zum Objekt der Liebe Cordays erhoben zu werden.[101] Besonders letzterer eignet sich, da er welthistorisch nicht allzusehr bekannt und royalistischer Gesinnung ist, recht gut als Liebhaber, d. h. natürlich züchtiger Bräutigam. In der Regel wird Belzunces historisch unbedeutende Persönlichkeit noch aufgewertet, so zum Beispiel in dem 1847 erschienenen Corday-Drama von Dumanoir und Clairville[102], wo er der Führer der royalistischen Armee ist. Solcherart ein merkwürdiges Amalgam aus Herzensgram und Politik wird Cordays Tat zu einem Verbrechen aus Leidenschaft und daher im Sinne Rousseaus entschuldbar. Als Urheber jener lächerlichen Liebesgeschichte nennt Jules Michelet in seiner Revolutionsgeschichte den ehemaligen Abgeordneten des Adels in den Generalständen 1789 und General, zunächst der Revolution, später der Girondisten, und noch späteren Emigranten George-Félix Baron de

Wimpfen.[103] Der behauptete auch, Corday sei eine Royalistin gewesen, eine Behauptung, die sich als durchaus zählebig erwiesen hat.[104] In ähnlicher Weise war ja auch das anonyme Drama *Charlotte Corday ou la Judith Moderne* (1797)[105] verfahren; ebenso Victor Ducange und Anicet Bourgeois in ihrem Stück *Sept heures* (1829).[106]

Das »mélodrame« von Ducange und Bourgeois vermag die triviale Auffassung des Stoffs gut zu vertreten. Das genannte Stück ist die erste theatralische Adaption des Stoffs in Frankreich nach 1797. Bis fast zur Julirevolution hatte keine Cordayfigur auf dem Theater gestanden; weder hatte Napoleon ein Interesse, auf der Bühne Darstellungen von »Tyrannenmorden« zuzulassen, noch mochten die Bourbonen überhaupt an die Zeit zwischen 1789 und 1815 erinnert werden: ihre »Ver-gangenheitsbewältigung« war ähnlich absolut wie die der Westdeutschen in den fünfziger Jahren. Sie lehnten die gesamten in Frage stehenden fünfundzwanzig Jahre undifferenziert als Betriebsunfall der Geschichte ab.[107] Beispielhaft ist etwa des Verbot des damaligen Innenministers Comte de Corbière, die Bilder *Der Tod des Marat* und *Lepelletier auf dem Totenbett* nach dem Tod Jacques-Louis Davids überhaupt nur auszustellen, um sie versteigern zu können.

Als Victor Joseph Brahain Ducange und Anicet Bourgeois sich des Corday-Stoffes wieder annahmen, mußten sie aus Gründen der Zensur allerlei Maskierungen einführen: in Caen lebt eine »Madmoiselle d'Armans«, der ein Regierungsbeamter namens »Marcel« eifrig mit seiner leidenschaftlichen Liebe nachstellt. Sie willigt letztlich in ein Rendezvous, da sie ihren Vater, der verhaftet wurde, retten will. Während Marcel die Lichter in seinem Boudoir abschirmt, um es für ein intimes tête-à-tête recht gemütlich zu machen, ersticht Corday den lüsternen Republikaner. Bis zuletzt standen alle Arbeiten an diesem Stück unter Polizeiaufsicht; am 23. März 1829 schließlich - also kurz vor der Revolution - hatte es unter dem Titel *Sept heures* Uraufführung.[108]

Interessanterweise war es gerade dieses Stück, das auch in Deutschland einigen Erfolg erzielte. Während die Dramen von Senkenberg (der ohnehin nie richtig rezipiert wurde) oder von Zschokke vergessen waren, sich an das Drama Christine Westphalens allenfalls noch einige Liebhaber erinnern mochten, wurde die deutsche Übersetzung der *Sept heures* von Ludwig Meyer nach ihrer Uraufführung in Aachen (25. Februar 1830) in den folgenden drei Jahren noch in »Berlin, Baden, Cöln, Düsseldorf, Leipzig, Frankfurt, Magdeburg, Königsberg« und anderswo erfolgreich gegeben.[109] Wie auch bei dem späteren französischen Druck sind in der deutschen Fassung des Melodrams die historischen Maskierungen gefallen: Corday und Marat treten sich selbst vertretend auf.

Meyers Übersetzung ist laut Titelblatt zwar eine »freie Bearbeitung«, jedoch handelt es sich bei den Veränderungen vorwiegend um formale Kleinigkeiten. Die in Frankreich für Rührstücke üblichen drei Akte zum Beispiel werden zu den in Deutschland üblichen fünf; das Schlußtableau des Originals (Cordays Abmarsch aus dem Kerker zum Schafott) entfällt;[110] Tanz und Musik sind für das deutsche Stück nicht mehr wichtig und werden in das Belieben der Bühne gestellt.[111] Ansonsten aber entspricht die Übertragung recht genau dem Original, und das heißt, wir haben ein Melodrama in der heute weitgehend durchgesetzten pejorativen Wortbedeutung vor uns, das sich in der Theatralik nicht wesentlich von Stücken des Ohnsorg-Theaters unterscheidet und mit Freude alle Situationsklischees, die das Trivialdrama aus dem Rührstück übernahm, verwendet: präzis geschieden agieren entweder ganz Gute oder ganz Böse in einer Handlung, die genügend Gelegenheit läßt, Edelmut und Niedertracht zwischen weinerlichen Abschieden, Wiederfindungsszenen, Entsagungen, Verfluchen und Verzeihen auszuspielen. Auch die beiden sozialen Ebenen der Herrschaft und der Domestiken wechseln in bekannter Manier ab; real existierende Sozialkonflikte jedoch kommen nicht vor: Patriarchen streiten mit Bösewichtern, das Landvolk liebt seinen Herrn (edel) und verachtet den Konventsgesandten (böse) aus der Hauptstadt.

Die Handlung ist kurz gesagt folgende: Der flüchtige Graf von Senneville, zu einer entlarvten konterrevolutionären Vereinigung gehörend, kommt als Bettler verkleidet zu Herrn Corday d'Armans nach St. Saturnin; der versteckt ihn aus alter Dankbarkeit. Jedoch zeigt sich, daß durch Spitzel die Republikaner von all diesem wohl unterrichtet sind; an der Spitze großer Mengen von Soldaten kommt der im ersten Akt immer nur als »der Schreckliche« (S. 26) angekündigte Marat, um der Verschwörung ein Ende zu bereiten, aber auch um eine Rache zu vollziehen. Vor zwei Jahren war er nämlich, damals als Professor der Medizin, schon einmal im Ort, hatte bei den Cordays gewohnt; deren Tochter Charlotte »war so unglücklich, ihm zu gefallen« (S. 27), wies Marat aber ab, da sie unverbrüchlich treu ihren Ferdinand liebte. Marat »drohte, schwur, sich zu rächen.« (ebd.) Und in der Tat wurde Ferdinand am Morgen der vorgehabten Hochzeit verhaftet, unschuldig hingerichtet, denn Marat (wiewohl ein körperliches Wrack und nur durch Opium noch lebensfähig) war inzwischen der Tyrann Frankreichs: »Macht, Ansehen ist mir gegeben - ich bin Herr über Leben und Tod« (S. 80), sagt er zu Charlotte, doch weiter: »aber Alles ist mir gleichgültig gegen Dich - Dich will ich erringen - Dich mein nennen!« (ebd.) Marat sucht Charlotte mit dem Leben ihrer Eltern zu erpressen; für den Fall des Mißlingens will er die gesamte Sippe ausrotten - notfalls auch das ganze Dorf, wenn dessen Einwohner sich unterstehen sollten, Widerstand zu leisten oder den Cordays beizuspringen (S. 104 f.). Allerdings hat Marat den Tod des alten Corday auch für den Fall beschlossen, daß die Vergewaltigung Charlottens gelingt, denn: »Was kümmert die *Politik* das - was die Liebe versprach! Corday wird morgen sterben, so gut wie die Andern« (S. 146 f.), offenbart Marat seinem Vertrauten (und also werden die Zuschauer gegen den Tod dieses hinterlistigen Verräters nichts einzuwenden haben).

Der alte Corday hatte mit seinem Leben die Flucht des Grafen von Senneville gedeckt, war verhaftet worden, Marat stellt Charlotte die Möglichkeit vor, ihren Vater zu retten: sie solle bei ihm abermals um Gnade flehen, oder im Klartext: ihm diese Nacht zu Willen sein. Charlotte geht darauf ein, luchst ihm die Begnadigung des Vaters ab, bevor sie in Marats

Schlafzimmer hinter der Kulisse zusticht; das Stück endet mit ihrer Verhaftung.

Man sieht: mit der historischen Realität hat das alles nichts zu tun, mit großem Theater auch nicht. (Meine Zusammenfassung blendet im übrigen das »Eigentliche« des Stücks aus: die ganzen rührseligen Umarmungen und die Spannungselemente, die allerdings vorhanden sind, und seien sie noch so banal.) Für eine Typologisierung der Corday-Dramen ist dies aber auch unwichtig.

Wesentlich sind folgende Beobachtungen: Die Mordtat der Charlotte darf nicht verwerflich erscheinen, sondern muß Notwehrcharakter bekommen. Das passiert in dem Stück auf dreierlei Weise: nämlich zunächst entsetzt die Niedertracht, mit der der verschmähte Liebhaber Marat den ungleich edleren und glücklichern Ferdinand und damit das junge Liebesglück vernichtet. Charlotte hat das Bedürfnis nach Rache; das ist verständlich, jedoch noch nicht rechtens! Während der Graf von Senneville, dem Charlotte ihr Unglück erzählt, den Himmel anklagt, warum er zögere, »so furchtbare Verbrechen zu bestrafen« (S. 28), zeigt sie wilde Rachegelüste, bedauert aber, »nur ein elendes, *schwaches Weib*« zu sein (S. 29) - Gedanken, die ihr Senneville mit Hinweis auf das mögliche Verderben der Eltern sogleich verweist. Auch die Mutter Charlottes versäumt nicht, die unangemessenen Wünsche der Tochter nach Tat zurechtzurücken: »Mein Kind, es ist das Loos der Frauen zu *gehorchen*, und unsern Muth können wir nur durch *Standhaftigkeit* im *Leiden* zeigen.« (S. 77) Der Vater endlich, bereits zum Tod verurteilt, gibt seiner Tochter die folgenden Maßregeln mit auf den Weg:

> [...] höre meine letzten Wünsche. - Enthalte Dich dieser Leidenschaftlichkeit, die ein Hauptzug Deines Charakters ist - denke nicht etwa daran, mich rächen zu wollen. Ich kenne Dich - ich weiß, daß Deinem männlichen Geiste dergleichen Gedanken nicht fremd sind - Deine erste, Deine heiligste Pflicht ist, Deine gute Mutter zu unterstützen, ihr meinen Verlust tragen zu helfen! - Leide - dulde - aber opfre Dich nicht unnütz auf! Dies ist mein Wille - mein *letzter* Wille - sterbend befehle ich Dir, ihn zu vollziehen. (Mad. Corday [die Mutter] weint.) (S. 111)

Als Marat schließlich - der Vater wird schon zum Schafott geführt - Charlotte die Möglichkeit gibt, die Rettung desselben zu erwirken, darf sie natürlich nicht zögern, auf den Vorschlag des Tyrannen einzugehen. Sie übertritt damit nur vordergründig das Gebot des Vaters: sie vermag so der armen Mutter den Gatten zu erhalten, nicht bloß sie über den Verlust zu trösten. Ihr Tod, denn den muß sie wohl in Kauf nehmen, wird nicht unnütz sein. Und vor allem: es ist nicht mehr *männliche* Rache, die Corday handeln läßt[112], sondern diese ist allenfalls noch sublimiert in *weiblicher* Aufopferung (Dulden und Leiden) vorhanden. Bleibt aber doch der Makel des *Mords*; jedoch wer wollte es »Mord« nennen, wenn Charlotte sich mit dem Dolch dagegen wehrt, daß der venerische und »nichtswürdige« Marat mittels seines durch »die Natur mit dem Stempel der tiefsten Verworfenheit gebrandmarkt[en]« (S. 27) Körper den reinen Leib der holdseligen Charlotte entehrend befleckt? »Klassisch« zwar ist Notwehr bei der tugendhaften Frau nicht, denn diese bevorzugt - wie uns Lucrezia, Emilia Galotti und viele andere lehren - eher den eigenen Tod, doch sind wir geneigt, den Makel in Charlottes Gesinnung (nämlich die Leidenschaftlichkeit) als »Schönheitspflaster« zu entschuldigen, zumal ihr in diesem Fall gar keine Wahl blieb: wäre Marat nicht gestorben, hätte er Charlottes Vater ja getötet; damit er lebe, mußte sie also morden. Letztlich erweist sich so, daß Charlottes Mordtat auch in gewisser Weise als ein *Erleiden* gedeutet werden kann, denn sie nimmt *duldend* ihr Schicksal auf sich und *gehorcht* der situativen Notwendigkeit.

Ich habe viel über die Charlotte des Dramas gesprochen. Jedoch verhält sich diese Ausführlichkeit nicht proportional zur Bedeutung der Charlottefigur im Stück. Es ist kennzeichnend für alle Varianten solcher trivialen Verarbeitungen des Stoffs, daß Charlotte an der wesentlichen Handlung nicht wirklich aktiv beteiligt ist, sondern immer nur Opfer der Umstände bleibt. In diesem Fall handelt das Drama eigentlich von der Auseinandersetzung der »rechtlichen Männer« (S. 29), nämlich der patriarchischen Landjunker Renneval, Corday und ihrer Getreuen, mit den verruchten republikanischen Bösewichtern, die Marat vertritt. Charlotte Corday ist diesbezüglich nur der entscheidende Katalysator, der den guten Ausgang - wenngleich auch um den Preis ihres Lebens (das aber durch den Tod des Bräutigams ohnehin ganz wertlos ist) - eines Gefechts in diesem Kampf der Guten und Bösen vermittelt. Politik übrigens hat in diesem wie ähnlichen Stücken nichts zu suchen - oder doch?

Immerhin versucht Luise Büchner 1865 das Rätsel »Corday« durch den normalerweise als Widerspruch gedachten Gedanken von der Einheit privater Liebe und öffentlicher Politik aufzulösen. Beifällig zitiert sie den ersten Apologeten der Charlotte Corday, Couet de Gironville, der von der Attentäterin sagte: »Sie liebte das Vaterland wie eine Braut ihren Geliebten!«[113] Dies ist ein einerseits aus republikanischen Vorstellungen der 1848er genährter Topos[114] wie zugleich ein in die moderne Zeit vorausweisende Haltung, die Widersprüche zwischen dem öffentlichen und privaten Leben nicht mehr für ausgemacht nimmt. Für das neunzehnte Jahrhundert (wenn diese grobe Verallgemeinerung versuchsweise einmal erlaubt ist) jedoch gilt dies nicht.

Wiederum ließe sich Luise Büchner, die Couet de Gironvilles Satz nur halb bewußt zitiert zu haben scheint, als Kronzeugin aufbieten: Corday sei vor allem deswegen ein »unfruchtbare[r] Gegenstand für den Roman- und Tragödiendichter«, weil »kein Hauch von irdischer Liebe [...] dieses Herz berührt« habe.[115] Das aber wäre die Voraussetzung für ein gelungenes literarisches Werk, dessen ist sich Luise Büchner sicher; oder wie es die Jugendfreundin Charlotte Cordays, Madame de Maromme, ausdrückte: eine »Tragödie ohne Liebe paßt nicht zu dem Geschmack unseres Jahrhunderts.«[116]

In der Tat bestätigt ein Blick auf literarische Anverwandlungen dieses Stoffes im neunzehnten Jahrhundert cum grano salis diese These. August

Graf von Platen etwa versuchte sich als Sechzehnjähriger (1812) bereits an dem Cordaystoff, wobei ihn damals mehr als die historische Gestalt die Verarbeitung seiner eigenen intimen Erfahrungen zu interessieren schien: Hauptfigur ist nämlich der unglückliche Du Placet, der seiner Freundschaft zu einem gewissen Massillon die eigenen Empfindungen für Charlotte Corday, die erhoffte Braut des Freunds, aufopfert. Quintessenz des nur in vier Szenen ausgearbeiteten Fragments:

> Das ist der Freundschaft göttlicher Triumph, / Das schönste Streben der bewährten Seele, / Die Opfer bringend wohltut und erfreut, / Das Glück zu führen in des Freundes Haus, / Das schönbekränzte, aus der eignen Hütte. [...] / Auf ewig sag' ich deinen [gemeint: die Liebe] süßen Freuden / Und deinen Wünschen, Träumen Lebewohl. / Die Freundschaft kann die Liebesglut ersetzen: / Ihr sag ich mich mit einem Schwure zu, / Ihr weih ich alle Blüten meiner Jugend, / Zum Opfer bring ich meines Lebens Ruh', / Die Lieb' ist göttlich, göttlicher die Tugend.[117]

Allein deshalb zitiere ich diese Verse aus dem unbedeutenden Versuch des jugendlichen Platen, weil hier beinahe noch deutlicher als in dem später ausgearbeiteten Stück *Marats Tod*[118] die psychologische Konstellation zwischen den beiden Männern und der einen Frau zum Ausdruck gebracht wird. Daß diese Frau zufällig Charlotte Corday heißt, bleibt an sich egal: Sie tötet am Ende Marat bloß, um den Tod ihres zukünftigen Bräutigams zu rächen. Der 1820 geschriebene Einakter gewinnt allerdings unter dem Eindruck der Ermordung Kotzebues durch Karl Ludwig Sand[119] eine weitere Dimension, die Platen durch das Gespräch zwischen Danton und Marat zu gestalten sucht: an diesen, wenn auch nicht übermäßig gelungenen, politischen Erörterungen ist wenigstens interessant, daß Marat als der Ernsthaftere von beiden gegenüber dem tändelnden Spötter Danton die eindeutig positivere Figur ist; um 1820 ist es zwar nicht ungewöhnlich, daß Danton recht negativ gesehen wird, denn in der Belletristik erscheint er *vor* Georg Büchners Ehrenrettung (1835; breitenwirksam aber erst nach 1850) oftmals als der schuftigste der drei »Triumvirn« Marat, Danton und Robespierre. Ungewöhnlich aber ist die Behandlung Marats als überlegter Politiker, wo er sonst meist ausschließlich die unüberlegten Leidenschaften der Revolution verkörpert.[120]

Die, wenn man so will, »Politisierung« des ursprünglichen Plans des Sechzehnjährigen hat natürlich auch Folgen für die Cordayfigur des nunmehr vierundzwanzigjährigen Platen; er erinnert sich jetzt daran, daß man auch aus Patriotismus, also politischer Überzeugung zu einer solchen Tat kommen kann. Jedoch hält er dies bei einer Frau nur dann für möglich, wenn sie »gewaltsam« ihrer eigentlichen Bestimmung entrissen wird. Voraussetzung ist im weiteren eine recht- und gesetzlose Zeit. Im Cordaymonolog des Einakters klingt das so:

> Der Schlechte wie der Gerechte greifen nach den Banditenwaffen, und so kämpfen sie um den Sieg. Es adelt diese Zeit auch einen blutigen Beruf. D'rum

keinen Wankelmut länger! [...] Nicht den Tod des Geliebten allein will ich rächen. Und gilt sein Todesstoß nicht auch mir? Was ist ein Weib - allein, ein Mädchen sich selbst überlassen? Was wäre ich, wenn ich dich vergessen könnte? wenn ich dein Bild vertauschen könnte mit einem andern? Nein, du sollst ewig vor meiner Seele stehen, du edler Jüngling. Deine Züge sind unauslöschlich. Ich fühle mich nachgezogen mit unbeschreiblicher Sehnsucht. Dein Tod hat mich frei gemacht. Ich gehöre *dir* mehr und nicht mehr meinem häuslichen Dasein. Ich stehe hier vor dem Vaterlande. Wohlan denn![121]

Ausdrücklich gilt es hier festzuhalten: erster Antrieb zu diesem Attentat ist das Unglück des Geliebten, jedoch nicht allein. Denn da eine Frau für sich keinen Wert hat, gilt das Unglück des Geliebten auch ihr. Sie rächt also auch *sich*. Entscheidend ist die Verschränkung dieser privaten Motive mit vaterländischen: indem ihr der eigentliche Beruf in Form des Mannes genommen wird, wird sie zugleich »frei«; das darf man ganz wörtlich im Sinn der Revolutionsideologie nehmen. Sie wird zur »citoyenne« und gehört nunmehr »dem Vaterlande«. Richtiger müßte ich allerdings sagen: sie wird männlich frei und zum »citoyen«, denn diese Freisetzung »befreit« sie auch von ihrer geschlechtlichen Identität.

Wichtig erscheint mir dieser Zusammenhang, da er mehr oder minder abgewandelt konstitutiv für fast alle literarischen Verarbeitungen des Stoffs im neunzehnten Jahrhundert ist. Je nach politischem Bewußtsein wird das »vaterländische« Motiv betont oder fortgelassen; immer jedoch ist die Identität der Charlotte Corday keine weibliche mehr und meistens ist das Amalgam, welches das private Ungenügen der einzelnen Frau mit dem öffentlichen Unglück des Vaterlands zu einer tödlichen Synthese bringt, die Liebe. Übrigens geht dies bis in die Historiographie hinein, bleibt also nicht auf belletristische Verarbeitungen beschränkt. Beispielsweise hält es *der* Revolutionshistoriker der französischen Großbourgeoisie, Adolphe Thiers, zwar für möglich, daß sich auch Frauen »an der Idee einer gesetzlichen und an Tugenden reichen Republik« begeistern können, zur Tat einer Corday gehöre allerdings mehr: nachdem am 31. Mai 1793 der Traum von der Tugendrepublik wie eine Seifenblase geplatzt sei, brannte Corday darauf - so Thiers -

ihre theuern Redner [i. e. die Girondisten] zu rächen. [...] sie beschloß daher eine großherzige That zu vollbringen und dem Vaterlande ein Leben zu opfern, das weder durch einen Gatten, noch durch Kinder und Familie eine Ausfüllung und einen Reiz für sie hatte.[122]

Im Vergleich zu deutschen Bearbeitungen des Stoffs erscheint Thiers' Interpretation noch geradezu nüchtern. Deutsche Schriftellerinnen und Schriftsteller bevorzugen noch privatere Konstellationen.

Amalie Schoppe etwa folgt in ihrem *Marat*-Roman (1838) - der einzigen bedeutenderen Cordaybearbeitung im Vormärz - ganz Platens Spuren. Wir finden hier ebenso den entsagungsvollen Freund (Adam Lux) wie die beiden Verlobten (Armand de Belzunce und Charlotte Corday). Ebenso stirbt der Verlobte durch Marats Bösartigkeit, ebenso rächt Corday den Tod des Geliebten; während sie Marat das Messer in die Brust treibt, ruft sie: »Ungeheuer! empfange endlich den Lohn Deiner Schandthaten! Denke an Belzunce!«[123]

Jedoch ist dies auch hier nicht die eigentliche Begründung (und Entschuldigung) für den Mord, sondern die Vernichtung des individuellen Glücks wird zugleich zur Vaterlandsliebe sublimiert. Seit Charlotte Corday »die Nachricht von Armands Tod empfangen hatte, war sie mit dem Leben fertig«[124], heißt es; nach allerlei verwickelten Umständen schien ganz kurz die Hoffnung der Liebenden auf, wäre nicht just in diesem Moment Belzunce zufällig Marat über den Weg gelaufen. Damit nimmt dann das Verhängnis zweimal 180 Seiten lang seinen Lauf. Belzunces Tod »mußte, unter solchen Umständen, auch der Todesstreich für Charlotte sein, die von dem Augenblicke an, wo sie die Ermordung ihres Geliebten erfuhr, zu leben aufhörte.«[125] Das hätte sie freilich tun können, doch entbehrt dieses einfach »zu leben aufhören« jeder heroischen Größe, weshalb uns die Erzählerin erklärt:

> Zu Anfang dachte sie an Selbstmord, dann aber, als sie von den Gräueln hörte, die von dem Mörder Armands [i. e. Marat] verübt wurden, als sie in den von ihm geschriebenen Blättern las, wie er noch immer mehr Blut, immer noch mehr Köpfe für das Henkerbeil forderte, bildete sich nach und nach in ihr der Gedanke aus, dieses blutdürstige Ungeheuer hinabzuziehen und zugleich ihrem Durste nach Rache und der Liebe zum Vaterlande Genüge zu leisten.[126]

Nebenbei bemerkt: die Leser dieses Romans werden mit einem so abscheulichen Ende natürlich nicht allein gelassen. Keinesfalls nämlich sind Corday und Belzunce die Hauptfiguren des Buchs, auch kann man nicht den Titelhelden Marat mit der Autorin als »Haupthelden«[127] bezeichnen, sondern in Wahrheit erzählt sie einen Kitschroman über die Liebe zwischen einem gewissen Etienne de Marigny und einer Mélanie Bonnet, in dem Mélanies Vater (ein ehemals lasterhafter Marquis, der - nunmehr tugendhaft geworden - widerwillig Spitzeldienste für Marat leisten muß) die Zentralgestalt ist. Der Tod Marats macht das Liebesglück der beiden Genannten letztlich doch möglich: Etienne, Mélanie und ihr Vater ziehen sich am Ende auf ein abgelegenes Landgut in den Pyrenäen zurück, »und hier lebten unsere Drei verborgen und glücklich im Schooße einer schönen, romantischen Natur. Diese und ihre Liebe gewährte ihnen Ersatz für Alles, was sie gelitten hatten.«[128] Deutlicher kann die biedermeierliche Absage an den homo politicus nicht gestaltet werden; und es ist bezeichnend, daß die Ideologie des privaten Glücks im Winkel einher geht mit der Ignoranz gegenüber den historischen Motiven der Revolution wie mit der schon in der Aufklärung formulierten Kritik an dem eskapistischen Vertrauen in die Idylle.[129] Es ist allerdings einzuräumen, daß dieser Roman erzählerische Qualitäten hat; so bestätigt sich Gustav Sichelschmidts staunende Beobachtung anläßlich der Romane Schoppes mit »historischen Stoffen, die sie nur oberflächlich behandelte«: »Obwohl sie mit ihren Helden reichlich willkürlich verfuhr, erweckten deren Schicksale doch begeisterte Anteilnahme.«[130]

Das läßt sich von den Dramen des neunzehnten Jahrhunderts, meistens literarisch wenig wertvollen »Historienschinken«, nicht sagen. Nicht alle diese Dramen lassen sich ohne weiteres unter die vordem genannten trivialen Entschärfungen subsumieren, jedoch die meisten. Die Dramen konservativer oder reaktionärer Autoren, die nicht die private Liebe Cordays betonen, sehen die Tat der Corday in der Regel unter chauvinistisch-nationalistischen Vorzeichen (diese Dramen entstehen nicht umsonst im historischen Dunstkreis der Reichsgründung um 1870), allerdings betonend, daß die hohe Verantwortlichkeit einer Frau für die Nation eine Ausnahme ist - und bleiben muß. In dem am 1. August 1867 in Heidelberg uraufgeführten Drama *Charlotte Corday* des später als naturalistischer Theoretiker bekannt gewordenen Oskar Welten ist die Liebe zum Vaterland beinahe ausschließlich betont - wenn ich Rita Minor glauben darf.[131] Jedoch holt die Ideologie des späteren neunzehnten Jahrhunderts am Ende des Stücks auch diese Corday wieder ein; damit die Zuschauerin von 1867 nicht etwa falsche Schlüsse aus der heroischen Geschichte einer »Vorzeit« zieht, muß Corday ihre Tat bereuen und zugleich bedauern, daß ihr die eigentliche Bestimmung ihres Daseins (durch den unglückseligen Rückfall ihres Vaterlands in den Naturzustand) verwehrt blieb. Ihre eigentliche Bestimmung definiert Corday nämlich so: »Des Weibes Kraft, es ist die Liebe, Gehorsam ist und Duldung ihr Beruf, und in des Hauses enggezog'nem Kreise mag finden jedes Weib das echte Glück«;[132] auf die Frage des Malers Hauer, warum sie über ihre selbst derart definierte Bestimmung unbedingt hinausgreifen mußte, weiß sie denn auch keine Antwort zu geben, sondern »bricht ab, um ihre Gefühle zu verbergen.«[133] Offenbar hatte Welten aber schon zu Beginn des Dramas die Abnormalität Cordays angedeutet, indem er die fast übertrieben starke Vaterlandsliebe der untypischen Kindheit und Jugend des Mädchens sowie dem häufigen Alleinsein der Herangewachsenen anlastete.[134]

Das nun allerdings ist ein häufig verwendeter Topos. In einem anderen Stück (wo allerdings das Motiv der zu rächenden Liebe im Vordergrund steht), bedauert der Vater Charlottes seine falsche Erziehung, die es zuließ, daß seine Tochter so ganz aus der Art schlägt: »Als Mädchen triebst du nur der Knaben Spiele; / Wie war dir Springen, Klettern eine Lust!«, bemerkt er und muß dann auch noch bedauern, daß er sie Tacitus, Plutarch und ähnlich männliche Lektüre lesen ließ: »Das arme Kind! Das danken wir den Büchern! / Ach, hätte ich sie anders doch erzogen!«, stöhnt er, als er die Pläne der Tochter gerüchtehalber vernimmt.[135] Es gäbe noch andere Beispiele, die ich aber aus Raumgründen beiseite lassen will.

Generalisierend läßt sich jedoch festhalten, daß die literarische Verarbeitung dieses historischen Ereignisses desto mehr »privatisiert« wird, je länger es zeitlich zurückliegt. Das zeigt sich - um ein banales Beispiel zu wählen - etwa daran, daß die Kleinfamilie Corday immer vollständiger wird: Nicht nur wird der Vater oft zum eigentlichen Schwer- und Fixpunkt der Handlung, auch die Mutter (historisch bekanntlich nicht präsent, da sie 1782 bereits im Kindbett verstorben war) darf wieder auferstehen, Brüder und Schwestern vervollständigen allmählich das Bild. Einher mit dieser Privatisierung geht eine eher frömmelnde Tendenz[136]: immer gläubiger wird Charlotte Corday und ihre Umgebung; bei Alinda Jacoby (1910) schließlich ist sie bis zuletzt »überzeugt davon, ein Werkzeug Gottes zu sein« und betet: »Laß Herr, mein Opfer nicht vergeblich sein!«[137] Meistens wird sie nicht nur religiöser, sondern zugleich auch immer royalistischer: zum Beispiel sind in Dornfelds Drama (1895) alle Anstrengungen darauf gerichtet, die Königin zu retten.

Auch verwirren sich die Metaphern und zitierten Mythologeme zusehends, weil sie letztlich bedeutungslos und beliebig geworden sind: bei Alinda Jacoby tritt Corday objektiv als Jeanne d'Arc auf (mit dem Banner in der Hand gesellt sie sich zu den [Bürger]kriegern), im Sprechtext aber heißt es: »Wie eine zweite Judith erscheint sie.«[138]

Der chauvinistische Impuls ist Ende des neunzehnten Jahrhunderts ebenfalls nicht zu unterschätzen: Otto Weddigen (1893), einem Wiesbadener Oberschullehrer, ist der Hinweis unentbehrlich, daß es »nicht unwahrscheinlich [ist], dass die Cordays Nachkommen germanischer Colonisten sind.«[139] Schon dreißig Jahre zuvor hat die nationalistische Verstandesverwirrung so weit um sich gegriffen, daß in dem schon erwähnten Stück von Appen das Hauptproblem von Adam Lux ist, daß »durch Laun' des Krieges« das deutsche [!] Mainz an Frankreich gefallen sei, und daß daher er, Lux, »deutschen Reiches Kind und Zögling«, nun an Beratungen im Krieg Frankreichs gegen deutsche Landen teilnehmen müsse.[140] Daher der Prolog, den Carl Klausa (1862) seinem in mancher Hinsicht einzigartigen Stück[141] voransetzt, auch vor vielen anderen Stücken stehen könnte: die Revolution diene als abschreckendes Beispiel für die Deutschen; »Deutschland«, so fordert es der Autor auf,

> wandle stolz im Schatten deiner Eichen / Die Bahn des Rechtes, theures Vaterland! / Das blanke Schwert in fleckenloser Hand / Magst du den Tempel deines Ruhms erreichen. - / Bewahre dich vor Frankreichs Schreckensloos / Der Fürsten Weisheit und der Bürger Tugend! / Es zier' der nimmerwelke Kranz der Jugend / Dich, deutsches Volk! Sei *einig*, *frei* und *groß*![142]

Jedoch wäre es verfehlt zu glauben, nur politisch rechts stehende Autoren würden die Cordayfigur trivialisieren. Auch das von mir zufällig neu aufgefundene Drama eines Anonymus, der eindeutig republikanische Gesinnungen hegt und propagiert, arbeitet mit den schon bekannten Klischees.[143] Dieses Trauerspiel steht zwar mit seiner politisch-ideologischen Haltung im Deutschland des neunzehnten Jahrhunderts ganz vereinzelt, vermag diese Haltung aber ästhetisch genausowenig überzeugend umsetzen wie manches der ansonsten stets konservativen Schauspiele. Es ist ein »girondistisches« Drama, das gleichwohl die Revolutionäre Marat, Couthon, Saint-Just, Robespierre und Danton nicht unsympathisch zeichnet. (Insofern ist es das einzig mir bekannte deutsche Corday-Stück, das sich den Tragödien von Gamon und Salles beigesellt.) Am Ende erweist sich Danton als der wahre Revolutionär: ihm scheint Corday eine wiedererstandene Roma, oder gar Nemesis selbst; er sucht die Mörderin im Kerker auf, um ihr seine Verehrung zu erweisen und Nachfolge zu geloben, auch wenn er an kurzfristige Erfolge nicht recht glaubt.[144] Worauf es hier aber ankommen mag: zu dem politisch richtigen Bewußtsein kam Corday durch die Liebe und den (bloß scheinbaren) Tod ihres Bräutigams, der hier Carl de Bretonne heißt, ein Geächteter des Jahres 1793 ist und Charlotte von einer Anhängerin Marats und Robespierres in eine der Gironde verwandelt. Immerhin hält der Autor von seiner Heldin soviel, daß er sie in ihrem Entschluß, das eigene Glück der Not des Vaterlands aufzuopfern, nicht mehr wankend werden läßt, auch als sich der Tod des Geliebten als vermeintlicher erweist.[145] Am Ende stirbt Corday ruhig, indem sie Sätze hinterläßt, die sowohl den historischen Girondisten der Großen Revolution eigen gewesen sein mögen, vor allem aber bei den idealistisch-humanistischen Dichtern der Jahrhundertwende, ich denke vor allem an Romain Rolland und Stefan Zweig, das politische Credo bilden: »Die Körper morden sie, die Geister nicht. / Der Wahrheit Genius, er wird ewig leben, / Die Freiheit seh' ich strahlend sich erheben!« (V, 7; S. 160)[146]

Wer dagegen die Wahrheit nicht bei Charlotte Corday findet, sondern bei ihrem Gegenspieler Jean Paul Marat, der braucht das »Problematische« an der Attentäterin, ihr Geschlecht und ihren politischen Fanatismus, den auch Wohlgesinnte im späteren neunzehnten Jahrhundert nicht gut annehmen können, durch nichts weiter relativieren oder aufwiegen. Daher ist es nicht verwunderlich, daß die glänzendste Zusammenfassung aller im neunzehnten Jahrhundert üblichen Vorurteile, die den trivialen Entschärfungen zugrundeliegen, von einem politisch radikalen Marat-Anhänger stammt. Er erzählt eine zwar ebenso unwahre Geschichte wie alle seine konservativen Gegner, wendet aber deren Entschuldigungen und Erklärungen diesmal *gegen* die Attentäterin, was an und für sich schon eine erfrischende Abwechslung ist.

Carl Gustav Allhusen, der Jean Paul Marat für den Politiker mit dem »weitesten revolutionären Gesichtskreis« (S. 66)[147] hielt, weil er allein die »Revolution vollständig begriff, und der sie nach dem unvermeidlichen Sturze Danton's und Robespierre's an ihr natürliches Ende geführt haben würde« (S. 69), dieser deutsche Jakobiner der 1848er Revolution erklärt also:

> Charlotte Corday [...] neigte sich den Girondisten zu, wurde aber erst eine entschiedene Feindin der Jacobiner, als ihr Bräutigam, ein Offizier, von den Jacobinern wegen königlicher Gesinnung angeklagt und hingerichtet worden war. Die Sehnsucht, ihre verfolgten Freunde zu rächen, vermischte sich mit der Idee eines verdienstvollen Werkes, indem sie von ihrem weiblich beschränkten Standpunkt aus in Marat, dem Anstifter des 2. Juni, nur ein blutiges Ungeheuer sah, von dem man die Welt befreien müsse. [Nach einer geschickten Wi-

derlegung dieses »Grundsatz[es]« fährt Allhusen fort:] Ueber die wahren Beweggründe dieses Meuchelmordes ist man im Dunkeln geblieben; eine nähere Veranlassung, als die ihres Bräutigams möchte in dem Verhältnis zu dem Girondisten Barbaroux zu suchen sein. Es ist ziemlich gewiß, daß sie diesen jungen Mann wegen seiner ungewöhnlichen Schönheit bis zum Wahnsinn liebte, daß aber diese Liebe unerwiedert blieb, und daß aus diesem Umstande der Tod Marat's entsprang. Es bedurfte eines mächtigeren Antriebes zum Morde, als der politische Haß. Sie wollte sterben, weil sie ohne die Liebe Barbaroux's nicht zu leben vermochte. Kein Wunder also, daß sie sich entschloß, sich das vermeintliche Verdienst und den vermeintlichen Ruhm zu erkaufen, ihre geliebten Girondisten von einem fürchterlichen Verfolger und ihr Vaterland von einem vermeintlichen Ungeheuer befreit zu haben. (S. 67 f.)

Wohl reduzieren die meisten Corday-Dramen des neunzehnten Jahrhunderts ihre Heldin auf eine entsagungsvoll Liebende, auf einen rächenden Engel der verfolgten Unschuld, doch trotz aller Rechtfertigungsversuche bleibt dem Attentat aus Leidenschaft immer der unangenehme Beigeschmack des Verwerflichen. »Jedes Geschlecht hat seine eigene ihm angewiesene Beschäftigung, und die Thätigkeit eines jeden ist in einen Kreis eingeschränkt, den es nicht überschreiten darf«, so der Deputierte Amar am 9. Brumaire des Jahres II (30. Oktober 1793) in der Konventssitzung, die schließlich das Verbot aller Frauenclubs verfügte.[148] Und der Mord an Marat läßt Corday - was immer man zu ihrer Verteidigung einwenden mag - diesen Kreis überschreiten; die Erklärung, warum sie das tut, sind in der Regel trivial oder banal, die Lehre, die sich daraus ergibt, ebenso: Ausnahmefrauen à la Corday sind immer nur in einer mehr oder minder grauen Vorzeit zu suchen, für die Gegenwart aber haben sie keine wirkliche Relevanz. Dies ist in Vulpius' *Pantheon berühmter und merkwürdiger Frauen* genauso wie ein knappes Jahrhundert später bei Oskar Welten.

»Der Männerallmacht trotzen«: Heinrich Zschokke oder Der embryonale Feminismus einer republikanischen Schwärmerin

Nicht aber alle Dramen, die das Geschlecht der Täterin thematisieren, müssen notwendig trivial enden. Zum Beispiel gibt es auch Stücke, die geradezu emanzipatorische Elemente enthalten. Ein erstes Beispiel ist Heinrich Zschokkes *Charlotte Corday oder die Rebellion von Calvados. Ein republikanisches Trauerspiel in vier Akten (Aus den Zeiten der französischen Revolution.) In Jamben* (1794)[149]: gerade weil es ein nicht einmal besonders gutes Drama unterhalb der »hohen Literatur« ist, finden sich in ihm erstaunliche Ansätze, die der Autor bei nochmaliger Prüfung auf Stringenz und Konsistenz im Sinn einer klassizistischen Ästhetik vermutlich getilgt hätte - oder hätte tilgen müssen. Zschokke aber hat dies Jugendwerk nicht wieder zur Hand genommen und auch seinen *Ausgewählten* oder *Ge-*

sammelten Schriften nicht einverleibt: so überlebten Ansätze einer emanzipatorischen Argumentation, die ihresgleichen seinerzeit zu suchen haben.

Zschokke entwickelt sein Drama aus verschiedenen Handlungssträngen. Der eine, gewissermaßen politische, hebt besonders auf die Vertreibung der Girondisten aus dem Konvent ab: damit aber falle die Freiheit, da nur die Unverletzlichkeit der »Volksrepräsentanten« die Freiheit der Republik gewährleistet. Träger dieser Handlung sind vor allem die Männer des Dramas, allen voran der zunächst royalistisch gesinnte Vater Corday. Charlotte fällt es vor allem zu, ihn zu bewundern (I. Akt). Der Vater, der die Beleidigung der Repräsentanten *seiner* Provinz persönlich empfindet, schließt sich der Widerstandsgruppe um General Wimpfen und die geächteten Girondisten an, um alsbald jedoch das »läppische Betragen jener Helden« (S. 164), die ihm letztlich bloß als weichliche Diplomaten erscheinen, verachten zu lernen: gestern hätten sie den König abgesetzt, heute würden sie Frankreich gar an die Engländer überliefern: das wolle er nicht mitmachen. Ernüchtert und resiginiert zieht sich der alte Corday zurück, zumal seine Tochter verschwunden ist: »Was kümmert mich das Vaterland, die Welt, / Wenn diese Welt ihr Kleinod für mich nicht / Mehr hat. -« (S. 163; III. Akt).

Damit ist die politische Handlung schon am Ende; eines aber muß anerkannt werden: als einzigem Dramatiker bedeutet Zschokke das historisch wichtige Motiv des girondistischen Föderalismus, der gegen den jakobinischen Zentralismus steht, überhaupt etwas. Diese entscheidende Differenz zwischen den beiden politischen Parteien der Revolution wurde im Lauf des neunzehnten Jahrhunderts (dem Zeitalter des Nationalismus) unter lediglich moralisierenden Urteilen begraben.

Der zweite Handlungsstrang ist der eher private, hier hat Charlotte Corday ihren Platz. Außer dem der Bewunderung ihres Vaters entspringenden Haß auf »Marat, dieses dürre / Von tausend Lastern abgemergelte, / Vom Otterngift und Galle aufgeschwemmte, / Verfluchte Ungeheuer« (S. 82), hat Charlotte noch einen weiteren Grund zu hassen: Robert, der »Vetter, Liebling und Gemahl« (S. 103) ihrer Kindheit ist (nur vermeintlich, wie sich am Ende herausstellt) in Paris von Marats Würgerbanden ermordet worden. Ihre Behauptung aber, eigentliche Trauer würde sie nicht um Robert empfinden, sondern um das Vaterland, welches »näher an das Herz [gränzt], als alles / Was Blutsverwandtschaft heißt« (S. 104), ist eine jener hohlen deklamatorischen Phrasen, an denen das Stück so reich ist. Vor allem aber dient die Figur der Charlotte, dramaturgisch gesprochen, als ein Scharnier, das das dramatische Gefüge notdürftig zusammenhält.[150] Die folgende, wirklich originelle, Szene soll nämlich vorbereitet werden:

Charlotte Cordays Liebhaber Corbigni, ein Schwächling[151], macht ihr einen Heiratsantrag, den sie zunächst zurückweist, da sie sich seiner Liebe nicht wert glaubt, wie sie sagt:

> Ich kann, ich werde Sie / Als *Weib* nicht selig machen; denn ich bin / Ja eine *Schwärmerin*, das wissen Sie. / Ich leb' und webe jezt mit meinem Geiste / In

einer andern Region. [...] Allein kann ich dafür, / Daß mich Erziehung, Temperament / So seltsam stimmten, daß ich in der Welt / Nichts Größres, Schönres, als die Freiheit / Des Vaterlands kenne? daß ich aus der Art / Der Weiber schlage, und mich alles das, / Was Weiber lieben, nicht entzükt? (S. 110).

Corbigni jedoch läßt nicht locker; in ihr seien verschmolzen »die Ideale / Verführerischer Weiblichkeit und Mannheit. / In dem schönsten Gliederbau die Brutusseele«, was ihn entweder zum »Narren oder Helden« mache (S. 112). Das bringt Charlotte auf die Idee, ihm eine Möglichkeit anzubieten, wie er die »ungeheure Kluft [...] zwischen Achtung [...] und Liebe« (S. 113 u. 119) überwinden könne: er solle den Dolch als Verlobungsgeschenk akzeptieren und Marat ermorden: sie jedenfalls könne nur »einen Brutus lieben!« (S. 120) Corbigni - ein Schwächling wie gesagt - prallt entsetzt zurück, nennt ihren Plan einen Meuchelmord, empfiehlt ihr beleidigt einen italienischen Bravo als Liebhaber und geht. Charlotte ist tief enttäuscht - nicht nur von Corbigni, sondern von den Männern im allgemeinen:

Wahrhaftig, wer da sagt, die Männer sind / Das stärkere Geschlecht, der ist ein Lügner. / Nennt die Geschichte uns nicht Weiber, / Die riesenhaft der Männerallmacht trozten? [Als Beispiel nennt sie Jael, die Siffera erschlug; sich selbst bewußt werdend ruft sie aus:] Ich bebe nicht! / Hier schlägt kein welkes Männerherz, / Das vor der wahren Größe Sonnenstrahl / Zusammenschrumpft / Ich schwör' es Dir, ich schwör es, / O Vaterland, wenn *Männer* sclavisch zittern, / Und ihre Feigheit hinter Ehre, Tugend, / Religion verschanzen, um nicht mit des Lebens / Gefahr dich zu erlösen, Vaterland, / So zittern deine *Töchter* nicht! - Ich zittre nicht! (S. 121 f.; II. Akt)

Der letzte und vierte Akt danach ist nur noch langweilig und uninteressant: Marat kommt zu Tode, Charlotte Corday wird verhaftet; damit schließt das Stück, denn Zschokke hat kein Interesse daran, das Scheitern der edlen Hoffnungen auf die Bühne zu bringen, gemäß seinem Diktum im Vorwort des Stücks: »So unbedeutend immerhin die Folgen jener heroischen That waren: so groß und edel bleibt doch die Handlung selbst.« (S. 65)[152]

Was aber die eben zitierte Kernstelle des Dramas, die Auseinandersetzung zwischen Corbigni und Corday, angeht, bliebe die von mir behauptete Originalität noch zu erweisen. Ich sehe sie darin, daß der emanzipatorische (und damit anarchische) Gehalt der Szene weit über das hinausgeht, was zeitüblich ist. Jedoch handelt es sich nicht darum, daß sich mit Corday eine Frau aufmacht und zur Tat schreitet, wenn die Männer versagen. Dies findet sich - zumindest in Frankreich - einigermaßen häufig und tatsächlich kann sich Zschokke mit seinen Schauspiel in die Tradition »republikanischer Trauerspiele« einreihen. Die Marburger Romanistin Annette Graczyk hat erst kürzlich in einer Studie über den »Zwang zum Heldentum« gezeigt, wie oft auf den Bühnen der französischen Republik sich Frauen zum Heroismus ermannen mußten.[153] Dabei gibt es nur eine genuin weibliche Variante des Heldentums, nämlich die der antikisch-heroischen Mutter, die sich in der Regel an den literarischen Mythos, der sich um Cornelia, die Mutter der Gracchen, gebildet hat, anlehnt. Ansonsten aber - Graczyk unterscheidet hier noch die beiden anderen Typen der Virago und Amazone - bedeutet die »Ermannung« der Frau in Krisenzeiten (Terreur und äußerer Krieg) immer auch die Aufgabe ihrer Geschlechtsidentität, wie es das Wort schon sattsam andeutet; unausweichlich wird diese Ermannung auch erst dann, wenn die Männer selbst verweichlicht, oder besser gesagt »verweiblicht«, oder gar - noch schlimmer - schwächliche Eunuchen (wie in der berühmten Ode André Cheniers[154]) geworden sind. Hier ordnet sich Zschokke nahtlos ein: sein Corbigni ist ein Schwächling und treibt Corday daher erst zu ihrer Entscheidung; auch das changierende Element in Fragen der Geschlechtsidentität wird bei Zschokke augenfällig, wenn Corbigni, wie zitiert, in Corday »Weiblichkeit und Mannheit« auf höherer Ebene verschmolzen sieht (S. 112).

Das Besondere aber ist, daß die Corday selbst im Drama *nach* ihrer Entscheidung, die Mordtat selbst zu unternehmen, sich eben *nicht* mehr aus der Geschlechtsgemeinschaft der Frauen ausgliedert; hält sie sich *vor* der Entscheidung noch für »aus der Art der Weiber« geschlagen (S. 110), so ruft sie hinterher eine Solidargemeinschaft großer Frauen auf, die »der Männerallmacht trozten« (S. 122). Und dieser emanzipatorische Zug - auch wenn ihn Zschokke womöglich nicht einmal bewußt eingebracht haben sollte - ist es, den ich im ursprünglichen Wortsinn originell nennen muß. Denn damit geht Zschokke sogar über die gewöhnliche Argumentation der Emanzipationsbefürworter seiner Zeit hinaus. Üblicherweise gehen die gegen den herrschenden Diskurs ankämpfenden weiblichen und männlichen Frauenrechtler (Mary Wollstonecraft, Amalia Holst, Theodor Gottlieb von Hippel und andere) davon aus, daß die Frauen auf das nämliche Niveau der Männer gehoben werden können und sollen; in der Regel verweisen sie auch auf Frauen der bisherigen Geschichte, die dieses Niveau schon einmal erreicht hatten, lassen damit aber eine Schelte gegenwärtiger Lebenswirklichkeit von Frauen einhergehen.[155] Genau diese Frauenschelte aber entfällt bei Zschokke. Seine Corday ist mit der Entscheidung zu ihrer Tat zugleich auch zu einem Selbstbewußtsein erwacht, das sich (ideell) mit *allen* »Töchtern des Vaterlandes« verbunden fühlt - nicht nur gegen einen Feind des Vaterlands, sondern darüber hinausgehend ganz allgemein gegen die »Männerallmacht«, die man heute doch wohl mit dem Begriff »Patriarchat« bezeichnet.

Zschokke hat es allerdings nicht vermocht, aus diesen Ansätzen etwas zu entwickeln. Folgenlos bleiben sie aber nicht nur deswegen, weil das Drama insgesamt eine bloß notdürftig zusammengeflickte Handlung besitzt, wo so mancherlei unverbunden nebeneinander stehen bleibt. Sondern auch, weil es ein Drama ist, das nach Zschokkes eigenen Worten die »heldenmüthige Selbstaufopferung der schönen, philosophischen Schwärmerin« zum Inhalt hat.[156] Der entscheidende Punkt ist eben ihr Schwärmertum.

Die »Schwärmerei« ist eines der meistdiskutierten Phänomene gegen

Ende des achtzehnten Jahrhunderts[157], daher es nicht ganz leicht ist, die spezifische Bedeutung, die das Motiv bei Zschokke hat, eindeutig zu bestimmen - ohne den Kontext der Diskussion allzu weitläufig zu entfalten.[158] Genug, daß ich hier festhalte: Schwärmerei ist bei Zschokke ein *positiv* zu verstehender Begriff, der *nicht* eine »Krankheit der Seele, eigentliches Seelenfieber«[159] bezeichnet, sondern eine bestimmte Art von Wirklichkeitsaneignung, besser gesagt -bewältigung, durch und in der Kunst, speziell der Literatur. Gegenüber der traditionellen Wortbedeutung, welche die Schwärmerei vor allem als Eigenschaft derjenigen

> Fanatici [...], welche aus Mangel der Beurtheilungskraft allerley der Christlichen Religion und bisweilen auch der Vernunfft selbst, widersprechende Meynungen hegen, und dadurch öffentliche Unruhen anrichten[160],

definierte, lehnt sich Zschokke eher an die neue, lexikalisch erstmals bei Campe erfaßte Bedeutung an, die »erst in der literarischen Bewegung seit etwa 1770 ausgebildet« wurde und wo »Schwärmerei« als »Bezeichnung einer überwiegenden Phantasie und Begeistrung« dient, wie es in Grimms *Deutschem Wörterbuch* heißt.[161] Campe hatte die neue Bedeutung aus der alten abgeleitet, indem er davon sprach, der Schwärmer lasse »sich von dunkeln verworrenen Vorstellungen, von seinen dunkeln Gefühlen, seiner Einbildungskraft etc. bestimmen«, gebe sich ihnen hin und empfinde so warm, sei von ihnen so begeistert, »daß man das Mangelhafte, das Schwierige derselben etc. wenig oder nicht beachtet.«[162]

Um einen Begriff von der Art des Schwärmens und Träumens zu erhalten, der auch Zschokke vorschwebt, wird man den in eben den Jahren erscheinenden Erfolgsroman von Carl Grosse, den *Genius* (Th. 1-3, 1791-1792; Th. 4, 1794 f.) lesen müssen. Wie stark dieser Roman auf die Gemüter des damaligen jungen Publikums wirkte, läßt sich den eindrucksvollen Zeugnissen entnehmen, die wir von zwei begeisterten Lesern besitzen: die bekannten Briefe der jeweils neunzehnjährigen Ludwig Tieck und E. T. A. Hoffmann an ihre Freunde Wackenroder bzw. Hippel.[163] In Grosses Roman jedenfalls ist durchgehend von »Schwärmerey und Traum« die Rede; ich will ein Beispiel dafür geben:

> Ich genoß einsam und in stillen Schwärmereyen des scheidenden Jahres [...]. Alles schmiegte sich, wie immer, meiner Vorstellung an; alles trug die Farbe meiner Gemälde. Ich war so glücklich, so tief in mich selbst versenkt, ich fürchtete jede Störung durch eine fremde von außen kommende Empfindung. [...] Jeder Unglückliche liebt seinen Schmerz.[164]

Die Versenkung in sich selbst, der zugleich glückliche Zustand des Unglücklichen, die vollkommene Trennung von der Außenwelt verweist auf die Quelle der schwärmerischen Techniken. In der Tat läßt sich die in pietistischen Traditionen suchen. Schon da findet im Prinzip gegenüber dem älteren Häresieverdacht eine positive Wendung des Schwärmerischen statt; so räumt etwa Adelung durchaus ein, daß es »andere Erkenntnißquellen der göttlichen Wahrheiten [...] als die heilige Schrift«[165] gibt; in dem subjektiv-persönlichen Verhältnis zum Gott der Pietisten herrscht eine kontemplative Versenkung in die eigene Innerlichkeit als Haltung vor, also stark mystische Elemente. Erst wenn man sich ganz diesen Eindrücken überläßt, vermag man die Offenbarung Gottes zu spüren. Eindrucksvolle Beschreibungen solcher Erlebnisse finden sich in Moritz' *Anton Reiser*[166] (wenn man es ironisch mag) oder im Sechsten Buch (*Bekenntnisse einer Schönen Seele*) von Goethes *Wilhelm Meister* (sofern man es lieber ernsthaft hätte). Daß sich überdies die Nachtstunden zum Schwärmen besonders gut eignen, da der Mensch durch keine äußerlichen Sinneseindrücke von etwelchen seelischen Sensationen abgelenkt wird, ist spätestens seit Edward Youngs *Nachtgedanken* bekannt. Daniel Jenisch hat so Unrecht nicht, wenn er vom Schwärmer sagt, er befinde »sich in dem Zustand des *Halbwachens*.«[167]

Aber auf noch ein weiteres macht Jenisch aufmerksam, wenn er festhält, daß es eine Schwärmerei gebe, die »Dinge von Wichtigkeit« zum Inhalt habe, »z. B. menschenfreundliche Vorschläge, praktische Aussichten, oder Plane zum Wohl der Menschheit«.[168] Halten wir dies mit mit Zedlers oberwähnten Befürchtung, der Schwärmer könne durch seine Ideen »öffentliche Unruhen« anzetteln, zusammen;[169] erinnern wir uns darüberhinaus auch daran, daß in Ludwig Tiecks *William Lovell* (1795) Cromwell als »der reinste und eifrigste Schwärmer« bezeichnet wird, ja mehr noch: seine »Schwärmerei und sein Enthusiasmus waren es vorzüglich, die die Menge an ihn band«, heißt es dort;[170] seine »Schwärmerei« also ist es, was ihn zum idealen Volkstribunen und Republikaner macht. Dies bedenkend wird klar, was es mit dem Schwärmerischen bei Zschokkes Charlotte Corday auf sich hat: es handelt sich um »Träumereien vom republikanischen Leben«[171], die ihr Dasein bestimmen, wie das des jungen Privatgelehrten Zschokke seinerzeit selbst.

Man wird daher recht in der Annahme gehen, daß politisches und emanzipatorisches Schwärmertum hier Hand in Hand gehen. Die Freiheit, von der Corday schwärmt, ist nicht nur die Freiheit des »citoyen«, sondern in ihrem Fall speziell die der »citoyenne«, die sich nicht über Männer definiert. Eine solche Gleichberechtigung scheint Zschokke aber ebenso unrealistisch wie die »republikanische Freiheit« eher staatspolitischer Provenienz. Warum er dies glaubt, will ich in Kürze demonstrieren; in der Herleitung der Argumente beschränke ich mich auf Fragen der staatsbürgerlichen Freiheit - aus Gründen des zur Verfügung stehenden Materials -, weise aber an dieser Stelle ausdrücklich darauf hin, daß ähnliche Argumentationsmuster *analog* für die Frage der Emanzipation der Frau gilt. Statt Freiheit ließe sich also auch Gleichberechtigung lesen.

In seiner Arbeit über antirevolutionäre Argumentationsmuster in der deutschen Dramatik des ausgehenden achtzehnten Jahrhunderts nennt Hans-Wolf Jäger Zschokkes Stück unter denjenigen, die »unverblümt und eindeutig einen antirevolutionären Zweck« haben.[172] Gerhard Schulz hingegen behauptet unter Verweis auf die 1796 erschienenen *Metapolitischen Ideen* Zschokkes[173], das Corday-Stück spiegle des Autors damalige »republikanische Gesinnung« wider.[174] Beides ist so nicht richtig: während Jäger das Stück vermutlich nie in den Händen hielt[175], schließt Schulz von dem eklektischen Aufsatz des Jahres 1796 zu unvermittelt auf das Drama von 1794: Gerade in dieser Zeit erwies sich Zschokkes Philosophie als überaus schnell wandelbar. Während er 1796 aus »den Gesezzen der praktischen Vernunft«[176], wie er sagt, einen Republikanismus entwickelt, der jeweils gefällige Elemente der Staatslehren vor allem Montesquieus und Kants, aber am Rande auch Rousseaus vermengt[177], hat er 1794 eine Haltung, die sich zwar prinzipiell an freiheitlich-republikanischen Ideen orientiert, diese aber zugleich als wirklichkeitsfremd und schwärmerisch denunziert.

Zusammen mit seinem Corday-Stück veröffentlicht Zschokke 1794 Fragmente über *Freiheit und Gleichheit*;[178] darin drückt er als »Unterthan einer ruhigen und in sich, so viel die Weltlage zuläßt, glüklichen Monarchie« (S. 55) vor allem sein Erstaunen über solche Formeln, »die mehr Schall als Bedeutung haben« (ebd.), aus. Es sei nämlich ganz einerlei, ob man Vielen oder Einem gehorche; Gleichheit und Freiheit fänden mithin »in keiner Regierungsart statt; denn eben darum werden Völker regiert, weil sie mit einer Freiheit ohne Schranken überall nichts Gutes anzufangen wissen!« (S. 57) Der angeblich so revolutionäre[179] Privatdozent an der Frankfurter Universität glaubt nämlich zu wissen:

> Es wird in jeder Verfassung mehr Arme als Reiche, weniger Geehrte als Geringe, mehr Gehorchende als Befehlende geben, und die gerühmte Freiheit und Gleichheit gehört dermalen nicht unter die Dinge, deren Besiz der vielköpfigen Menschheit frommen dürfte, wenn sie auch keinen Widerspruch enthielten. (S. 58)

Dementsprechend lasse sich nach Zschokke nicht so einfach bestimmen, und schon gar nicht aus den äußeren Verhältnissen ableiten, was denn »die wichtigsten Angelegenheiten der Menschheit« sind, wovon ein anderes Fragment in ebendemselben Band handelt.[180] Da alles »nur in Beziehung auf das Einzelwesen« (S. 60) wahr werde, lasse sich keine allgemeingültige Formulierung für das Glück der Menschheit finden: »Lauter verneinende Antworten zeigen sich auch dem forschenden Geiste.« (ebd.) Denn das »Interesse der Stände, der Völker, der Familien, der Religionen durchkreuzt sich in ungezählten Linien.« (ebd.) Die Frage nach der Freiheit kann also nicht für alle, sondern nur beantwortet werden, wenn sie auf den Einzelnen bezogen wird; und da der Einzelne, »ein Doppelwesen, wenn es je auf Erden eines gab« (S. 59), - »von der einen Seite mit sittlicher Freiheit begabt; von der andern unabänderlichen Naturgesezzen untergeordnet« (S. 62) - auch moralisch nur als Einzelner in Betracht kommt, bleibt als Quintessenz: die wichtigsten Angelegenheiten der Menschheit seien allein im Streben der Einzelnen nach Wahrheit zu finden, in dem Wunsche, »ewig dem [zu] folgen, was recht und gut ist!« (S. 62) Tugendsam sein also ist für Zschokke die wesentliche Aufgabe des Menschen; dafür brauche es bisweilen Heldenmut, räumt Zschokke ein, doch auch für den Scheiternden hat der junge Privatdozent Trost: »Und werde ich dann ein Opfer meiner Pflicht, so harre ich einer Zukunft, die mich villeicht glüklichern Gegenden zuführt.« (S. 62)

Solcherart vorbereitet, wird uns das Corday-Drama mit einem Beispiel für »Heldenmuth der Tugend« (S. 62) bekannt machen; solcherart vorbereitet werden werden wir uns unter Zschokkes »republikanischem Trauerspiel« sicher keinen enthusiastischen Dithyrambus der Freiheit vorstellen, wie seine nachträgliche Verklärung der eigenen Jugend in der Autobiographie manch einen anzunehmen verleiten mag.

In dem Drama wird das Irreale des schwärmerischen Republikanismus, wie ihn Zschokkes Charlotte Corday vertritt, gleich in der ersten Szene ausgestellt. Die Titelheldin des Stücks singt ein Freiheitslied, das eine Umdichtung von Schillers 1785 entstandener Hymne *An die Freude* darstellt. Im Gegensatz zu Schiller, der zwar von »Männerstolz vor Fürstenthronen«[181] schwärmt, als politische Handlungsmaxime aber nur ein »Duldet muthig, Millionen! / Duldet für die bess're Welt!«[182] auszugeben in der Lage ist, preist Zschokkes Corday die »Freiheit« als »Gottestochter«:

> Bebend sah dich die Hyäne / Sklaverei! und sie entwich; / Und der Menschheit Freudenthräne, / Zauberin, begrüßet dich. / Schaudernd sehen die Despoten / Ihrer Lüste Hochgericht; / [...] Sterbend winselt die Chikane / An dem umgestürzten Thron; / Freiheit, unter deiner Fahne / Bieten wir Neronen Hohn. / [...] Brüder, Bürger aller Zonen, / Stürzet die Tyrannenschaft; / [...] Laßt uns fürder nicht mehr schlafen / In der Nacht der Despotie.[183]

Der »in einer schwermüthigen Attitüde« (S. 67) dabeisitzende Vater Corday verlacht seine Tochter ob ihrer »Schwärmerei« (S. 71). Trotzdem bittet er Charlotte, in ihrem Lied fortzufahren, denn er höre sie gern schwärmen: »Was uns die Wirklichkeit verweigert / In dieser besten Welt, das muß / Die liebe Fantasie ersezzen. / Weiter nur [...].« (S. 68)

Mit diesen Worten spricht der Vater Corday in dem Stück nicht nur die Funktion der Schwärmerei innerhalb des Stückzusammenhangs an, sondern auch die Funktion von Kunst und Literatur im allgemeinen, wie sie Zschokke zum damaligen Zeitpunkt vornehmlich versteht. Wohl behauptet der Aufklärer Zschokke, »daß die meisten dieser Schwärmereien Zerstörung schädlicherer, unangenehmerer Schwärmereien zur Absicht haben«[184], jedoch dürfte der eigentliche Zweck seines Schreibens exakt dem entsprechen, was Laurence Sterne in seiner *Sentimental Journey* (1768) en passant seinen Lesern als wichtigste Funktion empfindsamer Literatur mitteilt; Sterne lobt die

> glückliche Biegsamkeit des menschlichen Geistes, die sich auf einmal solchen Täuschereyen überlassen kann, welche der Erwartung und dem Gram ihre langwierigen Augenblicke aus den Händen spielen. [...] Wenn mein Weg zu höckerich für meine Füsse, oder zu steil für meine Kräfte ist, so geh' ich davon zu irgend einem ebenen sammtnem Pfade, welchen die Phantasie mit Rosenknospen des Vergnügens überstreut hat [...]. Wenn die Widerwärtigkeiten auf

mich eindringen, und ich keinen Schutzort auf dieser Welt finden kann, so wähl ich einen neuen Weg ... Ich verlasse sie ...[185]

Sterne spricht von einem Zweck der Kunst, der ihr zu seiner Zeit noch unter anderm eignet, hundert Jahre später aber generell (und ausschließend) ihr zugesprochen wird: sie soll ein Korrektiv sein zur häßlichen Wirklichkeit.[186] Schon 1768 also entwarf ein bürgerlicher Schriftsteller ein Modell, wie man mit der doch nicht so idealen Welt, von der sich herausstellte, daß sie kaum die beste aller möglichen sein könne, umgehen kann: Defizite der Wirklichkeit werden eingeklagt und in der Kunst Ersatzbefriedigung geschaffen. So läuft ab dem Ende des 18. Jahrhunderts neben der »weltverändernden« Wirkung der Literatur (die aufklären und nützen soll) die eskapistische Variante nebenher; in ihr behalten Herz und Empfindung der leidenden Seele ihr Recht, das sie in einer sich rasch verbürgerlichenden Welt verloren haben.

Und so wie der antike Heroismus 1789-1794 nach dem bekannten Diktum von Marx, dazu herhalten muß, selbsttäuschend den bürgerlichen Revolutionären »den bürgerlich beschränkten Inhalt ihrer Kämpfe [...] zu verbergen«[187], so ist es ein Teil der Aufgabe von Literatur, aber bestimmt kein unwesentlicher Teil, jene Selbsttäuschung eines wirklichen Lebens zu erhalten, um die bürgerlich beschränkte Daseinsform zu ertragen. Gerade das demonstrative Ausstellen von empfindsamem Seelenleben und Gefühlskultur, sei es in der empfindsamen Poesie des späten achtzehnten, oder in der gesamten Trivialliteratur des neunzehnten und zwanzigsten Jahrhunderts, verweist auf den empfindlichen Mangel desselben in der Wirklichkeit. Jedenfalls mag es einem Heinrich Zschokke so erschienen sein; der Vorbericht zu seiner Sammlung *Schwärmerey und Traum*, die auch das Cordaystück enthält, liest sich wie das Manifest eines zwar nicht mehr sentimentalen à la Werther, aber wenigstens des in Tiecks *William Lovell* (1795) gestalteten Weltschmerzes.[188] Es heißt in dem Vorbericht unter anderm von dem »Zwek dieses Büchleins«:

> Ihr friedlichen, gutmüthigen, schwärmerischen Seelen, *unglüklich* durch eure Verhältnisse, *glüklich* zuweilen noch in euren Träumen, durch *Armuth* oder *Liebe*, *Verachtung* oder *Verkanntheit* von des Lebens schönsten Freuden geschieden - nehmet dies Buch und laßt es euern *Gefährten* in der Einsamkeit sein, wenn ihr entweder da sizzet im stillen, dunkeln Zimmer, oder ihr hinaus ins Freie flüchtet, eure Thränen, eure Schwermuth den Menschen zu verbergen, oder ihr in den Dämmerungen eines Wäldchens eure Zähren abtroknet. - 'Es ist süß,' las ich einst: '*allein* zu schwärmen, sich über Welt und Grab hinweg zu träumen und an schönern Welten sein müdes Auge zu laben; - aber *gesellschaftlich* mit einer *harmonirenden* Seele diese geistigen Ausflüge zu wagen, ist *zehnfach* süßer!' Meine Wünsche wären erfüllt, meine Hoffnungen vollendet, wenn ich nur *eine* Thräne abtroknen, *einen* Seelensturm schweigen, *ein[en]* beide[s] vergessen machen könnte; wenn *einer* von euch mir zuriefe, wie der fromme *Michael* seinem *Antonio*: 'Du schwärmst - und doch dein Schwärmen selbst / Ist mir so angenehm, als wär' / Es heil'ge Wahrheit! --[189]

So also ist das Corday-Stück ein Angebot des Autors an seine Leser, mit ihm und mit Charlotte Corday von der Freiheit zu träumen, zu schwärmen. Wohl vertraut mit der Wirklichkeit und ihrem weiten Abstich vom Ideal, wissen die Leser aber auch, daß es bloß um Imaginationen geht.[190] Die republikanischen Träume von einem idyllischen Land »unter dem Panier der Freiheit«[191] werden solcherart zu einer »Chimäre«[192], deren Verfolg zwar »heroisch« sein kann (wie sogar Kant durchaus einräumt[193]), aber letztlich scheitern muß. Und ebenso handelt es sich - um auf den Ausgangspunkt meiner Überlegungen zurückzukommen - bei dem Kampf gegen die »Männerallmacht« um eine Schimäre, die platzen muß wie eine Seifenblase, in der Wirklichkeit genauso wie in der literarischen Umsetzung.

»Du bist sonderbar [...], aber du bist unwiderstehlich!«: Senkenberg oder Die Erfindung der femme fatale am Ende des achtzehnten Jahrhunderts

Anders als bei Zschokke ist der Cordaystoff in der ersten literarischen Verarbeitung in Deutschland überhaupt außerordentlich glücklich bewältigt worden: Ich meine das kleine Drama des literarischen Außenseiters Renatus Carl von Senkenberg[194], anonym 1797 veröffentlicht, entstanden jedoch schon drei Jahre zuvor.

In einer knappen, rasch vorwärtsdrängenden Prosa präsentieren sich mit diesem Stück elf Szenen, die in lockerer Reihung die Hauptstationen zwischen Charlotte Cordays Tatvorsatz und ihrer gerichtlichen Verfolgung beleuchten. Gerhard Schulz tut das Stück als nicht sonderlich originell ab[195], Rita Minor verwirft es zu Anfang unseres Jahrhunderts als ganz undramatisch[196]: beide jedoch scheinen mir zu Unrecht Maßstäbe an das Stück zu legen, vor denen es naturgemäß nicht bestehen kann.

Schulz sucht vor allem das Besondere, mit dem Senkenberg »über die allgemeinen zeitgenössischen Versuche zur Begründung und Rechtfertigung der Tat hinaus[geht]«, im Faktischen und bedauert, daß die moralische Rechtfertigung der Tat nicht so ausgefeilt wird wie in Wielands Essay; er hält sie gar für mißlungen, weil der Priester, mit dem Charlotte Corday sich unterredet, nicht von ihr überzeugt, sondern lediglich irritiert wird. Das Originelle an Senkenbergs Drama jedoch scheint mir nicht im Faktischen, im Was also, sondern im Wie zu liegen.

Minor dagegen urteilt ganz im Bann der klassizistischen und realistischen Ästhetik: undramatisch sei das Stück, da es keine motivierende Exposition besitze, da (außer in einer Szene) niemals mehr als zwei Personen auf der Bühne stehen, da dem Drama jedes Lokalkolorit gänzlich abgehe, da man nach der Lektüre »eher den Eindruck hat, einen Zeitungsbericht gelesen zu haben als ein Drama.«[197] Verwundert referiert die Verfasserin der Dissertation von 1909 die Ansicht Vatels, der das Stück sehr hoch stellt[198], um aber diese Ansicht als die eines Historikers abzutun, denn wer

»vor allem den ästhetischen Gehalt der Dichtung im Auge behält, kann dem Urteil nicht beipflichten.«[199] Dem aber kann ich gegen Ende des zwanzigsten Jahrhunderts nicht mehr beipflichten: mag auch von Senkenbergs Zeitgenossen bis zu Rita Minor hin das Drama »unförmig« erschienen sein, so ist es gerade seine aus dem Rahmen fallende Form, die meinen Zeitgenossen und mir heute so nahe liegt.

Senkenbergs Stück, »Drama, Trauerspiel, oder wie man es nennen will,«[200] weist neben dem modern anmutenden, präzis und ohne Umschweife argumentierenden Stil vor allem solche Eigenschaften auf, die mich es beinahe zum Vorläufer des epischen oder dokumentarischen Theaters unseres Jahrhunderts erklären lassen. Einzelne Szenen, die untereinander nicht verknüpft sind und nur entscheidende Wendepunkte oder charakteristische Stationen der letzten Tage vor dem Mord geben - soweit sie die Heldin betreffen - sind gleichsam aneinander montiert. Auf eine durchgehende Handlung wird in der Szenenreihung verzichtet, jegliche Einheit von Zeit und Ort ist aufgehoben; allerdings führt dies nicht zu der gewissen Beliebigkeit, die manche Haupt- und Staatsaktion um 1700 kennzeichnen mag, wo auch nur lose gefügte Einzelaktionen ein Stück ausmachen. Im Gegenteil sind die einzelnen Szenen bei Senkenberg durch eine feste Klammer innerlich verbunden: es ist das »Wesen« der Titelheldin, das Senkenberg ausleuchten will, indem er es gleichsam objektiviert, d. h. in der Wirkung, die diese »ausserordentliche Person«[201] auf ihre Umwelt ausübt, spiegelt. Der Reiz des Stücks liegt also auch darin, daß es mir gerade äußerst dramatisch erscheint, wenn Handlung und Charaktere nicht durch Monologe und Selbstaussagen, sondern durch Dialoge echter Begegnungen sich entwickeln. Besonders hervorzuheben ist dabei auch noch der nicht nur behauptete, sondern wirkliche »dokumentarische« Charakter des Stücks.[202] Was nämlich seine Heldin angeht[203], so folgt Senkenberg *getreu* den Informationen, die er »in dem Moniteur und andern französischen Blättern«[204] fand. Dem Rat einiger Freunde, »deren Geschmack in dieser Art Arbeiten, mir billig um so mehr zur Richtschnur dienen mußte, als ich mich sonst nie an diese Art Schriftstellerey gewagt habe,«[205] nämlich durch eine ausgearbeitete Liebesgeschichte »mehr Interesse in das Stück [...] zu bringen«, widerstand Senkenberg mit dem Hinweis auf die historische Wahrhaftigkeit; er sieht sich sogar genötigt, seine Erfindungen, die er dem Historischen »zugesetzt« habe, präzis zu bezeichnen und damit zu entschuldigen, daß sie doch wenigstens »der Wahrscheinlichkeit nicht ungemäß«[206] oder für das Theater zu unwichtig bzw. unschicklich seien.

Die fast anachronistisch anmutende »Modernität« dieses Stücks ergibt sich also - um das gesagte kurz zusammenzufassen - formal in erster Linie aus dem Montageprinzip, der wirkungs- und aktionsbezogenen Handlung, die allein durch Dialoge rasch vorangetrieben wird, der dokumentarisch-historischen Treue, sowie aus der Verwendung einer Prosa, die beglückend unprätentiös, genau und sparsam ist und wo *jedes* Wort Bedeutung trägt, also jeglicher Schwulst und jede Umständlichkeit, die so viele Dramen der Kunstperiode auszeichnen, fehlen. Inhaltlich bedeutet die Konzentration auf eine Person ebenfalls einen Gewinn, der den Zeitgenossen verborgen bleiben mußte, da sie solcherart personalisierte Dramen nicht gewohnt waren. Und die eigentümliche Auffassung dieser einen Person, »Charlotte Gorday« wie sie hier heißt, ist der Grund, warum ich das Drama an *dieser* Stelle behandle.

Gorday ist eine Frau, die als Frau nur ein Credo hat: »Ich selbst will mir Alles seyn.« (3; 11)[207] Gerhard Schulz glaubt, die Ansätze, die auf die »Selbstverwirklichung der Frau durch die große Tat« zielen[208], würden im Drama nicht weiterentwickelt. Das trifft meines Erachtens nicht zu; im Gegenteil scheint mir dieser Ansatz sogar konstitutiv für die Handlung: nicht explizit wird hier die Emanzipation der Frau verfochten, sondern die Wirkung einer emanzipierten Frau auf ihre Umgebung wird vorgeführt. Gorday *ist* völlig selbständig, sie *ist* ehrgeizig und selbstbewußt: »Gorday sagts, und Gorday hat noch nie ihr Wort gebrochen.« (1; 2)

In gewisser Weise ist sie allmächtig, denn immer schafft sie es, sich durchzusetzen. Mittel dazu ist ihr unglaubliches Charisma, das bei Senkenberg eindeutig erotisch konnotiert ist.

Überhaupt hat dieser Autor - soweit ich das aus den wenigen Bruchstücken seines dichterischen und sogar nichtbelletristischen Werks, die noch erhalten und mir bekannt sind, schließen kann - eine stark sinnlich affizierte, niemals jedoch schlüpfrige Fantasie, die dem zopfigen Sonderling niemand zutrauen würde.[209] Bei den trockensten Materien - etwa seinem Streit für »teutsche Lettern« und gegen das Drucken deutscher Bücher in lateinischer Schrift (eine um 1793 die deutsche Öffentlichkeit außerordentlich erregende Diskussion) - fällt ihm als Beispiel (als er daran geht, die Behauptung, Ausländern würde der Zugang zu deutscher Kunst und Literatur unnötig schwer gemacht, wenn man an gotischer Schrift festhielte, zu widerlegen) ein:

> Welcher denkende Kopf wird sich durch eine solche Nebensache als unterschiedene Buchstaben sind, an einem Vorhaben sogleich irren lassen? Wenn eine Schöne auf einem Berg steht, und uns, zu ihr zu kommen, einladet, wird wohl jemand, dem es darum zu thun ist, sie näher kennenzulernen, den Berg zu ersteigen scheuen?[210]

Senkenbergs Gorday, »ein junges wohlgewachsenes, nicht häßliches Mädchen« (2; 6), wie ihr Vater konstatiert, ist ein »unwiderstehlich, sonderbares Weib« (3; 11), deren Macht sich keiner der Männer, die ihr im Verlauf des Stücks begegnen, entziehen kann: ihr Anbeter Bougon nennt sie ein »unbegreifliches Mädchen« (4; 16), der »Messerschmidt zu Paris« verkauft ihr nach anfänglicher Weigerung schließlich doch die Mordwaffe, obwohl er meint: »auch ohne Dolch seyd ihr gefährlich genug. Doch ihr wollt doppelte Waffen. Also, hier ist einer.« (5; 21) Sogar den Priester, der sie im Kerker aufsucht, setzt Gorday »in Erstaunen« (10; 45), doch er allein vermag sich ihrem Sex-Appeal zu entziehen, aber nur als »[s]einem Amt sowohl als den Jahren nach der Welt abgestorbene[r] Mann«, wenn er auch »einen Augenblick« angefochten war (10; 43). Selbst Gordays Vater konnte sich nicht enthalten, auszurufen: »Mädchen, du bist sonderbar in der Vater-, in der Männer-, und in der Vaterlandsliebe; aber du bist unwiderstehlich.« (2; 7) Zuvor hatte er seine Tochter nach ihren Erklärungen zur Lage der Zeit umarmt, und zwar »so feurig [!] als ich je deine zu früh uns entrissene Mutter [!] umarmt habe« (2; 6), wie er es beschreibt; Gorday ist so dezent, seine Liebkosungen als »väterlichen Kuß« (ebd.) zu deuten.[211]

Den Autor selbst hatte Charlotte Corday nicht schlafen lassen, da sie seine nächtlichen Fantasien vollständig in Anspruch nahm. Über die Zeit nach dem Mord berichtet Senkenberg in der Vorrede zum Stück, er habe sich so intensiv mit der Begebenheit beschäftigt,

> daß sie sich beym Schlafengehen gleichsam vergegenwärtigte. Er [der Verfasser] konnte nicht recht schlafen, mußte aufstehen und die Feder ergreifen, als es noch kaum Tag war, und schrieb bis er zum Essen gieng. Abends fand er sich in dem nämlichen Zustand. Er mußte wieder, als es kaum Tag war, die Feder zur Hand nehmen, schrieb, und ließ den ganzen Vormittag nicht nach, bis die *dramatisirte Charlotte Gorday* fertig auf dem Papier stand. (S. VIII)

Die vernichtende Anziehungskraft der Gorday spürt in dem Stück natürlich auch Marat, sogar noch bevor seine Mörderin den Raum betritt: Ängste, mit denen er nicht umgehen kann, steigen auf:

> Ich muß [!] sie sprechen. - Und doch weiß ich nicht, was in mir für ein Gefühl sich regt, ganz unentschieden von dem, was ich sonst bey der Erwartung eines schönen Mädchens empfinde. Gäbe ich etwas auf Ahndungen, ich ließe sie nicht kommen. Wie die entgegengesetzten Pole des Magnets gegen einander, so ist mein Herz gegen die Unbekannte, die mich sprechen will. (6; 27)

Nun, in der folgenden Szene erweisen sich seine Gefühle zunächst als väterliche (»Nicht so sehr alles mit schwarzen Farben abgemahlt, meine Tochter!« 7; 28), was im Zusammenhang *dieses* Dramas auch schon allerlei heißen kann; vor allem aber versucht er, mit seinen Ängsten so umzugehen, daß er Gorday nicht recht ernst nimmt: ein allerdings tödlicher Fehler.

Sind die »Ahndungen« Marats bloß ein (relativ billiger) poetischer Trick, das kommende Unglück anzuzeigen? Mit Sicherheit haben sie auch diese Funktion, aber nicht nur: Senkenbergs Stück führt uns tatsächlich eine Gorday vor, deren vernichtendem Charisma sich auch der Leser kaum entziehen kann. Rita Minor etwa empfand den »Zug ins Dämonische«[212] so stark, daß sie sich verpflichtet fühlte, die historische Corday vor ihrem Abbild bei Senkenberg in Schutz zu nehmen. Der aber hatte - unbewußt zwar, vielleicht aber nicht unerklärlich, wollte man die Psychologie zu Hilfe rufen - am Ende des achtzehnten Jahrhunderts eine Präfiguration dessen geschaffen, was um die letzte Jahrhundertwende herum Allgemeingut geworden ist: die femme fatale, deren unentrinnbarer sinnlicher Ausstrahlung die Männer unweigerlich zum Opfer fallen. Senkenberg steht vielleicht literarhistorisch, aber nicht geistesgeschichtlich völlig isoliert: die

Stammutter der femme fatale machte Mario Praz 1930 ebenfalls im letzten Jahrzehnt des achtzehnten Jahrhunderts aus, nämlich in Matilda aus Matthew Gregory Lewis' Roman *The Monk* (1795).[213] Daß dies nicht die erste Quelle ist, bleibe hier dahingestellt; entscheidend nur, daß in dieser Zeit der »moderne Typus«[214] der femme fatale wurzelt.

Zu der Figur gehört auch, daß sie nicht so *geworden* ist, sondern immer schon so war: das vernichtende Prinzip gehört zu dem Wesen der femme fatale und kann oder soll in der Regel nicht hinterfragt werden; dies Moment findet sich auch in Senkenbergs Gorday-Stück. Es gibt keine Erklärungen zu dem Woher und Warum, welche die anderen schon besprochenen Corday-Dramen des neunzehnten Jahrhunderts oftmals so unerträglich seicht machen: in der ersten Szene schon steht Gorday als Fertige vor uns, ihr Entschluß steht ebenfalls fest: »Er soll sterben, der Unwürdige, er soll sterben.« (1; 2) Ein stichhaltiges Motiv für den Mord an Marat hat Gorday nicht; ihr Entschluß eröffnet das Stück und damit nimmt Marats Schicksal »unwiderstehlich« seinen Lauf.

Streiflichter aus der Stoffgeschichte: Moderne Adaptionen der femme fatale Charlotte Corday (bis 1989)

Bis diese Variante der Erzählung, Corday als femme fatale, erneut auftaucht, geht viel Zeit ins Land. Das braucht nicht zu verwundern, da Senkenberg nicht bewußt und auch nicht in Reinform eine femme fatale gestaltet: überdies wurde sein Stück niemals breit rezipiert, sein Autor konnte deshalb nicht vergessen werden, da er nie als Dichter bekannt oder anerkannt war.

Ganz leicht mag man in einer Sammlung von Gedichten des späteren Literaturpapsts Rudolph Gottschall[215] das Thema der Verderben bringenden Liebenden anklingen, wenn es von Corday heißt: »In ihrem Lächeln wohnt Verrath und Lüge, / Am Baum des Lebens hängt des Todes Frucht! / Sie winkt dem Volkstribunen Freundesgruß! / Die Lippen lokken, wie zum Judaskuß.«[216] Daß die Lippen aber bloß zum »Judaskuß« locken, zeigt deutlich genug, wie beliebig letztlich solche Metaphorik bleibt, zeigt aber auch, daß eine durch Sinnlichkeit vernichtende Frau in der Mitte des neunzehnten Jahrhunderts einfach nicht vorstellbar ist. Sogar wenn der Corday »jener dämonische Zug, welcher die Männer so unwiderstehlich hinreißt und festhält«, zugeschrieben wird, wie in einer kitschigen Novelle der damaligen Erfolgsautorin Elise Polko[217], dann eignet diese Dämonie nicht der Mörderin selbst, (die Erzählung handelt ohnehin nicht von ihr, sondern von einem weltfremden Mädchen des Biedermeiers zwischen zwei männlichen Nullen, wie sie ein Groschenroman von heute auch nicht besser präsentiert,) sondern bloß einem Relikt von ihr, in diesem Fall der Locke, die sie kurz vor der Hinrichtung dem Maler Johann Jakob Hauer gegeben haben soll.[218] »Die dämonische Gestalt des Mädchens von Caen«[219] selbst verwandelt sich erst wieder in dem »modernen Epos« *Robespierre* (1894) der um die letzte Jahrhundertwende hochgefeierten Dichterin Marie Eugenie delle Grazie wenigstens ansatzweise in eine femme fatale. (Das gilt für die Literatur, in der Malerei begegnet die femme fatale schon früher.[220]) Delle Grazies Werk, eine monumentale Anhäufung fünfhebiger Jamben in zwei Bänden, handelt die gesamte Geschichte der Revolution zwischen 1788 und 1794 ab, daher findet sich natürlich auch die Ermordung Marats im *Robespierre*. Da das Epos die Revolution zwischen ihren extremen Polen einspannt, bzw. sie (um mit den Worten Rita Minors zu sprechen) »von ihren ersten idealistischen Anfängen reiner Begeisterung bis zu der furchtbaren Entfesselung der wildesten Triebe«[221] verfolgt, spielt Marat als Hauptvertreter derjenigen, die die Freisetzung der Leidenschaften befürworten, keine kleine Rolle.

Seine politische Philosophie enthüllt er gegenüber Charlotte Corday, die er im Epos scheinbar zufällig im »Wald Saint Cloud's« (10; I, 337)[222] auf dem Weg nach Versailles trifft; ein befreiendes Erlebnis für ihn: »Zerstörungsbrünstig strömt dem Finstern so / Die gift'ge Seele über und sein Haß / Durchschwelgt, nun er zum erstenmale frei / Und rückhaltlos gesprochen, wie ein Trunk'ner / Die Orgien seiner blut'gen Phantasie.« (10; I, 345). Kurzgesprochen läßt sich Marats Utopie als Philosophie des »Nein!« (10; I, 345 et passim) bezeichnen; das »Nein« gilt all jenen, die nicht nur zerstören, sondern »die auch gestalten wollen« (10; I, 344), mithin allen Idealen, aller Kultur, allem Staat; sein Ziel ist die Freisetzung des »Thiers« und der »Bestie« im Menschen (10; I, 343 f.). Den Einzelnen, der allenfalls sich am »Fieberculte der Ideale« begeistern kann (10; I, 344) möchte er zu jener animalischen Freiheit emanzipieren, die der Menschheit als Gattung ohnehin zu eigen sei. Dazu brauche es des Niederreißens aller bisherigen Ordnungen:

> Und auf den Trümmern dieser Welt seh' ich / Den Menschen steh'n, nicht mehr bemüht, Gesellschaft / Und Staat zu gründen und zu schützen - nein, / Als lügenmüde, tolle Bestie, / Die allen Schranken Hohn spricht, alle Mittel / Des Geistes nur gebraucht, um alle Werke / Des Geistes zu vernichten [...] (10; I, 345).

Charlotte Corday nun - ursprünglich auch für die Ideale der Freiheit begeistert, jedoch zugleich mit einem »prophetischen« Fanatismus begabt[223] -, nimmt als Somnambule[224] die Lehre Marats begierig auf. Zu dem Jakobiner, der sie träumend in Anbetung des Monds versunken fand und aufweckte, sagt sie: »Charlotte Corday wird Deine erste Schülerin, / Und danken wird sie Dir, wie Du gelehrt!« (10; I, 346)

Tatsächlich interpretiert delle Grazie die Mordtat Cordays, vor allem aber ihre »über Tod und Leben / Hinwegsehend[e] wahnwitz'ge Heiterkeit« (20; II, 337) nach dem Attentat als Triumph Marats, als »seines Werkes Sieg« (ebd.); Corday wird auf diese Weise »die Mörd'rin eines Mannes, / Dem sie Genossin war im Aberwitz -« (ebd.). Die Betonung der pathologischen Seite der Mordtat, das Interesse an der negativen Seite in

Cordays Charakter ist zeittypisch. Für hehre, reine, idealistische Jungfrauen hat das fin de siècle keine schwärmerische Zuneigung mehr. Delle Grazie hat (wie sie brieflich Rita Minor mitteilte[225]), für die Gestaltung der Corday wissenschaftliche Unterstützung eingeholt; die mordende Frau, ihrem Opfer Lust bereitend und zugleich Verderben bringend, der kalten Vernunft entzogen und somnambul durch die Welt gehend, hat die Zustimmung wenigstens des seinerzeit berühmten (und umstrittenen) Psychiaters Theodor Meynert[226] erhalten.

Inwiefern hier das Schema der femme fatale zum ersten Mal in der modernen deutschen Literatur die Cordayfigur zu überlagern beginnt, mögen zwei Textbeispiele zeigen. Im ersten wird die erste Berührung zwischen den beiden Körpern geschildert, kurz nachdem Marat Corday zum ersten Mal sieht:

> eitel und verblendet [...] tritt er lüstern näher, / Mit frecher Hand ihr Kinn umschmeichelnd.... Wie / Ein Frost des Ekels schüttelt's ihre Glieder, / Doch ihre Hände wehren ihn nicht ab, / Noch fahler wird ihr Antlitz - doch ihr Aug' / Bemüht sich, seinem Blick zu begegnen, / Und plötzlich lacht sie leise vor sich hin - / Ihm däucht es nur ein süß-aufregend Kichern / Der Sinnlichkeit, indeß sein Dämon lacht, / Und sein Verhängnis girrend Wollust heuchelt! (10; I, 340 f.)

Für die literarhistorische Situation bezeichnend ist die hier zum Ausdruck gebrachte Ambivalenz, die ihre Reaktion noch kennzeichnet; eine wirkliche femme fatale (etwa in Barbey d'Aurevillys *Diabolischen Geschichten* oder auch Wedekinds Lulu) hätte Wollust nicht nur geheuchelt: »Grausamkeit verbirgt sich hinter ihrer Liebe«, heißt es in einem Roman Gabriele d'Annunzios. »In ihr walten zerstörende Kräfte, die um so mehr hervortreten, je stärker ihre erotische Erregung ist...«.[227] So wie Charlotte Corday bei delle Grazie zwar noch zusammenzuckt, sich aber nicht mehr entwindet, so wie sie zwar erbleicht, zugleich aber doch den Blickkontakt schon sucht, so steht auch Corday als femme fatale am Anfang. Hat sie (literarhistorisch) ausgelernt, wird sie *ihn* nicht mehr bloß nicht abwehren, sondern suchen, wird der Anflug von »Frost des Ekels« der realen, dämonisch kichernden Wollust weichen. Immerhin deutet sich auch hier schon das tödliche Wesen der femme fatale, deren Somnambulität auf Genuß zielt, an:

> Gleich einem Schwure bebt's von ihren Lippen, / Und weit streckt sie die schlanke Rechte aus, / Ein mystisch-lockendes Weib, deß' keusche Züge / Nur Transparente einer einzigen / Begeist'rungsflamme scheinen, die vernichtend / An ihrem Wollen und Empfinden zehrt. (10; I, 346)

Obwohl dieses Versepos uns heute relativ kalt läßt, hat es die Kritiker und Leser der Jahrhundertwende geradezu enthusiasmiert. Der schon erwähnte Rudolf von Gottschall weiß delle Grazies Dichtung »nur mit denen Shakespeares zu vergleichen«, andere loben das Epos »als ein Meisterwerk«, das »nicht nur einzig dasteht in der gesamten neueren Literatur, sondern [...] sich behaupten wird, solang es überhaupt Literatur gibt.« Der Kritiker der New-Yorker Staatszeitung versteigt sich gar zu der Behauptung: »Dieser 'Robespierre' ist die erste objektive, echt künstlerische Darstellung, welche die französische Revolution in der Welt gefunden.«[228] Weitere ähnliche Urteile ließen sich anführen, können aber beiseite bleiben; entscheidend ist die Beobachtung, daß dieses »moderne Epos« einen exzeptionellen Erfolg hatte, dessen Ursache wahrscheinlich nicht in der Verskunst delle Grazies liegt. Ich nehme an, daß es vielmehr die vorhandene oder sich andeutende Modernität einzelner Figuren bzw. der Auffassung von Personenkonstellationen ist, die das Werk so attraktiv machten.

Im zwanzigsten Jahrhundert gibt es dann keine Darstellung mehr, die das unterschiedene Geschlecht von Täterin und Opfer nicht zum Thema machte. Der Sexus wird allmächtig. Besonders gut läßt sich dies an den Hervorbringungen der Bildenden Kunst verfolgen: Edvard Munchs Gemälde »Die Mörderin« (1906; Munch-museet, Oslo), »Tod des Marat I« und »Tod des Marat II« (beide 1907; ebd.)[229] können als reine Darstellung des feindlichen und endlich tödlichen Kampfes der Geschlechter gedeutet werden.[230] Michael Marrinan schrieb über diese Kompositionen Munchs treffend: »In his hands Man becomes Marat because Woman is Charlotte Corday, capable of turning every sexual encounter into an assassination.«[231] Auch die entsprechenden Bilder Pablo Picassos (1934)[232] oder Alfred Hrdlickas[233] basieren ganz auf der erotisch-sexuellen Komponente, die der Stoff enthält. Entsprechend ins Satirische gewendet ist das Thema auch von Matthias Prechtl und Hans Traxler behandelt worden.[234]

In der deutschen Literatur des zwanzigsten Jahrhunderts sind die Entsprechungen ebenfalls vorhanden: angefangen von der trivial-unbeholfenen Darstellung in Fritz Reck-Malleczewens Marat-Roman (1929) über die prägende Anverwandlung des Stoffs durch Peter Weiss in seinem großartigen *Marat/Sade* (1963/65), wo Koitus und Mord wie bei Munch gleichbedeutend werden, bis zu den jüngsten Texten, etwa Sibylle Knauss' Corday-Roman (1988)[235], Judith Kuckarts Tanztheaterstück *Charlotte Corday* (1989) oder Peter Josts Hörspiel *Unheimliche Vertrautheiten* (1985/86) und seinem daraus entwickelten Drama *Endlose Strände mit jubelnden Völkern* (1986/87). In den Arbeiten Peter Josts findet sich dann auch wieder das von delle Grazie her bekannte Motiv der Wesensidentität von Mörderin und Opfer besonders gestaltet: »Mich faszinierte unter anderem Cordays Verwandtschaft zu Marat,« schreibt der Autor, »ihre sich gleichenden 'Persönlichkeitsstrukturen', die in die Tat springende anarche Sehnsucht.«[236] Diese beobachtete Verwandtschaft war natürlich auch bei delle Grazie schon nicht mehr neu, man findet sie bereits in Luise Büchners Corday-Essay (1865).[237] Bei Büchner wie delle Grazie jedoch läuft die Wesensidentität vor allem auf den gewalttätigen, politischen Fanatismus, der sowohl Marat wie Corday eigen gewesen sei, hinaus, während bei den postmodernen Befindlichkeitsdichtungen Josts oder auch Kuckarts die psychischen Dispositionen im Mittelpunkt stehen; eine, wie ich finde, durchaus zeitgemäße, aber nicht ganz ungefährliche Behandlung des Stoffs: bei

Kuckart etwa werden solcherart Judith, Marie-Antoinette, Charlotte Corday und Ulrike Meinhof zu wesensgleichen Frauen: als Frauen zugleich Opfer wie als Mörderinnen Täter.[238] Demgegenüber scheint es mir nicht nicht zu moralisierend, wenn ich zum Beispiel auf dem Unterschied zwischen einer königlich privilegierten Mörderin namens Marie-Antoinette und einer Revolutionärin beharre.[239]

Jedoch würde eine eingehendere Untersuchung der zeitgenössischen Adaptionen des Cordaystoffs den Rahmen dieser Arbeit sprengen. Neben der Variante, die in Charlotte Corday heutzutage vielleicht die berufene, Anfang des neunzehnten Jahrhunderts aber vornehmlich die »unberufene Mörderin eines Mannes« sieht, deren Arglist den Tod just »da, wo wir Männer nur sanfte weibliche Gefühle vermuthen,« verbirgt[240] (Corday versteckte den Dolch bekanntlich unter ihrem Brusttuch), gibt es ja noch die andere, die Charlotte Corday nicht an geschlechtlich vorgeprägten Argumenten maß. Um 1800 herum waren diese Autoren sogar publizistisch in der Überzahl; ihren Texten gilt das folgende Kapitel.

Brutus-Variante: »Wenn ich schuldig bin, war es also auch Alcides, als er die Ungeheuer umbrachte?«[241]. Aufklärung und Römertum

Einleitung: »Größer als Brutus«: Adam Lux über Charlotte Corday

In seiner Flugschrift über »Charlotte Corday«, die der gebürtige Mainzer Adam Lux wenige Tage nach der Hinrichtung der Attentäterin publizierte, verglich er Corday mit Cassius und Brutus, mit Cato und Servilius Ahala. Begeistert stellt er fest, daß mit Corday eine Heldin aufgestanden sei, »deren Beyspiel man vergebens in Rom und Sparta sucht.«[242] Daher er sich nun nicht mehr der Spartaner und Römer zu erinnern brauche, wenn er sich zur Liebe für sein neues Vaterland, die französische Republik, anzufeuern wünsche.[243] Für den Ort ihrer Hinrichtung verlangte Lux »eine Bildsäule [...] mit der Inschrift: 'Größer als Brutus.'«[244]

Auffällig ist nicht nur bei Adam Lux der beständige Vergleich mit Sparta und Rom, das beständige Erinnern der Antike, wenn es um eine bessere, republikanische Zukunft geht. Diese Haltung war vor der Revolution die gängige Spielart gesellschaftlicher Utopie und gewissermaßen die politische Variante der ästhetischen Querelle des Anciennes et des Modernes, die nicht von ungefähr 1795/96 mit und nach der Erfahrung der Revolution von Schiller und Schlegel in Deutschland erneut aufgegriffen wurde, obwohl die Aufklärung achtzig Jahre zuvor eine vermeintliche Auflösung im ästhetischen Historismus entwickelt hatte.[245] Da die Erinnerung an den zugleich rückwärts und vorwärts gewandten Erwartungshorizont der Intellektuellen um 1790 von grundlegender Bedeutung auch bezüglich der Einschätzung des Mordes an Marat ist, möchte ich dem »klassischen Republikanismus« der Aufklärer im folgenden Exkurs kurz nachgehen.

Exkurs: »Bewahre uns Gott in Deutschland vor irgendeiner Revolution!«[246]: Erinnerungen an eine bessere Zukunft bei ästhetischen Republikanern in Deutschland um 1800

Der »Unterschied alter und neuer Zeiten d. i. der Griechen und Römer in Vergleich aller neueren Europäischen Völker« ist so »unverkennbar«, daß es ganz sinnlos wäre, sie gegeneinander ausspielen zu wollen, schreibt Herder 1796.[247] Unwiderruflich sei »diese Jugend der Welt« vorüber, und in »die Zeiten Griechenlands oder Roms sich zurückzuwünschen, wäre töricht«, heißt es an anderer Stelle.[248] Nicht so dumm aber findet Herder, sich bestimmter Haltungen zu erinnern: Römer- und Spartanersinn gäbe es doch wohl auch in der modernen Zeit, ist er überzeugt;[249] zur dichterischen Darstellung empfahl er die Legende - ein Vorschlag, den Jean Paul wenig später aufgriff.

Bleiben wir beim Römer- und Spartanersinn. Wo hätte man ihn im ausgehenden 18. Jahrhundert eher suchen sollen als in der Französischen Revolution? Es ist augenfällig, daß (nicht nur in Frankreich) meistens von Rom und Sparta die Rede ist, weniger von Athen; jedoch: es ging schließlich in erster Linie nicht um die Kunst, sondern um die Politik. Und was will man mit dem Usurpator Perikles anfangen, wenn man im Begriff steht, eine tugendhafte Republik zu begründen? Unablässig haben sich die Girondisten und Jakobiner auf die großen republikanischen Helden des Altertums berufen: Cato und Brutus, Cassius und Decius für die Politik, Leonidas und seine Mannen für die Tugend. Saint-Just stellte vor seine *Fragmente von republikanischen Institutionen* ein Wort Montesquieus: »Die griechischen Politiker, die zur Zeit der Volksherrschaft lebten, kannten keine andere Macht, um sie zu stützen als die der Tugend.« Und in der Einleitung beruft er sich auf Scipio, die Gracchen, Demosthenes, Sidney und Barneveldt, seine Reden schmückt er gern mit Prinzipien, die er Lycurg oder sogar Solon ablauschte.[250] Robespierre »ruft beständig das antike Volkswesen ins Gedächtnis und zitiert seine Heroen wie seine Verderber - Lykurg, Demosthenes, Miltiades, Aristides, Brutus und Catilina, Cäsar, Clodius, Pison.«[251] Die Maskerade der Revolutionäre von 1789 und 1793 war Teil der »heroischen Illusion«[252], der sie bedurften, um ihre Revolution überhaupt zu beginnen. Marx nannte diese »Totenerweckung« in der brillanten Einleitung des *Achtzehnten Brumaire des Louis Bonaparte* eine notwendige:

> Aber unheroisch, wie die bürgerliche Gesellschaft ist, hatte es jedoch des Heroismus bedurft, [...] um sie auf die Welt zu setzen.» Und mit ihm «das wiederauferstandene Römertum - die Brutusse, Gracchusse, Publicolas, die Tribunen, die Senatoren und Cäsar selbst.[253]

In gewisser Weise handelte es sich dabei um die politische Realisierung der kunsttheoretischen Maxime des Klassizismus, wie sie Winckelmann formulierte: »Der einzige Weg für uns, groß, ja wenn es möglich ist, unnachahmlich zu werden, ist die Nachahmung der Alten [...].«[254]

Es ist angebracht, an dieser Stelle daran zu erinnern, daß die klassizistische Haltung eines bildenden Künstlers mit der politischen Haltung eines Jakobiners nicht nur konform geht, sondern daß sie sich sogar bedingen können: idealtypisches Beispiel ist Jacques-Louis David. Unsinnig ist daher die von dem sonst so sehr zu schätzenden Hamburger Kunsthistoriker Werner Hofmann vorgenommene Trennung des Künstlers David »vom Revolutionspropagandisten gleichen Namens.«[255]

Ich will gar nicht auf sein Bild des toten Marat (1793), *die* Ikone der (jakobinischen) Revolution und zugleich Höhepunkt klassizistischer Malerei, verweisen. Interessanter fast ist diesbezüglich sein *vor* der Revolution gemalter *Schwur der Horatier* (1784). Das Bild war bei seiner Ausstellung in Rom und Paris die Sensation schlechthin. Im *Teutschen Merkur* berichtet der römische Korrespondent:

> Man ließt in der Geschichte der Kunst von keinem Gemälde, das mehr Geräusch erwekt hätte, als die Erscheinung von diesem. Nicht nur die Künstler, Liebhaber und Kenner, sondern selbst das Volk läuft truppweise vom Morgen bis zum Abend herbey, es zu sehen [...] Keine Staatsangelegenheit des ältern Roms, und keine Pabstwahl des neuern, setzte je die Gemüther in eine größere Bewegung.[256]

Bemerkenswert ist an diesem Bericht, daß eben nicht nur der Liebhaber hoher Kunst das Gemälde zu schätzen weiß, sondern auch das »gemeine Volk« die für es selbst Partei ergreifende, revolutionäre Kunst erkennt und sich von ihr enthusiasmieren läßt. »Man wird beim Anblick dieses Gemäldes von einem Gefühl ergriffen, das Euch die Seele erhebt«, steht im *Journal de Paris*, und: man fühle sich »in die ersten Zeiten der Römischen Republik versetzt.«[257] In Zeiten des republikanischen Aufbruchs also. Der Kunsthistoriker Klaus Lankheit stellt ausdrücklich fest, daß der Stoff selbst - er war altbekannt - niemals die ungeheure moralische Wirkung hätte entfalten können, die das Bild hatte. »Das muß vielmehr die künstlerische Form vollbracht haben«, daß dies Bild als Weckruf zu politischer Freiheit verstanden wurde, schreibt Lankheit. Und in der Tat: der von dem römischen Korrespondenten des *Teutschen Merkurs* hervorgehobene »Geschmack der antiken Simplicität« macht das Bild »revolutionär«.[258] Man sieht heute dem Bild die genannte Wirkung nicht leicht an;[259] es ist eine Aufgabenstellung der Mentalitätsgeschichte, zu erklären, wie sich hier in utopischem Vorschein und Freiheit durch republikanische Tugend materialisierte. Wenn es möglich war, mögen sich manche Leute gedacht haben, daß in einem Bild von naturalistischer Unbestechlichkeit der *freie* Bürger der antiken *Republik* wieder aufersteht - warum nicht in der Wirklichkeit? »Über die Jahrhunderte der Degeneration hinweg«, so schreibt der französische Antoine Schnapper, »knüpfte der regenerierte, der neue Mensch an den antiken Menschen an oder wurde vielmehr selbst in einer phantastischen Umkehr der Geschichte zum antiken Menschen.«[260] Die Revolution als Wiedergeburt der Antike ist das normale Verständnis sowohl der Beobachter wie der Akteure der Umwälzung. In Nachahmung der römischen Republikanerinnen ging am 7. September 1789 eine Delegation von 21 Künstlerinnen oder Künstlergattinnen nach Versailles, um dem Präsidenten der Nationalversammlung eine Schatulle mit ihrem Schmuck zu übergeben, den sie der Nation darbringen wollten: ebendas hatten die Frauen Roms nach der Einnahme Vejis (396 v. Chr.) getan.[261] Das Leben mit und in der Antike ging so weit, daß die Nationalversammlung allen Ernstes einmal über einen Antrag beraten muß, der das Verbot von Hosen mit der Begründung fordert, die Griechen hätten auch keine gehabt.[262]

Inwiefern der Glaube daran, daß die Erinnerung an die Römer zum Beispiel die künftige Freiheit prophezeie (Saint-Just)[263], daß die Vergangenheit ohne die miserable Gegenwart die Zukunft gebären müsse (Jean Paul)[264] und ähnliche Vorstellungen allgemein war, hat Kurt Wölfel in dem Aufsatz über den »klassischen Republikanismus in der deutschen Literatur des 18. Jahrhunderts als utopische Gesinnung« ausführlich dargelegt.[265] Da der Untertan einer mehr oder minder absolutistischen Monarchie nun einmal nicht das Menschenglück, das dem vorrevolutionären Bürger nur in einer Republik vorstellbar ist, befördern kann[266], die Republik aber noch nicht verwirklichbar scheint, so bleibt nur die »innere Emigration« in eine fiktive Republik, sei es eine »Gelehrtenrepublik« (Klopstock 1774) oder die ideale Republik der Zukunftsvisionen.

> Das Jahrhundert / Ist meinem Ideal nicht reif. Ich lebe, / Ein Bürger derer, welche kommen werden. / Kann ein Gemälde Ihre Ruhe trüben? (III. Akt, 10. Auftritt)[267]

So spricht Schillers Marquis von Posa zwei Jahre vor der Großen Revolution zum König. Daß sich der König von dem Gemälde schrecken ließ, zeigt nur seine Klarsichtigkeit, bedenkt man die Pariser Ereignisse zwei Jahre nach der Uraufführung des *Dom Karlos*. Das Bewußtsein dieses »Zukunftsbürgertums« (Wölfel) aber ist symptomatisch für die bürgerliche Intelligenz gegen Ende des 18. Jahrhunderts in Deutschland. Republikanische Gesinnung ist zu der Zeit eine moralische Kategorie von äußerster Abstraktheit. Auf die Art kann man auch »Republikanerin vor der Republik« sein, wie Jean Paul von Corday behauptet[268], ohne daß diese Äußerung etwa paradox wäre. In gewisser Weise ist dieser Republikanismus eine Lebenseinstellung, für die überhaupt nicht entscheidend ist, wie die reale Umgebung aussieht. Friedrich Leopold Graf zu Stolberg schreibt zum Beispiel an seinen Göttinger Bundesbruder aus Dänemark:

> [...] so lange ich mir Muth und Arm genug fühle wenn es darauf ankäme einem Tirannen den Stal durch den Wanst zu stossen so lange werde ich auch im Lande der Knechtschaft nicht verzagen.[269]

Immerhin ist festzuhalten, daß das liberale Dänemark unter den damaligen Monarchien nicht das schlimmste »Lande der Knechtschaft« war, es insofern auch nicht »darauf ankam«; nach 1789, als es vielleicht eher »darauf ankam«, äußert sich Stolberg dagegen nur noch konterrevolutionär. Das wirft auf seine blutrünstigen Lippenbekenntnisse[270] zu Freiheit und Republik in seinen Jugendjahren ein bezeichnendes Licht. Aber wie immer Stolberg persönlich eingeschätzt werden mag, seine Haltung ist typisch; insofern führt Wölfel in dem genannten Aufsatz mit gutem Grund den schon genannten Brief an Miller als Beispiel für die Sublimierung republikanischer Freiheitsträume in geknechteten Verhältnissen an. Nachdem Stolberg den Göttinger Hainbund als quasi terroristische Vereinigung definiert, bleibt ihm nichts als die Unmöglichkeit gegenwärtigen Zustoßens zu konstatieren; mit Bedauern?

> Da ist keiner im Bunde der nicht gerne im FelsenPasse dem gewissen Tode fürs Vaterland entgegen gienge, keiner der nicht seinem Bruder den Dolch ins Herz stiesse, wenn sein Bruder wolte Tirann werden, keiner der lieber sein Volck schmähte als mit dem Regulus der Marter entgegen gienge. Alle die grossen Männer Cato, Brutus, Timoleon, Herman, Epaminondas - alle die liebe ich ohne sie mit Staunen zu bewundern, denn wir mein Freund thäten alles was sie thaten.

Allerdings hatten die den »Vorzug daß sie zu denen Zeiten lebten da man handeln konnte. Handeln das ist ein göttliches um das Handeln! aber wie schwer in einem cultivirten Staate!«[271] Dabei aber, so behauptet Stolberg in einem anderen Brief an Voß, dürste sein Herz hach Tat, »und That wird gewiß immer der HauptZweck des [Hain]Bundes sein.« Jedoch vermag er eine interessante Lösung des Dilemmas zwischen behauptetem Tatwillen und konstatierter Umöglichkeit der Tat anzubieten: gegenwärtig nur sublimiert, d. h. dichterisch mögliches Handeln wird utopisch in die Zukunft verlängert, wo erst die Ideologie der Poesie zur materiellen Gewalt wird:[272]

> Die That des Urenkels, welchen wir zum natürlichen Gefühle des Vaterlandes u[nd] der Freiheit zurück werden gebracht haben, diese That ist unsere That! Durch den Hall unseres Liedes stürzen die Vesten der Tirannen. Welche Wonne wird unser sein, mein Voß! wenn wir vom Sternenhimmel unsere deutscheren Enkel die Freiheit erfechten sehen.[273]

Was bleibt angesichts des gegenwärtigen Dilemmas zu hoffen übrig? Oder gar zu fordern? Nicht eben viel: »Geben Sie / Gedankenfreiheit« (III, 10), verlangt der Marquis Posa von seinem König.[274] Gedankenfreiheit aber heißt in der Sprache von 1793 vor allem »Preßfreiheit«. Die nämlich ist materielle Voraussetzung der »ästhetischen Erziehung des Menschen« (Schiller), der vorderhand einzig mögliche Weg zur Freiheit, der den arrivierteren deutschen Intellektuellen *nach* der Erfahrung des Jakobinismus gangbar scheint; die Namen Schillers und Wielands seien als beispielhafte Vertreter dieser Position hier genannt. Zwar wird es auf diese Art noch einige Zeit dauern, bis eine Gesellschaft frei genannt werden kann: das aber nehmen die Aufklärer um der Sicherheit des Weges willen in Kauf. Auch die »revolutionär« gesinnten deutschen Schriftsteller ziehen diesen längeren Weg der unmittelbaren, revolutionären Umwälzung vor: »nur in freien Staaten [kann] die Tugend *allgemein* werden«, schreibt Georg Forster zwar seiner Frau; aber auch er ist davon überzeugt, daß es eine »Gattung von privilegierten Wesen« gibt, die »auch in Ketten und Kerkern wahrhaft frei« sind; er meint die »Gattung«, der er selbst angehört, nämlich die ästhetisch und politisch in doppelter Bedeutung *Gebildeten*: »Wir sind, wir waren schon lange, wir werden noch immer mehr, was andere durch die politische Freiheit werden sollen, nämlich moralisch freie Wesen.«[275]

Auch bei Jean Paul zum Beispiel finden sich Sätze, die von ähnlichen Voraussetzungen ausgehen; Viktor, der Held des 1795 erschienenen *Hesperus*, äußert, »ein jeder Mensch von Bildung und Tugend lebe in einer republikanischen Regierungsform trotz den Verhältnissen seines Leibes, so wie ja Gefangene in Demokratien doch die Rechte der Freiheit genießen« (28. Hundposttag).[276] Und von Adam Lux schrieb Jean Paul in seiner unten noch ausführlicher zu analysierenden »Corday«-Erzählung: »Er wurde ins Gefängnis la Force geworfen; aber sein Geist und seine Zunge blieben frei. [...] Man bot ihm für Verstummen leibliche Freiheit an; er verwarf den eklen Köder [...].«[277]

Was Georg Forster aber von den meisten seiner Zeitgenossen unterscheidet, ist an dem Punkt vor allem seine außerdem gefühlte Verantwortung für »das Wohl unserer Mitbürger und Mitmenschen«; er erkennt an, daß auch dem Volk, das nicht zu seiner »Gattung der privilegierten Wesen« gehört, »die politische Freiheit [...] dringendes Bedürfnis sei«; und da das französische Volk nun einmal schon zur Tat geschritten sei, gäbe es kein Zurück mehr, »obgleich der Anblick des Leidens und der Verwüstung schauderhaft ist«. Für Deutschland jedoch mag sich Forster diesen Weg zur Freiheit nicht denken. Hier schlägt er sich ganz auf die Seite der idealistischen Denker, würde Schillers Plan von einer »ästhetischen Erziehung« ebenso unterschreiben wie Heinrich Zschokkes Wahlspruch: »Volksbildung ist Volksbefreiung!«[278] Für Deutschland glaubt Forster einen unmittelbaren Weg zur Freiheit nicht gangbar:

> *Mittelbar*, durch Verbreitung richtiger Begriffe, durch Mitteilung der nützlichsten Kenntnisse, durch Beförderung des eignen Denkens und durch Erwärmung des Gefühls, können wir wirken, und dies ist wohl noch die sicherste Weise für Deutschland.[279]

Natürlich, das ist das Programm der Aufklärung für alle. Aber es verweist schon auf weiteres, gerade *nach* der Erfahrung der Revolution; ich erinnere nur an das Erziehungsprogramm, wie es Johann Gottlieb Fichte beispielhaft in seinen *Reden an die deutsche Nation* (1808)[280] entwickelt hat. Angesichts der deprimierenden politischen Situation im Zeitalter der »vollendeten Sündhaftigkeit«[281] geht Fichte beim Studium Pestalozzis die Wichtigkeit einer »National-Erziehung« auf; darin nämlich, schreibt Fichte an seine Frau, finde er »das wahre Heilmittel für die kranke Menschheit«.[282] Durch die allseitige Bildung des Menschen, die den Charakter und Willen ebenso formen wie sie Selbständigkeit und Verantwortungsgefühl hervorbringen soll, glaubt Fichte, sei die Erschaffung »einer ganz neuen Ordnung der Dinge«[283], in der die Gesellschaft sowohl frei als auch vernünftig ist[284], zu erreichen. Am Ende sterbe der Staat ab. Denn »die gebildete Gemeinschaft bedarf keiner Gesetze mehr, Moralität läßt die Erfordernis der Legalität erlöschen«, wie Kurt Wölfel einmal beiläufig formulierte.[285]

Einstweilen aber muß sich der Mensch anders bilden. Vor Fichte nämlich nehmen die aufklärerischen Pädagogen nicht an, daß sich die Menschheit am eigenen Zopf zur Idealität emporziehen könne. Wer aber vermag die Republikaner vor der Republik dann bilden?

»Die genialische Charlotte [Corday] war von Griechen und Römern und allen großen Schriftstellern erzogen - [...]«, schreibt Jean Paul über sie.[286] Die Erinnerung an die Heroen der Antike befähigt also geniale Menschen der Gegenwart zu heroischen Vorkämpfern einer bessern Zukunft zu werden. Bei Jean Paul finden sich für diese These weitere Bestätigungen; in den *Flegeljahren* Jean Pauls steht der bekenntnishafte Satz, im Gegensatz zu der »altnordischen Geschichte« komme ihm »die griechische, indische, römische mehr wie eine Zukunft« vor. Der »Historiker [als] rückwärtsgewandter Prophet« (Friedrich Schlegel)[287], dessen Aufgabe es sei, »die geheime Verkettung des Ehemaligen und Künftigen« (Novalis)[288] zu entlarven, könnte auch ein Selbstentwurf Jean Pauls sein. In seiner *Vorschule der Ästhetik* nennt er ausdrücklich das »Dichten Weissagen« und romantische Dichtung speziell (zu der er sich in dem Fall auch zählt) »das Ahnen einer größern Zukunft«.[289] Aber dies Erinnern einer größern Zukunft ist keine romantische Erfindung, wenn gleich die Romantiker diese Haltung zu einiger Raffinesse weiterentwickelt haben. Die Neugeburt der französischen Republik als Wiedergeburt der Antike zu begreifen, unternahm schon Campe, als er versuchte, das ungeheuerliche Ereignis in Paris zu beschreiben. Campe schwärmt:

> Das Glück, mein lieber T[rapp], gerade jetzt in Frankreich, und zwar in der Hauptstadt dieses Landes, dem Geburtsorte und der Wiege der neugebohrnen Freiheit, zu seyn; [...] gerade jetzt da man hier aus dem dumpfen Zustande eines in langer schmähliger Knechtschaft verträumten Daseyns zu einem Leben erwacht ist, welches die *Brutusse* und die *Cato's* selbst mitzuleben sich nicht weigern würden [...],

dies Glück rühre ihn »bis zu Freudenthränen«, »die neuen Spartanerinnen« setzten ihn in Erstaunen, die Franzosen insgesamt scheinen ihm ein »aus lauter Alcibiaden bestehendes Volk« zu werden, mehr noch, gemeine Nationalgardisten beweisen einen »Edelmuth, den man ehmals wol von einem Sokrates, aber wahrlich nicht von gemeinen Soldaten erwarten konnte«.[290]

Wiewohl auch Campe die Erfahrung der Revolution nie mehr ganz verleugnen wird noch will, dämpft sich sein Enthusiasmus - wie der vieler Deutscher - schon bald. Robespierre gerät ihm zum »Ungeheuer«, die Jakobiner zu »Tigern in Menschengestalt«, der Prozeß Louis Capet zum »gerichtlichen Königsmord«;[291] jedoch verliert sich damit nicht der Vergleichsmaßstab der griechisch-römischen Antike: sogar ein der Revolution von Anfang an unversöhnlich, unnachsichtig und eifernd entgegenstehender Mann wie Johann Wilhelm Ludwig Gleim nennt die Franzosen »neue Römer«.[292]

Es ist bekannt, daß Campe und Gleim nach 1793 für die Mehrheit stehen. Positiv zur Revolution stehen am Ende des achtzehnten Jahrhunderts außer Kant und seinen Anhängern[293] nur noch die jungen Leute, die Romantiker zum Beispiel; auch sie sehen natürlich in der Revolution die Wiederkehr antiker Größe. Ludwig Tieck beschwört zum Jahreswechsel 1792/93 den Geist derer, »die einst bei Thermopylä fielen«, wünscht sich, ein Franzose zu sein anstatt in einer Monarchie zu leben, »unter Menschen, die noch Barbaren genug sind, die Franzosen zu verachten.« Er träumt von dem großen Gefühl, »unter Dumouriez zu fechten und Sklaven in die Flucht zu schlagen, auch zu fallen«; »mit Entzücken« grüßt er »den Genius Griechenlands«, den er »über Gallien schweben« sieht.[294]

Querelle politique des Anciens et des Modernes: Corday als Brutus?

> Die übertriebnen Verehrer des Alterthums pflegen von den Beispielen hoher Vaterlandsliebe, die uns die Geschichte der alten Freistaaten Griechenlands und Roms aufbewahret hat, und von der Seltenheit derselben in neuern Zeiten, einen Beweis herzunehmen, daß die Menschen immer schlechter würden, und daß die alles verzehrende Zeit auch die Tugenden und Einsichten unsers Geschlechts nicht verschone, sondern es durch Luxus und Entnervung dem thierischen Zustande, über den es sich in jenen glänzenden Jahrhunderten der griechischen und lateinischen Klassiker ein wenig erhoben hatte, allmählich wieder nähere.[295]

Gewiß ein merkwürdiger Anfang, wenn man es unternimmt, eine Biographie der Charlotte Corday zu schreiben. Der anonyme Autor aber nutzt den biographischen Aufsatz dazu, die vermeintliche Überlegenheit der »Alten« zu widerlegen. Was er in diesem Anfang beschreibt, ist das Vorurteil der sogenannten Anciens, deren Credo, will man Friedrich Schlegel glauben, lautet: »Die Menschheit blühte nur einmal und nicht wieder.«[296] Sie glauben, gemäß der von dem Anonymus anschaulich gefaßten Dekadenztheorie, daß »der allgemeine Geist des [modernen] Zeitalters [...] aufgelöste Erschlaffung und Sittenlosigkeit«, die Kunst dieser Zeit bloß ein »niedrige[r] Kitzel zerflossener Üppigkeit« sei.[297]

Gegen diese Ansicht aber polemisiert der Anonymus ganz im Sinn des Herderschen Historismus[298], indem er sich zunächst nicht auf einen direkten Vergleich antiker und moderner Bürgertugend einläßt, sondern hervorhebt, daß jene nicht »Frucht besserer Einsichten und Ueberzeugungen, als wir haben, sondern der damaligen Zeitumstände« sei: »Gleiche Tugenden und gleiche Laster erscheinen auf der Erde, unter gleichen Verhältnissen und Lagen des Menschen, in jedem Alter und unter allen Himmelsstrichen.«[299]

Jedoch bleibt der Autor, nachdem er Leben und Tat der Corday mit großer Sympathie für die Mörderin geschildert hat[300], in der Einschätzung der »Moralität ihrer Handlungen« (S. 329) nicht bei dem relativierenden

Standpunkt des unentschiedenen Historismus stehen; stattdessen nimmt er die alte Querelle wieder auf, indem er sich nun allerdings auf den Standpunkt der »Modernen« stellt, welche von der behaupteten Position der »höhern Sittlichkeit« eines »verfeinerten Jahrhunderts« die in ihrer Simplizität amoralische Verfassung der antikischen Kultur abtun.[301] Zeigt sich einerseits ein »großer Vorzug unsers noch so verschrienen Zeitalters vor der alten Welt« (S. 330) darin, »daß der reine altgriechische und römische Patriotismus sich auch in unsern Tagen, sogar in einer weiblichen Seele« (S. 307) offenbare, mithin das weibliche Geschlecht dem männlichen zumindest bisweilen ebenbürtig geworden sei[302], so ist er andererseits besonders darin zu sehen, daß »nach der genauer bestimmten Sittenlehre unsrer Zeiten« der »*aufgeklärte* Patriot und Menschenfreund« (S. 331) das Attentat Cordays allenfalls »mit der in Frankreich herrschenden Gesetzlosigkeit und Staatszerrüttung nur entschuldigen - nicht zur Nachahmung empfehlen« könne und moralisch verurteilen müsse (S. 333).

> Nach der Sittenlehre der weisen Griechen und Römer - sagt der vortreffliche *Becker* - verdient das heldenmüthige Mädchen und *Saturnin les Vignaux*[303] unbezweifelt den schönsten Kranz im Tempel des Ruhms zu tragen, und ihre That als ein Muster der Tugend aufgestellt zu werden (S. 330).

Der Unterschied der antiken Heroen zu den modernen Helden ist vor allem in der naiven Daseinsform der römischen Republikaner im Gegensatz zur sentimentalischen der Aufgeklärten zu sehen, um die bekannten Kategorien Schillers zu benutzen. Weiterentwickelt treffen wir den Gedanken auch in Hegels *Ästhetik* an: die Helden der Heroenzeit leben in einer unmittelbaren Selbständigkeit, beinahe reflexionslos und kennen noch nicht das die Moderne bestimmende Auseinandertreten des »Politischen« und der »davon unterschiedene[n] subjektive[n] Moralität«.[304] Indessen sei das moralische Gewissen der modernen Zeit gottseidank so weit verfeinert, daß jeder das Unpassende einer solchen Sittenlehre einsehen müsse, glaubt der Anonymus von 1794; denn wäre die sogenannte Tugend Cordays die aller Menschen, so müßte unweigerlich »ein allgemeines Blutbad in der menschlichen Gesellschaft daraus entstehen, wo die dem Irrthum so sehr unterworfene Meinung eines Jeden von der Sittlichkeit Andrer über ihr Leben [...] entscheiden würde.« (S. 331) Ein Staat, in dem lauter Cordays wohnen, müßte also zwangsläufig eine »Mördergrube« (S. 333) werden, weshalb der aufgeklärte Mensch des 18. Jahrhunderts »das hohe Ziel seines Daseyns« wohl zu trennen wisse »von dem Wege, den er dahin zu wandeln, und von der Art *wie* er es zu erreichen hat« (S. 331) - durch dieses »höhere Bewußtsein« (Hegel)[305] übertreffe der Moderne die Alten. Der Anonymus versichert daher - in Abwandlung des kategorischen Imperativs Kants - von dem modernen Patrioten und Menschenfreund:

> Er schreitet daher zu keiner That, ohne erst, nicht allein die möglichen Folgen derselben zu bedenken, sondern auch zu überlegen: ob er vernünftigerweise

wünschen könne, daß dasjenige, was er zu thun im Begriffe ist, unter gleichen Umständen überall und immer so geschehen möge? (S. 332)[306]

Das nun kann man im Falle Cordays nicht eindeutig bejahen und zwar aufgrund der Unsicherheit menschlicher Erkenntnis, die sich niemals ganz sicher sein kann, die objektive Wahrheit erkannt zu haben.[307] Um so mehr als die scheinbare Erkenntnis objektiver Menschheitsinteressen in starkem Maße von religiösen, politischen, sozialen und ständischen Vorurteilen bestimmt sei (S. 332), so daß letztlich eine Gesellschaft, die der Lynchjustiz Raum gewähre, zur Selbstzerfleischung kommen müsse und eine Gesellschaft würde, »wo unschuldiges Blut, mit schuldigem vermischt, in Strömen flösse« (S. 333).

Daraus folgt, daß Cordays Attentat als »Meuchelmord« (S. 333) unbedingt zu verurteilen ist, obgleich ihre »reine Vaterlandsliebe, de[r] männliche Muth, und die feste Standhaftigkeit, welche Marats edle Mörderinn bei ihrer That bewies« (S. 333), Anlaß zu unfreiwilliger Verehrung wird. Ähnliche Wertungen finden wir bei einer ganzen Anzahl zeitgenössischer Publizisten, wenn auch oft nicht auf dem Reflexionsniveau des anonymen Autors der *Gallerie merkwürdiger Frauenzimmer*.

Beispielsweise schreibt der von Jean Pauls Freund Christian Otto »einfältig«[308] genannte Christoph Girtanner in seinen *Politischen Annalen* über Corday, die »das Ungeheuer Marat« tötete:

Ihr ganzes Betragen von der Ermordung bis zu ihrer Hinrichtung, hat etwas Großes, und nimmt bei dem ersten Eindrucke für sie ein. [...] Allein Vernunft und Moral sprechen ihr das Urtheil, daß sie eine abscheuliche Handlung begangen habe. Ein Meuchelmord kann niemals, und unter keinen Umständen, groß oder erhaben seyn. Ein Meuchelmörder, er sey wer er wolle, seine Absichten seyen welche sie wollen[309], ist allemal, ohne Ausnahme, ein niederträchtiger, verabscheuungswürdiger Bösewicht.[310]

Andere Autoren vom rechten Rand des politischen Spektrums sekundieren; etwa Heinrich August Ottokar Reichard, »erzkonservativ, monarchistisch, als treuer Diener seines Herrn dessen Berater und Freund«[311], der zu einem Kupferstich von Johann David Schubert, welcher die Ermordung Marats zeigt, schrieb: »Meuchelmord bleibt immer ein Schandfleck, selbst wenn er an einem Marat verübt wird [...].«[312]

»Fast etwas einfältig«[313] mag Girtanners Argumentation dann wirken, wenn die prinzipielle Ablehnung des Mordes zu solchen (scheinbaren) Denkblüten führt wie sie sich in dem folgenden Zitat finden:

[...] der Zweck heiligt niemals die Mittel. Man kann daher die unglückliche Corday, welche, durch Eitelkeit verführt, mit Aufopferung ihres Lebens eine Rolle in der neuen Republik zu spielen suchte, zwar bedauern, aber nicht entschuldigen; vielweniger sie loben, oder ihre Handlung bewundern. Sie bleibt eine Mörderinn, verabscheuungswürdiger noch als Marat, welchen sie umbrachte: denn dieser rieth nur den Meuchelmord, sie aber beging ihn wirklich.

Regulus, *Decius*, *Winkelried*, und Andere, die sich für ihr Vaterland aufopferten; dieß sind Helden die man bewundern und nachahmen muß: die That der *Charlotte Corday* verdient hingegen, ich wiederhole es, Abscheu und Verachtung.[314]

Das Einfältige in Girtanners Argumentation lokalisiert Jean Paul vor allem in dem Satz, Marat sei weniger verabscheuungswürdig als Corday. Allein, so abstrus ist der Gedanke nicht, wenn man sich mit den Denkmustern des achtzehnten Jahrhunderts vertraut macht. Zum Beispiel verteidigt der Marquis de Sade die Radikalität seines Denkens auch, indem er einräumt, er sei »Libertin« (des Geistes), und er »habe alles ersonnen, was man in diesem Genre ersinnen kann, aber ich habe gewiß nicht alles ausgeführt, was ich ersonnen habe, und ich werde es gewiß niemals ausführen.«[315] Als Sekretär der Section des Piques in Paris machte sich de Sade sogar unbeliebt, da er gegen die drakonische Bestrafung aristokratischer Umtriebe stimmte, obwohl die Angeklagten (die Schwiegereltern) seine persönlichen Hauptfeinde waren, die mittels eines lettre-de-cachet seine zwölfjährige Internierung ohne Gerichtsurteil erwirkten.[316] Auch Marat selbst, auf den de Sade eine begeisterte Gedenkrede hielt[317], verteidigte sich gegen die Anwürfe, er predige Mord, Raub, Plünderung, Anarchie, indem er darauf bestand, es verhalte sich in Wahrheit ganz anders: niemand nämlich verabscheue Gewalt und Blut mehr als er, überhaupt sei seine Forderung nach Bestrafung einer bestimmten Anzahl Aristokraten nur dazu bestimmt, weiteres und noch mehr Blutvergießen zu verhindern, und seine Vorschläge, Wucherer einfach aufzuknüpfen, sollten eher metaphorisch und als Warnung verstanden werden, als daß er hoffen würde, diese sogenannten Vorschläge möchten jemals in die Tat umgesetzt werden.[318]

Man wird - und darin ist Girtanner zweifelsohne zuzustimmen - auch einen Unterschied machen müssen zwischen einer vielleicht projektierten Tat und der ausgeführten. So empfinden wir es wahrscheinlich und hoffentlich als nicht sehr freiheitlich, wenn ein Staat sich erlaubt, Menschen präventiv einzusperren, weil sie möglicherweise zu einer Gewalttat bereit sein könnten; sowenig die Vermutung, daß jeder Mann ein potentieller Vergewaltiger sei, die vorbeugende Kastration aller Männer rechtfertigte. Daher Girtanner in dem Lob Cordays eine »Verwirrung der Begriffe« findet, der mit allen Mitteln vorzubeugen sei; immer müßten auch die Mittel »zur Erreichung unserer Zwecke [...] der Würde und den Pflichten des sittlichen Menschen angemessen« sein, woraus folgt, »daß ein Verbrecher niemals ein edler, ein großer, oder ein erhabener Mensch seyn kann!«[319]

Im übrigen werden wir sehen, daß Heinrich von Treitschke die gleiche Verwirrung der Begriffe beklagt, als viele Intellektuelle den Mord Sands an Kotzebue »durch verächtliche Sophistereien« (Girtanner) zumindest in den Motiven rechtfertigen wollten.[320] Die gleichen Leute, die 1793 den Mord Cordays an Marat begrüßten, verwarfen den Mord Sands an Kotzebue, der mit denselben Gründen, fast auf dieselbe Weise verübt wurde. Insofern ist Girtanners Argumentation *gegen* Corday nicht »einfältig«, sondern von einer moralischen Rigorosität, die ihresgleichen sucht. Nun mag man solch moralische Unbedingtheit für dumm, da weltfremd halten: tatsächlich geht die sonstige Publizistik in der Beurteilung der Mordtat von Paris andere Wege.

Der Mord erscheint dann rechtfertigbar über naturrechtliche Konstruktionen angelsächsischer Provenienz, etwa daß die menschliche Gesellschaft in der Revolution in den vorzivilisierten Naturzustand zurückgefallen sei; während dieser Zeit des Kriegs aller gegen alle (so bei Hobbes, nicht bei Rousseau), ist der Mord natürlich kein ungewöhnliches Mittel. Manchmal wird das Attentat auch über den heute stark präferierten Begriff des politischen Interesses gerechtfertigt, von dem aus der Mord aber genausogut verworfen werden kann, da er in diesem Fall unnütz oder gar schädlich sei, obwohl die Tat an sich edel genannt werden müsse.

»Ein unfreywilliges Vergnügen« am Mord: Christoph Martin Wielands Inquisitionen über Recht und Moral im Fall Corday

Auf höchstem Niveau hat Christoph Martin Wieland[321] diese Fragen behandelt. Anders jedoch als der unbekannte Verfasser der *Gallerie merkwürdiger Frauenzimmer* ist Wielands Bewußtsein nicht von der Ansicht geprägt, es gäbe eine unvergleichliche Differenz zwischen Antike und Moderne, sondern im Gegenteil vergleicht er Ancienes und Modernes unter der Prämisse der Parallelität. Den Schritt des Anonymus, die Tat des Brutus unter den Voraussetzungen des antiken Sittengesetzes gutzuheißen, die der Corday aber zu verwerfen, da sie sich mit aufklärerischen Maximen nicht mehr rechtfertigen ließe, geht Wieland nicht. Jedoch heißt dies nicht, daß Cordays Attentat bei Wieland seine Rechtfertigung erführe, sondern lediglich, daß er auch Brutus' Mordanschlag mit »modernen« Kategorien beurteilt und verurteilt.

Im einzelnen werde ich Wielands Interpretation des ungeheuerlichen Ereignisses an zwei Textkomplexen, die er im *Neuen Teutschen Merkur* veröffentlichte, untersuchen. Im September 1793 publiziert Wieland dort ohne Autornennung einen Dialog zwischen Brutus und Corday, sowie den Aufsatz eines ebenfalls unbekannten Verfassers über »Scharlotte Korday«, den er, Wieland, seinerseits mit Anmerkungen und einer Nachschrift versieht.[322] Der Dialog - eines der im achtzehnten Jahrhundert überaus beliebten Totengespräche und im übrigen nicht gerade ein Meisterwerk[323] - gibt eine kurze Unterredung zwischen den Seelen Cordays und Brutus' wieder, die gemäß Wielands »unbestechliche[r] und strenge[r] Unpartheylichkeit«[324], die Verehrungswürdigkeit der Mordtaten untersucht und moralisch relativiert. Weder Corday noch Brutus können ihre Disputation im Sinne eines Siegs für sich entscheiden - Brutus faßt die individuelle Größe ihrer beiden Charaktere bei gleichzeitigem historischen Scheitern am Ende der Unterredung wie folgt zusammen:

> Ich konnte Rom nicht wieder zur Freyheit helfen, so sehnlich ich es wünschte. Und Du hast Frankreich den Ungeheuern nicht entrissen, die es zerfleischen. Wir wollen uns in unsere Tugend hüllen. Wir thaten, was wir konnten.[325]

Zuvor ergingen sich die beiden Disputanten in gegenseitigen Vorwürfen über die historische Verfehltheit ihrer Attentate. Brutus weist das Verlangen Cordays, an seinem Busen von ihrer »Großthat«[326] auszuruhen, zurück, da er in ihrer Motivation zum Attentat Ehrgeiz, Stolz und Eitelkeit vermutet und darauf verweist, daß sie nicht gerade einen tyrannischen Alleinherrscher und auch nicht in Notwehr gehandelt habe, dazu noch die Situation ganz falsch einschätzte und als Einzeltäterin unternehmen wollte, was eine große Gemeinschaft ehrlicher Menschen voraussetze.

Dem weiß Corday immerhin zu erwidern, auch er, Brutus, habe mit seiner Tat nichts erreicht, mehr noch: er sei an einem großherzigen Menschen zum Verräter geworden, und historisch wäre er gar noch blinder gewesen, da der römische Staat so zerrüttet war, daß nur noch ein Cäsar ihn hätte retten können. Außerdem sei sie eine Frau, deren Tat um so höher einzuschätzen sei, da sie zuvor niemals als Mann und Feldherr ein Schwert zu führen gelernt hätte, und dennoch - wider alle Erwartung - sich rühmen könnte, in der Stunde der tiefsten Erniedrigung des Vaterlandes demselben »einen Dienst erwiesen zu haben, den ihm nicht jeder erweisen konnte, oder wollte«.[327]

Die von Wieland oder seinem Einsender den beiden Disputanten in den Mund gelegte Argumentation ist nicht neu. Schon in der *Geschichte des Agathon* (1766/73) demontierte Wieland den Mythos des republikanischen Helden Brutus. Der nämlich (wie auch andere im achtzehnten Jahrhundert sehr bewunderte Freiheitshelden, wie Dion, Kato, Algernon Sidney) hat, so führt Wieland aus, wiewohl in der besten Absicht »die Republik wieder herstellen« zu wollen, erst dazu beigetragen, sie auf ewig umzustürzen:

> Brutus half den größten der Sterblichen, den fähigsten eine ganze Welt zu regieren, der jemahls geboren worden ist, ermorden; blos weil ihm, in Rücksicht auf die Mittel wodurch er zur höchsten Gewalt gelanget war, die Definizion eines Tyrannen zukam.[328]

Wielands pragmatische Argumentation hat die Trennung von Politik und Moral zur Vorraussetzung. »Heroische Tugend« (die auch Wieland gern loben mag, wenn man ihm »nur erst zeigen wollte, was jene überspannte Tugend dem menschlichen Geschlecht jemahls geholfen habe«[329]) schlägt im Falle des Brutus zum öffentlichen Unglück aus: Wieland nennt Brutus daher auch nur einen der »mit zu viel brennbarem Stoff angefüllte[n] Imaginazions-Menschen« (III, 484). Zwar sei Brutus einer der »edlern und bessern Freyheitsschwärmer, aber doch Schwärmer« (III, 486), der sein »Ideal von Republik aus der *intelligibeln Welt* in die Sinnenwelt versetzen wollten, ohne zu sehen, daß die nothwendigen Bedingungen, unter welchen allein ihr Unternehmen gelingen konnte, nicht vorhanden waren« (III, 491).[330] Unter anderem gehört nach Wieland zu den notwendigen Bedingungen auch, daß diese Menschen nicht allein handeln, denn »zu einer solchen Operazion«, wie sie die Wiederherstellung der Republik sei, »gehören *viele* Gehülfen«, keinesfalls sei es genug »immer das beste [zu wollen], das sich denken läßt«, man müsse auch an die Umsetzungsmöglichkeiten und Verwirklichungschancen denken.[331] Letztlich nämlich zählt nur der Erfolg, sowohl vor den Zeitgenossen als auch vor den Nachgeborenen. Da es Brutus nicht gelang, die Republik zu retten, sei sein Attentat eine Tat,

> welche (weil sie unglücklich war) bey seinen Zeitgenossen ein verabscheuungswürdiger Meuchelmord hieß, und der unparteyischen Nachwelt (im gelindesten Lichte betrachtet) wahnsinniger Enthusiasmus scheinen muß[332],

ein Urteil, daß er in den Anmerkungen zum genannten Corday-Aufsatz noch einmal ausdrücklich wiederholt, wenn er beiläufig erwähnt: nur »einseitige Enthusiasten«, »die es für Nichts rechnen, daß diese That vielmehr ein Unglück als eine Wohlthat für die Republik war« (III, 178), könnten die Ermordung Cäsars bewundern.

Wielands Ansichten zur Politik sind in hohem Maß - wie überhaupt die der von öffentlicher Verantwortung ausgeschlossenen Schriftsteller in Deutschland um 1789[333] - literarisch vermittelt. In diesem speziellen Fall dürfte dabei, den Einfluß Plutarchs und anderer antiker Schriftsteller überwiegend, Wielands Shakespeare-Lektüre entscheidend gewesen sein. (Wieland gab seine Übersetzungen zeitgleich mit der Ausarbeitung des *Agathons* heraus.)

In Shakespeares *Julius Cäsar* nämlich finden wir die Problematik des unglücklichen Tyrannenmörders Brutus schon vorgebildet. Brutus will an sich kein Blut vergießen; seine Motive sind lauter und rein von allen egoistischen Überlegungen allein auf das Wohl des Staats gerichtet. »Es muß durch seinen [Cäsars] Tod geschehen; und dazu hab' ich für meinen Theil nicht die mindeste persönliche Ursach; aber um des Ganzen willen«, monologisiert Brutus[334] und am Ende erkennen seine Hauptfeinde, Marcus Antonius und Octavianus, dies auch ausdrücklich an; dem toten Brutus wollen sie alle Ehren erweisen, die sie dem Lebenden verweigern mußten, da er sich für die falsche Seite erklärt hatte oder von der falschen Seite umgarnt wurde. Antonius feiert den toten Gegner:

> Diß war der edelste Römer unter ihnen allen. Alle Zusammenverschwornen, er allein ausgenommen, thaten was sie gethan haben aus Neid über Cäsars Grösse; ihn allein machte ein tugendhafter Beweggrund, und die Liebe zum allgemeinen Wohl, zu einem von ihnen. Sein Leben war schön, und die Elemente in ihm so wol gemischt, daß die Natur aufsteh'n und der ganzen Welt sagen durfte: 'Das war ein Mann!'[335]

Während Friedrich Schlegel, der als *Ancien* daran festhält, daß die Antike weiterhin das höchste ästhetische Urbild sei und bleiben soll[336], in einer Anmerkung seines *Studium*-Aufsatzes (1795/97) bekennt, daß für ihn »in der ganzen Masse der modernen Poesie [...] der Charakter des Brutus im Cäsar de[s] Shakespeare vielleicht das einzige Beispiel einer sittlichen Schönheit, welche des Sophokles nicht ganz unwürdig sein würde«, sei[337], verwirft Wieland von seinem teleologischen Standpunkt aus die angebliche Sittlichkeit des Brutus als unklug, unnütz und vergeblich. Wieland, dem dunkel ahnte, »daß der antiken und dieser modernen Poesie [deren Inbegriff ihm Shakespeare ist] nicht dieselbe Weltanschauung zum Grunde liege, und daß dieselben Gesetze nicht gleichmäßig für beide gültig seyn könnten«[338], las Shakespeares *Julius Cäsar* genau anders herum als es der unbefangene Leser heute wie damals in der Regel tun würde[339]: Brutus, der es ablehnt mit Cäsar zugleich dessen Schatten Marcus Antonius zu töten, wird als Dummkopf hingestellt, während doch allein der Plan des »nicht so erhabene[n], aber richtiger denkende[n] Kassius«, der mit Cäsar dessen Handlanger Antonius zugleich beseitigen wollte[340], den »glückliche[n] Ausgang der ganzen Unternehmung versichert« hätte. So aber »bedankte sich [Antonius] für sein Leben, und begrub den Platonischen Brutus unter den Trümmern der auf ewig umgestürzten Republik.«[341]

Die viele Zeitgenossen idealistischer Schule bewegende Frage, ob Shakespeares Brutus denn noch ein edler Mensch genannt werden kann, da seine für sich groß gedachte Tat von Schurken korrumpiert wurde, von Schurken, die nur persönliche Rachegefühle an Cäsar vollstrecken wollen, so daß Brutus zu einem bloßen Werkzeug wird, interessiert Wieland also nicht. Die entscheidenden Fragen sind für ihn nämlich (diesmal für Corday gestellt, »da sie in ihren eigenen Augen die Vergleichung mit Brutus aushält« (III, 179), aber für diesen gleicherweise geltend):

> was für große Vortheile konnte sie ihrem Vaterlande von der Ermordung eines Marat versprechen? Welche Wahrscheinlichkeit hatte sie, daß ihrem Volke dadurch geholfen sey? Was half es dem gemeinen Wesen, von Einem Bösewicht befreyt zu seyn, der zu wahnsinnig war um auf andre Weise Schaden zu thun, als in so fern er von viel größeren und schlaueren Bösewichtern als bloßes Werkzeug gebraucht wurde? (III, 179)

Es ist deutlich, daß es sich um rhetorische Fragen handelt; Corday konnte ihrem Vaterland weder große Vorteile versprechen noch war die Wahrscheinlichkeit, daß ihr Attentat zum gemeinen Wohl ausschlage, besonders hoch.

So stellt Wieland letztlich fest, daß am Ende zum öffentlichen Unglück ausschlagender Heroismus nicht Gegenstand der Bewunderung sein könne: »[...] auch Patriotismus, wenn er zu einer *fanatischen* Leidenschaft wird, hört auf eine verdienstvolle Tugend zu seyn, und verliert Ansprüche an unsere Hochachtung.« (III, 178) Freilich: ein zum bloßen Werkzeug degradierter Mensch kann ohndies niemals erhaben sein. Und Wieland fragt sich denn auch, ob er »nicht beynahe glauben« müsse, »daß auch *sie* nur ein verblendetes Werkzeug des persönlichen Hasses gewesen sey, den die Büzot und Barbaroux dem über sie triumfierenden Volksfreunde geschworen hatten?« (III, 179)

Diese Fragen sind jedoch nicht unbedingt der originäre Beitrag Wielands zu der Diskussion um Charlotte Cordays Attentat. In gewisser Weise entwickelt er in seinen Anmerkungen zu dem anonymen Aufsatz über »Scharlotte Korday« nur auf breiter Ebene die von Johann Wilhelm von Archenholz den nicht sehr original übersetzten Briefen der Corday im Augustheft der *Minerva* in einer Fußnote beigegebenen Interpretationsvorgaben. Archenholz hatte mit folgendem kurzen Absatz die Einschätzung von Cordays Tat durch die liberale und konservative Publizistik in erstaunlich prägender Weise vorgegeben:

> Es scheint, daß dies vortreffliche Frauenzimmer [Corday] ganz unrichtige, oder wenigstens sehr unvolständige Begriffe von der wahren Lage der Dinge hatte. Ein Aufenthalt in Paris würde ihre Ideen berichtigt, und ihr Leben gerettet haben; oder, wenn sie es durchaus für ihr unglückliches Vaterland hingeben wolte, hätte sie sich gewiß ein ander mehr zweckmäßiges Opfer ausgesucht. *Marat* war ein wahnsinniger Bösewicht, und wirkte nur auf den Pöbel, und auch bei dem nur als Instrument der zwey größten menschlichen Ungeheuer des Erdenrunds: *Robespierre* und *Danton*. Auch bewirkte der Tod *Marats* nicht die geringste Änderung in dem System der Anarchie, wie sich die edle *Corday* vergebens geschmeichelt hatte.[342]

Auch der reaktionäre Schirach, der noch im Juliheft seines *Journals* den »heroischen Muth« der »schöne[n] neue[n] Judith« feierte[343], weigerte sich einen Monat später, noch viele Worte über »Marats Ermordung« zu verlieren, da es unwürdig sei: »Marat verdient nur vergessen zu werden, und seine Mörderin ist in unsern Augen eine fanatische Person, die mit überspannten, jetzt weit verbreiteten Ideen eine Thorheit begieng. Denn ihre That war ohne großen Zweck [...].«[344] Schirach zitiert dann aus einem von drei ihm eingesandten Gedichten, das nach seinem Eindruck die Vergeblichkeit solcher Mordtat am besten ausdrücke: »Wovon giebt Mamsel Gordet ein Exempel? / Von Unsinn blos, denn Heldenmuth wars nicht, / Daß sie Marat als Märtyrer ersticht / Der nie verdient den Platz im Nachruhms Tempel u.s.w.«[345]

Friedrich Gentz, ungleich intelligenter als der reimende Anonymus und Schirach zusammen[346], schrieb - allerdings im Rückblick 1799 - in seinen Jean Paul für dessen Essay übersandten Notizen: »Der Mord eines einzelnen Menschen konnte damals durchaus nichts wirken: es war vorauszusehen, daß er von der herrschenden Faktion als Märtyrer ausgeschrien ward und daß diese ihren Weg fortgingen.«[347]

Der originär Wielandsche Beitrag zu der Diskussion um Cordays Attentat, besteht in zwei anderen Fragen, die er sich selbst vorlegt; die erste lautet: »ob diese junge Dame berechtigt gewesen sey, ihr Vaterland von dem halbwahnsinnigen Volksfreunde *Marat* durch einen Meuchelmord zu befreyen?« (III, 173) An sich nämlich duldet das »Moralgesetz [...], dessen allgemeine Verbindlichkeit von positiven Gesetzen ganz unabhängig ist,«

(III, 175) keinerlei Angriff eines Einzelnen auf das Leben eines anderen. Lediglich in Notwehr, darf sich ein Mensch »auf Kosten des Lebens des Angreiffers [...] vertheidigen« (III, 174), stellt Wieland fest. Und: Notwehr lag im Falle Cordays nicht vor, denn Marat trachte ihr nicht nach dem Leben, er kannte sie ja nicht einmal. Da aber das Leben der Bürger eines Staates nicht von der vielleicht irrigen *»Meynung«* eines Einzelnen von der Gemeinschädlichkeit des anderen abhängen dürfe, sei jeder Meuchelmord ohne Ausnahme unerlaubt. »Wer weiß nicht, wie sehr eine exaltierte Einbildungskraft, und der Fanatismus überspannter Leidenschaften die Urtheilskraft eines Menschen, zumahl eines Weibes, irre führen können?« (III, 174)

In der Tat ist auch dies nur eine rethorische Frage und jeder Zeitgenosse Wielands hätte ohne Zögern eine ganze Reihe von Fällen aufzählen können, da durch »exaltierte Einbildungskraft« oder »überspannte Leidenschaften« Menschen im wahrsten Sinne des Wortes ihren Verstand verloren haben. Kant ist sich z. B. sicher, daß es nötig ist, »den Schwung einer unbegrenzten Einbildungskraft zu mäßigen, um ihn nicht bis zum Enthusiasm steigen zu lassen«, denn »der Enthusiasm (ist) mit dem *Wahnsinn* [...] zu vergleichen«.[348] Etwa gleichzeitig notiert Carl Friedrich Pockels, »übertriebene Leidenschaften aller Art sind die eigentlichen und vornehmsten Ursachen der größten Verstandeszerrüttungen«[349], und sein Kollege Christian Heinrich Spieß sekundiert: »Überspannte, heftige Leidenschaft, betrogene Hoffnung, verlorne Aussicht, oft auch nur eingebildete Gefahr kann uns das kostbarste Geschenk des Schöpfers, unsern Verstand, rauben [...].«[350]

Tatsächlich fragt sich Wieland auch, ob die Gefahr in der das Vaterland Cordays Ansichten nach steckte, »vielleicht nur eingebildet« (III, 174) gewesen sei? Und die Meinung, daß Frauen den Gefahren einer erhitzten Einbildungskraft eher erliegen könnten als Männer, gehört um die Jahrhundertwende 1800 zu dem meist verbreiteten Weiblichkeitsbild, denn man sah sie als generell weniger vernunftgeleitet als Männer.[351] Sie sollten es allerdings auch nicht sein, denn der Frauen »Weltweisheit ist nicht Vernünfteln, sondern Empfinden«, bestimmt Kant[352] und Wilhelm von Humboldt ist sich auch volle drei Jahrzehnte später noch sicher, daß der Mann zwar durch die Tat und die Pflicht, die Frau aber durch das Gefühl und die Empfindung bestimmt wird.[353] Allerdings spielt dies bei Wieland keine besonders große Rolle in der Beurteilung der Tat Cordays; nur im allgemeinen gibt er diesen Geschlechtsunterschied zu bedenken, glaubt aber wie viele Aufklärer des achtzehnten Jahrhunderts durchaus an die sittliche und geistige Perfektibilität auch der Frau und hält Corday ausdrücklich für eine Person, »an welcher ohnehin nichts als ihr Geschlecht weiblich schien« (III, 178), was letztlich bedeutet, daß an ihr Tun die gleichen Maßstäbe wie an das von Männern angelegt werden müssen.

Aber kaum wird man hier bei Wieland eine gründliche theoretische Fundierung solcher Ansichten finden, denn genausowenig wie er seine Sympathie für den aufgeklärten Staats-Absolutismus theoretisch zu begründen suchte[354], ist er bezüglich dieser Fragen äußerst tiefschürfend.

Eggers, mit dem er sich 1792 eine literarische Fehde lieferte, wies zu Recht darauf hin, daß Wieland selbst eine höchst gefühlsbetonte Denkweise pflege.[355] Und daher ist auch seine zweite Hauptfrage zu verstehen:

> Woher kommt es denn also, daß, ausser den geschwornen Freunden und Brüdern *Marats*, schwerlich jemand die Geschichte der Scharlotte Korday gehört oder gelesen hat, ohne eine unfreywillige Regung in sich zu fühlen, die ihn zu gleicher Zeit zum Mitleiden, und zur Bewunderung für dieses ausserordentliche Mädchen nöthigte? (III, 175).

Wieland hatte, so bekennt er, »eine unfreywillige Anwandlung von Vergnügen [...], was meine Vernunft selbst nicht mißbilligte« (III, 176), als er von dem Tod Marats erfuhr. Indessen sei dies nicht die einzige Empfindung gewesen, die ihn betroffen hätte, sondern sogleich gesellte sich dazu ein weiterer Gedanke, nämlich daß mit Marat ein *Mensch* gestorben sei.

> Natürlich erregte diese Reflexion das mitleidige Gefühl, dessen sich beym Anblick des gewaltsamen Todes eines Menschen, wäre es auch der größte Verbrecher, kein andrer Mensch, am allerwenigsten einer, der sich mit Leichtigkeit an den Platz eines jeden zu setzen gewohnt ist, erwehren kann. (III, 176)

Vielleicht wird deutlich, daß Wieland hier ganz in ästhetischen Kategorien des bürgerlichen Trauerspiels denkt. Geschickt genug hatte er den Gedanken vorbereitet; zunächst entschuldigte er die möglicherweise frivol anmutende Freude an Marats Tod damit, daß »man ihn mit Recht für eines der thätigsten Urheber der Zerrüttung seines Vaterlandes ansah« (III, 175 f.), daß seine »Reden und Handlungen auch den unbefangensten Zuschauer zweifelhaft ließen, ob man ihn für einen Menschen oder einen Teufel halten sollte.« (III, 175)

Davon aber hängt einiges ab! Man braucht diesbezüglich bloß die wichtigste Theorie des bürgerlichen Trauerspiels zu repetieren, um Wielands Denkmustern auf den Grund zu kommen. Gotthold Ephraim Lessing erläutert das Mitleid - Hauptwirkungsmittel des Trauerspiels - in dem 79. Stück der *Hamburgischen Dramaturgie* am Beispiel Richards III.:

> Richard also erweckt eben so wenig Schrecken als Mitleid: [...] er ist ein so abscheulicher Kerl, so ein eingefleischter Teufel, in dem wir so völlig keinen einzigen ähnlichen Zug mit uns selbst finden, daß ich glaube, wir könnten ihn vor unsern Augen den Martern der Hölle übergeben sehen, ohne das geringste für ihn zu empfinden [...].[356]

Richard III. kann als »Teufel« nicht mehr dem Bereich des Menschlichen zugerechnet werden. Damit scheidet er für beide Möglichkeiten, in der dramatische Hauptpersonen gewöhnlich gebraucht werden, aus: weder vermag er Rührung und Mitleid[357] zu erregen noch belehrt er durch den Schrecken, der »in dem eigentlichen Verstande des Aristoteles für heilsame Furcht, daß uns ein ähnliches Unglück treffen könne«, wie Lessing definiert[358], besteht und den wir heute wohl eher Abschreckung nennen würden. Für beide Wirkungsabsichten braucht der Schriftsteller jedoch Menschen, in die sich der Leser oder Zuschauer noch in irgendeiner Form einfühlen kann. Diese Voraussetzung vermag sogar ein Marat noch zu erfüllen, denn Wieland behauptet, nachdem er die Frage ob dieser Jakobiner ein Mensch oder ein Teufel sei, in den Raum gestellt hat:

> Am Ende fand sichs denn doch, daß er nur ein Mensch, wiewohl ein höchst verkehrter, verschrobener, und (was vielleicht nicht wenig beytrug, ihn so giftig, blutdürstig und wüthend zu machen) ein von Skorbut und Verole zerfressener elender *Ruin von einem Menschen* war. (III, 175)[359]

Neben einem fast »Schadenfreude« zu nennenden Vergnügen über den Tod des Marat empfindet Wieland also auch Mitleid - zumal es sich um einen kranken Menschen handelte - und wie pflichtschuldig schiebt er noch ein drittes Gefühl beiläufig hinterher, den »natürliche[n] und gerechte[n] Abscheu vor jedem Meuchelmorde« (III, 176). Damit hätte es sein Bewenden gehabt, wäre Corday entkommen; alle drei Gefühle hätten unentschieden Wielands Seele bewegt. »Allein die Mörderin entkam nicht, hatte auch nicht die geringste Anstalt dazu gemacht« (III, 177). Sie hatte also aus Liebe zum Vaterland, das sie von einem Ungeheuer zu befreien dachte, auch ihren eigenen Tod *freywillig* beschlossen. Stolz darauf, mit ihrem Leben

> ihrem Volke eine der größten Wohlthaten erwiesen zu haben [...] gieng sie dem Tode mit der ruhigsten Herzhaftigkeit entgegen, und erhielt sich in dieser Fassung, ohne die geringste Schwäche zu zeigen, bis zum letzten Augenblick. (Ebd.)

Das nun wiederum deute nach Wieland auf eine ungewöhnlich große, d. h. heroische Seele. Obwohl also Wieland die Tat der Corday als unmoralisch und unsittlich verdammt, erfüllt ihn ihr Anblick mit »Bewunderung, Liebe und Bedauern«; der charismatischen Persönlichkeit der Attentäterin und ihrer unbeugsamen Konsequenz wegen ist Wieland geneigt, alles, was an ihrer Tat ungerecht war, zu vergessen, da sie doch uneigennützig und nach bestem Wissen und Gewissen gehandelt habe; letzteres übrigens auch der Grund, warum sich Wieland in Marat noch einigermaßen einfühlen konnte, denn er erkannte immerhin an, daß selbst dieses Scheusal vermutlich in der Überzeugung handelte, sich um sein Volk und die Menschheit außerordentlich verdient zu machen (III, 176).[360] (Obgleich die gute Absicht eben nicht ausreicht, wie an der Bewertung des Brutus zu sehen war, was die unlogische Argumentationsweise des Gefühlsmenschen Weiland auf einen Schlag offenbart.)

Cordays Verstoß gegen das ewige und unabänderliche Moralgesetz war für Wieland deshalb zu bewältigen, da sie durch keinerlei Fluchtversuch und dergleichen sich der ihr rechtmäßig zukommenden Strafe entziehen wollte. Mit der Übertretung des Moralgesetzes erkannte sie doch zugleich dessen Gültigkeit an - eine Problematik, die etwa zwanzig Jahre später Heinrich von Kleist in seinem *Michael Kohlhaas* auf das fruchtbarste literarisch gestaltet hat.[361]

Ganz anders hätte Kant, im Gegensatz zu Wieland noch nach dem Sturz Robespierres ein Anhänger der Revolution wie er sogar während der Terreur mit den Jakobinern sympathisierte, eben diesen Punkt beurteilt: Nur wenn Corday hätte fliehen wollen, eben nicht stoisch am Tatort blieb, hätte der Königsberger Philosoph ihre Märtyrertat akzeptieren können. Der Verdacht der Eitelkeit liegt sonst zu nahe, und eine Superba hat keine Bewunderung verdient.[362]

Aber Wieland wäre nicht Wieland, mischte sich in die Bewunderung für Corday nicht sogleich der skeptische Zweifel, und zwar über die auch bei Kant angeschnittene Frage der Eitelkeit. Aufgrund der Briefe im vorigen Aufsatz des anonymen Einsenders meinte er bei der jungen Mörderin vor allem den *Ehrgeiz*, »einen Nachruhm zu erwerben, der so lange dauern würde, als die Französische Nazion und die Annalen des Menschengeschlechts« (III, 178), auszumachen - ein schwerwiegender Verdacht, verwarf doch schon Girtanner Cordays Tat, da er sie »Schwärmerei und weibliche[r] Eitelkeit« entsprungen glaubte.[363] Wirklich groß aber sind Menschen nur, wenn sie über dem Gemeinwohl egoistische Triebe verleugnen können;[364] Girtanner erkannte die edle Motivation durchaus an: »Sie wollte ihr Leben aufopfern um ihr Vaterland zu retten.«[365] Jedoch tat sie dies in seinen Augen mit den falschen Mitteln[366], was einigermaßen entscheidend ist, wie man aus dem Aufsatz des Anonymus in der *Gallerie merkwürdiger Frauenzimmer* (1794) lernen konnte.

Eben dessen Ablehnung des Attentats unter Zuhilfenahme des abgewandelten kategorischen Imperativs hatte auch Wieland im Sinn, als er das Problematische an Cordays Anschlag dahingehend bestimmte, daß selbst dann, wenn »sich Frankreich wirklich in einem Zustande von gänzlicher Anarchie [...] befinde (welches sich doch wohl so schlechterdings nicht behaupten läßt)« (III, 174 f.), selbst dann könne es nicht angehen, daß »jedem exaltierten Kopfe das Recht« zustände, »jeden vermeinten Feind des Vaterlandes aus dem Wege zu räumen« (III, 175).

Als Resultat seiner Beobachtungen hält Wieland »das Horazische Nil admirari« (III, 179) fest, ohne gleichzeitig seine Bewunderung für die »sich selbst aufopfernde Tugend« aufgeben zu wollen.[367]

Ganz im Sinne seiner gern betonten Unparteilichkeit lehnt Wieland es jedoch ab, ein endgültiges Urteil zu sprechen, solange man nicht genauer unterrichtet sei, und in der Tat glaubt er seine Bedenklichkeiten hintanstellen zu können, nachdem er die originalen Briefe Cordays kennengelernt hatte. Aufgrund eines Exportverbots erhielt er den *Moniteur* wesentlich verspätet, säumte aber nicht, seinen Lesern auszugsweise korrekte und wortgetreue Übersetzungen der Briefe Cordays mitzuteilen (III, 180-186). Durch die in Wahrheit mit »Kaltblütigkeit und Ruhe« in »alltägliche[r] Prosa« geschriebenen Texte sieht er die Bedenklichkeiten zerstreut, die ihn aufgrund seines fein entwickelten Stilgefühls bei Lesung der in »begeisterte[r], auf Kothurnen daher schreitende[n], komödiantische[n]

Sprache« der von einem »enthusiastische[n] Bewundrer« (III, 183) geschriebenen Fälschungen anwandelten.[368] So glaubt sich Wieland berechtigt, sein ursprüngliches Gefühl, wie er es in der zweiten Frage formulierte, wieder in sein Recht setzen zu dürfen; ohne Argumente *für* Corday zu finden (was ihm auch aufgrund der Aporien seines Denkens schwer fallen dürfte), spricht er von einer Revision des vorigen Urteils, »wenn wir es nicht lieber bloß bey dem, was uns das Gefühl für sie sagt, bewenden lassen wollen.« (III, 186)

Der Corday-Kult um 1800

Macht, all ihr Helden, ihr in allen Weltgeschichten,
In Bibeln und Gedichten,
Macht, all ihr Helden, macht der Mörderin Marats,
Charlotte Corday, Platz![369]
Johann Ludwig Gleim

Um auf Charlotte Corday zurückzukommen: es sieht beinah so aus, als sei ihre Tat generell als amoralisch und unvernünftig abgelehnt worden. Sei es, weil sie zwar der des Brutus gleich, aber nicht der modernen Zeit entsprechend sei, sei es, weil auch schon Brutus eine verwerfliche Tat beging. Diesen absprechenden Urteilen des Anonymus und Wielands gesellen sich die zitierten Stellungnahmen Girtanners, Schirachs, Reichards und Archenholz' bei. Mithin verurteilen die wichtigsten Publizisten der Zeit das Attentat der Corday als verächtlichen Meuchelmord.

Trotzdem wäre es nicht richtig anzunehmen, daß dies die allgemein verbreitete Ansicht der Sache gewesen wäre. Im Gegenteil ist es richtig, von einem Corday-Kult zu sprechen, dem sogar zum Teil diejenigen anhingen, die Corday öffentlich verurteilten; Archenholz etwa bekennt *privat*, daß Corday seine »Heldin« sei.[370] Nicht umsonst sehen sich Kraus und Bertuch veranlaßt, in ihrem *Journal des Luxus und der Moden* gegen die ihrer Ansicht nach geradezu unsittliche Mode der Corday-Verehrung anzugehen.[371] Künstlerisch fruchtbar wird der Corday-Kult vor allem auf unterer Ebene: in Wielands *Neuem Teutschen Merkur* erscheint Ende des Jahres 1793 eine »Threnodie« (Trauergesang) von Daniel Jenisch, der »Die französische Revoluzion, was sie war, und was sie geworden ist« besingt; eine seiner Heldinnen ist natürlich auch »Scharlotte Korday«, das »erhabne Mädchen«, das »mehr als Brutusthaten gethan« hat, das »Geschlecht der Schwachheit« stolz machen kann und gegen deren Patriotismus bislang »nichts auch nur zweifelhaftes auffinden« sich ließ; eine Heldin mit einem Wort, deren Heldenkraft zwar den Tyrannen tötete, aber vergebens, denn »Marat ist todt! der Maratismus lebet«, so daß Jenisch nur ohnmächtig fragen kann: »warum? warum?«[372] Schirach erwähnt, er habe »unter andern [Einsendungen] drey Gedichte auf Marats Ermordung, und seine Mörderin Gordet [sic] bekommen«;[373] im

Oktoberheft der *Minerva* finden sich weitere drei, nicht sonderlich bedeutende Gedichte auf Corday, allerdings von einem bedeutenden Poeten, nämlich Gleim;[374] in Bertuchs *Journal* lesen wir von dem Erscheinen einer musikalischen Allegorie mit dem Titel *Gesang bey Charlotte Corday's Urne für's Clavier oder Fortepiano mit willkührlicher Begleitung einer Flöte, Violine und einem Violoncello*, welche nach des Verfassers Angaben Hit-Qualitäten aufweise.[375]

Es ist bekannt, welch seltsame Blüten die Corday-Verehrung treibt. Nicht nur, daß Klopstock seinen Hausaltar aufbaut, über den Wackenroder, Tieck und Humboldt gleichermaßen lästern;[376] nicht nur daß über dem Schreibtisch von Goethes Freund, dem bekannten Komponisten und Literaten Johann Friedrich Reichardt immer ein Bild der Mörderin hängt;[377] nicht nur daß Jean Paul sich das Bild aus der *Klio* zur Hand nimmt und unter fortgesetztem Tränenfluß seinen Aufsatz schreibt;[378] auch ein Republikaner wie Rebmann hat die Schreckensmänner angeblich so ehrlich gehaßt, daß er seinen schwarzen Pudel Rax eine zeitlang »Marat« rief. In der Verehrung Cordays wäre er hinter Klopstock kaum zurückgeblieben, das behauptet jedenfalls Anfang des 20. Jahrhunderts der Wiener Germanist Robert F[ranz] Arnold.[379]

Corday ist das Tagesgespräch schlechthin; Goethe lästert noch Jahre später über die ihm nicht sonderlich sympathische Caroline von Wolzogen, sie sei »von ihrer republikanischen Reise als die entschiedenste Tyrannenfeindin zurückgekommen«, und es stehe zu befürchten, daß sie Weimar »nächstens mit einer Charlotte Corday in Erstaunen setzen« werde.[380]

Aus den liberal-republikanisch gesinnten Kreisen der Hamburger Großbürger hören wir von folgendem Gesellschaftsspiel: Ein Freund des 1794 wegen Jakobinismus (!) seiner Professur enthobenen Karl Friedrich Cramer schickt demselben

> zwey Kupferstiche der Corday aus Paris, in der neuen, die Pastelmahlerey nachahmenden farbigten Manier. [...] boshaft genug, wie ich ihn beschuldige, das physiognomische Gefühl zu prüfen: - 'ich solle mir eins davon wählen.'

Cramer berichtet, daß Corday auf dem einen »edel, schön, [...] voll Grazie und Gottheit« aussah, auf dem andern aber »dick, fett, satt, gemein, wie ein Viehmagd.« Natürlich wählte er das schöne Bild, welches das »wahre seyn .. muß!«, um dabei zu bemerken, daß mit dem häßlichen »ein Beweis mehr gegeben [ist], wie niedrig-schändlicher Mittel, die Bergrotte sich gegen die ermordeten Göttlichen bedient!« Erfreut zeigte sich Cramer, als er bei seinem Freund Klopstock vorbeiging und bemerkte, daß dieser, »dem die nämliche Wahl vorgelegt worden«, ebenso wählte.[381] Bei diesem »großen colorirten Kupferstich« handelt es sich um den gleichen, den Böttiger bei seiner Norddeutschland-Reise 1795 »sehr häufig in den Zimmern der Hamburger und auch bei Vater Klopstock gefunden« hat und der wie erwähnt auch bei Reichardt hing[382], der aber auch mit Sicherheit einer derjenigen war, die den Zorn der »Witwe Marat« (Simonne Evrard) hervorrief.[383]

In zahllosen Broschüren und Sonderdrucken werden das Verhör und die letzten Stunden der Corday beschrieben, schon seit 1794 ist in allen biographischen Sammlungen über bedeutende Frauenzimmer (oder wie auch immer die Titel lauten), ein Artikel über die »mit wahrem Heroismus« begabte »Jungfrau edler Herkunft«, »die aus Liebe zu ihrem Vaterland [...] den Entschluß [faßte], etwas zur Rettung desselben beyzutragen«, enthalten.[384] Sogar zwei umfangreiche monographische Studien zum Mordfall Marat/Corday lagen 1794 schon vor: erstens Schelers *Nachrichten von des berüchtigten Marat Leben und Tod* (1793; 134 S.)[385] und der *Versuch* eines Anonymus über *Charlotte Korday* (1794; 192 S.).

Scheler, Sohn des Hohenasperg-Commandanten und Offizier an der württembergischen Karlsschule, gab zunächst einmal einen vergleichsweise objektiv gehaltenen Bericht über Marats Leben und Werk (ohne natürlich jemals *für* die Revolution zu votieren), um am Ende schließlich doch die Mörderin zu feiern: »So starb Charlotte Corday aus Liebe für ihr Vaterland. - Ihr Ruhm wird ewig dauren. - *Eine Thräne ihrem Andenken*!«[386] Im übrigen untersucht Scheler Fragen etwa nach der Berechtigung des Mordes und dergleichen mehr, welche doch die Diskussion in den bekannten Blättern, wie man gesehen hat, bestimmten, überhaupt nicht. Es ist überhaupt auffällig, daß Menschen, die relativ eng in die Geschehnisse in Frankreich involviert waren, oder grundsätzlich positiv zur Revolution stehen, wenig oder gar keinen Gedanken auf solche Spitzfindigkeiten verwenden. Frei nach Robespierres klugem Wort an die Adresse der Girondisten: »Man kann keine Revolution ohne Revolution wollen!«[387] nehmen sie den Mord als ein in revolutionären Umwälzungen nicht ungewöhnlichen Vorfall hin. Obwohl zum Beispiel Antoine Fantin Desodoards ausdrücklich eine »philosophische Geschichte der Französischen Revolution« schreiben will, übergeht er solche genuin philosophischen Fragen und bescheidet sich mit der lakonischen Feststellung, daß Corday »beschloß, dies Beispiel von Aufopferung fürs Vaterland [das Mutius Scevola einst gab] zu erneuern, indem sie Marat, der in den Departementen für das Oberhaupt der Blutsäufer gehalten wurde, ermordete.«[388] Sogar der nüchtern erzählende François Mignet scheint später mehr Wertung in den Bericht über Marats Ermordung einzuflechten.[389]

Lediglich der zweite der Monographienschreiber von 1793/94 geht in seinem Corday-Buch auch auf die verschiedenen Urteile über seine Heldin ein. Der anonyme Autor[390] weicht den bekannten Problemen keineswegs aus, sucht aber trotzdem die Berechtigung der Tat nicht nachträglich durch ihre Erfolglosigkeit zu desavouieren. Denn auch Corday hätte wohl gewußt, daß der Mord an Marat nicht ganz Frankreich befreie, allein sie hätte einen Anstoß geben wollen, so daß man *ihr* nun nicht »zum ungerechten Vorwurf« machen dürfe, »was sie andern überlassen mußte, und keiner zu vollbringen, Herz hat.« Im Gegenteil: der Vorwurf gehe allein an die »feigen Tadler«, die »so des Muts und der Kräfte ermangeln, nur Einer Warheit Zeugnis zu geben«, und der Corday nachzufolgen (S. 120). Damit wird aber der Mord zur Offenbarung und die ihm einzig angemessene Haltung ist nicht Kritik, sondern Glauben in der Nachfolge. Literarisch besonders fruchtbar zeigt sich diese Konstruktion wenig später bei Jean Paul; der anonyme Autor von 1793/94 jedoch verläßt diese metaphysischen Gefilde alsbald wieder, um eher bodenständig zu argumentieren, indem er den Girondisten Petion zitiert, der »im Klub zu Caen« gesagt haben soll:

> In gewöhnlichen Fällen muß das Gesetz die Schuldigen strafen; aber bei vorligenden Umständen ist Mord eine Handlung der Nazional-gerechtigkeit. Ein Weib hat den Männern ein Beispil gegeben. Diese mögen, ich hoffe es, daraus sich eine Lere ziehen, und Frankreich von den Lasterhaften, die es drüken, reinigen. (S. 121)

Eine darstellerische Meisterleistung jedoch ist die bald folgende Passage, in der die »Nazional-gerechtigkeit« dann wiederum quasi göttlichen Rang zugesprochen bekommt, Corday zu ihrer Erfüllungsgehilfin und so abermals - aber nunmehr endgültig und explizit - zu der Heiligen wird, die auch Jean Paul fünf Jahre darauf zu feiern unternimmt.[391] Bevor ich aber auf dem kleinen Umweg über Christine Westphalens Heilige namens Charlotte Corday zu Jean Paul komme, mag an dieser Stelle ein leicht gekürzter Ausschnitt aus dem *Versuch* über *Charlotte Korday* stehen, in dem der Anonymus die Verwandlung der politischen Attentäterin in eine »Überirdische« versuchsweise einleitet; dieser einigermaßen apokryphe Text bietet in seiner emotionalen Dichte und Stringenz ein beredtes Zeugnis für das »Gefühl«, bei dem es Wieland so gern hätte »bewenden lassen«:

> Indeß, so verschiden auch immer der Eindruk war, den diese ausserordentliche That an allen Enden machte, so konnten doch selbst die Pariser-demagogen ihr die gebürende Bewundrung nicht versagen. Und so wenig auch der egoistische Mensch aufgelegt sein mag, so ganz sich hinzugeben, um so mer fült er, im Fall er irgend Sinn für Größe hat, das Erhabne solch eines Opfers. Nicht nur befreite sie ihr theures Vaterland von dem verwüstenden Ungethüm, gab sich, ein Opfer für alle, freiwillig hin; noch sezte sie sich überdiß der ser zweideutigen Gefar, die ihrem Herzen um so empfindlicher sein muste, je zarter, fein ansprechender ihr Gefül fürs Schöne, und fürs Edle war, je weniger ihr bei der bluttriefenden Wut der Maratisten die Hofnung schimmerte, hieniden Rechenschaft ablegen zu dürfen - der Gefar sezte sie sich aus, für eine Söldnerin gehalten, und mit jenen andern als Mörderin in Eine Reihe gestellt zu werden.[392] - Mörderin! - Mord! durch ihre innerste Tiefe wird unsre ganze Empfindung bei diesem Worte erschüttert. Alle Immoralitäten vereint beim ersten Aussenblick die blutige Handlung in sich. Ist es unsre Pflicht, und Wollust des guten Menschen, jede Summe der Glükseligkeiten nach Kräften zu vermeren, und thuts dem sanftern edlern Gefüle weh, nur Ein belebtes Wesen selbst unwissend zu kränken; wie durchschneidender wird da der Gedanke an Mord, völlige Aufhebung aller Thätigkeit, alles Genusses; gewaltsame Beraubung aller Freuden, die Gottes schöne Erde beut. Und doch rang Korday dadurch nach hoher Unsterblichkeit Ruhm. (S. 129 f.)

Im Krieg, den Vaterland oder die Laune des Fürsten erzwingen, tötet der Soldat auch »one Gewissensbisse« Menschen, »die ihm nie was zu Leide thaten, nie thun wollten«: »Und alles diß ist kein Verbechen - denn der Fürst befielt - das Vaterland will's.« Das nämliche also gelte doch wohl auch für Corday, wenn ihr Vaterland durch »Marat, die lechzende Hyäne, [die] nie des Bluts satt werden kann« verwüstet und bedroht werde... (S. 131 f.)

> - wenn nun da eine edle Korday, durchdrungen von Schmerzgefül bei ihres Vaterlandes Qualen, im überzeugenden Bewustsein, daß, was auch kalte, auf Wesen so wie ich, und du, und mancher andre arme Erdenson nun eben einmal unanwendbare Spekulazion mit Grund und Ungrund dagegen spreche - wenn sie da, gewis, daß unter zweiern Uebeln besser Eins gewälet werde, für Tausende, villeicht für eine Welt ihr Haupt dem Schlächter beut, und, als moralisches Wesen in den seegenreichen Folgen ihres Thuns, und in der dankenden Empfindung der guten Menschen ihr Leben schöner zu dehnen glaubt, obgleich der Staub zerfallen - und dann wir zu dieser Gröse, zu dieser Ueberirdischen, belastet mit unserm armseeligen Ich uns nicht aufschwingen können... da wollen wir die kotigte Hand nach der Unerreichbarn erheben? - Dankend, Freunde, dankend laßt uns niderfallen und anbeten, denn sie hats gut gemacht! (S. 132)

Jean-Jacques Hauer, *Charlotte Corday*, 1793

Augusta Lebaron,
Charlotte Corday, 1842

A. S. Adam-Salomon / Th. Degeorge,
Charlotte Corday, ca. 1848

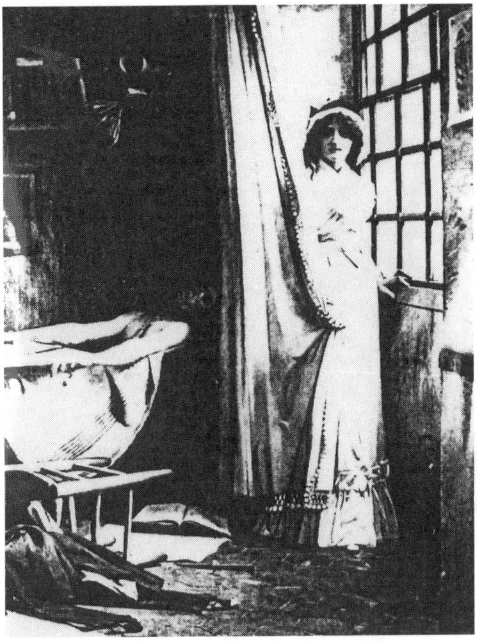

Jules C. Aviat,
Charlotte Corday, 1880

Jean Gigoux,
Charlotte Corday,
1848

J. H. Lips / Bréa,
Charlotte Corday, 1796

Jean Duplessi-Bertaux,
Charlotte Corday,
1797

J. D. Schubert, *Marat stierbt ...*, 1793

Anonym, *Zur Erinnerung an Marat*, 1793

Claude Louis Desrais, *Die Ermordung Marats*, 1793

Louis Brion de la Tour, *Die Ermordung Marats*, 1793 (Ausschnitt)

H. Scheffer / A. Blanchard, *Die Verhaftung der Charlotte Corday*, 1830

Louis Boilly, *Die Verhaftung der Charlotte Corday*, 1793 (Ausschnitt)

Johann Heinrich Ramberg, *Der Tod des Marat*, 1793

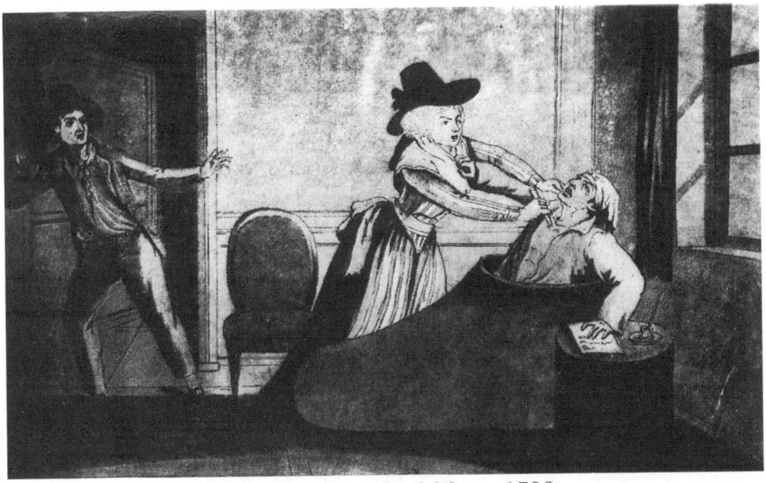

Anonym, *Der Tod des Patrioten Jean Paul Marat*, 1793

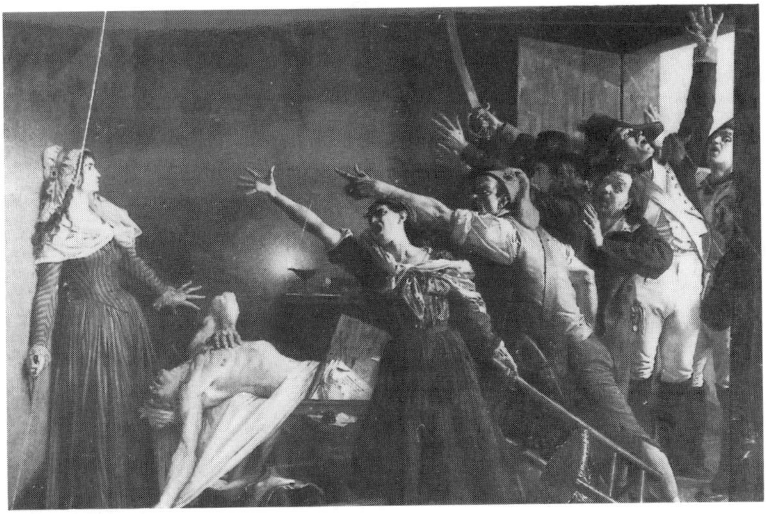

Jean-Joseph Weerts, *Die Ermordung Marats*, 1880

Alfred Hrdlicka,
Der Tod des Marat,
1986/87

Michael Mathias Prechtl, *Der unglückselige Tod des Jean Paul Marat,* 1976

Edvard Munch, *Frau und nackter Mann / Charlotte Corday*, 1933/35 (Ausschnitt)

Zu den Abbildungen

Es scheint ein natürliches Bedürfnis der Menschen zu sein, sich von den Akteuren der Geschichte eine möglichst konkrete Vorstellung zu machen. Dem Bedürfnis zu dienen hat seit 1793 nicht nur die Schriftsteller gereizt, sondern ebenso die bildenden Künstler. Und ebenso wie für die Literatur gilt auch für die Malerei, daß der Phantasie dabei keine Grenzen gesetzt sind, denn so wenig wir über die wahren Hintergründe des Attentats zuverlässig informiert sind, so wenig wissen wir, wie Charlotte Corday wirklich aussah. Auch für die visuelle Kunst gilt, daß alte Mythologeme und interpretative Entscheidungen die Realität bis zur Kenntlichkeit entstellen können. Nicht wie die Täterin wirklich aussah, sondern wie eine Frau, die eine solche Tat begeht, auszusehen hat, interessiert uns.

Kennzeichnend dafür ist die bereits berichtete Anekdote von der Bildauswahl, die Karl Friedrich Cramer abverlangt wurde (siehe S. 75). Weil er die Attentäterin bewunderte, wählte er unter zwei ihm vorgelegten Kupferstichen denjenigen, der seinem Gefühl gemäß der »wahre seyn muß!« Und selbst wenn Corday in Wahrheit auf dem anderen, worauf sie »dick, fett, satt, gemein, wie eine Viehmagd« aussah, besser (im fotografischen Sinn) getroffen wäre, hätte Cramer vermutlich den ersten, worauf sie »edel, schön, voll Grazie und Gottheit« erschien, für den wahreren gehalten, weil die Kunst in seinen und den Augen der Zeitgenossen nicht dazu da ist, die häßliche Wirklichkeit platt abzuspiegeln, sondern das wahre Wesen der Dinge und Personen ins Bild zu setzen.

Dies im Gedächtnis behaltend, wird man sich kaum wundern, wie unterschiedlich Corday ins Bild gesetzt worden ist. Fast keiner der Maler nämlich war und ist daran interessiert, uns eine Art Paßbild der Mörderin zu liefern. Wozu auch? Nach ihrer Verhaftung und Hinrichtung gab es weder für die Polizei das Bedürfnis nach einem ähnlichen Porträt, etwa um einem Steckbrief zu mehr Wirksamkeit zu verhelfen, noch für potentielle Verehrer die Notwendigkeit ein möglichst ähnliches Pin-up als materielle Grundlage irgendwelcher Träume zu haben. Da der Leib verschwunden war, konnte man sich ein Bild des Idols danach machen, was die Tat bedeutete oder bedeuten sollte.

Ich schrieb, *fast* keiner der Maler habe ein Interesse an Cordays wahrem Konterfei gehabt. Doch einer wollte der Nachwelt ein wahres Abbild der Täterin überliefern; aus welchen Gründen auch immer. Daß es allein der Wunsch nach objektiver Unterrichtung der Zeitgenossen und Nachgeborenen gewesen sei, kann man bezweifeln. Denn Johann Jakob, oder Jean-Jacques Hauer, wie sich der deutschstämmige aber schon lange in Paris lebende Maler und Bataillonskommandant der Cordeliers nannte, nutzte die Erlaubnis, die Delinquentin in den Tagen zwischen dem 13. und 17. Juli 1793 im Gefängnis einer Porträtierung wegen besuchen zu dürfen, weidlich für seine Karriere aus. Nicht weniger als fünf Gemälde, auf denen Corday oder Marat oder beide zu sehen sind, schreibt man ihm zu; und andere Gemälde von seiner Hand kennt man eigentlich nicht, so daß Hauer seinen Platz in der Kunst- und Literaturgeschichte (an ihm entzündete sich die literarische Phantasie Elise Polkos ebenso wie Sibylle Knauss') allein Corday verdankt. Hier soll sein vermutlich der Realität am nächsten kommendes Porträt Charlotte Cordays (Jörg Traeger nennt es allerdings »hausbacken«) am Anfang der Abbildungsreihe stehen. Die mehrfach auch von Jakobinern bestätigte außergewöhnliche Schönheit der Attentäterin, die nicht zum wenigsten zu ihrem Ruhm unter den Dienern der Schönheit, als die sich Künstler gern begreifen, beigetragen haben dürfte, widerlegt er immerhin nicht (Abb. 1).

Ganz andere Intentionen verfolgen die Nachrichtenbilder, der Zeit gemäß natürlich in Form von Kupferstichen oder Holzschnitten, nach denen die Menschen um 1800 mindestens so gierten wie die heutigen nach dem Fernsehbild vom letzten Krieg oder Putsch. Sowohl die revolutionäre wie die konterrevolutionäre Propaganda versäumten nicht, sich der Macht der Bilder zu bedienen. Nicht immer aber sind ihre Bildlösungen so eindeutig, wie z.B. auf den bekannten antirevolutionären Karikaturen James Gillrays (o. Abb.) oder auf dem anonymen Stich *Zur Erinnerung an Marat* (Abb. 9), wo die französische Republik um den Ermordeten trauert, während sich Racheteufel der Mörderin bemächtigen.

Spiegelt nicht ein Stich wie der von Claude Louis Desrais (Abb. 10) weniger schrille politische Propaganda als vielmehr das Vertrauen in rechtsstaatliche Institutionen wider? Ein Mord ist vorgefallen, die Mörderin gefaßt, ein Beamter nimmt am Tatort das Protokoll auf. (Wobei die Normalität des Umgangs mit einem solchen Vorfall auch ein Stück Propaganda sein mag.)

Entsetzt sich der hereintretende Zeuge auf der anonymen Grafik vom *Tod des Patrioten Jean Paul Marat* (Abb. 15) vor der grausamen Konterrevolution oder einfach vor dem gräßlichen Ereignis der Tötung?

Oder was eigentlich ist die politische Botschaft eines Stichs wie dem von Louis Brion de la Tour (Abb. 11)? Drei Personen sind in dem aufgeregten Menschengewühl hell hervorgehoben: die Mörderin Charlotte Corday, eine trauernde Frau in der Mitte (entweder Simonne Evrard, Marats Lebensgefährtin, oder Albertine Marat, die Schwester des Opfers) und der Getötete selbst. Marat erscheint eindeutig wie Christus in Darstellungen der Kreuzabnahme oder Grablegung. Auch die Frauen in der Mitte - zu der händeringenden gesellt sich noch die hinter ihr stehende, dunkel gekleidete Frau mit der Geste der Verzweiflung - können gut Abkömmlinge der beiden Marien aus einer Beweinungsszene sein. Aber mit dieser eindeutig positiven Stellungnahme, was das Opfer angeht, verbindet sich keine Denunziation der Täterin. Erschöpft, scheinbar wie in Trance, läßt sie sich abführen; dabei wirft sie einen leeren oder melancholischen Blick zurück auf den Ort der Tat: sicher keine fanatische Attentäterin.

Es ist für einen jakobinischen Maler nicht leicht, Charlotte Corday ins Bild zu bringen. Und in der Tat hat der größte Maler seiner Zeit sie aus seinem Bild auch ganz heraus gehalten. Jacques-Louis David zeigt in seinem berühmten Gemälde (o. Abb.) nur den toten oder sterbenden Marat; ebenso auch der von ihm abhängige Joseph Roques in seinem heute in Toulouse befindlichen Gemälde *Der tote Marat* (o. Abb.). Weil aber dieses Buch eher der Täterin als dem Opfer gewidmet ist, wende ich mich Cordaybildern im engeren Sinn zu.

Nach der Julirevolution 1830 versuchte man wieder vorsichtig an einzelne Elemente der Französischen Revolution anzuknüpfen. Die Mörderin Marats kam den antiradikalen Kräften der Bürgermonarchie als Identifikationsfigur entgegen. Bezeichnend ist, daß der Mord selbst zunehmend aus dem Bild verschwindet. In Henri Scheffers 1830 entstandenem Bild (Abb. 12) hat man Mühe, den tödlich verwundeten Revolutionär im Hintergrund überhaupt noch auszumachen (der gestreckte Arm der Frau im Mittelgrund hilft ihn finden); genauso ist es auf dem 1834 gemalten, ganz ähnlichen Gemälde von Auguste Raffet (o. Abb.). Auf dem bekanntesten Bild mit dem Titel *Die Verhaftung der Charlotte Corday* (o. Abb.) von Alfred Dehodencq ist Marat gar nicht mehr zu sehen: die Szene ist vor dem Mordhaus und zeigt die Mühe der Gendarmen, die Mörderin sicher durch die erboste Menge zur Kutsche zu bringen, mit der man sie abtransportieren will.

Corday wird ganz zu dem strahlenden Opfer der fratzenhaften Jakobinerrotte, die sie meist umgibt. Es ist die leidende Frau, der man die doch gerade erst verübte Mordtat gar nicht zutraut, die hier vorgeführt wird. Scheffers Gemälde bildet in diesem Sinn das explizite Gegenstück zu Eugène Delacroixs *Die Freiheit führt das Volk*, das auf demselben Salon 1830 seine Publikumspremière erlebte wie das Bild von Scheffer. Ein revolutionärer Autor wie Heinrich Heine bringt es nicht über sich, in seiner Salonbeschreibung Scheffers Bild auch nur mit einem Wort zu erwähnen, während er sich seitenlang über das Gemälde von Delacroix ausläßt. Um so mehr Erfolg hat das als »Hauptwerk« Scheffers gehandelte Bild bei konservativen Autoren. Das Autorenduo Dumanoir und Clairville beispielsweise spart sich in seinem Drama *Charlotte Corday* (1847) viele Worte zur Beschreibung der Szene nach der Ermordung Marats; bei ihnen steht lediglich: »mise en scène du tableau de Scheffer« (II. Akt, 18. Szene). Auch einige Kopien sowie zahlreiche Nachstiche, von denen hier einer abgebildet ist, belegen die Popularität von Scheffers Bild.

Der Ankauf von Hauers Porträt (Abb. 1) durch Louis Philippe für das Museum in Versailles 1840 just zu dem Zeitpunkt, da seine Regierung ins Reaktionäre kippt, markiert den Eintritt Cordays auch in das biedermeierliche Wohnzimmer. Wird nicht selbst der Kerker (angedeutet wird er durch das vergitterte Fenster im Hintergrund) auf dem Gemälde von Augusta Lebaron (Abb. 2) durch die Kommode, auf die sich ein langweiliges Bürgermädchen stützt, zu einem solchen Wohnzimmer?

Ganz anders dagegen die beiden heute verschollenen Adaptionen aus dem Jahr 1848: das Relief von Anthony Samuel Adam-Salomon (Abb. 3) und die Zeichnung von Jean Gigoux (Abb. 5). Das Relief stilisiert Corday in klassischem Profil zu einer antiken Göttin; es paßt insofern gut zu dem klassizistischsten aller Cordaydramen, dem von François Ponsard (1848). Auch Johann Heinrich Ramberg führt uns in einem der wenigen Zeugnisse, die Spuren seiner italienischen Begegnung mit der Antike tragen, eine klassizistische Heroïne vor (Abb. 14). Daß Ramberg seine Zeichnung, auf der er eine Tyrannenmörderin verherrlicht, nach Antritt seiner »Hof- und Cabinetsmahlerstelle« unter Verschluß hält, wundert nicht: denn sein Bild ist zwar antijakobinisch, doch nicht antirevolutionär.

Im Gegensatz zu diesen antikisierenden Bildern nimmt Gigoux die Femme Fatale der letzten Jahrhundertwende vorweg (Abb. 5). Cordays fast schwebende Leichtigkeit und exotische Ausstrahlung auf dieser Zeichnung vorerinnert stark Bilder etwa von Aubrey Beardsley. Dagegen wirkt die Corday aus Paul Baudrys Bild (1860), das zu bekannt ist, als daß ich es ein weiteres Mal abbilden wollte (es ziert z.B. den Umschlag des Romans von Knauss), bereits wieder geradezu bodenständig.

Vollends zurückgekehrt auf den trivialen Boden der sogenannten Tatsachen sind wir mit dem Bild von Jules Aviat (Abb. 4). Hier scheinen den Maler Details wie die schmucke Borte des Vorhangs und die durch den tödlichen Kampf unvermeidliche Unordnung im bürgerlichen Interieur mehr zu interessieren als die skandalöse Tat selbst. Beinah verschämt wird die nackte Leiche Marats in den Schatten hinter den Vorhang verbannt. Man vergleiche mit diesem Gemälde das im selben Jahr entstandene, formal wie inhaltlich sicher ausdrucksstärkste Corday-Gemälde des 19. Jahrhunderts von Jean-Joseph Weerts (Abb. 16)!

Immerhin wirkt Aviats Corday in ihrer Spießigkeit noch fast militant verglichen mit dem naiv-unschuldigen Ausdruck, den sowohl Jean Duplessi-Bertaux in der offiziellen Geschichtsbildersammlung des napoleonischen Staats seiner Corday verleiht (Abb. 7), wie auch der Schweizer Graphiker Johann Heinrich Lips der seinen (Abb. 6). Es ist übrigens dieser Stich von Lips, von dem Jean Paul kühn genug behauptete, er bilde eine »kühne Gestalt« ab: »eine hohe zauberische Gestalt vol jungfräulicher Würde und Milde, sitsam, sanft und entschlossen, eine Blume gleich der Sonnenblume, aber wie diese nach dem Untergang der Sonne, der sie sich am ganzen Tage zugedreht, und vor nahen Gewittern sich mit Flammen füllend« (Taschenbuch für 1801). Man kann sich vorstellen, wie Jean Paul an seinem Corday-Aufsatz arbeitete: er legte, erzählt Karl August Böttiger, »das Bild der Corday aus der neuen Klio oft sich zur Seite und schrieb — mit feuchten Augen.«

Gegenüber diesem geradezu verniedlichenden Bild weist Johann David Schuberts Darstellung eine weit ernst zunehmendere Botschaft auf, weniger durch das Bild selbst, als durch seinen Titel: *Marat stierbt des Tod's, den er für andere gepredigt hatte* (Abb. 8) verweist bereits auf die von Luise Büchner benannte, aber erst von Marie Eugenie delle Grazie vehement vorgetragene, auch von Peter Jost und Alfred Hrdlicka aufgenommene These von der untergründigen »Verwandtschaft« Cordays mit Marat. »Charlotte Corday wird Deine erste Schülerin, Und danken wird sie Dir, wie Du gelehrt!« (Siehe S. 50.) Hrdlicka, dessen Fries zu *Marats Tod* ich leider nicht abbilden kann, findet für die Dialektik dieses Attentats ein geniales Bild: der tote Marat hält in seiner Hand das abgeschnittene Haupt der Corday, die neben ihm und gleich ihm mit einem Bein in dem Zuber voller Blut steht.

Daß in Hrdlickas (»Alle Macht in der Kunst geht vom Fleische aus«) Gemälde beide nackt sind, nimmt die in den anderen Bildern des Frieses (Abb. 17) im Vordergrund stehende Problematik des Geschlechterkampfs mit auf. Daß diesem Thema das Hauptinteresse der Künstler des 20. Jahrhunderts gilt, erwähnte ich bereits. Auf witzige bzw. groteske Art haben dies auch Michael Mathias Prechtl (Abb. 18) und Hans Traxler (Anm. 234) behandelt; mit großem Ernst dagegen Pablo Picasso (Anm. 232) und Edvard Munch.

Besonders die Bilder von Munch sind diesbezüglich interessant. Sein Freund August Strindberg legt ihm einmal den Satz in den Mund: »Das Leben läßt uns nur die Wahl, entweder den Lorbeer oder die Wollust« (Inferno, 1897). Der Maler wird durch den Eklat, mit dem seine Beziehung zu Mathilde »Tulla« Larsen 1902 endet, derart traumatisiert, daß der tödliche Kampf der Geschlechter fortan eines der Hauptthemen seiner Arbeit ist. In einer ganzen Reihe von Bildern zum Thema *Marats Tod* (o. Abb.) seit 1906 verbindet er das Thema des Geschlechterkampfs mit dem des Klassenkampfs. Corday wird ihm nicht nur zur Frau schlechthin, sondern ebenso zur »Salome der Geldaristokratie« (so nannte Munch Tulla Larsen einmal); Marat ist ihm nicht nur der Mann, sondern zugleich der allseits verfolgte Sozialrevolutionär und geistige Rebell wie der »Steppenwolf« in Hermann Hesses gleichnamigen Roman (1927).

In hohem Alter variiert Munch das Thema. Nicht mehr als todbringende Geliebte (man sprach von einem Fall der »Sexualneurose« bei Munch), sondern als Krankenschwester deren Pflege offenbar tödlich ist, taucht Corday hier auf. Am interessantesten ist unter diesen Gemälden das hier abgebildete (Abb. 19), weil es der Schwester als nackten Mann den Amor aus *Amor und Psyche* (1907) gegenüberstellt: eine radikale Verneinung der mythischen Geschichte von der zwar gefährlichen, aber auch alle Fährnisse überdauernden Liebe (Lucius Apuleius: Metamorphoses). Einander liebend erkennen ist für Mann und Frau in den Augen Munchs nicht möglich.

Heiligendienst: »Sainte Charlotte Corday, priez pour nous!«[393]. Die Apotheose der Charlotte Corday

Zwischen Aufklärung und Romantik: Das Corday-Drama der Schillerepigonin Christine Westphalen

Schiller selbst plante bekanntlich eine Tragödie mit dem Titel *Charlotte Corday*.[394] Die Frage, warum er sie nicht geschrieben hat, könnte sicherlich ebenso gewinnbringend wie ausschweifend erörtert werden, doch will ich mich hier auf wenige wesentliche Punkte beschränken. Dadurch, daß Cordays geschichtliches Auftreten erst wenige Jahre zurück lag, hätte Schiller nicht ohne weiteres mit der Historie so frei und ungebunden umgehen können, wie er es sonst für sich reklamierte.[395] Der Schiller und insbesondere Goethe verbundene Giessener Ästhetikprofessor Johann Christian Schaumann führt bei Gelegenheit aus:

> Denn obwohl herodotische Historie an sich selbst schon poetisch ist, so ist es doch sehr schwer, ja, nach [meiner] Überzeugung, unmöglich, dass die Kunst über Begebenheiten, die noch Zeitungsgeschichten sind, einen vollständigen Sieg erringe. Die Phantasie des Dichtenden und des Hörenden kann sich nicht absolut frey machen von dem Zeitungs- und Journal-Zwange im Gedächtniss: das Gemüth kann sich nicht gänzlich trennen von den, im Herzen festgehaltenen, Ansichten der Wirklichkeit. Poesie kann sich nicht mit der gemeinsten Prosa durchaus identifizieren.[396]

Gebunden an die tatsächlichen Ereignisse, wie sie sich noch unmittelbar im Gedächtnis der Zeitgenossen fanden, mußte Schiller überlegen, ob sich im Opfergang der Corday tatsächlich ein tragisches Ereignis verbarg, ob sie als erhaben gedacht werden könne. Denn es ist kaum anzunehmen, daß sein Plan darauf abzielte, mit seiner Titelheldin eines jener »Weiber« zu gestalten, die durch die Revolution zu Hyänen wurden, wie es in dem »Lied von der Glocke« heißt. Stattdessen kann man an die beiden Dramen denken, die mit dem Cordaystoff motivlich einige Verwandtschaft zeigen, nämlich die *Jungfrau von Orleans* (1800/01) und *Wilhelm Tell* (1804). Gerhard Schulz interpretiert diese beiden Stücke als Antworten Schillers auf die Herausforderung durch den Cordaystoff, wobei er das Ausweichen auf die anderen Stoffe als Erkenntnis der mit dem Cordaystoff originär verbundenen Schwierigkeiten deutet;[397] das erscheint mir nicht einleuchtend, da der Plan Schillers zu einer Corday-Tragödie offenbar erst einige Jahre nach der Vollendung der *Jungfrau von Orleans* entstand, nämlich 1803[398], so daß die Corday-Tragödie qualitativ mit Sicherheit etwas neues bringen sollte.[399] Dem im *Wilhelm Tell* im Vordergrund stehenden Motiv des Tyrannenmords dürfte Schillers Hauptaugenmerk auch bezüglich des Cordaystoffs gegolten haben; daß es sich bei der historischen Corday um eine Tyrannen*mörderin*, eine Frau, handelte, ist allerdings dabei entscheidend, denn wahrscheinlich hätte Schiller die tragische Spannung abermals aus der »Kollision der Liebe mit anderen Rechten und Pflichten« gewonnen, sei es der Konflikt zwischen Liebe und Ehre, Liebe und »substantiellen Mächten« (Staat, Patriotismus, Familie), oder Liebe und »äußerlichen Hindernissen« (Unglück, Leidenschaft, Vorurteile anderer), um hier Hegels Klassifizierung zu zitieren.[400] Nur wäre fraglich gewesen, ob ein solches Drama wesentlich besser geraten wäre als die trivialen Verarbeitungen, die ich im zweiten Kapitel der Arbeit besprach. Um so mehr als Schiller sich hätte durchringen müssen, Partei zu ergreifen, d. h. seine programmatische Zurückhaltung gegenüber allem, was »den jetzigen Weltlauf und [...] die nächsten Erwartungen der Menschheit«[401] betrifft, aufzugeben.

Wie man das Thema dennoch behandeln kann, ohne sich »mit einem unreinen Parteigeist«[402] zu besudeln, zeigt die Hamburger Schriftstellerin Christine Westphalen.[403] Sie ist eine glühende Verehrerin Goethes noch mehr als Schillers, wie ihre kurze Briefaffäre mit Goethe belegt.[404] So ließ sie 1804 ihr Drama durch Vermittlung Heinrich Ludens auch Goethe zukommen, was zu einiger - zuweilen noch anhaltender - Verwirrung bezüglich der Verfasserschaft der anonym erschienenen Tragödie oder gar zur irrtümlichen Vermutung, Luden seinerseits hätte ebenfalls eine solche (nicht erhaltene) Tragödie geschrieben, führte.[405] Goethe, wahrscheinlich bekannt mit Schillers Neigung zum Charlotte Corday-Stoff, ließ das Stück auch umgehend seinem Freund zukommen, der sich bedankte: »Endlich eine Charlotte Corday, die ich zwar mit Zweifel und Bangigkeit in die Hand nehme, aber dennoch ist die Neugier groß.«[406] Eine weitere Äußerung Schillers zu dem Stück ist nicht überliefert, aber von Goethe weiß man, daß er das Stück »geistlos, matt und nullenartig« nannte, »die Ausarbeitung, nämlich Sprache und Diktion, Versbau und Rhythmik etc. äußerst notdürftig« fand.[407] Nachdem Goethe, der zuerst ebenfalls fälschlich Luden als Autor vermutete, die wahre Verfasserin erfuhr, konnte er sich nicht enthalten, zu lästern: »Die würdige Verfasserin der Tragödie der Charlotte Corday hätte besser gethan, sich ein warmes Unterröckchen für den Winter zu stricken, als sich mit dem Drama zu befassen.«[408] Weil er sich selbst nicht zutraute, eine gerechte Rezension zu schreiben, ließ er das Stück von Schaumann, den er für »kein[en] unbarmherzigen Rezensenten« hielt, in seiner *Jenaischen Allgemeinen Literatur-Zeitung* besprechen.[409]

Indessen ist das Stück nicht so schlecht, wie Goethe tut; seine Ablehnung motiviert sich vermutlich vor allem dadurch, daß der lyrische Grundton des Dramas fast schon romantisch zu nennen ist; Gerhard Schulz empfand bis in die Diktion gehende Gemeinsamkeiten mit Gedichten der Karoline von Günderrode[410], von dem französischen Bibliographen Josephe-Marie Quérard wurde es irrtümlich sogar August Wilhelm Schlegel zugeschrieben.[411] Im übrigen hält sich Westphalen aber durchaus im

Fahrwasser *Schillerscher* Kunsttheorien. Die Verwendung der »Chöre« entspricht - in leichter Abwandlung[412] - den Grundsätzen des Weimarianers, wie sie in der Vorrede (»Ueber den Gebrauch des Chors in der Tragödie«) zur *Braut von Messina* (1803) niedergelegt sind;[413] die Funktion der Kunst insgesamt dürfte von Westphalen ähnlich bestimmt werden wie bei Schiller, auch wenn sie in der Gestaltung des tragischen Konflikts Schillersche Konzeptionen hinter sich läßt und romantischen Muster sich nähert bzw. Jean Paul antizipiert.

Westphalens Stück bedient sich in erstaunlichem Maße historisch verbürgter Handlungen und Worte, welche die Autorin geschickt in eine immerhin glaubwürdige Fabel einzuschmelzen weiß.[414] Daß sie dabei die in Wahrheit längst verstorbene Mutter auferstehen läßt und eine alte Bekanntschaft des Mainzer Abgeordneten »Luchs« mit Corday erfindet, tut der Sache keinen Abbruch; das sind sozusagen notwendige Freiheiten, die ein dicht gebautes Drama, das mit wenig Personal auskommen will, - und darum handelt es sich hier - vornehmen muß und darf.

Trotzdem ist erstaunlich, daß Fragen der Staatsform, des Republikanismus und dergleichen fast gar nicht auftauchen. Daß just Anfang 1793 der ehemalige König enthauptet wurde, wird nicht einmal erwähnt und den Jakobinern auch nicht zum Vorwurf gemacht. Sogar der Atheismus, ein sonst sehr beliebtes Argument gegen Jakobiner, wird als solcher ihnen nicht vorgehalten, sondern das Einreißen von Kirchen allenfalls am Rande gewissermaßen als Pietätlosigkeit oder unnötiger Ikonoklasmus gewertet. Wahrscheinlich will Westphalen, indem sie im Drama allein moralische Fragen, Probleme von »Phantasie« und »Wahrheit«, wie es in Schillerscher Terminologie heißt, in den Vordergund stellt, die Tragödie auf das Niveau der hohen und wahren Kunst heben, »dadurch, daß sie [...] die sinnliche Welt, die sonst nur als ein roher Stoff auf uns lastet, als eine blinde Macht auf uns drückt, in eine objective Ferne zu rücken, in ein freies Werk unseres Geistes zu verwandeln und das Materielle durch Ideen zu beherrschen« sucht, wie es bei Schiller im Vorwort zur *Braut von Messina* heißt.[415] Dieser Aufgabe ist das Stück allein deshalb aber nicht gerecht geworden, da die Personen »nicht tief genug empfunden« sind, wie das neunzehnte Jahrhundert wahrscheinlich formulieren würde; ihre Charakterisierung bleibt einigermaßen blaß, wiewohl nicht unglaubwürdig.

Das Stück handelt vor allem vom Gegensatz der edlen, hohen Seele zu den egoistischen Leidenschaften des Lasters, welches in Gestalt der Jakobiner momentan, aber nach Überzeugung der Verfasserin und ihrer Kunstfigur Lagarde nur vorübergehend die hellen Strahlen der Tugend zu verdüstern vermag, ohne den Fortschritt der Menschheit ernstlich aufhalten zu können.[416] Lagarde ist ein eifriger Verfechter der Vernunft und des Realismus, was in dem Stück stets mit dem Terminus »Wahrheit« belegt ist; er zum Beispiel vermag der Not und dem Schrecken, vor allem dem Krieg immer noch einiges Gutes abzugewinnen, wenn er feststellt, daß sich die bürgerliche Produktivität um ein vielfaches gesteigert hätte, daß z. B. die Salpeterausbeute um das Zwölffache gestiegen wäre; die Lederherstellung ließe sich um Wochen schneller gestalten, der Aerostat und der

Telegraph haben sich zu brauchbaren Maschinen entwickelt, die Medizin ist weitergekommen und so weiter.[417] Mit Besonnenheit und Ruhe versucht er Luchs von seinem Vorhaben des politischen Mords abzuhalten, indem er ihm die Folgen desselben vorstellt, nämlich viele neue und strenge Untersuchungen, Proskriptionen, Verhaftungswellen und ähnliches; eine solche Tat wäre nur ein gern genutzter Vorwand, den Terror noch stärker zu entwickeln, denn Marat sei erstens nicht der einzige Kopf der jakobinischen Hyder, Luchs zweitens kein Herkules, und drittens müsse Marat eher ein Werkzeug der andern als die Seele des Ganzen genannt werden.[418] Lagarde zur Seite steht auch Cordays Bruder Antoine, der ebenfalls die Situation realistischer als Luchs einschätzt, indem er auf die Bedeutung der Volksmassen für die Jakobinerherrschaft hinweist.[419] Ein Argument allerdings, das Marats Bedeutung steigert, denn bekanntlich ist dieser der Abgott des angeblich durch Feste und Bestechung blind gewordenen Volks. Im übrigen erkennt Antoine auch, daß jakobinische Politik, »um einen Grundsatz würdig durchzufechten«, auch zahllose Opfer in Kauf nähme[420], also den moralischen Dogmatismus der robespierristischen Ideologie.

Ganz anders die empfindsamen und zärtlichen Charaktere des Stücks, nämlich Corday und Luchs. Cordays Sensibilität, die am Unglücke anderer mehr leidet als am eigenen, wird von den Eltern ausdrücklich als Übel, das es zu heilen gelte, hingestellt. Zuerst wollte der Vater sie durch nähere Bekanntschaft mit der Wahrheit (i. e. Realität) von ihrer allzuweit entwikkelten Phantasie (i. e. Empfindsamkeit) heilen. Als aber dies das Übel noch verschlimmerte, verfällt der Vater auf die Möglichkeit, durch äußere Ablenkung oder Zerstreuung seine Tochter vom Nachdenken abzuhalten. Allerdings fruchtet der Plan nicht, da Corday innerlich schon entschlossen war, sich zum Wohle des Vaterlandes hinzugeben (I. Akt). Ähnlich geht es Luchs (der jedoch wird vor allem durch persönliche Rachegedanken bestimmt, da seine Liebste, man weiß nicht wie und warum, offenbar ein Opfer Marats wurde): in dieser Hinsicht ist die Handlung der Tragödie raffiniert gedoppelt. Sinn dieser Doppelung ist es, den Abstich Cordays von dem ethisch keineswegs auf so hoher Stufe stehenden Luchs zu verdeutlichen, zweitens aber zu zeigen, daß große, bewundernswerte Handlungen immer einsame Handlungen sind.[421] Corday hat von ihrem Vorhaben niemandem etwas gesagt, Luchs dagegen hat sich mit seinem, wie er sagt, »kalten« Freund Lagarde beraten, und darüber scheitert er an der Ausführung des Plans, am Handeln.

Und in der Tat glaube ich, daß Lagarde als heimliche Hauptfigur des Stücks, am Ende den Sieg sowohl über die warme Schwärmerei eines Luchs und einer Corday als auch über den kalten Vernunftgebrauch, den er selbst zuvor vertrat, davonträgt.[422] Im letzten Akt zeigt sich nämlich, daß die unirdische Corday ihn selbst veredelt hat, indem er nunmehr auch warme Gefühle neben der weiterhin vorhandenen Vernunft empfinden kann. Diese Emanzipation zu dem ganzheitlichen, vernünftigen wie human edlen Menschen verdankt er aber dem »Ideal bewundernswürd'ger Größe! So göttlich in der äußern Form geprägt!«, wie es ihm durch Charlotte erschienen ist. Es wird durch das Beispiel eines Heldentods aus *Enthusiasmus*[423] für das Vaterland sein Sinn wieder mit Hoffnung auf eine bessere Zeit gefüllt. Diese Hoffnung ist es, die ihn zu einem tätigen Handeln zum Wohle seiner Mitmenschen befreit; Lagarde will nunmehr nämlich dem unglücklichen Luchs Trost spenden, erlebt aber nur noch dessen Verhaftung und bleibt allein zurück.

Damit ist bei Lagarde eine Veredlung des Charakters vorgegangen, die ganz dem entspricht, was Schiller in dem (übrigens am Todestag Jean Paul Marats) geschriebenen Brief an den Prinzen Friedrich Christian von Schleswig-Holstein-Sonderburg-Augustenburg, der das Kernstück der späteren *Ästhetischen Erziehung* bildet, von der Kunst fordert:

> Aufklärung der Begriffe kann [die Veredlung des Charakters] allein nicht ausrichten, denn von dem Kopf ist noch ein gar weiter Weg zu dem Herzen, und bei weitem der größte Teil der Menschen wird durch Empfindungen zum Handeln bestimmt. Aber das Herz allein ist ein eben so unsichrer Führer und die zarte Empfindsamkeit wird nur ein desto leichterer Raub der Schwärmerei, wenn ein heller Verstand sie nicht leitet.[424]

Corday ist gewissermaßen das Medium dieser Veredlung, denn sie erscheint als solche ganz dem Gefühl hingegebene Seele, die allerdings zufällig mit dem Geheimnis der Natur übereinstimmte. Solcherart hat sie als fast unirdisch, engelgleiche Erscheinung dieselbe veredelnde Wirkung wie sie nach Schiller die Kunst ausüben muß. Deutlich wird dies im Stück auch dadurch, daß das »rohe Volk« selbst durch Cordays Erscheinung (»die Glorie der Heiligen entdeckend«) gebändigt und - leider nur auf kurze Zeit - einen veredelten Anstrich annimmt.[425]

Wie stark die Affinitäten zwischen dem aufgestellten Idealbild der Corday und Schillers Vorstellung von Kunst sind, zeigen vor allem auch Übereinstimmungen in der Bewertung derselben. Schiller zum Exempel fordert von der Kunst, daß sie »in dem Notwendigen und Ewigen der menschlichen Natur, in den Urgesetzen des Geistes, gegründet« sein müsse.[426] Westphalen allerdings faßt den Begriff der Natur weiter, versteht sie eher als romantische All-Natur, und läßt sich Corday mit ihrem Entschluß zum Mord im Einklang mit dieser wähnen, glaubt sie sich doch »Nach ewigen Gesetzen ewig handelnd, / Im Geisterreich, wie in der Körperwelt.«

»Die leise Harmonie des großen All's / dem Ohr verständlich, dem die Kräfte wurden«[427] wirke nämlich auf sie selbst, davon ist Charlotte überzeugt. Trotzdem entspricht es von der Struktur her dem Schiller'schen Bild, wenn Lagarde gegen Ende feststellt, daß Corday - obwohl vorderhand gescheitert, da die niedere Menschheit über sie den Stab gebrochen - doch in Übereinstimmung mit der Natur, mit Wahrheit, Pflicht und Recht im Sinne der Unendlichkeit des Geistes gehandelt habe; der vierte und letzte mit der »Stimme der Menschheit« (Schiller) redende Chor weiß Corday denn auch über irdische Sphären schon erhaben und kann ihr womöglich ins nächste Jahrtausend deutendes Handeln auch richtig einschätzen:

Zu höhern Fluren ist ihr Blick gewendet; / Die niedern Thäler längst von ihr vergessen. - - / Die Größe kennt nur Hochgefühl! - und Wonne / Trägt sie auf Engelfittichen zur Sonne! - [...] / Doch ihres Werkes noch kaum enthüllte Keime / Seh' ich zu edler Reife schnell gedeihen; / Durch unbegränzte Zeit, entleg'ne Räume, / Sich Saat an Frucht - und Frucht an Blüten reihen.[428]

Damit werden aber auch die entscheidenden Unterschiede in der Konzeption der tragischen Heroïne bei Westphalen und Schiller unübersehbar. Während bei Schiller in Anlehnung an Kant sich das Erhabene durch den *inneren* Sieg der Tugend über die Leidenschaft realisiert und den Menschen frei macht, »weil die sinnlichen Triebe auf die Gesetzgebung der Vernunft keinen Einfluß haben«[429], wird bei Westphalen der Konflikt aus dem Individuum ausgelagert: die Erhabenheit der Corday ist bei ihr eben *nicht* »nur in unserm Gemüt enthalten«[430], sondern objektiv. Damit ist nicht ihr Handeln »erhaben« zu nennen, sondern es verweist nur auf ihre Erhabenheit. Dieser Verweischarakter und die Subjektivität der Weltauffassung (die sich in der Übereinstimmung Cordays mit der All-Harmonie offenbart) deutet bereits auf eine gebrochene Haltung zum Erhabenen hin, wie sie Jean Paul in seiner *Vorschule der Ästhetik* theoretisch reflektiert.

Bei Jean Paul ist das Erhabene grundsätzlich geschieden von der endlichen Welt; indem er »das Erhabene als das angewandte Unendliche definieren« will[431], befindet er sich in der Sphäre der Ideen, von denen aus die konkrete Welt in den Blick genommen wird: ein Verfahren, das er der Theologie zuschreibt.[432] Die Theologie als Wissenschaft vom Erhabenen verweist auf die dem Erhabenen einzig angemessene Haltung: den Glauben.

Dies ist auch die Haltung, die gegenüber der Westphalenschen Corday gemäß scheint. »Erhabne! Göttliche!« nennt Luchs sie, und: »Ihr muß der Erdkreis seine Kniee beugen, / Und huldigen [...]!«[433] Auch der von mir als eigentlicher Held des Dramas bezeichnete Lagarde »möchte vor ihr knieen, / Wie man mit Ehrfurcht Heilige verehrt!«[434]

Bei Westphalen ist Charlotte Corday eine Heilige, ähnlich wie bei dem Anonymus von 1794. Auch in Jean Pauls Novelle begegnet eine Heilige - aber Jean Paul wäre nicht er selbst, wäre sie einfach nur eine Heilige. Bei ihm *ist* Corday keine Heilige, sie *wird* es erst, und zwar durch die Kunst.

Die Kunst als Zwischenglied, das die Heilige erst heilig macht, ist deswegen notwendig, da der naive Glaube in Jean Pauls Augen nicht mehr möglich ist. Wie Jean Paul bei Friedrich Heinrich Jacobi lernt, gibt es die Gefühle, in deren Bereich auch der Glauben und die Ideen fallen[435], nicht ohne Vernunft, denn »wo solche Gefühle sind, da ist unfehlbar auch Vernunft; da offenbaren sich und treten thätig hervor, Freyheit, Tugend, Gotteserkenntniß, Weisheit und Kunst.«[436] Da das Heilige und die Gefühle dafür aber an den konkret Einzelnen gebunden sind, bleiben sie subjektiv, solange sie nicht durch die Vernunft objektiviert werden: zum Beispiel in der Kunstproduktion. Die Kunst unternimmt es also, das eigentlich Subjektive als Objektives »unterzuschieben«.[437] Das Verfahren nennt Jean Paul »Humoristische Subjektivität«[438]: es erscheint ihm in der zunehmend entfremdeten, d. h. nur noch sentimentalisch erfahrenen und erfahrbaren Welt, das einzig mögliche. Der humoristische Blick nun vermißt die Ideenwelt mittels der konkreten, anstatt wie hergebracht die unvollkommene Welt an der idealen zu messen; oder mit einem Wort: Humor ist das »auf das Unendliche angewandte Endliche.«[439] Der Dichter gewinnt durch den Humor also eine künstliche Objektivität, die in frühern Zeiten allein der Theologie eignete. Nur: mit »Glauben« hat dies nichts zu tun, denn der ist naiv. Wohl mag der Einzelne, dessen Verhältnis zur Ideenwelt notwendig subjektiv ist, so tun, als hätte er einen objektiven Blick, und sich somit als Humorist erweisen; allein: er weiß, daß es sich in Wirklichkeit anders verhält.

Um also den verlorengegangenen naiven Glauben wiederzugewinnen, bedarf es einer abermaligen künstlichen Verkehrung dieser Verhältnisse. »Künstlich« ist dabei ganz wörtlich zu nehmen: es bedeutet »mittels der Kunst«. Denn das Erhabene oder Heilige selbst ist naiv nicht mehr erfahrbar, das ist Jean Pauls Überzeugung; es ist »immer an ein sinnliches Zeichen (in oder außer uns) gebunden«[440]: und das ist die Kunst.

Dies alles ist außerordentlich abstrakt und wird ohne anschauliches Beispiel vielleicht nicht recht deutlich. Ich will daher versuchen, Jean Pauls Bild einer sentimentalischen Heiligen aus seiner Corday-Novelle selbst zu entwickeln. Dabei werde ich die Erzählung ausführlich besprechen: sie hat als vielleicht einzige Corday-Dichtung des neunzehnten Jahrhunderts eine wirklich allseitige Interpretation verdient.

»Laßt uns unser Auge an der glänzenden Göttin erquicken...«[441]: Jean Pauls empfindsame Verteidigung eines mordenden Frauenzimmers

Einleitung: Jean Pauls Corday-Novelle - eine moderne Heiligenlegende?

»Das Grab der Corday [...] hab ich, wenn nicht blumig, doch grün gemacht«, berichtet Jean Paul befriedigt seinem Freund Christian Otto.[442] In der Tat, ein »Blumenstück« im Sinne des 1797 in erster Fassung veröffentlichten *Siebenkäs* ist der Aufsatz nicht geworden, obwohl er zumindest streckenweise den Charakter einer Traumerzählung hat. Die »Früchte«, eher philosophisch-ethische Erörterungen, fehlen auch nicht, aber vor allem sind es die »Dornen«, eine pseudogelehrte Diskussion der geschichtlichen Ereignisse wie ihrer Rezeption in Paris und Deutschland, die aus dem Aufsatz ein »Grasstück« machen; und die Jean Pauls 1800 in erster Fassung veröffentlichten Essay über Charlotte Corday[443] nicht einmal besonders gelungen erscheinen lassen.

Für Jean Pauls Stellung in der literarischen Szene der Zeit war der Aufsatz insofern wichtig, als er zum Anlaß für den Bruch eines Art Stillhalteabkommens der aufklärerischen Kritik gegenüber dem Autor wurde: anhand dieses Texts machten Autoren wie Heinrich Julius Ludwig von Rohr, Johann Caspar Friedrich Manso und Garlieb Merkel eine Generalabrechnung auf.[444] Auf Merkels Bemerkungen über den »völlig verwachsene[n] Humorist[en]« reagierte Jean Paul bekanntlich mit beleidigender Häme im *Komischen Anhang zum Titan*[445] - eine Polemik, die noch nach zweihundert Jahren manchem einen unvoreingenommenen Blick auf den litauischen Aufklärer, »der sonst nicht völlig ohne Verdienste war«[446], verstellt. Ich will diesen Streit aber nicht vertiefen, er wäre wohl einer eigenen Untersuchung wert. An einem Kritikpunkt Rohrs jedoch läßt sich gut anknüpfen; er bemängelt vor allem nämlich Jean Pauls Stil:

> Solche bunte und affektierte Schreibart dient sicherlich nicht zu einer guten historischen Darstellung! Diese muß ernsthaft und lebhaft, die Schreibart muß natürlich sein und sich gleichbleiben. Die Geschichte zu schreiben, ist ein sehr ernsthaftes Geschäft; denn sie ist die Lehrerin der Menschheit [...].[447]

Wirklich ist Jean Pauls Aufsatz vielfach - fälschlich - als historiographisches Werk gelesen worden[448], wahrscheinlich angeregt durch des Autors Bemerkung: »Wie gern mal' ich nach so vielen Heldinnen, die ich nur träumen durfte, eine wahre und ewige!«[449] Derselbe Satz hingegen dient Kurt Wölfel zum Beleg für die nicht zu bestreitende Wesensidentität der angeblich historischen Person mit Jean Pauls poetischen Gestalten, woraus er schließt, daß es dem Dichter nicht um politische Geschichte, sondern um Poesie gehe.[450] Ein insofern etwas voreiliger Schluß, als Poesie und Geschichte hier keine Gegensätze sind. Eher wird sich vermuten lassen, daß Jean Paul meint, in der Geschichte ein Stück Poesie entdeckt zu haben; etwa im Sinne Schillers, der in dem großen Stoffmagazin der Historie wohl Situationen, Zeit und Personen jeweils zu finden hoffte, aus denen ihm die Idee oder das »rein Menschliche« gleichsam entgegenleuchten sollte, ohne daß er jedoch das höhere Recht des Dichters, mit den gefundenen Figuren ganz frei zu walten, aufgeben wollte.[451] Jean Paul dagegen nimmt vermutlich an, daß im Fall der Charlotte Corday poetische und historische Wahrheit in eins fallen und er daher getreu Geschichte abschildern kann; einzuräumen ist allerdings, daß Jean Paul Geschichte und Poesie schon grundsätzlich nicht zwei wesensverschiedene Dinge sind: gerne und wohl nicht unbedingt nur ironisch nennt er sich »Historiograph«, so wie ihm seine Romane zu »historischen Biographien« werden.[452] Daß er es diesmal, mit dem Aufsatz über Corday im *Taschenbuch für 1801*, mit der Historie genau nehmen will, zeigt auch seine »gelehrte« Diskussion der zeitgeschichtlichen Literatur zum Faktum des politischen Mords. Urteile von Archenholz, Girtanner, Louvet, Gentz werden gegeneinander abgewogen, alle Zitate sorgfältig in Fußnoten nachgewiesen, die kritische Moralphilosophie generell allerdings auf eine Weise abgefertigt, die den anonymen Rezensenten in der *Erlanger Literaturzeitung* zurecht erstaunen ließ,

»wie weit des Verfassers Verwirrung in den bekanntesten Begriffen« gehe.[453] Trotzdem ist der Text nicht historiographischer Natur, sondern ein merkwürdiger Zwitter zwischen geschichtlicher Darstellung und freier poetischer Fiktion. Recht gut wird dies durch seine Stellung nach dem rein historischen Aufsatz Friedrich Gentz' (»Geschichte der Unruhen in Frankreich während der Gefangenschaft des Königs Johann von Valois«) und dem rein poetischen Beitrag von Johann Heinrich Voß (»Neunzehn lyrische Gedichte«) anschaulich: Jean Pauls Text vereinigt beide Qualitäten, auch wenn sie bisweilen nur getrennt wahrgenommen werden. Jean Pauls Freund Christian Otto empfindet etwa im Gegensatz zu oberwähntem Rezensenten mehr das künstlerisch Gestaltete an dem Text und bemängelt gegenüber dem Autor das öftere Zurückkehren auf sich selbst, auf die eigene Personalität.[454] (Alle bisher angeführten Eigenarten - oder Fehler, wenn man mag - des Aufsatzes im *Taschenbuch* hat Jean Paul übrigens mit der gründlichen Bearbeitung und Poetisierung des Texts 1809 beseitigt.[455]) Möglicherweise entspringt die Zwitterstellung des Textes zwischen Poesie und Sachtext aber Jean Pauls Bemühen, die Poesie *in* der Geschichte *gestaltet* vor die Leser zu bringen: Sofern solche Unterscheidungen überhaupt zulässig sind, denn Jean Paul differenziert sonst nicht zwischen Roman und Biographie, zwischen Poesie und Historie.

Im »Antrittsprogramm des Titans« erklärt sich Jean Paul zum Vorbild für alle »Autoren, die wahre Geschichten zugleich erzählen und vermummen wollen«, denn er hätte »länger als andre Geschichtsforscher jene kleinen unschuldigen Verrenkungen, die eine Geschichte dem Helden derselben selber unkenntlich machen können, studiert und imitiert« und er »glaube zu wissen, wie man gute Regentengeschichten, Protokolle von Majestätsverbrechern, Heiligenlegenden und Selbstbiographien machen müsse« (9. Zykel; III, 66). Jean Paul, sich selbst zum meisterlichen Erzähler stilisierend, unterscheidet an dieser Stelle vier Arten von Lebensbeschreibungen, also Romanen. Jedoch ist sein Unterscheidungskriterium nicht poetologischer Natur, keine typologische Definition, auch nicht der poetische oder ideologische Gehalt der Romane. Es geht ihm um den Stoff: die Geschichte von Fürsten könne er ebenso wie die von Revolutionären beschreiben, die von Heiligen ebenso wie die seiner selbst. Und in der Tat vereinigt Jean Paul in seinem Hauptwerk *Titan* alle von ihm geschaffenen Figurentypen noch einmal, um mit ihnen am Ende abzurechnen. Und nicht nur seine Figuren, auch die ganze Palette der unterschiedenen Romanarten des 18. Jahrhundert nimmt er im *Titan* wieder auf: den komischen, den empfindsamen, den Erziehungs- und Entwicklungsroman, den Schauer-, Staats- und Liebesroman.[456] Regenten und Majestätsverbecher, souveräne Fürsten und revolutionäre Bürger geben sich ein Stelldichein, um am Ende dem großen Gericht zu verfallen: übrig bleibt Albano, ein scheinbarer Bürger auf dem Thron.

Ist der *Titan* (1800-1803 erschienen) solcherart »Summe und Abschluß des ersten großen Jahrzehnts seines erzählerischen Schaffens«[457], so fehlt ihm bei alledem doch eins: die Heiligenlegende, deren Meisterschaft Jean Paul sich ebenso rühmt wie der der Autobiographie. Inwiefern letztere im

Titan aufgehoben ist, können Äußerungen Jean Pauls selbst zeigen; nach Erscheinen des ersten Bandes des *Titans* schreibt er, sein ganzes Ich mit allen Tugenden und Fehlern stecke in dem Buch, und noch zwanzig Jahre danach konnte er seinen eigenen Roman nur mit Widerwillen lesen, da ihm hier unverhüllt seine idealisierte Vergangenheit in der unglücklichen Gegenwart entgegentrete.[458] Im schon genannten »Antrittsprogramm« lesen wir:

> Die Theatermaske, die ich in meinen Werken vorhabe, ist nicht die Maske des griechischen Komödianten, die nach dem Gesichte des verspotteten Individuums gebosselt war, sondern die Maske des Nero, die, wenn er eine Göttin auf dem Theater machte, seiner Geliebten ähnlich sah, oder wenn er einen Gott spielte, ihm selber. (9. Zykel; V, 67 f.)[459]

Allerdings erfüllt Jean Pauls Einschreiben des eigenen Ichs in seine heroischen Romane keinesfalls normalerweise an die Autobiographie zu knüpfende Bedingungen. Jean Pauls Darstellungsintention geht nicht auf sein gesamtes Leben, dessen Verlauf in seiner Historizität in Beziehung auf die umgebende Wirklichkeit geschildert wird, denn »das Innere geht das Äußere nicht an«, wie Jean Paul anläßlich der Wiederlektüre seines *Titans* bemerkte.[460] Er gestaltet in den unterschiedlichsten Brechungen und Digressionen also eher eine selbsttopographische Beschreibung seines Innern, eine Art Selbstentäußerung in der Fiktion (worin seine Romane selbstredend nicht restlos aufgehen). Jedenfalls aber ist der selbstbiographische Blick der entschieden gegenteilige zu dem der Heiligenlegende. Zeichnet sich die Autobiographie durch einen sehr vermittelten Blick aus, indem sie Selbstobjektivierung fordert, so ist der Legende ein rein äußerlicher Blick eigen. In der Erzählung ganz unreflektiert und auch generell den »einfachen Formen« (A. Jolles) verhaftet, dürfte sie der kaum aufzulösenden Raffinesse subjektiver Gestaltung, wie sie im Erzählwerk Jean Pauls vorherrscht, geradezu entgegengesetzt sein. Im oben zitierten »Antrittsprogramm« rühmt sich Jean Paul auch der Meisterschaft in dieser Gattung - und in der Tat kann man seine Erzählung über Charlotte Corday (wenigstens vorläufig) als Legende lesen, wie dies verschiedentlich auch getan wurde.[461]

Aber es kann nicht darum gehen, formale Übereinstimmungen mit bekannten Mustern der christlichen Heiligenlegende aufzusuchen, wie dies Friedrich Ohly tut: dessen Kernthese, daß der Corday-Aufsatz ein Beispiel sei für die Säkularisation bestimmter ursprünglich religiöser Erzählformen, die auf neue Inhalte »angewandt, zu neuer Dienstleistung verwandelt, aus Sakralem in Säkulares überführt«[462] werden, bietet kaum Aufschluß über das Werk selbst. Das poetische Verfahren Jean Pauls wenigstens prinzipiell aufzuschließen, hat dagegen Ursula Naumann in ihrer Dissertation über die *Predigende Poesie* unternommen. Für die zweite Fassung des Aufsatzes, die Jean Paul 1809 in den dritten Anhang zu *Dr. Katzenbergers Badereise* übernahm, gilt es, ein sehr vermitteltes Wechselverhältnis festzustellen: Wie so viele Schriftsteller des ausgehenden 18. Jahrhunderts gebraucht natürlich auch Jean Paul aus religiösen Zusammenhängen geläufige Redemuster und -figuren in ganz weltlichen Kontexten.

Das aber ist nichts Außergewöhnliches, sondern das Selbstverständliche. Wo und wie sollten neue Ausdrucksformen für neue Inhalte geschaffen werden, wenn nicht auf dem Boden tradierter Konvention, will der Schriftsteller nicht unverständlich werden? Jedoch vermag Naumann aufzuzeigen, daß Jean Paul durch analogischen Rückbezug auf allein spirituell verwandte Vorstellungsräume umgekehrt die ehmals »säkularisierte« Redeform wieder religiös anreichert[463]: die in der zweiten Fassung von 1809 geschilderte Feierstunde entspreche exakt dem »Urmodell christlicher Heiligenverehrung«.[464] Die Legende, die von Leben und Sterben der Heiligen erzählt, ist dabei die von dem Poeten zum Vortrag gebrachte Historie der Corday. Der Poet selbst nennt seine Geschichte keine Legende, sondern einen »in ein historisches Bildnis der Tagheiligen Corday verwandelten Auszug aus dem Moniteur« (VI, 332). Er vermutet zu Anfang der Novelle auch zurecht, daß er den regierenden Grafen von -ß[465] am »Jubelfest von Cordays Todestag« in seinem Gedenken an die persönliche Heilige »doch immer stören würde, man komme, wenn man wolle.« (VI, 332)

Es scheint mir wichtig, hier festzuhalten, daß der Poet bei seinem Besuch noch nicht zu der Gemeinde der Cordayverehrer gehört.[466] Diese Gemeinde konstituiert sich erst durch die Erzählung selbst - in der Fiktion der Novelle. Ebenso wie auch Corday zu Anfang der Erzählung noch nicht der »Hohe Mensch« ist, als der sie zumeist gesehen wird.[467] Erst vor unseren Augen, besser gesagt: im Verlaufe der Lektüre vollzieht sich sowohl die Wandlung zweier sich eher feindselig gegenüberstehender Individuen zu *einer* Gemeinde wie innerhalb der vorgestellten Vorlesung der bislang behelfshalber so genannten Legende die Wandlung Cordays von einer zwar edlen, aber noch irdischen Frau zu einer sittlichen Heroïne, zu einem Hohen Menschen. Inwiefern wir die Erzählung aber nicht bloß behelfshalber »Legende« nennen können, erweist sich, wenn man dem Begriff nicht seine tradierte Bedeutung, sondern die neue, an Herder vor allem geschulte unterlegt. Der wollte diese Gattung wie erwähnt dem Vergessen wieder entreißen, forderte zu ihrer Erneuerung auf. Zur Zeit der Abfassung der ersten Bücher des *Titans* scheint Jean Paul dieser Aufforderung nachzukommen - gewissermaßen ergänzend, wie es zu Beginn dieses Abschnitts angedeutet wurde.

Herder diskutiert in seiner 1797 veröffentlichten Schrift »Über die Legende« die drei Haupteinwände, die gegen diese Gattung erhoben wurden. Zunächst verwahrt er sich gegen die Unterstellung, Legenden seien historisch unwahr. Es sei das Gegenteil der Fall, beharrt Herder: »Auch der Legende also liegt Wahrheit zum Grunde; nur ist sie legendenmäßig eingekleidet und erzählet.« Das Sichtbarmachen einer »tieferen« Wahrheit nun liegt genau im Interesse Jean Pauls; auch wenn Herder Zweck und Wirkung der Legendendichtung definiert, glaubt man Jean Paul beifällig nickend vor sich zu sehen:

> Als Erbauungsschriften, als Tugend- und Andachtsbilder sind sie da, zu Erweckung ähnlicher Tugend, ähnlicher Andacht. [...] Die Thaten, wovon sie erzählen, stumpften das Schwert ab und bezähmten wilde Barbaren. [...] Ein ganz eignes Gefühl ist es, dies süße Gefühl der Andacht. [...] Dadurch macht es so unveränderlich, so heiter und stark im Sanftmuth. Der Löwe wird Lamm und das Lamm ein Löwe.[468]

Alle diese Motive lassen sich auch in Jean Pauls Aufsatz von 1799 wiederfinden. Corday hat in ihm ohne Zweifel »ein reines Verhältnis zur Tugend« (S. 149), sie ist »vol jungfräulicher Würde und Milde, sitsam, sanft und entschlossen« (S. 143), sie bleibt bis zum letzten Moment voll »Ruhe [...] stil und kalt« (S. 151 f.), »auf ewig gewis« (S. 152), »heiter« (S. 160). Ihr Leben ist solcherart vorbildlich, daß Jean Paul feststellt: »[...] wer ein solches Wesen leben und leiden sah, kan es nicht beweinen, sondern nur nachahmen« (S. 161 f.); ihr Sterben zeitigt denn auch die erwarteten Wirkungen: »Freundlich bestieg Charlotte Corday die Trauerbühne, wo sie diesen Erdennamen ablegt, und grüste die wilden Thiere unter dem Gerüste so sanft, daß sogar diese zahm sich niederlegten.« (S. 161)[469] Dazwischen streut Jean Paul immer wieder Anweisungen für seine Leser ein, etwa der Art: »Und niemand von uns weine über die Hohe, sondern er opfere wie sie, was Gott von ihm begehrt, es sei das Leben oder weniger!« (S. 162) Oder er legt bestimmte Passagen der Legende seiner »glänzenden Göttin« (S. 142) aus, wie der Prediger auf der Kanzel[470], etwa wenn er über das Wesen der Frauen überhaupt und der »genialischen Weiber« im besonderen (S. 143 f.) oder über die Berufung der Heldin durch einen »unendliche[n] Genius« spricht; wobei er zur Erläuterung des Letztgenannten eigentümlicherweise das Bild der Berufung Mohammeds durch Allah gebraucht (S. 151 f.), also abermals eine Legende erzählt, wenn auch keine christliche. Damit kommt Jean Paul noch einer anderen Forderung Herders nach, der zur Legende auch den Exegeten verlangt: »Nur es gehört ein Ausleger dazu, der auch das Wunderbare zum schlichten Menschensinn hinabführe.«[471] Das ist nach Jean Pauls Auffassung unter anderem auch die Aufgabe des Dichters überhaupt. Wohl nämlich sind seine Dichtungen »Botschaften des Unendlichen«[472], aber er weiß wohl: »Dichtkunst, wie alles Göttliche im Menschen, ist an Zeit und Ort gekettet und muß immer ein Zimmermanns-Sohn und ein Jude werden« (§ 22; V, 92), wie es in der *Vorschule der Ästhetik* heißt. In der zweiten Fassung des Corday-Aufsatzes wird dieser Zusammenhang auch thematisiert, allerdings in nicht unbedingt positiv zu verstehender Zweckbindung in den Augen eines Kantianers, der

> einen ordentlichen Dichter nicht für unwürdig erklärte, der einkleidende Schneidermeister eines philosophischen Schul- und Lehrmeisters zu werden und als der wahre Volklehrer dem Haufen manches zu versinnlichen, was der Meister vom Stuhle zu sehr vergeistigte, so daß seine Schreibfeder, indes die philosophische als Schwanzfeder hinten den Vogel *steuere*, als Schwungfeder im Flügelknochen ihn *hebe*. (VI, 333)

Kurt Wölfel erinnert diesbezüglich (und in Ansehung Jean Pauls Neigung neben der poetischen auch die philosophische Schreibfeder zu führen) an Walter Benjamins Abgrenzungsversuch des Erzählers vom Romancier, für den Jean Paul ein schönes Exempel wäre, da seine Erzählwerke zwei Kennzeichen des Romans, wie sie Benjamin benannte, stets aufwiesen: in der Gestaltung »das bis zur Spitze getriebene Inkommensurable menschlichen Daseins und der unermüdliche Drang, diesem in 'Unterweisungen' zu begegnen und dem, was sich in die Unaussprechlichkeit des Lebensrätsels zu verlieren droht, ein doch noch Lehrbares abzuzwingen.«[473]

Jean Pauls Corday-Text also doch eine Legende? Was den Text von 1799 angeht, so wird die Frage - ungeachtet aller qualitativen Mängel, die ihm eignen, denn er ist tatsächlich schlecht zu nennen - bejaht werden dürfen. Lediglich die Einschränkung gegenüber der hergebrachten Form der Legende wird zu machen sein: es handelt sich bei Jean Pauls Text keinesfalls um ein Beispiel für »einfache Form«; im Gegenteil, der empfindsame Autor schaut auf »seine« Heldin keineswegs mit einem rein äußerlichen, sondern mit einem innerlichen Blick. Er feiert die »Heldin« mit einem Enthusiasmus, wie er in der vorrevolutionären Empfindsamkeit, etwa bei Klopstock, poetisch vorgeprägt war. Enthusiasmus ist tatsächlich die angemessene Verehrungsform für eine weltliche Heilige. Für *diesen* Text (die erste Fassung 1799) ist die Bezeichnung »predigende Poesie« (Ursula Naumann) daher völlig angebracht. Jean Paul hat in der Zeit, da er den ersten Band des *Titan* niederschrieb, der Aufforderung Herders Rechnung getragen und eine Legende »für unsere Zeiten«[474] geschrieben, sowie damit durch ein lautes »Doch!« die auffordernde Frage Herders beantwortet:

> Und dann! gäbe es in diesen Zeitaltern durchaus keine Muster einer Tugend, die wirklich diesen Namen verdienet? Keine Seelengröße, die über sich selbst gebietend, Gefahren nicht suchte, aber tapfer überwand, und das Leben selbst nicht achtete zu Erlangung des Kampfpreises. [...] Kein Siegsgepränge munterte diese Helden auf, keine irdische Belohnung. [...] oft, sehr oft zeigten sie mehr als Spartaner- und Römersinn [...].[475]

Der »Hohe Mensch« Charlotte Corday: Die literarhistorische Situierung der Corday-Erzählung

Merkwürdig muß berühren, daß Jean Paul seine Corday-Novelle zu einem Zeitpunkt nicht verfaßt aber endgültig gestaltet, als er sich definitiv von dem »italienischen Roman« abgewandt hat. »Italienische Romane« nannte Jean Paul analog zu der theoretischen Unterscheidung des niederländischen vom italienischen Stil in der bildenden Kunst seine auf das Ideal zielenden Erzählungen bis hin zum *Titan*. Möglicherweise ein Abgesang, ein Schlußstein unter seine »italienische« Vergangenheit? Norbert Miller wies darauf hin, daß Jean Pauls erneute Hinwendung zu den Sonderlingen des Frühwerks in seinen späten Erzählwerken nicht unbedingt zugleich die Preisgabe seines Konzepts vom Roman der Unendlichkeit bedeutet[476]: vielmehr ist es die Fortsetzung des gleichen Kampfes mit anderen Mitteln unter anderen Bedingungen. Politische und persönliche Enttäuschungen mögen dazu beigetragen haben, daß Jean Paul nun nicht mehr »den Engel des innern Lebens« (V, 61) zu erlösen und in Hinblick auf das von ihm sogenannte »zweite Reich« des unendlichen Ideals zu gestalten versucht, sondern den Versteinerungen, in denen der »ideale Preismensch«, den »jeder von uns« in sich habe (V, 560 f.), gefangen ist, vermittels der Satire und des komischen Humors zu Leibe rückt. Ein Verfahren, das Friedrich Schlegel - in der Methode ähnlich Garlieb Merkel - »humoristisch« nennt und streng von der »sentimentalen Prosa« in Jean Pauls Romanen zu trennen sucht[477], nicht wahrnehmend jedoch, daß sich dessen Hohe Menschen von den idyllischen Sonderlingen des Frühwerks nur durch den »Gedanke[n] einer göttlich erfüllten Unendlichkeit, [der] wenigen Auserwählten das Ideal der Vollkommenheit als befreienden Traum gewährte«[478], unterscheiden. Freilich geht damit eine Änderung der Blickrichtung einher.

Der gemeine Mensch blickt zum Ideal natürlich *auf*. Die Berufung des Hohen Menschen ist eine Erhöhung aus den Gebieten der kotigen Erde in eine ätherische Sphäre. Erst der Hohe Mensch hat »den Blick über die Wolken« (I, 221), sieht »die Wetterwolken nur aus der Tiefe, nicht aus der Höhe kommen« (VI, 348), wie es in der Corday-Novelle heißt. Wenn das »Unendliche« oder »Göttliche« dem Menschen sich nicht nur als negierte Endlichkeit, sondern auch positiv zeigt (*Vorschule der Ästhetik*, § 13; V, 61 f.), so vermag es zwar manchmal die Blickrichtung umkehren, so daß es in ihm »das Irdische Anschauen lehrt (anstatt in andern das Irdische ihn)« (§ 15; V, 66), jedoch ist dies nicht der Normalfall; der nämlich ist die zweitgenannte Möglichkeit: Das Irdische schaut auf das Ideal. Der Dichter mittelt zwar zwischen Himmel und Erde, bleibt aber an die Beschränktheit gefesselt, da er sich äußern, also reden, muß: Der Hohe Mensch, angesichts des Ideals, im Zustand der »Seligkeit« also, verstummt. »Solange er dagegen redet, sich äußert, um sein Inneres mitzuteilen, bekundet sich der Mensch noch als Zweiheit von Innen und Außen.«[479] (Bezüglich der Metaphorik von Innen und Außen ist immer im Kopf zu behalten, daß bei Jean Paul »die Fluchtlinie allen Geschehens [...] via Innerlichkeit auf das 'Unendliche'« hinausläuft.[480]) In der Situation der Zweiheit befindet sich allerdings der Dichter: er sucht »das unbehülfliche Leben mit dem ätherischen Sinn« so zu vermählen, »wie am Ufer eines stillen Wassers der äußere und der abgespiegelte Baum aus *einer* Wurzel nach zwei Himmeln zu wachsen scheinen.« (§ 15; V, 67) Oder anders ausgedrückt, da sich Jean Pauls Kunstwollen erst durch die Zusammenstellung mehrerer Bilder anschaulich machen läßt, da eines niemals das Ganze trifft:

> Der rechte Dichter wird in seiner Vermählung der Kunst und Natur sogar dem Parkgärtner, welcher seinem Kunstgarten die Naturumgebungen gleichsam als schrankenlose Fortsetzungen desselben anzuweben weiß, nachahmen, aber mit

einem höhern Widerspiele, und er wird begrenzte Natur mit der Unendlichkeit der Idee umgeben und jene auf einer Himmelfahrt in diese verschwinden lassen. (§ 4; V, 43)

Mittel dazu ist ihm die »vernichtende oder unendliche Idee des Humors« (§ 33; V, 129), mit der Wirklichkeit in doppeltem Sinn aufgehoben werden kann: in der Negation wie in der Erhöhung. Die Richtung einer Himmelfahrt oder Erhöhung ist, wie erwähnt, abermals die von unten nach oben. Gerade dadurch erweist sich der humoristische Blick ja als Gegensatz zu dem der alten Theologie, die »aus der überirdischen Welt auf die irdische herunterschaut« (§ 33; V, 129). Der humoristische Erzähler dagegen zielt aus der Welt im Winkel auf das Ideal, »wenn er mit der kleinen [...] die unendliche [Welt] ausmisset und verknüpft« (ebd.); dem entspricht natürlich die personale Erzählweise in Jean Pauls empfindsamen Romanen am ehesten.

Genau diese Methode aber gibt Jean Paul nach dem eklatanten Mißerfolg seines *Titans* auf. Seine Blickrichtung ändert sich. In der Vorrede zur zweiten Auflage des *Katzenbergers* (1823) schreibt sich Jean Paul den - Widersprüche einigermaßen egalisierenden - Blick aus dem Ätherreich herab, eine Vogelperspektive, zu (VI, 84). Einher geht damit ein Wandel des Lachens bei Jean Paul. Bestand er in der *Vorschule der Ästhetik* und den früheren Romanen noch auf jenem »Lachen, worin noch ein Schmerz und eine Größe ist« (§ 33; V, 129), nämlich der humoristischen »Verlachung«, die warm und empfindungsvoll sei (§ 32; V, 125), so wird sein Lachen nunmehr bitter und ähnelt dem des früher abgelehnten Persifleurs, dessen Verlachung kalt und unempfindsam sei (ebd.):

Da das Lachen alles in das kalte Reich der Verwesung hinüberspielt: so ist es (weit mehr noch als selber die Wissenschaft) das große Menstruum (Zersetz- und Niederschlagsmittel) aller Empfindungen, sogar der wärmsten [...]. (VI, 85)

Dazu paßt allerdings nicht mehr die einfühlende, empfindsame Erzählweise. Jean Paul kultiviert nach 1806 einen sparsameren, auch präziseren Stil als in den frühern Werken. Natürlich hebt Jean Paul in der 8. Summula des *Katzenbergers* die Differenz zwischen Autor und Titelheld augenzwinkernd, doch für kurze Zeit nur auf; im allgemeinen erzählt er streng auktorial eine Geschichte und zwar »so was man gewöhnlich gut erzählen nennt.«[481] In dieser Hinsicht nun paßt sich die von Jean Paul überarbeitete Corday-Novelle gut in den Textkorpus des *Katzenbergers* ein. Natürlich begegnet hier nicht ein im strengen Sinn auktorialer Erzähler; die Geschichte ist als Ich-Erzählung personal gebunden. Jedoch ist die deutliche Distanzierung von der eigenen empfindsamen Haltung im Aufsatz von 1799 zu konstatieren. Jean Paul hat seine Empfindung und Subjektivität, die in der ersten Fassung des Aufsatzes sehr zum Ärger seines Freunds Christian Otto allzu unverblümt zum Vorschein kam, objektiviert und auf zwei Kunstfiguren der Novelle aufgeteilt: auf den Poeten und den regierenden Grafen von -ß. Bemerkenswert dabei ist, daß er die stärkste Empfindsamkeit dem Grafen von -ß beilegt. Die übergroße Bewunderung für Charlotte Corday, die sowohl den wenig gelungenen Aufsatz von 1799 prägt als auch dem Umgang des Autors bisweilen lästig wurde[482], eignet dem »Poeten« der Novelle nicht. Dagegen wird der ein Duodezfürstentum regierende Graf als schwärmerischer Enthusiast für alles Geniale, Edle, Tugendsame geschildert, als gänzlich seinen Gefühlen hingegebener Mensch. Sein Regierungspräsident dagegen ist das genaue Gegenteil, ein Kant-Anhänger, ein trockener Rationalist. Zusammen bilden die beiden - so darf man der Einleitung wohl entnehmen - das ideale Gespann in der Regierung des Landes, da solcherart das poetische Prinzip (Graf) und das prosaische (Präsident) einander aufs Beste ergänzen.

Der Ich-Erzähler, der an jenem Abend, mehrmals von enthusiastischen Ausbrüchen des Grafen unterbrochen, seine historische Erzählung vorträgt, kann als vermittelndes Prinzip zwischen dem empfindsamen Grafen und dem steifen Aufklärer gelten; er wird von dem kantianischen Präsidenten auch ausdrücklich als der »einkleidende Schneidermeister eines philosophischen Schul- und Lehr-Meisters« (VI, 333) angesehen, dessen Aufgabe es sei, »als wahre[r] Volkslehrer dem Haufem manches zu versinnlichen, was der Meister vom Stuhle zu sehr vergeistigte« (ebd.); der Graf dagegen ist als *Liebhaber* der Kunst zu verstehen, der von sinnlichen Eindrücken stark, wenn nicht allein abhängig ist. Die Erzählung des »Poeten« reizt ihn nicht nur zu den schon erwähnten Gefühlsausbrüchen, sondern rührt ihn am Ende bis zu Tränen; Jean Pauls Novelle schließt:

> Die Erzählung war geendigt. Ich faßte die Hand des Grafen, der weinend seinen Mund auf Cordays Bild gedrückt. Das Gewitter hing brausend auf uns herein und schien vom unaufhörlichen Blitze wie überschleiert oder verflüchtigt. Auf einmal trat im Westen unten an den Wetterwolken die stille Abendsonne heraus wie ein großes, aber wolkennasses Auge, und wir sahen die weinende niedergehen; und dachten schweigend länger über Helden und Heldinnen der Freiheit nach. (VI, 357)

Bisher nicht beachtet wurde die Tatsache, daß diese Stelle natürlich als Anspielung auf die Gewitterszene in Goethes *Werther*[483] zu lesen ist; auch dort ist das Gewitter, welches einige Teilnehmer an der geselligen Veranstaltung vertrieben hatte, gerade geendigt, nasser Himmel und tränennasse Augen begleiten die Berührung der Hände der beiden Liebenden. Auch Werther überläßt sich ganz seinen Empfindungen, nur denkt er nicht an die Freiheit. Wenn Jean Paul den Tod der Corday, besser gesagt: die Erzählung von diesem Tod, also die ästhetisch vermittelte Erinnerung an denselben, solcherart kosmisch überhöht, dann hat dies zwar ideologisch-politisch einen andern Stellenwert als die angesprochene Szene im *Werther*, aber die Seelenlage der beiden Bewunderer ist ähnlich der der beiden Protagonisten in Goethes Roman. Durch die Lesung der »Legende von Charlotte Corday« können das Herz des Poeten und des Grafen »in *einem* zusammentreffen«, wie es bei Goethe heißt.[484] Im *Werther* wird in der

Gewitterszene der Name Klopstocks zur Chiffre für ein gemeinsames Gefühlserlebnis. Dem nachzugehen, kann sinnvoll sein; man wird darauf verfallen, daß in dem regierenden Grafen von -ß unter anderem Klopstock karikiert wird.

Dies läßt sich durch Anspielungen erhärten; so wird von dem Grafen gesagt, er »war und handelte selber in Paris so lange bei dem Niederreißen der Bastille mit, als die Stadt noch nicht in eine größere durch die Bergpartei verkehrt war.« (VI, 332) Klopstock, das muß wohl nicht mehr erinnert werden, war ein zunächst enthusiastisch begeisterter Anhänger der Französischen Revolution gewesen und es länger als die meisten seiner Zeitgenossen geblieben. Des weiteren hegt der Graf »eine solche Liebhaberei für sittliche Heroen, daß er einen Bildersaal ihrer Gestalten [...] unterhielt, und daß ihm ein Messias teurer war als eine Messiade und Plutarch lieber als Tacitus.« (ebd.)[485] Der Bildersaal verweist zwar eher auf den »Freundschaftstempel« von Klopstocks Freund Gleim[486], und auch das Wortspiel mit dem *Messias* mag eher zufällig und eher gegen Klopstock gerichtet erscheinen, aber vollends Sicherheit gewinnt man durch den Ort, an dem die Vorlesung der historischen Erzählung stattfindet, nämlich unter freiem Himmel an einem zwischen zwei Lindenbäumen aufgestellten Altar, auf dem das Bild der Corday aufgestellt ist. Dieser »Hain« spielt durchaus auf die Lesungen im Göttinger Hain an, wenn auch die Göttinger Dichterjünglinge am 12. September 1772 sich in einem Eichengrund trafen und, wie es heißt, unter der größten Eiche niederknieten, sich unter Anrufung von Mond und Sternen ewige Freundschaft und Treue schworen, anschließend um den Baum tanzten. Die *Linde* dagegen ist schon von alters her der Baum der Liebenden, was angesichts der Liebhaberei des Grafen von -ß auch ganz passend erscheint. Literarhistorisch bedeutsamer sind natürlich andere Verweise, auf die Jean Paul anspielen mag. In Tiecks empfindsamen Roman *William Lovell* (1795-96) erinnern sich Amalie und William gern an die unter einem Lindenbaume gehaltenen Lesungen aus dem *Ossian*, der seinerseits wieder auf die Empfindsamkeit eines Klopstocks, des Göttinger Hains, Herders oder *Werther*-Goethes verweist.[487] Die Linde steht in der empfindsamen Laune auch für jenen *joy of grief*, dem sich die jungen Schwärmer à la Zschokke oder Lovell oder Werther in ihrer »trüben fröhlichen Melancholie« auf »traurige[n] Fest[en]«, wo tragische und Frühlingsempfindung, Liebe und Entsagung eines ist, so gern hingeben.[488] Beispielhaft etwa spaltet der jüngere Friedrich Schiller diese Oxymôroi in zwei (!) Freunde, die gemeinsam in einer Einsiedelei (!) leben: Wollmar (nicht zufällig im Namen an Jacobis *Woldemar* anklingend) und Edwin (nicht zufällig an *Eduard Allwill* desselben Autors mahnend) führen ihr Gespräch in einer Lindenallee als objektivierten inneren Monolog *einer* Person; plakativ genug gestaltet Schiller das Ende der kurzen Erzählung, wenn Edwin sagt: »Wollmar, an dieser Linde küßte mich meine Juliette zum erstenmal.« Darauf Wollmars (»heftig davon gehend«) Antwort: »Junger Mensch! Unter dieser Linde hab' ich meine Laura verloren.«[489]

Es wäre albern, wollte ich hier noch weitere Stellen aus der deutschen Literatur, die von Linden handeln, herbeizitieren. Deutlich geworden sollte allerdings sein, auf welchen Anspielungshorizont sich Jean Paul bezieht, wenn er bestimmte Requisiten empfindsamer Literatur zu Beginnn seiner Erzählung anhäuft; die Linden selbst zitiert Jean Paul nicht aus einem bestimmten ihm vorliegenden Werk, ganz im Gegensatz zu dem, was sie bedeuten. Die Lindenbäume im Garten des Grafen von -ß bilden gewissermaßen ein grünes Laubdach über dem Altar, der von einem Bild der sittlichen Heroïne Charlotte Corday geschmückt wird. Dies allerdings zitiert gegenständlich den Hausaltar, den der alternde Klopstock für Corday in seinem Haus einrichtete[490] - was ihn zu einer ähnlich lächerlichen Figur machte wie Gottsched dem jungen Goethe erschien.[491] Aus Berichten Humboldts und Tiecks wissen wir, daß Klopstock jeden Besucher, er wollte es nun oder nicht, zu »einer kleinen grünen Laube, die einem Kinderspiel ähnlich sieht«[492] und eine Büste der Corday überwölbte, führte und ihm erklärte: »Sehen Sie hier! Das ist meine Heilige!«[493]

Wenn ich sage, der Graf sei eine Parodie auf oder Karikatur von Klopstock und die empfindsame Literatur, so ist dies aber nicht so zu verstehen, daß sich Jean Paul darüber einfach lustig macht. Natürlich kann er um die Jahrhundertwende nicht mehr ernstlich eine Geisteshaltung, deren Ursprünge schon fünfzig Jahre zurückliegen, propagieren, und schon gar nicht ohne ironisches, satirisches oder humoristisches Augenzwinkern; aber unter dem Einfluß Herders, an den er sich in der Weimarer Zeit - Jean Paul lebte 1798-1800 in Weimar - sehr eng angeschlossen hatte, sucht er an positive Traditionen der vorklassischen Vergangenheit wieder anzuknüpfen, um sie gegen die Weimarer Klassik auszuspielen.[494] Zu Recht hat man zum Beispiel den *Titan* als Gegenentwurf zu Goethes *Wilhelm Meister* gelesen[495] und mit ebenfalls gutem Recht wird man einen Niederschlag der aktuellen kunsttheoretischen Diskussion im gleichzeitig mit dem *Titan* konzipierten Corday-Aufsatz finden.

Jean Paul ist daran gelegen, weder die Genieperiode des Sturm und Drang noch die Empfindsamkeit abzutun, sondern sich deren Schreibweisen anzuverwandeln und zeitkritisch aufzuladen. Zwar schreibt er »Idyllen«, aber nicht die eines Ewald von Kleist oder Salomon Gessner, die der Realität die ländliche Bukolik *unverbunden* gegenüberstellen; Jean Paul nennt zum Beispiel sein *Leben des vergnügten Schulmeisterleins Maria Wutz in Auenthal* (1793) im Untertitel »Eine Art Idylle« - angesiedelt sind seine Romane in der Realität der deutschen Duodezfürstentümer.[496]

Genauso verhält es sich mit der Corday-Erzählung, *einer Art Legende*. Die Schlußszene dient Jean Paul nicht unbedingt dazu, allein das »Wunderbare« des Ereignisses zu illustrieren. Das Bändigen der wilden Tiere ist zwar in der Tat ein geläufiges Bild aus dem christlichen Mythos, man denke etwa an Daniel in der Löwengrube, oder den heiligen Hieronymus. Jedoch ist sicher nicht dies Jean Pauls Anknüpfungspunkt, genausowenig wie für Goethe in der 1797 begonnenen und 1826-1828 beendeten *Novelle*;[497] in beiden Fällen dürfte er mit der Geschichte von Orpheus gegeben sein, die Jean Paul wie Goethe näher lag:

»Orpheus war ihnen [den griechischen Künstlern] das Gefäß, in welches sie alle Wirkungen der Dichtkunst niederlegten; rohe Menschen sollte er der Sittlichkeit näher führen, Flüsse, Wälder und Tiere bezaubern [...].«[498] In seinem weit verbreiteten Lehrbuch der griechischen Mythologie preist Jean Pauls Entdecker und Förderer Karl Philipp Moritz Orpheus als Erwecker der Menschheit, als »ein bedeutendes Sinnbild, wie er durch die Macht der Tonkunst die wilden Naturen zähmte und aus dem dumpfen tierischen Schlummer das Geschlecht der Menschen weckte.«[499]

Zwar ist die Tiere, Menschen, ja selbst die unbelebte Natur bezwingende Macht des Orpheus auf die Musik gegründet, entscheidend aber ist der Gesang, den Orpheus anstimmte, »welches vorher noch niemand gethan hatte«[500], so daß er nicht nur zur Symbolfigur der Dichtkunst[501], sondern ihm auch die Erfindung »alle[r] Wissenschaften und so gar d[er] Buchstaben« selbst beigelegt wurde, wie man in Hederichs *Mythologischem Lexicon* (1770) nachlesen kann.[502]

Interpretiert man die Corday-Erzählung auf diesem Hintergrund, so wird leicht einsichtig, inwiefern die Heldin nicht nur für sich steht, noch weniger für ihre politische Partei, sondern für das Ideal selbst, vielleicht für die Poesie als solche. Mehrfach wird klargestellt, daß sie nicht von dieser Welt ist, sondern auf einsamen Höhen heimisch, als personifizierte Nemesis Opfertier und Opferpriesterin zugleich ist. Wenn sie auf das Schafott steigt und ihren »Erdennamen ablegt« (VI, 356) begibt sie sich in die Sphären »voll Äther, Idyllenleben und Heimwehe der Freiheit« (VI, 345), die ihre eigentliche Heimat sind. Während Jean Paul 1799 noch die ideale Heldin zu gestalten sucht, so hat er später die Hoffnung aufgegeben; er behauptet in der *Levana oder Erziehlehre* (1807), nur »in einem Anthropolithen (versteinerten Menschen) kommt der Idealmensch auf der Erde an« (§ 26; V, 561). Seinen Helden des Spätwerks gelingt es dann nicht mehr, sich aus diesen Versteinerungen zu befreien.[503]

Das hat natürlich auch für die Hauptfigur seiner Corday-Novelle von 1809 Bedeutung: ungebrochen steht sie als Identifikationsfigur nicht mehr zur Verfügung. Gegenüber dem Aufsatz von 1799 ist dies eine Umkehrung des emotionalen Gehalts dieser Erzählung, ohne daß an ihrem historischen Kern irgendwo retuschiert würde. So widerspricht der Abscheu vor dem »Pariser Blut-Sumpf« (VI, 352), der die Gestalten der Corday-Novelle beseelt, der in der »Vorrede zur zweiten Auflage« (1822) des *Katzenbergers* geäußerten Ansicht Jean Pauls, daß ein »Blutbad« zur »stärkenden Verjüngung« brauchbar sei (VI, 84). Insofern auch wird der emotionale Gehalt verdreht, als die Corday-Novelle am Ende des *Katzenberger*-Korpus mit dem entmystifizierenden Blick Dr. Katzenbergers[504] gelesen werden muß, dessen Hauptkampf der Gefühlsduselei und Empfindelei gilt, die 1799 Jean Paul selbst noch eignete. Herman Meyer machte diesen Wandel klar: während die humoristischen Sonderlinge wie Siebenkäs und Schoppe in ihrer subjektiven Welt gefangen waren und der objektiven Wirklichkeit feindlich gegenüberstanden, ist Katzenberger ein Sonderling, weil er auf Seiten der objektiven Wirklichkeit übertreibend jegliche Illusion bekämpft, auch die lebensnotwendige oder heroische. Eine romantische Bemerkung über das »Herz« könnte auch Doktor Katzenberger mit der Bemerkung »das Herz ist ein Muskel«[505] abtun; die Empfindsamkeit des Grafen und des Poeten der Novelle würde er jedenfalls ebenso lächerlich finden wie die seines Reisebegleiters Herrn von Nieß, des Dichters Theudobach.[506] Nicht nur die Erzählhaltung, auch die Erzählintention hat sich in dem *Katzenberger*-Korpus gewandelt, und dies wird mit zu bedenken sein, will man die Corday-Novelle angemessen beurteilen.

»Weihrauch für den Cultus des Genius«: Interpretation der Corday-Novelle Jean Pauls

In der Binnenerzählung selbst hält sich Jean Paul ziemlich getreu an die historischen Tatsachen, jedenfalls was das Faktische des historischen Ablaufs angeht. Die ideologischen Bewertungsmuster der Protagonisten Marat und Corday übernimmt er weitgehend von der konterrevolutionären Propaganda, wobei er sich nicht scheut, für Marat in der einen oder andern Verleumdung über seine Quelle hinauszugehen, zum Beispiel mit der Bemerkung, daß er »wirklich keinen Menschen mit eigener Hand umbrachte, sondern nur sich«, da er binnen »zwei Tagen an seiner amerikanischen Krankheit von selber gestorben wäre.« (VI, 346) - die Unterstellung der Geschlechtskrankheit findet sich in der angegebenen Quelle nicht.[507]

Corday dagegen, die »zweite Jeanne d'Arc« (VI, 343), sah die Hoffnung auf Freiheit spätestens am 31. Mai 1793 gemordet, als »die letzten Republikaner, die Girondisten, den leiblichen und geistigen Plebejern [!] das Feld nicht zum Besäen, sondern zum Verheeren räumen mußten« (VI, 344); ohne jeden religiösen Fanatismus habe sie sich entschieden, anstatt des Freiwilligenheeres der Aufständischen nach Paris zu gehen, um den »vierjährigen Meuchelmörder und Mordbrenner Frankreichs« (VI, 347) zu töten. »Sie sah sich für die *Freiwillig-dienenende* des kriegenden Departments von Calvados an, folglich für eine *Kriegerin gegen den Staatsfeind*, nicht für die *Straf-Parze* einer obrigkeitlichen Person.« (ebd.) Ihre Person zeichne sich durch die »geistige und körperliche Nüchternheit« (VI, 350) aus, welche Helden nun einmal auszeichnen müsse, und sie *»blieb* mit Leib und Seele nüchtern und fest« (ebd.), auch nachdem sie schon im Gefängnis saß, »von keiner Weichherzigkeit für eine Leiche bestochen« (VI, 354). Sie braucht auch keine Gewissensbisse oder dergleichen zu haben, da sie - das wird zumindest in der einleitenden Unterhaltung angedeutet, wenn auch nicht explizit auf Marat bezogen - »als bloßer Mensch [...] eigenhändig den Teufel, den Beelzebub, den Obersten der Teufel niedergestoßen« hat (VI, 336). Über die Gesinnung, die sich in ihren Aussprüchen kund tat, meint der Ezähler, aus anderem Munde würden sie wie erhabene Phrasen klingen[508], aber bei einem großen Menschen wäre es die einzige, natürliche und angemessene Sprache (VI, 354). So wird Corday zu einem Übermenschen stilisiert - der Graf empfindet sie ohnehin als Engel - und in der

Erklärung, warum Corday keinen Geliebten gehabt habe, geht Jean Paul noch weiter; darauf wird noch einzugehen sein.

Niemand solle über Corday weinen: so schließt der Poet seine Vorlesung. Der Graf (der Regierungspräsident hatte unterdessen, als das Gewitter über dem Hain angekommen war, aus kantianischen Grundsätzen[509] den Ort der Vorlesung verlassen, just in dem Augenblick, da der Graf dazu ansetzt, einen Verwandten im Geiste vorzustellen, nämlich jenen schwärmerischen Adam Lux, der aus »Rührung« über das Schauspiel von Cordays Tod, das er in allen Einzelheiten verfolgte, demselben nacheiferte) bricht natürlich doch in Tränen aus und weint entgegen dem Wunsch des Poeten über die »Hohe«, die er zwischendurch immer wieder mit Namen wie »Racheengel«, »Opferpriesterin«, »gottbegeisterter Mensch«, »edle Kriegerin«, »glänzende Göttin« belegt. Im übrigen rezipiert er sie ganz als Übermensch im Sinn des Geniekults, wie er es am Anfang der Novelle in der Unterhaltung zu dritt begründet. Da wischt er alle moralischen und naturrechtlichen Argumente, mit denen der kantianische Präsident und der Ich-Erzähler um die richtige Einschätzung der Corday ringen, beiseite, da sie ihm zu sehr aus »eine[r] Häuslichkeits-Moral« zu stammen scheinen, die für Genies schlechterdings nicht anwendbar wäre. Das Genie müsse

> die zeugenden Jahrhunderte des trägen Werdens zum Vorteile der genießenden durch ein Kraft ersetzen, welche jedesmal fällend und bauend zugleich ist. Wer nun diese Kraft besitzt, hat das Gefühl derselben oder den Glauben und darf unternehmen, was für den Zweifler Vermessenheit und Sünde wäre bei seinem Mangel des Glaubens und folglich der Kraft. (VI, 340)

Dies bleibt denn das letzte Wort der Diskussion, die zuvor der Ich-Erzähler mit dem Präsidenten führte und welche sich um die moralische Einschätzung von Cordays Tat drehte. Der Präsident nämlich hält erstens jeden Mord ohne Ausnahme für verboten, zweitens wäre auch der Selbstmord, worauf Cordays Attentat endlich genauso hinauslief, verwerflich, drittens sei individuelle Selbsthilfe in Form von Lynchjustiz in einem neuzeitlichen Staat nicht erlaubt, da der Staat das Gewaltmonopol habe, viertens war die Tat im Effekt - obwohl der Zweck niemals die Mittel heilige - noch nicht einmal nützlich, sondern schädlich: Insgesamt also Argumente, wie sie aus dem vorigen Kapitel über die publizistische Diskussion des Ereignisses schon bekannt sind; Jean Paul argumentiert hier anhand von Bestimmungen Kants, die er allerdings (bewußt, nehme ich an) simplifiziert und sogar verfälscht. Den Selbstmord verwirft Kant natürlich, da der Mensch (als »homo phaenomenon«) nicht über die Menschheit in seiner Person (»homo noumenon«) verfügen dürfe, denn das »Subjekt der Sittlichkeit in seiner eigenen Person zernichten, ist eben so viel, als die Sittlichkeit selbst ihrer Existenz nach, so viel an ihm ist, aus der Welt zu vertilgen, welche doch Zweck an sich selbst ist.«[510] So argumentiert auch der kantianische Präsident. Der Poet und Ich-Erzähler repliziert, indem er zunächst die Moralität der Natur überhaupt im Geiste d'Holbachs, Helvetius' oder de Sades ableugnet, und die Ausnahmesituation des nicht-

»policirten« (um einen Begriff des 18. Jahrhunderts zu gebrauchen) Bürgerkriegs betont, in dem sie »nicht als Bürgerin einen Staatsbürger, sondern als Kriegerin [...] einen Staatsfeind, folglich nicht als Einzelne einen Einzelnen, sondern als gesundes Partei-Mitgleid ein abtrünniges krebshaftes Glied« (VI, 337) tötete. Das jedoch ist ein Argument Kants selbst: Jean Paul spielt also einzelne Bestimmungen der *Tugendlehre* in polemischer Absicht gegeneinander aus. Ausdrücklich erlaubt Kant, »ein abgestorbenes oder die Absterbung drohendes und hiemit dem Leben nachteiliges Organ durch Amputation«[511] zu entfernen; zu den kasuistischen Fragen im Paragraphen über die »Selbstentleibung« gehören auch folgende beide:

> Ist es Selbstmord, sich (wie *Curtius*) in den gewissen Tod zu stürzen, um das Vaterland zu retten? - oder ist das vorsätzliche Märtyrertum, sich für das Heil des Menschengeschlechtes überhaupt zum Opfer hinzugeben, auch wie jenes für Heldenthat anzusehen?[512]

Explizite Antwort auf die letzte Frage findet sich in der *Tugendlehre* nicht, wohl aber in Kants Traktat über *Die Religion innerhalb der Grenzen der bloßen Vernunft* (dessen zweite, vermehrte Auflage 1794 erschienen war). Die folgenden Ausführungen machen deutlich, daß es genau auf die Beantwortung der Frage, die Wieland aufgeworfen hatte, ankommt, nämlich ob Corday aus »Eitelkeit« sich für den Märtyrertod schon vorher entschied oder nicht. Cordays Behauptung, daß sie ursprünglich geplant hatte, nach dem Mord gen England zu fliehen, erst am Tatort die Unmöglichkeit eingesehen hätte[513], diese Behauptung hätte Kant dazu bewogen, ihre Tat als Heldentat zu billigen und billig zu bewundern. Denn wenn es so gewesen wäre, daß sie

> den Tod *suchte*, um eine gute Absicht, durch ein Aufsehen erregendes glänzendes Beispiel, zu befördern; das wäre Selbstmord gewesen. Denn man darf zwar auf die Gefahr des Verlustes seines Lebens etwas wagen, oder auch den Tod von den Händen eines andern erdulden, wenn man ihm nicht ausweichen kann, ohne einer unnachlaßlichen Pflicht untreu zu werden, aber nicht über sich und sein Leben als Mittel, zu welchem Zweck es auch sei, disponieren und so *Urheber* seines Todes sein.[514]

In offensichtlich polemischer und mißverständlicher Art zieht Jean Paul gegen die kritische Philosophie und die in der Tat bisweilen haarspalterisch anmutenden Bestimmungen ihrer *Tugendlehre* ins Feld. Das allein aber wäre schlechterdings peinlich, wenn er nicht am Ende einen Gedanken präsentieren würde, der auf einer ganz anderen Ebene argumentiert als die Kantianer. Letztlich kommt es Jean Paul nicht darauf an, ob ein Kant, ein Wieland oder ein Girtanner Cordays Attentat moralisch gut oder schlecht findet, und auch ihre Gründe sind für Jean Paul nur vorgeschobene. Zunächst weicht der Poet der Novelle in Bereiche aus, wo man nicht vom »Nutzeffekt eines Lebens«, sondern von der »Menschenwürde« des Einzelnen ausgehen müsse;[515] dann kommt er zu seinem eigentlichen Argument, das sich allerdings nicht mehr im Fahrwasser rationalistischer Denkmuster bewegt. Überhaupt nämlich sei eine solche sittliche Heroïne, in der sich gleichsam der »Engel der Menschheit« verkörpere, schwerlich mit gewöhnlichen Maßstäben zu messen[516] - eine Andeutung, die der Graf für seine genialische Interpretation gern aufnimmt und weit ausbaut.

Damit werden alle Argumente, die aus den Bedingtheiten und Bedingungen der politischen Realität gewonnen werden, als »prosaische« abgetan und durch »poetische« widerlegt, bevor die Erzählung des Poeten noch zum Vortrag kommt, wie Kurt Wölfel bei Gelegenheit hervorhob; es handelt sich darum mittels und nach

> begrifflich geführter Gegenargumentation, die das Ziel hat, die anrückenden 'prosaischen Grundsätze' durch 'poetische Grundsätze' [VI, 333] zu besiegen und so die - philosophische oder quasi-theologische - Basis zu gewinnen, von der aus die poetische Heiligsprechung und Himmelfahrt der Heldin dann erfolgen kann.[517]

Meinerseits etwas prosaischer ausgedrückt heißt dies, daß Corday selbst zu einem Genius wird, der seinerseits andere - freilich manche nur - erleuchten kann, wie sie selbst erleuchtet wurde. Wie man sich so etwas vorzustellen hat, kann man im *Komischen Anhang zum Titan* in *Des Luftschiffers Giannozzo Seebuch* nachlesen:

> Hell steigt der Genius vom Himmel nieder, und das Gewölke erglänzet weit, wenn er es durchdringt, und der ätherische Geist berührt die Erde; da verwandelt sich alles - die Felsen gehen auf und zeigen stille große Gestalten - auf die Leinwand und die Mauern fällt der Widerschein von fernen Göttern und ihren Himmeln - alle Körper erklingen, Sehen, Holz und Gold, und die Luft durchfliegen Lieder -, aber die dumpfe Menschenherde hebt ein wenig den Kopf von der Weide verwundert auf und bückte sich wieder und graset weiter; nur einige werden geheiligt und knieen verklärt. (5. Fahrt; III, 949).

Ein solcher Genius ist Corday geworden, nachdem sie den Entschluß faßte, nach Paris zu gehen und Marat zu töten.[518] Der Graf entwickelt den Kult um diesen Genius, einen Geniekult, der durchaus mit dem des Sturm und Drang in Zusammenhang gebracht werden darf.

Der Begriff des Genies korrespondiert mit Jean Pauls Vorstellungen vom »hohen Menschen«, wie er sie in dem *Extrablatt zu der Unsichtbaren Loge* (I, 221 ff.) entwickelt hat, ohne dem aber platterdings zu entsprechen. Im genannten »Extrablatt« hält Jean Paul ausdrücklich fest, er meine nicht den einfach nur »geraden, ehrlichen, festen Mann« (I, 221), auch nicht die »feine Seele« noch »den kalten von Grundsätzen gelenkten Tugendhaften« (ebd.) und auch nicht den »bloßen *großen* Menschen von Genie« (ebd.), sondern allein der kann als *Hoher Mensch* gelten, der »zum größern oder geringern Grade aller dieser Vorzüge« noch etwas anderes hat, nämlich »die Erhebung über die Erde, das Gefühl der Geringfügigkeit alles irdischen Tuns und der Unförmlichkeit zwischen unserem Herzen und unserem Orte [...], den Wunsch des Todes und den Blick über die Wolken.« (I, 221)[519]

Alle diese Kriterien lassen sich auch bei Corday wiederfinden: sie wird bekanntlich geschildert als »auf einer Höhe heimisch, daß sich plötzlich um sie her ihr ganzes Vaterland als eine geistige oder doppelte Schweiz aufrichtete« (VI, 345), sie hatte »den festen Glauben« (VI, 349), war »mit Leib und Seele nüchtern und fest« (VI, 350), ist gleich einer »hohen Alpenrose« (ebd.) und zeigt bis an ihr Ende »noch die alte feste Strenge« (VI, 354), »zeigt[e] unbewußt und unangestrengt nichts als« ihre »Erhöhung, und [...] bewohnt[e] bloß die Ebene auf einem Gebirge« (VI, 354). Am Ende wird sie ja ausdrücklich als »Hohe« tituliert (VI, 357). Der Graf faßte ihre Situation zwischendurch mit Worten zusammen, die Corday ganz eindeutig als »Hohen Menschen« charakterisieren, wenn er schwärmt:

> [...] wie leicht und klein mußten ihr in dieser Zeit die Spiele und Plagen des Lebens erscheinen, wie frei ihr Herz, wie rein jede Tugend, wie klar jede Ansicht! Sie stand jetzt auf dem höchsten Gebirge und sah die Wetterwolken nur aus der Tiefe, nicht aus der Höhe kommen und sich von ihnen kaum verhüllt und benetzt, indes die andern, die tiefen Menschen auf dem Boden, ängstlich nach dem Gewölke aufblickten und auf dessen Schlag harrten. (VI, 348)

Ist Charlotte Corday deswegen vorbildlich für alle anderen Menschen? Nein, das nun auch wieder nicht. Glücklich wird man als *hoher Mensch* jedenfalls nicht; der Anspruch auf Glück aber, oder wenigstens auf das »Streben« danach, wie es in der amerikanischen Unabhägigkeitserklärung von 1776 heißt, ist unveräußerlich und der »Geistes-Majestät« (VI, 339) innewohnend. Je höher und genialer die Kraft des Kopfes und des Herzens ist, desto häufiger wird das Unglück des betreffenden so groß als sein Wert, erfahren wir in der Erzählung (VI, 345). Deshalb *muß* Corday zu dem Schluß kommen, sie sei »müde des Lebens unter einem gefallenen niedrigen Volk!« (VI, 346).

Das verwundert nicht. Denn wie schon Paul Böckmann in seinem Aufsatz über »die drei Wege des Glücks in den Romanen Jean Pauls« herausgearbeitet hat, entspricht den Hohen Menschen Jean Pauls erster der drei ihm bekannten Wege zum Glück, nämlich derjenige, welcher »in die Höhe geht und über das Gewölke des Lebens hinausdringt.« In dem »Billet an seine Freunde« (»statt einer Vorrede« zu dem Roman *Leben des Quintus Fixlein*) heißt es:

> Ich konnte nie mehr als drei Wege, glücklicher (nicht glücklich) zu werden auskundschaften. Der erste, der in die Höhe geht, ist: so weit über das Gewölke des Lebens hinauszudringen, daß man die ganze äußere Welt mit ihren Wolfsgruben, Beinhäusern und Gewitterableitern von weitem unter seinen Füßen nur wie ein eingeschrumpftes Kindergärtchen liegen sieht. - Der zweite ist: - gerade herabzufallen ins Gärtchen und da sich so einheimisch in eine Furche einzunisten, daß, wenn man aus seinem warmen Lerchennest heraussieht, man

ebenfalls keine Wolfsgruben, Beinhäuser und Stangen, sondern nur Ähren erblickt, deren jede für den Nestvogel ein Baum und ein Sonnen- und Regenschirm ist. - Der dritte endlich, den ich für den schwersten und klügsten halte - ist der, mit den beiden andern zu wechseln. (IV, 10)

Der enthusiasmierte Graf von -ß gehört mit seiner Schwärmerei auch auf den ersten Weg; auch er erhebt sich im Enthusiasmus über die Wolken, schwingt sich mit seinen Helden »kühn auf die schwarzen Flügel des Todesengels« (VI, 341). In gewisser Weise könnte man auch den Kantianer hierher stellen, doch scheint mir der mit seinen kleinlich-pedantischen Argumenten und Definitionen in diesem speziellen Fall fast schon eher zu der Klasse von Philosophen zu gehören, die Gespensterglauben mit Blutegeln austreiben, daher in der Ackerfurche krebsen und nach den hohen Ideen allenfalls noch aufblicken.

Ästhetisch jedenfalls entsprechen die drei Wege auch drei Möglichkeiten der Gestaltung - nämlich der *Idylle* als Aufzeigen der Glücksvollkommenheiten im beschränkten Rahmen, dem *Erhabenen* als wolkennasser Blick des hohen Menschen aus idealen Sphären und last but not least der *humoristischen Gestaltung*, wie sie Jean Paul in seinen gelassen auf jeden Dogmatismus verzichtenden Romanen anzuwenden sucht.

Der Schriftsteller jedenfalls soll nach Jean Paul den dritten Weg gehen; und das bedeutet, zwischendurch auch einen Blick auf die Wolfsgruben und Beinhäuser zu werfen, weshalb in seiner Erzählung denn auch Marat immerhin so weit beleuchtet wird, daß der Graf unwillig fordert: »Lasset uns wegtreten vom modernden Tier und unser Auge an der glänzenden Göttin erquicken [...]« (VI, 347).

Der Schriftsteller ist, wie schon beschrieben, der Mittler zwischen dem gemeinen Volke und den Hohen Menschen. Der Schriftsteller ist weder hoch noch niedrig, sondern kraft seines Humors bedenkt er »zugleich das Endliche und Unendliche«[520], hebt sich damit genauso von dem mechanistischen und schematisierten Denken des Rationalisten ab wie von dem romantisch-schwärmerischen Enthusiasmus der Empfindsamen. Deshalb mußte Jean Paul seinen ursprünglichen Aufsatz, der ganz in dem schwärmerisch-pathetischen Stil, den er später ablehnt, gehalten ist, umarbeiten und durch satirisch-humoristische Elemente ergänzen und relativieren. Jedenfalls glaubt Jean Paul auf die Art das Ideale der hohen Sphäre sinnlich erfassbar machen zu können, so dem gemeinen Volk den Hohen Menschen vorstellen zu können, ohne ihn jedoch am Ende bewußt in eine bürgerliche Beschränktheit zu lenken. Genau so aber kann man Werke wie Goethes *Wilhelm Meister*-Dichtung, Schillers »Lied an die Glocke« oder abermals Goethes *Hermann und Dorothea* gelesen werden. Inwiefern dies ganz antirevolutionäre Schriften sind, ist allgemein bekannt. Demgegenüber fällt es nicht schwer, die politische Dimension von Jean Pauls drittem Weg zum Glück herauszuarbeiten.

Ein deutlicher Hinweis ist in dem Corday-Text selbst enthalten; es heißt dort von den am 31. Mai ausgeschalteten Girondisten, welche der Hohe Mensch Corday rächen geht, sie seien die letzten wirklichen Republikaner gewesen (VI, 344). Ein Beispiel für einen Girondisten, wie sie Jean Paul versteht - und er hat damit mehr Recht als viele heutige Forscher, die ihn als deutschen Jakobiner bezeichnen -, ist Adam Lux. In der Erzählung wird der Geschichte des »reinen und großen« Lux (VI, 353) durch den schwärmerischen Grafen gedacht und dies wirft auch ein bezeichnendes Licht auf die Girondisten, die man mit Fug einer schwärmerisch-idealistischen Staatsauffassung bezichtigen könnte, wollte man mit Jean Paul'schen Begriffen operieren.

Erst letztens hat Joseph Kiermeier in einem ausführlichen Buch zu belegen versucht, daß Jean Paul sein Staatsideal aus Platons *Politeia* ableite. Diese Herleitung wird aber nur plausibel, wenn man den Autor mit seinem Ideal des Hohen Menschen identifiziert, doch widerspricht dies deutlich dem oben von mir herausgearbeiteten Befund. Der Hohe Mensch ist auch - wenn überhaupt! - bloß eine Daseinsform, die den wenigsten zugänglich ist. Jean Paul ist sich der Klassengebundenheit bestimmter Lebensformen natürlich höchst bewußt: sein erster Weg zum Glück, der hohe Flug eines Giannozzo zum Beispiel[521], ist nur »für den geflügelten Teil des Menschengeschlechts, für den kleinsten« also, für den, der nicht arbeitet, um zu leben; Jean Paul nennt Beispiele, nämlich den Helden, den Reformator, Brutus, Howard, den bürgerlichen Republikaner, das artistische Genie - »kurz jeder Menschen mit einem großen Entschluß oder auch nur mit einer perennierenden Leidenschaft« (IV, 10) gehört dazu. Jean Paul betont die Weltabgewandtheit dieser Menschen, wenn er fortfährt: »[...] alle diese bauen sich mit ihrer innern Welt gegen die Kälte und Glut der äußern ein [...]« (IV, 11).

Auf diesem zentralen Satz gründet die nach Wolfgang Harichs Buch zweite große Gesamtdarstellung Jean Pauls der siebziger Jahre: Peter Sprengels Studie zur »Innerlichkeit« Jean Pauls. Ausgehend von der unbestreitbaren Beobachtung, daß aufgrund der Verfaßtheit bürgerlicher Welt die Isolation des Individuums, die Kommerzialisierung aller Lebensbereiche und die Unterdrückung der Sinnlichkeit oftmals nur durch eine radikale Subjektivierung aufgebrochen werden kann - wenngleich auch nur individuell -, sucht Sprengel den ersten Weg zum Glück als »radikale Emanzipation der Phantasie von der miserablen Wirklichkeit [...] um den Preis der unversöhnlichen Aufspaltung von Innen- und Außenwelt«[522] zu deuten. Beispielhaft zu belegen sei dies an Corday (wie, nebenbei gesagt, diese Erzählung erstaunlich oft auf das Prokrustesbett des Exemplarischen gespannt wird). Für Sprengel ist »Cordays Tat trotz ihres äußern Erfolg wesentlich innerlich, da aus der Tiefe der Subjektivität geboren [...]«, ihre Entscheidung sei nämlich ein »von einem freien Innern gegen den Strom des gesellschaftlichen Außen gefaßter Entschluß [...].«[523]

Die Komponente Innerlichkeit wird bei Sprengel jedoch in unzulässiger Weise von den materiellen Voraussetzungen ihrer Existenz abgekoppelt und Corday gewissermaßen aufgezwungen. Zunächst bezweifle ich, daß ihr Inneres autonom gegenüber der Außenwelt ist. Es wäre ihre Äußerung dann ganz unsinnig: »Ich bin müde des Lebens unter einem gefallenen niedrigen Volk.« (VI, 346) In der Tat zwar lebt sie, heißt es, als geniales Weib »mehr in Phantasien« (VI, 345) als die Männer, aber der Entschluß zur Tat reift in ihr erst, als sie die Übereinstimmung ihrer innern Ideale mit der äußern Wirklichkeit als *vergangene* ansehen muß; d. h. ihr Entschluß ist ein äußerlicher (um mit Sprengels Kategorien zu sprechen), der dann allerdings zur »Emanzipation der Innen- von der Außenwelt« nicht nur »beiträgt«[524], sondern sie erst *konstituiert*: Es wird genau »jene tiefe Stunde« (VI, 347) am 2. Juni 1793 bezeichnet, an dem sie sich in ihre Innerlichkeit zurückzog und in die Daseinsform der Hohen Menschen erst überwechselte: »Aber wie leicht und klein mußten ihr in dieser Zeit [d. i. exakt 2. 6. 1793 - 17. 7. 1793] die Spiele und Plagen des Lebens erscheinen [...]. Sie stand *jetzt* auf dem höchsten Gebirge und sah die Wetterwolken nur aus der Tiefe, nicht aus der Höhe kommen [...].« (VI, 348)

Corday also war nicht von Anfang an ein Hoher Mensch. Der Graf in der Erzählung vergleicht ihre Tat zwar mit einer »Wetterwolke«, die »einmal aus ihrem Himmel auf die kotige Erde« zückte und »darauf in ihm weiter zog« (VI, 350), jedoch darf daraus nicht geschlossen werden, daß Corday schon von Geburt an »hoch« war, wie Sprengel und Wölfel andeutungsweise tun. Lediglich die Anlagen dazu, wie der »Apostel im Kerker« durch »jene[n] Engel« (VI, 347) zum Hohen Menschen berufen zu werden, brachte sie mit - wie denn »jeder von uns [...] seinen idealen Preismenschen in sich« hat (*Levana*, § 26; V, 560), den es zu erlösen gilt, was selten genug gelingt.[525] Außerdem darf nicht daraus geschlossen werden, »daß alles, was an Welt und Weltberührung sich mit Charlotte Cordays Tat verbindet, keine Spuren an ihrer überweltlichen Gestalt und Wesen hinterlasse.«[526] In der Tat bleibt ihr Wesen unberührt, nicht aber ihre Gestalt, denn sonst könnte Adam Lux nicht »reiner«[527] als Corday erscheinen, die durch den Mord zwar *verunreinigt* ist, aber »grösser« als der passive Lux.[528]

Zweitens ist Jens Tismar zuzustimmen, der deutlich machen kann, daß der erste Weg zum Glück prinzipiell nur für Leute in Frage kommt, »die kraft ihrer Vorbildung oder ihrer privilegierten sozialen Stellung eine Chance haben, ihre Wunschvorstellungen realiter einzuholen.«[529] Jean Paul ist sich der ökonomischen Bedingungen seiner Rezepte wohl bewußt. Für die »Heere beladener Staats-Hausknechte, Kornschreiber, Kanzelisten [...], die zur Labung mit einigen Brennesseln überlegt sind«, für die »gebundenen Menschen«, die da sind wie stumme Fische, »die nicht schwimmen sollen, weil schon der ans Ufer gekettete Kasten oder Staat im Namen der Fische schwimmt« (IV, 11), für die ganz nieder Gedrückten sieht Jean Paul nur den Ausweg der Ackerkrume, sie werden den ersten Weg zum Glück niemals beschreiten können, denn er ist zu hoch.[530] Auch für den Mittelstand ist der hohe Weg keine Daseinsform, da das Leben »einer arbeitenden Seele« hauptsächlich »ein langweiliges Eisfeld ohne einen einzigen Gletscher voll Morgenrot« ist; jedoch: auch das bürgerlich-beschränkte Dasein hat seine Hochtage, seine inneren »Alpen - Revolutionen - Rheinfälle - Wormser Reichstage - und Kriege mit Xerxes« (IV, 12). Für sich wie für den Mittelstand, »der hier nicht bloß den Obstbrecher, sondern auch die Pflugschar in die Hand nehmen soll« (IV, 12), empfiehlt Jean Paul daher den dritten, gemischten Weg. Beispielhaft verkörpert diesen Weg zu Zeiten der Armenadvokat Siebenkäs, der »zu jenen hohen Menschen [gehört], die nicht ihr Ich vergessen und doch zugleich bereit sind, sich auf alle Beschränkungen des Daseins einzulassen«, wie Paul Böckmann feststellt.[531] Diese Sorte hoher Menschen ist allerdings nicht »rein«, entspricht aber am ehesten Jean Pauls Ideal vom Humoristen.

Corday aber ist wie Brutus »Republikaner, den bürgerliche Stürme [...] bewegen« (IV, 10), eben ein Hoher Mensch, für den der erste Weg zum Glück gangbar ist. Und obwohl es falsch scheint, dem Autor selbst platonische Kategorien unterschieben zu wollen, wie Kiermeier es versucht, so scheint es es mir gleichwohl fruchtbar, dieselben an seine Heldin und die im Text auftauchenden Politikvorstellungen anzulegen.

In der Tat nämlich kann man die Hohen Menschen als Abbilder der »Tempelbank«, der platonischen Weisen eben begreifen; kaum lohne es sich, so Jean Paul, das Bild des hohen Menschen zu entwerfen, da es schon ein Gemälde gibt, »das Plato in seiner Republik vom tugendhaften Manne aus seinem Herzen auf die Leinwand trug.« (I, 222). Beispiele für hohe Menschen in der Geschichte seien Pythagoras, Plato, Sokrates, Antonius, Shakespeare, Rousseau, *nicht* jedoch Cato (!) und Epiktet (I, 222); wohl aber wiederum Corday und die Girondisten setzt Jean Paul auf »die wahre Fürstenbank des *hohen Adels* der Menschheit« (I, 222) und wir dürfen sie als Vertreter des Ideals einer vollkommenen platonischen Staatsverfassung sehen, deren Trachten auf eine Musterrepublik der individuellen Freiheiten geht.[532] Nur glaube ich kaum, daß Jean Paul selbst hinter der Utopie einer im platonischen Sinne *idealen* Republik steht. Ihm ist durchaus bewußt, daß der Hohe Mensch, »dem die reine Innerlichkeit als alleiniges Gesetz gilt«[533], nicht ungefährlich lebt, besser gesagt: nicht lange leben wird, da er als Solipsist letztlich ein Opfer seiner »Einkräftigkeit« werden wird. Schoppe zum Beispiel im *Titan* ist ein solcher rein innerlicher Mensch, der »allein und trocken von [s]einem Berghorn herunter[schaut], ganz besetzt mit den Blutigeln des Welt-Ekels« (122. Zykel; III, 692); am Ende sehnt er sich nach dem Wahnsinn, hier definiert als »Traum, wo an der Zukunft die Dolchspitze abgebrochen ist und an der Vergangenheit der Rost abgewischt« (122. Zykel; III, 699), und geht zugrunde. Daß der Enthusiasmus, der eine Voraussetzung der Daseinsform der Hohen Menschen ist, allzuleicht in Wahnsinn umschlägt, klingt auch schon in dem »Billet an meine Freunde« an (IV, 11).[534]

Insofern ist Jean Paul auch keiner der von August Wilhelm Rehberg verspotteten »speculative[n] Schriftsteller«, die sich

> große Mühe gegeben, ein Ideal einer vollkommenen Staatsverfassung zu entwerfen. Vergebliche Versuche, [wie Rehberg meint, denn:] Das Ideal kann, wenn es auch mit noch so vielem Verstande ausgedacht worden, doch zu nichts dienen; nicht einmal zur Vergleichung und Würdigung existierender Verfassungen [...].[535]

Letzteres würde Jean Paul aber doch abstreiten. Denn er setzt Schilderungen wie die von Corday gerade dazu ein, durch ein hohes Ideal, welches er dem »damaligen Pariser Blutsumpf« (VI, 352) nachträglich entgegensetzt, die *Idee* der Revolution als solche zu retten![536] Denn Jean Paul hörte niemals auf, an einen Fortschritt in der Geschichte zu glauben, auch wenn er sich späterhin von den blutigen Szenen der Terreur aus Abscheu abwandte.[537] Wenn Jean Paul um 1800 einen Mann wie Adam Lux zu einem Helden macht, wie in der Erzählung geschehen, so ist dies in Deutschland immer noch ein entschiedenes Votum für die Revolution, denn gleich seinem Mitdeputierten Georg Forster galt Lux in konservativen Kreisen als Vaterlandsverräter und Volksaufwiegler, eben als Jakobiner.[538] Bei Jean Paul jedoch gerät Adam Lux - in der ersten Fassung des *Taschenbuchs für 1801* noch mehr als im endgültigen Text der Novelle - zu dem Corday beinah noch überlegenen moralischen Helden, denn immerhin lastet auf ihm nicht einmal der Verdacht eines Unrechts, wie der geschehene Mord bei Corday einen darstellt. »War Corday grösser, so war er reiner«, hieß es in der ersten Fassung.[539] Auch er wird ausdrücklich als »hohe Seele« (VI, 352) bezeichnet, auch er blieb »still und fest« (ebd.), hatte die nämliche »Kaltblütigkeit« (VI, 353). Im Prinzip ist Lux für Jean Paul die Inkarnation der hohen Ideale der griechisch-römischen Antike sowie des deutschen Altertums: »Römer-Seele« und »Hermanns-Eiche«, als »Katos-Brust« ein »altdeutsches Leben« führend, hatte er mehr nach Paris mitgebracht als die Wirklichkeit ihm bieten konnte: »eine ganze römische und griechische Vergangenheit und Rousseaus eingesognen Geist und die Hoffnung einer steigenden, siegenden Menschheit.« (VI, 352)

Doch anders als Cäsar »kam und sah« (VI, 352) er nur, um sich dann enttäuscht in den Wald von Boulogne zurückzuziehen, wo er »Brutus' Briefe an Cicero« (VI, 352) gelesen habe; Jean Pauls Quelle - er schreibt hier den Bericht Georg Kerners ab - betont neben »den Briefen des Brutus an den Cicero« auch noch seine innige Lektüre der »andern alten Schriftsteller«, die ihn »mit den großen Republicanern des Alterthums vertraut machte«; Lux berechnete, so Kerner, »in tiefe Betrachtungen versunken, die Größe der Vorzeit, die schimpfliche Lage seines t[eutschen] V[aterlandes] und den damahligen Stand der Dinge in Frankreich«[540], um nach dem 31. Mai 1793 endlich aufzustehen und in zwei Druckschriften gegen den Jakobinismus und für Corday Partei zu ergreifen: damit wird er zum ersten Jünger dieser Heiligen; eine Jüngerschaft, die notwendig zum Martyrium führt.

Ein zum Tode führendes Schicksal, das die empfindsamen Verehrer der Corday in der Novelle nicht erleiden müssen, ebensowenig wie die Leser derselben; denn Jean Pauls ideale Sphäre der Hohen Menschen ist doch eine poetische. Er war nicht so naiv, sie in das reale Leben überführen zu wollen.

Die Corday-Novelle als Absage an den vormaligen Republikanismus? Jean Paul und die Reaktion des Directoires

Jean Paul, der sich von den Idealen der Französischen Revolution zeitlebens nicht losgesagt hat, befürwortet bis lange nach Robespierres Sturz die Revolution en bloc, um mit Georges Clemenceau zu sprechen. Niemals vor 1795 ist Jean Paul auch nur ein Wort gegen die Jakobinerdiktatur aus der Feder geflossen.[541] 1796 noch erklärt er sich - erhitzt von einer republikanischen Runde bei Herder - mit der französischen Armee solidarisch »gegen die österreichische Straussenbrut«.[542] Später, im Corday-Aufsatz, entschuldigt er sich mit der Ausrede:

> Der beste Mensch bleibt stets ein paar Tage länger bei einer Parthei, als sie Recht hat; er steht hinter dem Stuhl des Spielers und dieser sol deswegen durchaus gewinnen. Nur wenige zogen wie Wieland und Archenholz der politischen Unveränderlichkeit die moralische vor.[543]

Um so heftiger zieht er nachträglich gegen die »Bluttrunkenheit der blutdürstigen Bergpartei« (VI, 332) ins Feld sowie gegen deren Mitglied »Marat, das unbedeutende, heuchelnde, rohe, mechanische, auch äußerlich-häßliche, bluttrunkene, aufgeblasene Wesen, das mehr als Blutigel denn als Raubtier leckte [...]« (VI, 346). Der Revolutionsenthusiasmus, der die »redlichen und feurigen Deutschen« (VI, 343) damals erfaßt habe, sei von Anfang an ein Fehler gewesen:

> Wir hätten alle die Revoluzion bei ihrem Anfange mit keiner aus der Geschichte hoffend vergleichen sollen, [...] nicht viel hoffen, noch weniger dabei an Rom und Sparta denken sollen, wo die Freiheit bei einer noch kleinern Verderbnis aufhörte als die war, bei der sie in Paris anfing.[544]

Der enttäuschte Revolutionsenthusiast nimmt Phrasen der reaktionären Propaganda auf: die Verderbnis bezieht sich auf die moralische Verkommenheit der Franzosen. Vor der Revolution galt Frankreich als das Land der schlüpfrigen Frivolität, des tändelnden Unernstes, der leichtfertigen Galanterie, der gefährlichen Liebschaften, mit einem Wort: man hielt es für so flatterhaft, daß es niemals aufhören würde, ein Volk von Sklaven zu sein.[545] Im *Titan* findet sich eine korrespondierende Formulierung, die Jean Paul wohl für witzig hielt. Es heißt von der Epoche der Handlung, die Revolutionsbegeisterung Albanos entschuldigend:

> Es war damals, wo fast ganz Europa einige Tage lang vergaß, was es aus der politischen und poetischen Geschichte Frankreichs jahrhundertelang gelernt hatte, daß dasselbe leichter eine vergrößerte als eine große Nation werden könnte. (105. Zykel; III, 586).

Nichtsdestoweniger braucht sich niemand von den antirevolutionären Phrasen Jean Pauls täuschen zu lasssen. Indem er Corday so begeistert feiert, restituiert er zu eben dem Zeitpunkt, da sich die zunächst so jakobinisch gebärdenden Romantiker von der Revolution abwandten, einen revolutionären Enthusiasmus, wie ihn Klopstock *vor* der jakobinischen Phase der Revolution gepflegt hatte (wie schon 1961 Roger Ayrault herausstellte[546]). Auch der Held des *Titans*, Albano, läßt seine politischen Ideale nicht fahren, als er seine wahre Herkunft erfährt; natürlich verzichtet er darauf, in die Armee der französischen Republik einzutreten, da er nun Fürst von Hohenfließ werden soll (143. Zykel; III, 811 f.). Jedoch wird er als regierender Graf die *Revolution von oben* lancieren, während im wirklichen Leben Leute wie Friedrich Schlegel oder Friedrich Gentz ihre Jugendpositionen verraten und wenig später zum engsten Kreis des Fürsten Clemens von Metternich zu zählen sind.[547] Trotzdem sich Jean Paul 1798 nach dem Einmarsch französischer Truppen in die Schweiz und nach der Annexion Genfs durch die französische Republik enttäuscht über deren aggressiven Expansionsdrang von ihr abwendet, bleibt er doch den Idealen der Revolution zugetan. Er pocht gerade zu Zeiten finsterster Reaktion auf die Progression der Freiheit, z. B. wenn er in der zweiten Auflage (1823) des *Katzenbergers* als vorletzten *Polymeter* die folgende Warnung an alle Metternichs, Gentz' und Schlegels einrückt:

> An die Feinde der Freiheit
> Zerschlagt nur jeden Bund ihrer Freunde und zerstückt jedes Buch sogar mit dem, der es hinstellte, um darin die Geister-Sonne, die Freiheit, im Aufgange zu zeigen: nun glänzt die Sonne nicht mehr aus *einem* Spiegel, sondern neu aus jeder Scherbe des zertrümmerten. [...] (VI, 362).

In Jean Pauls Corday-Erzählung werden die individuell gescheiterten Girondisten des Jahres 1792/93 zu Trägern idealer Revolutionserwartungen gemacht, gerade weil er sich ihrer erst nachträglich erinnerte und weil ihm nicht klar war, wie eng sie mit den Thermidorianern und den Verantwortlichen zur Zeit des Directoire zusammenhingen. Er meint also mit der Attentäterin oder der Gironde die wahre Revolution und die wahre republikanische Gesinnung zu verteidigen. Wie der späte Herder sieht er diese weder unter den Jakobinern noch unter dem Directoire verwirklicht, da er bekannten antik-republikanischen Denkmustern folgend die Revolution als Aufhebung aller Ständeschranken begreift, ohne die sozioökonomischen Folgen zu bedenken. Das stand natürlich in eklatantem Widerspruch zu den politischen Ideen der Weimarer Klassik, die anders als Herder oder Jean Paul die Zeit des Directoire als bürgerliche Normalisierung begreifen konnte. Im Gegensatz zu moralisch eher rigiden Rationalisten wie Wieland oder aufklärerisch-romantischen Köpfen wie Jean Paul waren die pantheistischen und mit einer zumindest theoretischen Affinität zu antik-unbefangener Sinnlichkeit ausgerüsteten Häupter der Weimarer Klassik (Goethe vor allem, aber auch Schiller) in der Lage, im Directoire - unter Absehung der ökonomischen Fundierung natürlich -

eine fast utopische Vorwegnahme dessen zu sehen, was ihrer Meinung nach *bürgerliche* Emanzipation auch meinen könnte.[548] Oder anders gewendet: wie Marx es unnachahmlich ausdrückte, kann man das Leben der von der Terreur befreiten Gesellschaft den »Sturm und Drang des Bürgertums« nennen, nämlich einen

> Sturm und Drang nach kommerziellen Unternehmungen, Bereicherungssucht, Taumel des neuen bürgerlichen Lebens, dessen erster Selbstgenuß noch keck, leichtsinnig, frivol, berauschend ist, wirkliche Aufklärung des französischen *Grund* und *Bodens*, dessen feudale Gliederung der Hammer der Revolution zerschlagen hatte [...]. Die Bourgeoisie *beginnt* also ihr Regiment[549],

und zwar mit der Party nach dem Sieg! Das Bewußtsein des Siegs und auch der Berechtigung, diese Party zu feiern, war unter den Zeitgenossen verbreitet. »Die Anmut und das Lachen, sind nach Paris zurückgekehrt«, schwärmt das bürgerliche Magazin *Messager du soir*, »unsere schönen Frauen mit blonden Perücken sind anbetungswürdig; die Konzerte, ob öffentlich oder in kleiner Gesellschaft, sind köstlich [...]. Die Blutmänner, die Billaud, die Collot und die ganze Bande der Rasenden nennen diesen Umschwung die *Konterrevolution*«[550] - womit sie allerdings ganz recht haben. Soboul hat in einer kurzen Sequenz den frivolen Taumel des thermidorianischen Vergnügungsrausches sehr gut eingefangen:

> Der Tanz erregte große Begeisterung; überall wurden öffentliche Ballhäuser eröffnet, selbst im Karmeliterkloster, das im September Schauplatz der Massaker war, und im alten Friedhof von Saint-Sulpice. Zu den *Bällen der Opfer* hatten nur diejenigen Zutritt, die einen Angehörigen auf dem Schafott verloren hatten; dort zeigte man sich mit Titusfrisur, den Nacken wie vom Henker freigemacht, und mit einem roten Seidenfaden um den Hals. Das Duzen war verpönt; Monsieur und Madame kamen wieder auf und ersetzten Bürger und Bürgerin. Das mondäne Leben blühte von neuem in den Salons auf.[551]

Jean Paul hält das für unangemessen, weisen seine Vorstellungen an einzelnen Punkten doch eher auf eine Freiheitsauffassung, wie sie einige Jahre später auch Georg Büchner hat: der übernimmt für seinen *Hessischen Landboten* denn auch dankbar den Revolutionsaufruf Flammarions im *Hesperus* (40. Hundsposttag; I, 1166).[552] Jean Paul mag in dem schroffen »Gegensatz zwischen dem schrecklichen Elend der Masse und dem skandalösen Reichtum einer Minderheit [...] die soziale Seite der Reaktion«[553] wahrgenommen haben. Die überindividuelle Identität von Girondisten und Thermidorianern zu erkennen, jedoch vermochte er nicht. Damit erliegt Jean Paul aber bloß derselben historischen Illusion, die auch Girondisten der ersten Stunde wie Louvet de Couvray mit Blindheit schlug. Der vermißt nach seiner Rückkehr aus dem Dasein eines Vogelfreien ebenso wie Jean Paul und andere den moralischen Elan und Ernst der Konventsrepublik, findet sich im politischen »Aschermittwoch« des Directoire so grausam enttäuscht, daß er bereits 1797, gerade siebenunddreißigjährig, »seiner inneren Erschöpfung« erliegt, wie ein früherer Übersetzer seiner *Amours du Chevalier de Faublas* so schön formuliert.[554] Trotz dieser historischen Illusion, die allerdings keine heroische ist, bleibt Jean Pauls Engagement ehrenhaft:

> Er sang nicht in den Palästen der Großen, er scherzte nicht mit seiner Leier an den Tischen der Reichen. Er war der Dichter der Niedergebornen, er war der Sänger der Armen, und wo Betrübte weinten, da vernahm man die süßen Töne seiner Harfe.[555]

Solchen Panegyrikus konnte nur einer singen, der selbst ein Sänger der »Freiheit und Gleichheit« war, wie er von Jean Paul sagt: Ludwig Börne. Und dann findet Börne noch Worte, die auch in Fabre d'Eglantines Nachruf auf Jean Paul Marat stehen könnten - oder auch stehen[556]:

> In den Ländern werden nur die Städte gezählt; in den Städten nur die Türme, Tempel und Paläste; [...] der Wanderer staunt breite Wege und Ströme und Alpen an; und was die Menge bewundert, preisen die gefälligen Dichter. Jean Paul war kein Schmeichler der Menge, kein Diener der Gewohnheit. [...] Die Trostbedürftigen zu trösten und als befruchtender Himmel dürstende Seelen zu erquicken - dazu allein ward der Dichter nicht gesendet. Er soll auch der Richter der Menschheit sein und Blitz und Sturm, die eine Erde voll Dunst und Moder reinigen. Jean Paul war ein Donnergott, wenn er zürnte, eine blutige Geißel, wenn er strafte; [...] Wer seinen Spott zu fürchten hatte, mochte ihn fliehen, [einen Spott,] vor dem Könige zittern und der blutleere Höflinge erröten macht.[557]

Vermutlich wäre es Jean Paul nicht recht gewesen, mit dem andern Schriftsteller für Freiheit und Gleichheit, Jean Paul Marat, verglichen zu werden. Heidemarie Bade hat in ihrer Arbeit über *Jean Pauls Politische Schriften* darauf aufmerksam gemacht, daß der Dichter trotz, oder besser gesagt, gerade wegen der Identität der Vornamen ängstlich jedes sonst immer gern geübte Wortspiel mit seinem Namen vermied.[558] Das zeigt aber nur, daß Jean Paul vor zweihundert Jahren nicht in der Lage war, durch die Entstellungen von »Feuillants und Patrioten, Royalisten und Republicaner[n]«[559], Freund und Feind, hindurch auch Verwandtschaften zwischen sich, dem leidenschaftlichen Künder einer poetischen Republik, und Marat, dem leidenschaftlichen Journalisten der realen Republik, wahrzunehmen. Es ist das Recht der Nachgeborenen, dies zu tun; Börne hat es schon andeutend getan, aber er hat auch das bezeichnet, was Jean Paul vor seinem Namensvetter Marat voraus hatte. Es mag hier nicht fehlen:

> Für die Freiheit des Denkens kämpfte Jean Paul mit andern; im Kampf für die Freiheit des Fühlens steht er allein. [...] Jean Paul war der Dichter der Liebe auf die schönste und erhabenste Weise, wie man dieses Wort nur deuten mag.[560]

Zwei Beispiele für die Rezeption des Falls Corday aus dem frühen 19. Jahrhundert

Nachwirkungen: Jean Pauls Novelle übersetzt sich ins Leben

Mir war, als würden meine Romane lebendig und nähmen mich mit...
Jean Paul[561]

Jean Pauls Novelle ist mit Sicherheit das literarisch wertvollste Zeugnis einer Beschäftigung mit dem Cordaystoff im neunzehnten Jahrhundert: nicht zuletzt kann man dies auch an der Wirkungsgeschichte der Erzählung ablesen. Jean Pauls Aufforderung, kein Deutscher solle je Adam Lux vergessen, wird zum Motto beinah jeder Darstellung zum Thema im nationalistischen Deutschland;[562] mancher Autor wird durch die Novelle verleitet, Stücke zu schreiben, vor denen man ganz ratlos wird.[563] Aber es sind nicht die literarischen Nachwirkungen, die am frappierendsten sind. Jean Pauls Novelle übersetzt sich auch gleichsam ins Leben. Manchmal wird aus Literatur auch Wirklichkeit, sogar existenziell gefährdende.

Am 23. März 1819 gegen 17 Uhr spricht ein junger Student der Theologie in Mannheim zum zweiten Mal bei dem russischen Staatsrat August von Kotzebue vor - und ermordet ihn mittels eines Dolchs. In den von August Schumann herausgegebenen *Erinnerungsblättern* lesen wir, der Mörder, Karl Ludwig Sand, habe auf Befragen erklärt,

> er bereue keineswegs das, was er gethan; er habe den Plan schon seit 6 Monaten überdacht, er sei überzeugt, ein gutes Werk gethan zu haben, [...] er habe keine Mitschuldige. [...] Sand erklärte darin, daß es freilich schrecklich sey, einen Menschen zu morden, aber er müsse den Vaterlandsverräther durchaus unschädlich machen. Der Plan sey sein eigen [...]. Im Juni schrieb Sand [...]: 'Frei müssen wir werden im Leben, oder frei zu den glücklichen Vätern gehen.' [...] Sand sei ein ruhiger, stiller und treuer Mensch gewesen, der kühne und kalte Besonnenheit mit glühender Vaterlandsliebe vereinigte [...]. Er war keusch und rein im höchsten Sinne des Worts; fleckenlos wie sein Wandel, war auch seine Phantasie.[564]

An seine Eltern hatte Sand geschrieben: »Es ist an der Zeit, daß ich die Träumereien lasse, und die Noth unseres Vaterlandes treibt mich zum Handeln.« Er werde, so fährt er fort, einen »Brand schleudern in die gegenwärtige Schlaffheit des Volks.«[565]

Am 20. Mai 1820 wurde der Attentäter öffentlich hingerichtet - sehr zum Ärger der deutschen Bevölkerung.[566] Alsbald nach der Tat Sands hält Carl Gustav Jochmann brieflich fest, wie sehr Sand Liebling des ganzen Volks geworden, »an dessen freisprechender Stimme« er »im geringsten nicht zweifeln würde,« gäbe es das Mittel der Appellation ans Volk.[567] Erzherzog Johann (1782-1859), Kaisersohn und zwar liberal-bürgerlich in seinen Ansichten, jedoch bestimmt nicht revolutionär gesinnt, meint, um Kotzebue sei es nicht schade, jedoch um den jungen »Schwärmer«:

> Sand scheint mir einer der größten Männer seines Jahrhunderts. Freien Heldentod hat er sich erwählt zu des Vaterlandes Heil, die größte That der Menschheit, darum seinem Grab eine Bürgerkrone. [...] Mögt ihr zarten Frauen um ihn weinen, er ist der Thränen wert.[568]

Die charismatische Ausstrahlung des jungen Mörders Karl Ludwig Sand ähnelt ganz der von Charlotte Corday. Seine oben angeführten Begründungen entsprechen auch bis in Einzelheiten denen, die Corday zur Rechtfertigung des Mords an Marat anführte. Beinahe wiederholt sich auch die öffentliche Diskussion über den Vorfall; besonnenere Autoren wie Joseph Görres sprachen von der »Mißbilligung der Handlung bei Billigung der Motive«.[569] Unvorsichtigere Menschen wie ein Stralsunder Conrektor verglichen Sand mit antiken Tyrannenmördern oder in der Lauterkeit der Gesinnung gar mit Jesus, ebenso zum Beispiel auch der Arzt Johann Christian August Grohmann. Im zaristischen Rußland schmiedet ein revolutionärer Dichter Verse, die Corday und Sand gleichermaßen als Tyrannentöter feiern: einer »Religion des Dolches«, so Jules Michelet später[570], diene Alexander Puschkin, dessen zwei Erzheilige Sand und Corday sind.[571] Noch ein dreiviertel Jahrhundert später sträuben sich einem Erzkonservativen wie Heinrich von Treitschke die Haare, wenn er von der »Unsicherheit des sittlichen Urtheils, die zu den traurigsten Verirrungen unserer neuen Geschichte zählt«, berichten muß:

> Nicht blos die akademische Jugend begrüßte Sands That als 'ein Zeichen dessen, was kommen wird und kommen muß'. Selbst reife Männer verglichen den Mörder mit Tell, mit Brutus, mit Scävola.[572]

Der Berliner Theologieprofessor Wilhelm Martin Lebrecht de Wette zum Beispiel schrieb nach dem Attentat Sands einen Brief zum Trost an die Mutter des Mörders, mit dem er persönlich bekannt gewesen war. In dem Brief nennt de Wette das Attentat zwar »aus Irrthum hervorgegangen und nicht ganz frei von Leidenschaft«, fährt dann aber fort:

> [...] der Irrthum wird aufgewogen durch die Lauterkeit der Ueberzeugung, die Leidenschaft wird geheiligt durch die gute Quelle, aus der sie fließt. Daß dies bei Ihrem frommen und tugendhaften Sohn der Fall gewesen, bin ich fest überzeugt. Er war seiner Sache gewiß; er hielt es für recht, das zu tun, was er tat, und so hat er recht getan. Ein Jeder handele nach seiner besten Überzeugung,

so wird er das Beste tun. [...] So wie die Tat geschehen ist, durch diesen reinen, frommen Jüngling, mit diesem Glauben, mit dieser Zuversicht ist sie ein schönes Zeichen der Zeit. [...] Ein Jüngling setzt sein Leben daran, einen Menschen auszurotten, den so Viele als einen Götzen verehren. Sollte das ohne alle Wirkung sein? [...][573]

Es ist keineswegs verwunderlich, daß der Berliner Theologe nach Veröffentlichung dieses Briefes seinen Lehrstuhl verlor. Denn die Reaktion hatte unter dem Eindruck dieses und eines weiteren, allerdings mißglückten Anschlags auf den hessen-nassauischen Regierungspräsidenten Karl von Ibell, die Notbremse gezogen. Metternich suchte die Gelegenheit, die »ihm der vortreffliche Sand auf Kosten des armen Kotzebue geliefert«[574] habe, weitestgehend auszunutzen: »Meine Sorge«, schreibt er an Gentz, »geht dahin, der Sache die beste Folge zu geben, die möglichste Parthie aus ihr zu ziehen.« Gentz antwortet: »Die wahren Täter sind und bleiben Fries, Luden, Oken, Kieser [Professoren in Jena] und andere Leute dieser Art, von denen die Universitäten um jeden Preis gereinigt werden müssen [...].«[575] September 1819 setzten sie in dem böhmischen Kurort Karlsbad die »Sechs Artikel« des *Bundesbeschlusses über Maßregeln zur Aufrechterhaltung der gesetzlichen Ordnung und Ruhe in Deutschland* durch, denen bald weitere zehn Artikel eines *Zweiten Beschlusses* folgten; hier wurde die Überwachung aller Universitäten geregelt, Berufsverbote, Vor- und Hauptzensur eingerichtet bzw. verschärft. Der Bundestag ratifizierte auch alsbald die Beschlüsse, die damit Gesetzeskraft erlangten und die Regierungen der einzelnen Staaten verpflichteten, aufs Schärfste gegen Lehrer, die »durch Verbreitung verderblicher, der öffentlichen Ordnung und Ruhe feindseliger, oder die Grundlagen der bestehenden Staatseinrichtungen untergrabender Lehren«[576] sich als schädliche Subjekte erweisen, vorzugehen.

Natürlich mußten die Staatsorgane außerdem ein Interesse daran haben, »Sympathisanten« oder »geistige Wegbereiter«, wie man heute oftmals formuliert, dingfest zu machen, denn in ihrem *Bericht [...] vom 16. Sept. 1839 [...] über revolutionäre Umtriebe* stellt die Bundes-Centralbehörde fest, daß es in Folge eines zunächst noch herrschenden laissez-faire gegenüber revolutionären Druckschriften und dergleichen zu einer »Aufregung« der Gemüter gekommen war, die einmal »in Thaten ausbrechen *mußte*.« Der Mord an Kotzebue, fährt der Bericht fort, sei von den Rädelsführern und Aufwieglern zwar nicht geplant gewesen, sei aber doch als das

in sich nothwendige Aufschlagen einer Flamme, zu der von Anderen seit Jahren mit allen Mitteln auf breitem Raume die Lohe geschürt worden war, [anzusehen.] Schärfer kann die Zeit nicht bezeichnet werden, als daß der Meuchelmord lobpreisende Wortführer fand,

befindet der genannte Bericht.[577] Dem wurde allerdings ein Riegel vorgeschoben. In Mainz (noch ist es keine dreißig Jahre her, seit hier die erste Republik auf deutschem Boden sich gründete) wurde die Bundeszentralstelle zur Verfolgung revolutionärer Umtriebe eingerichtet, das ganze Gebiet des Deutschen Bundes mit einem Spitzelnetz überzogen, die Gefängnisse aufgefüllt. Wie die Atmosphäre in dem solcherart von einer neuartigen Inquisition überzogenen Land aussah, läßt sich dem Bericht eines Reisenden entnehmen, der nach einigen Jahren Aufenthalts im Ausland 1823 wieder nach Deutschland kam und schrieb:

> Die Ströme, die Berge, die alten Türme erkenne ich noch, aber die Menschen nicht mehr! Als ich hier anfangs, noch unbekannt mit den neuen Verhältnissen, nach alter Gewohnheit von der Politik des Tages reden wollte, erhielt ich kaum eine Antwort; der Eine wich aus, der Andere brach ab, viele stahlen sich weg.[578]

Was aber hat dies alles mit Jean Paul zu tun? Nun, Jean Paul ist einer der »geistigen Wegbereiter« solcher Studenten wie Sand. Bei der Verhaftung des Mörders hatte die Polizei in dessen Tasche u. a. zwei Dichtungen sichergestellt; erstens Theodor Körners *Leyer und Schwerdt* (1814), dessen letzte Verse der »Zueignung« verheißen: »Denn was, berauscht, die *Leier* vorgesungen, / Das hat des *Schwertes* freie Tat errungen.«[579] Körners Alternative hieß Tod oder Freiheit, Sands ebenfalls (wenn sie auch Subjekt und Objekt der Freiheit anders definierten). Zweitens aber hatte Sand die Jean Paulsche Erzählung über *Charlotte Corday* das ideologische Unterfutter geliefert. De Wette hatte in seinem Trostbrief an die Mutter denn auch ausdrücklich auf Jean Pauls Text rechtfertigend verwiesen. Sands und Cordays Attentate ähneln sich nicht zufällig: sie *sind* in der Struktur gleich. De Wette zog als Hauptargument auch eine wahrhaftig bedenkliche Argumentationsfigur in Jean Pauls Essay heran, die dazu dient, die Attentäterin Corday vom Ruch des Meuchelmords zu befreien, mit eben solcher Berechtigung aber auch auf Karl Ludwig Sand und ähnliche Fälle angewendet werden kann.

In Jean Pauls Novelle sucht der Ich-Erzähler den Unterschied zwischen Brutus und Ravaillac, dem Mörder König Henris IV. (1610), eben nicht über die Person des Opfers zu begründen, was bisher der normale Gang der Argumentation gewesen war und darauf hinaus lief, Cäsar als Tyrann zu verdammen, seinen Mörder (aus republikanischer Sicht) jedoch zu erheben bzw. den Mörder des *guten* Herrschers Henri IV. als Verbrecher zu diffamieren; sondern Jean Paul argumentiert von der Person des Täters her. Der entscheidende Unterschied, so der Ich-Erzähler, sei nämlich,

> daß Brutus nicht als Einzelwesen, sondern als kriegerisches Oberhaupt einer angegriffnen Verfassung handelte und daher sich nicht vor Richterstühlen, sondern bloß auf Schlachtfeldern zu rechtfertigen brauchte.[580]

Diese Überlegung braucht Jean Paul nur auf Corday zu übertragen, um sie von jeglichem Makel zu befreien - womit er noch nicht einmal im Widerspruch zu seinen Quellen steht;[581] er fährt fort:

> Auch Corday bekämpfte und durchbohrte nicht als Bürgerin einen Staatsbürger, sondern als Kriegerin in einem Bürgerkriege einen Staatsfeind, folglich nicht als Einzelne einen Einzelnen, sondern als gesundes Partei-Mitglied ein abtrünniges krebshaftes Glied.[582]

Diese Auffassung befreit Corday von dem Ruch des Mörderischen, denn im Krieg ist das Töten bekanntlich lizensiert. Nur: da keine verbindlichen Kriterien dafür vorliegen, wann sich ein Staat im Kriegszustand befindet, öffnet solche Begründung Einzeltaten eines exaltierten Kopfes, wie schon Wieland bemerkte, Tür und Tor. Julian Schmidt kann 1855 mit voller Berechtigung feststellen, daß Jean Pauls

> Maximen [...] nicht überzeugend für den individuellen Fall und höchst gefährlich in der Anwendung (sind), wenn er in jenen Jahren eine Apologie der Charlotte Corday schrieb, so wußte später bei der Ermordung Kotzebues de Wette diese Stelle zur Verteidigung Sands auszubeuten, und ganz mit Recht, denn ein solches Verbrechen der Reflexion ging allerdings aus jener absoluten Subjektivität der sittlichen Empfindung hervor, welche eher danach strebte, fein zu empfinden als recht, groß zu denken als wahr, genial zu handeln als pflichtgemäß.[583]

Daß Karl Ludwig Sand sich ebenso wie Corday als Krieger gefühlt hat, ist nicht zu bestreiten. Schon die oben erwähnte Liedsammlung Theodor Körners, Sands zweite Quelle der Inspiration, verweist darauf, daß sich der Student Sand (wie die radikalburschenschaftliche Bewegung insgesamt, die sich in eine Reihe des auch terroristische Mittel billigenden Widerstandes einordnen läßt, die von den Gebrüdern Follen, über die Gießener Schwarzen bis zu Büchners Gesellschaft der Menschenrechte mindestens reicht) nicht damit zufrieden gab, daß in den »Freiheitskriegen« (1813-1815) nur die Freiheit der Fürsten errungen sein sollte, sondern den Begriff wörtlich nahm, und den Krieg um die Freiheit aller weiterführte. Es soll auch der Hinweis nicht vergessen werden, daß sich in unseren Jahrzehnten ähnliches insofern wiederholte, als daß die Rote Armee Fraktion sich selbst auch in einem berechtigten Krieg gegen die herrschende Unterdrückung sah und sieht. Wann tatsächlich Kriegszustand herrscht und wie damit verbundene Aktionen moralisch gewertet werden, entscheidet allein die historisch siegreiche Partei. Im Falle Cordays waren es letztlich ihre Freunde, um Falle Sands[584] oder auch der RAF die Gegner.

In einer Atmosphäre, wie sie die Metternich'schen Demagogenverfolgungen bewirkt hatten, tat Jean Paul also gut daran, sich sowohl von Karl Ludwig Sand als auch von de Wette zu distanzieren. Folglich erschien in der zweiten Auflage von *Dr. Katzenbergers Badereise* zur fraglichen Stelle eine Fußnote, in der Jean Paul von einem »höchst achtbaren Gelehrten voll Geist und Herz« spricht, der seinen Text »sehr irrig auf einen fanatischen Jüngling« [gemeint: Sand] angewendet habe, der mit Brutus allenfalls gemein habe, »daß in beiden Fällen gerade die Freiheit, wofür Leben geopfert wurde, sich selber noch stärker nachgeopfert sah.«[585]

Allerdings muß Jean Paul aufgefallen sein, daß dies keinesfalls etwa ein Dementi möglicherweise unterstellter Sympathien für Sand war, sondern fast im Gegenteil den Eindruck erwecken könnte, Jean Paul beklage lediglich die strategische Ungeschicklichkeit, mit einer vermeintlich der Freiheit förderlichen Tat in Wahrheit das Gegenteil erreicht zu haben;[586] deshalb zieht er anschließend mit legalistischen Argumenten gegen Sand ins Feld, die sich mit seinen eigenen Empfindungen, wie sie sich in der Corday-Erzählung ausdrücken, kaum übereinstimmen. Er wirft Sand nämlich vor, schlimmer als die Inquisition verfahren zu sein, indem er Richter, Ankläger, Zeuge und Scharfrichter in einer Person zu sein sich angemaßt habe, und dem Verklagten weder Defensor, Verhör, Aufschub und Fristen zugebilligt hätte. Außerdem sei jeder Mörder ein Selbstmörder (indem er sich opfre), man solle aufhören den Selbstmord zu loben, da er eigentlich nur der letzte Ausweg »der Feigen« sei, »die keinem Drohen *einer* Stunde oder *einer* Woche gewachsen sind«; und ohnedies sei es keine Art, »den Dolch statt der Feder [...] zum Widerlegen des Anders-Gläubigen«[587] zu nutzen.[588]

Nun läßt sich leicht feststellen, daß dies in keiner Weise die Lesart des Berliner Professors desavouiert, ja daß dies kaum als inhaltliche Aussage zu der Gewaltproblematik gewertet werden kann; zudem widerspricht es Jean Pauls eigener Argumentation: im Aufsatz bestreitet er ja gerade die Existenz des Selbstmordes und fegt dieses Argument als absurd beiseite. Wie jedem mit den in den Zeitungen breit berichteten Umständen des Attentats vertrauten Zeitgenossen mußte auch Jean Paul die Ähnlichkeit zwischen Sand und Corday eigentlich aufgefallen sein. Darüber aber schweigt er wohlweislich. Trotzdem war zum Beispiel Karl August Böttiger höchst zufrieden und lobte, daß »sich der Dichter jetzt über den verblendeten Mörder Kotzebue's auf eine Weise [erklärt], die allen Mißverstand [!] auf immer beseitigt.«[589]

Bei genauem Hinsehen bemerkt man, daß Jean Pauls Anmerkung offensichtlich lediglich dazu dient, öffentlich zu bekunden, er billige Sands Handlung nicht und könne daher auch nicht des Sympathisantentums verdächtigt werden. Daß solch eine Vorsichtsmaßnahme durchaus angebracht war[590], zeigen die Schwierigkeiten, die ein anderer renommierter Schriftsteller der Zeit, der hauptberuflich auch noch »Demagogenverfolger« war - oder besser gesagt: sein sollte -, bekam, als er nicht im Sinn der preußischen Obrigkeit »funktionierte«: der Satiriker und Kammergerichtsrat E. T. A. Hoffmann, dessen letztes Lebensjahr nicht nur durch schwere Krankheit, sondern auch durch Auseinandersetzungen mit den Behörden überschattet war.[591] Jean Paul jedenfalls bekam keine Schwierigkeiten mit der Obrigkeit - sie verstand seine Werke wahrscheinlich ohnehin nicht und ließ sich durch solche Scheinerklärungen leicht blenden.

Normalerweise müßte eine Betrachtung der Wirkungsgeschichte von Jean Pauls Text vor die Interpretation gestellt werden. Es kann nicht angehn, daß die praktischen Konsequenzen ausgeklammert werden, wenn man Jean Pauls idealischem Freiheitsbild nachspürt, wobei Jean Paul-Liebhaber ihren Autor gern auf ästhetizistische Positionen festlegen, seinen Republikanismus für rein »poetisch« erklärt. Das Wissen aber um die Folgen einer Freiheitsverherrlichung à la Jean Paul - wie immer er selbst sich praktisch dazu stellte - sollte den Hintergrund aller interpretativen Überlegungen bilden, wenn nicht sogar die Grundlage; Jean Paul selbst mußte sich mit solchen Folgen in einem monatelangen Briefwechsel mit einer Betroffenen ebenfalls auseinandersetzen: Sein Text nämlich hatte nicht nur »existenzielle« Folgen für Kotzebue und Sand, sondern auch für Maria[nne] Lux, die Tochter des hochgepriesenen deutschen Girondisten aus Mainz, deren schwärmerische, brieflich dargebotene Liebe für den einzigen deutschen Autor, der angeblich ihrem Vater gerecht wurde, letztlich in ihrer Selbsttötung gipfelte.[592]

Keine Wirkungen: Warum Charlotte Corday dem Jungen Deutschland nicht geheuer war

Es ist auffällig, daß außer einer Novelle Eduard Heinrich Gehes[593] und dem Roman von Amalie Schoppe (1838) die Geschichte von Marat und Corday in Deutschland zwischen 1820 und 1848 nicht bearbeitet wird: immerhin ist der Stoff über das gesamte neunzehnte Jahrhundert betrachtet einer der erfolgreichsten historischen Themenvorwürfe überhaupt. An den politischen Implikationen kann es nicht liegen, denn bis in Kreise der sich selbst progressiv verstehenden Jungdeutschen hinein ist Corday als »ein heroisches Mädchen, die den Marat niederstach«[594] durchaus beliebt, während über den »aus Schlamm und Gemeinheit herausgewachsenen« Marat die üblichen Verleumdungen ausgeschüttet werden, die immer auf seine angebliche »Bestialität in Sitte und Gesinnung« hinauslaufen.[595]

Es muß also andere Gründe haben, wenn Gutzkow Anfang der dreißiger Jahre apodiktisch festhält:

> Nach Lesung einer Novelle, *Charlotte Corday*[596], bemerkt' ich: Charlotte Corday ist im Grund weder ein passender Gegenstand für das Drama, noch die Erzählung.[597]

Nun, ein Drama kam ohnedies bei den meisten Jungdeutschen nicht in Frage. Die dramatische Poesie, so der Cheftheoretiker des Jungen Deutschlands, Ludolf Wienbarg, sei ganz ungeeignet, Taten zu evozieren; und auf Taten (revolutionäre Taten!) kommt es ihm aber an.[598] Das Drama jedoch verhindere gerade die Tat, indem es nur ein Surrogat, ein zeugungsunfähiger Abkömmling derselben sei. War nicht die Epoche Goethes und Schillers, so Wienbarg, jene Zeit für Deutschland, in der man durchaus nichts tat, nichts tun wollte, in der die Töchter der Tat oder der Begeisterung für die Tat, die *Dramen* geboren wurden?[599]

Mit den Dramen verwirft Wienbarg auch die Versdichtung der Kunstperiode zugunsten der bloß »sogenannten Prosa«, von der er sagt, daß sie, »die ungebundene Rede wirklich ungebundener und poetischer zu strömen anfängt als bisher«[600], da sie - nunmehr als Waffe, die man schärfen muß[601] - für den »Kampf mit der Wirklichkeit« besser geeignet sei;[602] und zwar

> weil Prosa unsere gewöhnliche Sprache und gleichsam unser täglich Brot ist, weil unsere Landstände in Prosa sprechen, weil wir unsere Person und Rechte nachdrücklicher in Prosa verteidigen können als in Versen.[603]

Daher also sei die neue Prosa - deren exemplarischer Vertreter bei Wienbarg im übrigen Heinrich Heine ist - der zeitgemäße Ausdruck der Poesie. Und in einer Prosa, die sich dem alltäglichen Gebrauch der Sprache angleicht und die auch dem gemeinen Volk verständlich ist[604], seien auch die *Romane*, »die Hauptspeise des Publikums«[605], zu schreiben, denn gerade das, was den Roman bisher verdächtig machte - nämlich seine große Gunst bei einem breiten Publikum - entpuppt sich unversehens als der entscheidende Vorteil. Damit erhebt Wienbarg die bevorzugte Form einer *realistischen* Literatur zur paradigmatischen Gattung; allerdings unbewußt, denn er selbst tendiert mit seinem »Roman der lebendigen Geschichte«[606] zur »Gefühlsrede, die sich der Geschichtserzählung zum Zwecke der Leidenschaftserregung bedient.«[607] Dies allerdings sind alles Nutzerwägungen, die dem eigentlichen Bedürfnis des Autors und wahrscheinlich der meisten Jungdeutschen entgegen stehen. Als Dichtung im eigentlichen Sinne sieht Wienbarg die Prosaschriften, die für den Tageskampf geschrieben wurden, nicht; aber gegenüber den Notwendigkeiten im Kampf gegen »eine abgestorbene Zeit«[608] müssen ästhetisierende Bedürfnisse zurückstehen, gemäß etwa auch Börnes Eingeständnis, die Mäßigung sei zwar »jetzt noch in meiner Gesinnung, wie sie es früher war; aber sie soll nicht mehr in meinen Worten erscheinen.«[609] Daß bei einer solchen Position der Selbstverleugnung - zu der ein Heinrich Heine nicht bereit war - keine große Literatur entsteht, ist Börne genauso wie Wienbarg klar. Börne schreibt in einer Besprechung von Coopers Romanen einen beinahe goethisch zu nennenden Gedanken nieder:

> Die wahren Dichter, wie alle großen Künstler, lieben das Gewordene, das Seiende, das Notwendige, das Unbewegliche, das dem Meißel still hält; sie lieben daher den Zwang, als den Erhalter des Bestehenden. Darum hassen sie das Werdende, das Bewegliche, Schwankende, das Strebende und das Widerstrebende, denn sie hassen den Kampf; darum hassen sie die Freiheit.[610]

Trotzdem will Börne kämpfen, trotzdem stürzt sich Börne nach der Julirevolution 1830 mit ganzer Person in die gärenden Umwälzungen seiner Zeit, ähnlich wie vierzig Jahre zuvor Georg Forster während der Großen Revolution.

Das historisch legitimierende Exempel hatte Wienbarg - um auf die Jungdeutschen im engeren Sinn zurückzukommen - in seinen *Ästhetischen Feldzügen* bereits gefunden; und zwar abermals in der *römischen* Antike:

> Rom hatte keine großen Dichter und Künstler erzeugt, noch viel weniger einen Philosophen, aber Roms Redner besaßen eine dämonische Kraft, weil die Beredsamkeit des Forums mit der Richtung ihres Geistes übereinstimmte und einen tatsächlichen Charakter trug: *Männer der Tat* hat kein Volk in so großer Zahl und so ununterbrochener Reihe aufzuweisen.[611]

Daß es kein Drama sein soll, mag daher verständlich werden; aber Gutzkow hatte Charlotte Corday ja auch für die Erzählung ungeeignet befunden. Da man sich aber durchaus vorstellen kann, daß ein Roman über die »Römerin« Corday eine zur (revolutionären) Tat aufstachelnde Erzählung werden könnte, muß Gutzkow also noch andere Gründe anführen. Seine Begründung für oben zitiertes Urteil lautet:

> Man muß den Entschluß zu einer That, wie sie [Corday] sie ausführte, in keinem Weibe, selbst dem seltensten nicht, entstehen sehen. Sie muß wunderbar, als eine plötzliche Erscheinung in Mitte der Begebenheiten auftauchen; der Kampf, der bei dem Manne einer großen That vorangeht, macht einen andern Eindruck, als der allmählige Entschluß eines Weibes, weil jener nur mit den Rücksichten, dieses aber mit der Schwäche zu kämpfen hat.[612]

Unübersehbar ist Gutzkows Angst vor einer Frau, die sich selbst die gleiche Kompetenz zuspricht wie er dem Mann, nämlich lediglich mit »Rücksichten« zu kämpfen, aber nicht mit der eigenen Schwäche. Unübersehbar seine Angst, solche Frauen literarisch gestaltet zu finden, denn seine Hauptbedenklichkeit ist: daß der Roman, der nach der schon zitierten Definition Blanckenburgs, die auch zu dieser Zeit (vielleicht mehr denn je) noch gültig ist, vornehmlich *innere* Geschichte erzählt, im Fall der Corday das Innenleben eines »seltenen Weibs« derart bloß stellt, daß einem Mann wie Karl Gutzkow Angst und Bange dabei wird. Deshalb kann Corday, so legt er nahe, zwar in einem Roman auftauchen, aber nur als »plötzliche Erscheinung«, und das heißt nicht als Hauptfigur.[613] Deshalb ist ein Corday-Roman in seinen Augen nicht möglich.

Als Entdecker Georg Büchners hat Gutzkow immerhin soviel literarisches Qualitätsbewußtsein bewiesen, daß man ihm wohl zutrauen darf, daß er die oben schon angesprochenen banalen und trivialen Varianten, eine Cordaygeschichte zu erzählen, gar nicht ernstlich in seine Überlegungen einbezogen hat. Jedoch auch der Mord aus Liebe wäre für Gutzkow wahrscheinlich nicht mit der Figur einer Charlotte Corday zu vereinbaren gewesen. Dies jedenfalls läßt sich den Äußerungen Gutzkows (und anderer) zu der Affäre Stieglitz entnehmen.

Am 29. Dezember 1834 erdolcht sich Charlotte Stieglitz am hellichten Tag und auf offener Straße, am Schiffbauerdamm 13 in Berlin. Sie war mit dem drittklassigen Schriftsteller Heinrich Stieglitz verheiratet und litt wohl fast noch mehr als er an seiner poetischen Unzulänglichkeit. Da die Jungdeutschen der Meinung waren, daß echte Dichtung nur aus dem »wirklichen, veritablen, ächten Schmerz«[614] geboren werden könne, beschließt Charlotte Stieglitz ihrem Mann diesen Schmerz zu verschaffen, und zwar auf Kosten ihres eigenen Lebens. Ihre letzten Worte an Heinrich:

> Unglücklicher konntest Du nicht werden, Vielgeliebter! Wohl aber glücklicher im wahrhaften Unglück! In dem Unglücklichsein liegt oft ein wunderbarer Segen, er wird sicher über Dich kommen!!!! [...] Zeige Dich nicht schwach, sei ruhig und stark und groß![615]

Alsbald nach der Tat gehen die durch den Bundestagsbeschluß über das Verbot ihrer Schriften (14. Oktober 1835) zusammengeschweißten jungdeutschen Schriftsteller daran, Charlotte Stieglitz zur »saint-simonistischen Heldin« oder/und zur »revolutionären Muse« ihrer Literatur zu stilisieren.[616] Besonders Gutzkow tut sich dabei mit einem Aufsatz und einer Rezension hervor.

Die Verherrlichung der Charlotte Stieglitz beruht zunächst einmal und grundlegend auf einer zeitpolitischen Verklärung des Leidens ihres Mannes Heinrich: »Dieses körperliche Verfallen ihres Heinrich ist kein einzelnes; dieses innere Kranken und erbröckeln ist das charakteristische Merkmal einer ganzen Generation.«[617] Es ist das Leiden der Jungdeutschen an einer als tatenarm empfundenen Epoche, das Leiden an der plüschigen Behaglichkeit des Biedermeiers, das Leiden an den äußeren Bedingungen und das Unbehagen an der eigenen Innerlichkeit. Gutzkow bekennt in demselben Text:

> Wir empfinden's, daß wir so, wie wir sind, nicht existiren können, daß es blos ein Scheinleben, ein Ansetzen und Conglomeriren ist; - aber wir können den Weg aus uns heraus in die Objecte nicht finden, die wir zuerst bändigen müssen, damit sie uns nicht schmählich erdrücken. Andererseits wieder fühlen wir uns von der Materie gefesselt und verzehren uns in ohnmächtiger Sehnsucht nach dem Ideal.[618]

In dieser wahrhaft unglücklichen Situation kam nun Charlotte Stieglitz gerade recht, indem sie »sich in den Erlösungstod hineinwarf.« Was für ein Evangelium aber verkündet diese Christusgestalt namens Charlotte Stieglitz? Es ist das Evangelium der Hingabe, der Liebe; aber nicht der sinnlichen, sondern der platonischen Liebe zu den Idealen. Über ihrem Grab schwebe »ein großer, unsterblicher, leuchtender Gedanke«[619], schwärmt Gutzkow: die Idee des Opfers, die er als Hingabe an die Tatsachen definiert, so jedenfalls in dem Aufsatz »Cypressen für Karoline [sic] Stieglitz«.

Das »höchste Ideal der Liebe lag hier vor«, behauptet Gutzkow, eine Liebe nämlich, für die gilt: »Ideen vermittelten hier Kuß und Umarmung. Sinnlicher Platonismus [!] waltete hier«; und das heißt: Charlotte Stieglitz war groß und einzigartig in »dem ewigen Sichhingeben, gleichviel ob an die Ordnung der Dinge, wie sie ist, oder wie sie verändert werden soll«. An diesem Punkt gewinnt diese Selbstmordaffäre dann politische Dimensionen. Beinahe muß man den Eindruck bekommen, Gutzkow sei es letztlich gleichgültig, ob die Verhältnisse so bleiben wie sie sind oder ob sie sich ändern, Hauptsache man betreibt sein Geschäft mit Hingabe. Aber das ist nicht richtig, insofern er Charlotte Stieglitz als Beispiel für einen jener Menschen darstellt, die »den innern Prozeß der Seele durchmachen; die mit blutigem Schweiße daran arbeiten, in den Geheimnissen des Geistes ein Gebäude aufzubauen, und sich lieber unter seinen Trümmern begraben, als daß sie die Welt so hinnähmen wie sie« ist.[620]

Was zu diesem politischen Programm zu sagen bleibt, ist schon lang vor mir gesagt worden, und ich brauche es nur andeutend zu wiederholen: »Die Gesellschaft mittelst der *Idee*, von der *gebildeten* Klasse aus reformieren? Unmöglich!« schreibt Georg Büchner an Gutzkow. Und im übrigen helfe nur noch die soziale Revolution, das weiß Büchner. Die soziale Revolution aber ist nur dann zu machen, wenn man akzeptiert, daß die Zeit »rein materiell« ist, wie es im selben Brief Büchners heißt.[621] Also helfen jedwelche Selbstopfer für mehr oder minder zweifelhafte Ideen nicht. Und genau das betrifft auch den Punkt, weshalb Charlotte Corday für Gutzkow so ungenießbar ist: bei allen Freiheiten, die man sich in der Gestaltung dieser Figur erlauben kann und erlaubt hat, wie wir gesehen haben, läßt sich aber doch nicht verleugnen, daß Corday am Ende Marat tötet; täte sie das nicht, wäre sie eben keine Charlotte Corday mehr.[622] Und weil Corday in allen entscheidenden Punkten den Widerpart zu Charlotte Stieglitz darstellt, inspiriert sie keinen Jungdeutschen: Corday ist der materiellen Objektenwelt verbunden, sie trägt ihre Entschlüsse nach außen, sie ist Fleisch gewordene Tat und nicht Geist, nicht ideal, nicht innerlich, nicht selbstlos, indem sie sich *»opfert* [...], um alle ihre Ansprüche an einen Armen«[623], an einen andern, abtreten zu können, wie Charlotte Stieglitz. Charlotte Corday gehört in Gutzkows Augen zu jenen, die wie zum Beispiel auch Büchner »die Genesung außen such[en], in Emancipation von Dingen und Verhältnissen.«[624] Also wird eben eine Frau wie Charlotte Stieglitz, die den Dolch gegen sich kehrt und nicht gegen andere, zur zeitgemäßen Heroïne; die weibliche »Genialität des Herzens«, von der Gutzkow so gern spricht und die er in seinen eignen Werken feiert[625], beweist sich eben doch nur in der »schöne[n], aber auch gefährliche[n] Unselbständigkeit der weiblichen Natur«, welche darin besteht, »daß sie ohne Zuversicht zu einem geliebten Wesen nicht sein und leben kann«, wie Gustav Kühne 1838 schreibt:

> Das Wesen der Weiblichkeit liegt eben darin, nicht sich selbst zu wollen, sondern ein anderes, das sie höher als sich erachten muß[626], von dem sie sich geistig getragen sieht und dem sie dafür die ganze Fülle ihrer tiefsten Seele rücksichtslos hingibt. [Und auf Charlotte Stieglitz bezogen fährt Kühne fort:]

Charlotte war eine so reich begabte Natur, daß sie fast mit männlicher Geisteskraft die Poesie zum Gegenstande aller ihrer Wünsche, Liebe und Achtung hätte machen können. Und doch war das Weib in ihr beherrschend [...]. Nur ein Weib kann sich zu Tode lieben.[627]

Vielleicht scheint es müßig, darüber nachzudenken, warum jemand oder eine bestimmte Zeit einen Stoff *nicht* behandelt. Jedoch mag auf diese Weise deutlich werden, daß zwischen der Wahl der Stoffe und Gattungen und der jeweiligen ideologischen Vorentscheidung ein enger Zusammenhang besteht. Es sind eben nur die Konservativen, die Royalisten, die Nationalisten und die Frömmler, die im weiteren Verlauf des neunzehnten Jahrhunderts wirkliches Interesse am Cordaystoff hegen. So wie die Realisten Jean Pauls subversiv-revolutionären Humor in die Form der affirmativen Schnurre überführen, so wird Charlotte Cordays Geschichte von allen politischen Implikationen befreit und in der Regel zu rührseligen Melodramen verwurstet. Wenn die Familiengeschichte religiös überhöht wird, entstehen Texte, wie sie in der französischen Romantik mit Klasse Lamartine produzierte;[628] in Deutschland aber wird die poetische Stimmung, die Lamartines Prosa trotz aller sonstigen Bedenklichkeiten eignet, dann in aller Regel vom sogenannten historischen Lokalkolorit erschlagen. Es ist ein generelles Kennzeichen des bürgerlichen Realismus in Deutschland, daß die Autoren großen Wert auf das Genrehafte legen. Otto Ludwig etwa lag bei seiner Skizze zu einem Corday-Drama die literarische Gestaltung einer bretonischen Landhochzeit ganz besonders am Herzen.[629] Wenn sich diese entpolitisierte Sphäre der Kulisse und des Kostüms verselbständigt[630], dann entstehen die gräßlichen »Oberlehrerdramen«, über die Friedrich Sengle in der Einleitung zu seinem Buch über das *Historische Drama* klagt.[631] Diese Tendenz ist zwar erst am Ende des neunzehnten Jahrhunderts völlig ausgeprägt - auch wenn sie im literarhistorischen Gedächtnis durch die parallel entstehende neue, junge und aufmüpfige Literatur des Naturalismus weitgehend verdrängt wird -, seinen Anfang nimmt das Unwesen aber schon gleich nach der »gescheiterten Revolution« (Alexander Herzen) von 1848. Schon in den ganz von Lamartine abhängigen, in dieser Arbeit allerdings übergangenen Girondisten-Dramen der fünfziger Jahre zeigt sich - ausgenommen die nicht unbedeutenden Stücke Robert Griepenkerls, für den Robespierre wie Corday gleichermaßen Erfüllungsgehilfen des Hegelschen »Weltgeists« sind[632] -, daß politische Sentenzen in der Tat zu hohlen Phrasen geworden sind, die noch nicht einmal mehr »tiefere Bedeutung« vorspiegeln, aber leider weder scherzhaft, ironisch noch satirisch gemeint sind.[633]

Anmerkungen

1 So bezeichnet bei Restif de la Bretonne: Revolutionäre Nächte in Paris [1794]. Hrsg. v. Ernst Gerhards. Bremen 1989, S. 194.

2 Ausgabe vom 14. Juli 1793, S. 1; zit. n. Jean-Claude Bonnet (Hrsg.): La Mort de Marat. Paris 1986, Document N° 4, S. 447 f.; vgl. den fast gleichlautenden Artikel der »Gazette Française« (dt. zit. in: Georges Pernoud und Sabine Flaissier (Hrsg.): Die Französische Revolution in Augenzeugenberichten. 5. Aufl., München 1983, S. 259). Marat war schon lange vor der jakobinischen Phase der Revolution »berüchtigt«, jedenfalls wird er in Nr. 19, 1790, des »Hamburgischen Correspondenten« so genannt (zit. b. Alfred Kröger: Ça ira! Die Französische Revolution in Tatsachenberichten deutscher Zeitungen. Berlin 1939, S. 85).

3 Vgl. den Bericht Laurent Bas' (in: Pernoud/Flaissier [wie Anm. 2], S. 259-261); dazu: Eugène Defrance: Charlotte Corday et la Mort de Marat. Paris 1909, S. 119-141; Auguste Cabanès: Marat Inconnu. 2. Aufl., Paris 1911, S. 390-407. Aussagen Cordays dazu: Defrance, S. 350 et passim, oder in einer zeitgenössischen deutschen Quelle: Peinliches Verhör und Urthel Maria Anna Charlotte Corday, Mörderin des berüchtigten Volksdeputirten Marat. O. O. 1793, S. 14.

4 Sämtliche Wendungen aus dem »Hamburgischen Correspondent«, Nr. 121, 1793 (zit. n. Kröger [wie Anm. 2], S. 282).

5 Zu Recht bemerkt 1963 Peter Weiss, daß es nicht andere waren, welche die Mörderin verklärten, sondern: »Jeanne d'Arcs und der biblischen Judith gedenkend, *machte sie sich selbst* zu einer Heiligen.« (Anmerkungen zum geschichtlichen Hintergrund unseres Stücks, in: Die Verfolgung und Ermordung des Jean Paul Marat [...]. 5. Aufl., Frankfurt 1965, S. 143).

6 Vgl. Note an Fouquier-Tinville, 22. Juli 1793 (zit. b. Defrance [wie Anm. 3], S. 427).

7 Vgl. Robert Soucy: Fascist Intellectual. Drieu la Rochelle. Berkeley 1979, S. 113.

8 Pierre Drieu la Rochelle: Charlotte Corday. Pièce en trois actes [...]. Paris 1944, S. 146; vgl. Marie Balvet: Itinéraire d'un intellectual vers la fascisme: Drieu la Rochelle. Paris 1984, S. 137 f.

9 Zum »mito della violenza« in Italien vgl. Norberto Bobbio: Profilo ideologico del Novecento, in: Cecchi/Sapegno (Hrsg.): Storia della Letteratura Italiana. Vol. 9, Milano 1969, bes. S. 141-148; Hans Barth: Masse und Mythos. Hamburg 1959, bes. S. 18 ff.

10 Eugen Schmahl: Vorwort zu Henry Sanson: Die Henker von Paris. Berlin 1939, S. 9.

11 Eine Phalanx wahrer Cordayaner bemühte sich seit 1838 um jede nur erdenkliche Nachricht über das Vor-Leben ihrer Heldin (Louis Dubois, Alphonse Esquiros, E. Lairtullier, Paul Delasalle, vor allem aber: Charles Renard, Casimir Perier, Henri de Monteyremar, Chéron de Villiers und Charles Vatel; vgl. Rudolf

Focke: Charlotte Corday. Leipzig 1895, S. 6-10). »Seit fünfzehn Jahren haben wir in Caen und der Umgegend die sorgfältigsten Nachforschungen angestellt; wir persönlich und Leute, die wir dafür interessirten, haben mehr als zehntausend Kilogramme Papier zusammengetragen und durchsucht, die wir uns bei Versteigerungen, in den Tabaksläden und von Kaufleuten zu verschaffen wußten«, so Charles Renard (zit. n. Luise Büchner: Nachgelassene belletristische und vermischte Schriften. Frankfurt/M. 1878, Bd. 2, S. 5). Zwar wurde »manches werthvolle Aktenstück [...] durch diese Bemühungen der Vernichtung entrissen«, in »Bezug auf Charlotte aber haben diese Forschungen kaum mehr ergeben, als die Gewißheit über das, was absichtlich zerstört wurde« (ebd., S. 3): so Luise Büchner schon in ihrem 1865 enstandenen Corday-Essay - und wenn sich inzwischen doch noch das eine oder andere fand, so gilt cum grano salis immer noch Büchners Feststellung.

12 »Paris und Rouen, 14. Juli 1793«, Bibliothèque Nationale, Lb^{41} 3159; dt. in Walter Markov: Revolution im Zeugenstand. Frankreich 1789-1799. Leipzig 1986, Bd. 2, S. 461-463.

13 Luise Büchner (wie Anm. 11), S. 2.

14 Rudolf Focke (wie Anm. 11), S. 2; außer Focke erhebt nur noch Fritz Reck-Malleczewen (Charlotte Corday. Geschichte eines Attentats. Berlin 1938; 2. Aufl., Wiesentheid 1947) den Anspruch, eine ernstzunehmende Biographie geschrieben zu haben (jedoch ist sie bei Recks bekannter Pseudologia phantastica nicht verläßlich zu nennen; vgl. die Reck-Monographie Alphons Kappelers [2 Bde., Göppingen 1975]). In Zeiten, wo sogenannte frauenspezifische Fragen größere Aufmerksamkeit erzielen, kommt natürlich auch Corday häufiger in den Blick, mal als »entzückende[s], gute[s] Wesen« (so Emma Adler [S. 27] in ihrem Buch über »berühmte Frauen der Revolution« [Wien 1906], von dem Rita Minor [wie Anm. 131, S. 191] sagt, es sei ganz in den »Dienst der Frauenfrage« gestellt), mal als natürliche Feindin feministischer Aufbrüche (so Salomé Kestenholz (S. 16-20), eine »Feministin avant la lettre« (Laure Wyss), in ihrem Essayband »Gleichheit vor dem Schafott« [Zürich 1984; Darmstadt und Neuwied 1988]).

15 Vgl. Roland Barthes: Michelet. Frankfurt/M. 1984, S. 167-193. - Schon Zeitgenossen stieß der eigentümliche Mystizismus Michelets auf: »Wir unserer Seits halten es für nöthig, hier hinzuzufügen, daß wir mit den in diesem Capitel ausgesprochenen Ansichten des französischen Autors wenig oder gar nicht einverstanden sind«, denn Michelets Einstellung sei »plus que ridicule - c'est cocasse!«, merkt Eduard Maria Oettinger zu einem der zentralen Kapitel des von ihm übersetzten Buchs »Die Frauen der französischen Revolution von Jules Michelet« (Brüssel und Leipzig 1854, S. 280) an.

16 Georges Duby: Der Sonntag von Bouvines. Berlin 1988, S. 7-16, bes. S. 12. Vgl. dazu auch Gustav Seibt: Geschichte gibt es nur als Sprache, in: FAZ, Nr. 231, 4. Oktober 1988, S. L 27.

17 Hippolyte Taine: Die Entstehung des modernen Frankreich. Revolution und Kaiserreich. Hrsg. v. Eberhard Friedrich. Berlin und Frankfurt/M. 1954, S. 242 u. 248.

18 Zit. n. Gustav Landauer: Briefe aus der Französischen Revolution. Hrsg. v. Gerhard Hendel. 3. Aufl., Berlin 1985, Bd. 2, S. 118 f.

19 Jean Jaurès: Histoire socialiste de la Révolution française [1901-1908]. Hrsg. v. Albert Soboul. Paris 1968-1973, Bd. 6, S. 219.

20 Vgl. Aglaia I. Hartig: der heilige Revolutionär, in: Jean Paul Marat: »Ich bin das Auge des Volkes«. Ein Porträt in Reden und Schriften. Hrsg. v. ders. Berlin 1987, S. 38 f. Eine ähnliche, schlagartig die Gefahr bewußt machende Wirkung dieses Mordes glaubt auch Albert Soboul (Die Große Französische Revolution. Ein Abriß ihrer Geschichte. Frankfurt/M. 1973, Bd. 2, S. 286) zu sehen.

21 Lebois: Détails de l'assassinat commis hier à 8 heures du soir, sur la personne de Marat [...]. Zit. n. Markov (wie Anm. 12, Bd. 2, S. 462).

22 Pjotr Alexejewitsch Kropotkin: Die Große Französische Revolution 1789-1793. Leipzig und Weimar 1982, Bd. 2, S. 243.

23 Reck-Malleczewen (wie Anm. 14), S. 314.

24 Kropotkin (wie Anm. 22), Bd. 2, S. 243.

25 Zit. n. Jean Massin: Robespierre. Berlin 1972, S. 353. Jules Michelet (Geschichte der Französischen Revolution von 1789 bis 1814. Hrsg. v. Jochen Köhler. Frankfurt/M. 1988, Bd. 5, S. 106 f.) berichtet, das »Drama der Hinrichtung« wäre außerordentlich gut geplant gewesen; alle der als »Mörder Robespierres« bezeichneten »trugen das Kleid, das bisher nur Charlotte Corday getragen hatte, das dunkelrote Hemd der Elternmörder und der Mörder der Väter des Volkes, der Abgeordneten.«

26 Vgl. Soboul (wie Anm. 20), Bd. 2, S. 351 ff. Das Gesetz vom 22. Prairial [10. Juni 1794] schaffte Verteidiger, Voruntersuchung, Zeugen weitestgehend ab und war die Voraussetzung für die massenhaften Verurteilungen und Exekutionen der beiden letzten Monate der Terreur (in dem folgenden Monat allein mehr Hinrichtungen als im ganzen Jahr zuvor).

27 Markov (wie Anm. 12), Bd. 1, S. 339.

28 R. Levasseur: Mémoires. 4 Bde., Paris 1829-1831. Zit. n. François Furet und Denis Richet: Die Französische Revolution [1965/66]. Frankfurt 1987, S. 281.

29 Als Marat um Desmoulins journalistische Unterstützung wirbt, speist ihn der mit den Worten ab: »Marat, Du kannst mich ruhig beleidigen, wie Du es seit sechs Monaten tust. Ich erkläre Dir: solange ich sehe, daß Du im Sinn der Revolution wütest, werde ich Dich weiterloben, denn ich glaube, daß wir die Revolution verteidigen müssen wie die Stadt Saint-Malô, nicht nur mit Menschen, sondern auch mit Hunden.« (Les Révolutions de France et de Brabant, Nr. 76, April 1791; zit. n. Hartig [wie Anm. 20], S. 11). Auch »Robespierre, der Vorkämpfer der Unterdrückten, der Verteidiger der Armen, bleibt« gegen Marat »gleichgültig, eher blind als feindselig [...]«, bemerkt Jean Massin (wie Anm. 25, S. 81), er schien in den entscheidenden Auseinandersetzungen mit der Gironde September 1792 sogar willens, »Marat den Raubtieren der Rechten zu überlassen, um den 'Berg' zu retten.« (Ebd., S. 194).

30 Desmoulins: Le Vieux Cordelier, Nr. 2, 10. Dezember 1793 (zit. n. Hartig [wie Anm. 20], S. 47 f.); das Datum (10.12.) erklärt sich dadurch, daß Desmoulins sich in dem Artikel, der sich auf Marats Abwehr der Enragés und Ultra-Revolutionäre bezieht, selbst zitiert.

31 Vgl. Hans-Ulrich Gumbrecht: Funktionen parlamentarischer Rhetorik in der Französischen Revolution. München 1978, S. 93-125, wo »die epideiktischen Reden zum Tode Marats [...] als Antworten auf die Erfahrung getrübter Zukunfts-

hoffnungen und der in Frage gestellten Einmütigkeit von Sansculotten und Parlamentariern« (S. 105) interpretiert werden (in besonderer Weise wieder aufgenommen für die Interpretation von Davids Gemälde durch Klaus Herding: Davids »Marat« als dernier appel à la l'unité révolutionnaire, in: Idea 2 (1983), S. 89-112.

32 Daniel Guérin: Klassenkampf in Frankreich. Bourgeois et »Bras nus« 1793-1795. Frankfurt/M. 1979, S. 118-121, hier 118. Vgl. auch Kestenholz (wie Anm. 14), S. 21 ff.

33 Zahlen nach Wilhelm Blos: Die Französische Revolution. Stuttgart 1889, S. 256.

34 Christoph Girtanner nennt die Jakobiner der Jahre 1792/93 in seiner »historischen Übersicht des verflossenen Jahres« (Politische Annalen, Bd. 5, 1794, z. B. S. 118 ff.) beständig die »Maratisten«, und »das Ungeheuer Marat« bloß »eines ihrer Häupter« neben anderen (ebd., S. 119).

35 Grundsätzlich informiert über den Marat-Kult der Aufsatz von Victor Fournel: Le Culte de Marat, Le Pelletier, Chalier, Lazowski, in: Revue de la Révolution 3 (1884), S. 329-351 und 4 (1884), S. 5-25; dazu sind die entsprechenden Kapitel aus den einschlägigen »David«-Monographien von Klaus Lankheit (wie Anm. 37) und Jörg Traeger (wie Anm. 230) heranzuziehen.

36 Dazu grundlegend: Albert Soboul: Sentiment religieux et cultes populaires [1957]. In: Ders.: Comprendre la Révolution. Paris 1981, S. 169-185. Vgl. Walter Markov und Albert Soboul: 1789. Die Große Revolution der Franzosen [1973]. 3. Aufl., Köln 1989, S. 321.

37 Fournel (wie Anm. 35), S. 7; dt. in Klaus Lankheit: Jacques-Louis David, Der Tod Marats. Stuttgart 1962, S. 31.

38 Eine Zusammenstellung bei Cabanès (wie Anm. 3), S. 451 ff.

39 Erwähnt bei Michel Vovelle: Heldenverehrung und Revolution, in: Kultur zwischen Bürgertum und Volk. Hrsg. v. Jutta Held. Berlin 1983, S. 98-116, hier 115.

40 So Helena Maria Williams: Neunter Brief über die französischen Staatsangelegenheiten vom 31sten May 1793, bis zum 10ten Thermidor. Übersetzt von L[udwig] F[erdinand] Huber. In: Humaniora, 7. St., 1797, S. 37.

41 Im Januar 1793 war ein jakobinerfeindliches Stück par excellence aufgeführt worden: Layas »Ami des lois«, das »Schwanenlied des Idealismus in der Revolution«, wie Eugen Ziegler (Das Drama der Revolution. Berlin 1911, S. 4) ganz treffend sagte; ein Stück, in dem Robespierre als Nomophage (»Gesetzesfresser«) und Marat als Duricrane (»Hartschädel«) verschwörerisch sich umtreiben und schonungslos der Lächerlichkeit preisgegeben werden (vgl. Ziegler, S. 42-60; dazu Annette Graczyk: Vorhang auf für die Revolution. Das französische Theater 1789-1794. Weinheim 1989, S. 15). Sogar noch Februar 1794 (!) wurde ein Drama aufgeführt, das kaum verhüllt auf den Mord an Marat anspielte und nach dem 9. Thermidor II sogar als antirobespierristisches Stück erneut auf die Bühne kam: Legouvés »Épicharis et Néron ou Conspiration pour la liberté (vgl. Graczyk, S. 47).

42 Vgl. Albert Soboul: Französische Revolution und Volksbewegung: die Sansculotten. Frankfurt/M. 1978, S. 169 ff. über «die Öffentlichkeit als 'Schutzschild des Volkes'. In der deutschen Literatur findet man die Kategorie der »öffentlichen Meinung« am ausgeprägtesten in Georg Forsters »Parisischen Umrissen« (1793).

43 Eine eindrucksvolle Schilderung der Atmosphäre in Paris unter der Schreckensherrschaft: »Bericht des Bürgers L...«, (Histoire de la Révolution de France de 1789 par Deux Amis de la Liberté. Paris 1790-1803, Bd. 13); wieder in: Pernoud/Flaissier (wie Anm. 2), S. 281-294.

44 Am 21. Juli 1793 beklagt ein Deputierter der Generalversammlung des Departements von Paris, daß in der Presse gegenüber Corday ein zu milder Ton angeschlagen würde, daß man nicht stark genug das Verbrecherische ihrer Tat herausarbeite und sich zu lange bei ihrem Stolz, ihrer Kühnheit, ihrer Erscheinung aufhalte und daß dies nicht geduldet werden dürfe. Die Versammlung beschließt endlich den Druck und die Verbreitung eines Pamphlets gegen die Mörderin (Faksimile in Couet de Gironville: Charlotte Corday décapitée à Paris le 16 juillet 1793, ou Mémoires pour servir à l'histoire de la vie de centre femme celebre. Paris An IV [= 1796]).

45 Zuerst publiziert 1819. Cheniers Ode nannte Michelet (wie Anm. 25, Bd. 4, S. 237) »eine Hymne auf die neue Gottheit«; er glaubte, »eine neue Religion [...] aus dem Blute Charlotte Cordays« erwachsen zu sehen: »die Religion des Dolches.« (Vgl. auch meine Anm. 571.)

46 Einher geht damit noch heute der Vorwurf an Cheniers Bruder Marie-Joseph (einem Anhänger Robespierres), er habe »trotz seines polit. Einflusses [...] keinen Versuch gemacht [...], den Bruder vor der Guillotine zu retten« (Wolfgang Theile, in: Kleines Literarisches Lexikon, 4. Aufl., Bd. 1, 1969, S. 168), was schlechterdings unwahr ist. Die Romanistik hat die Verleumdungen der jeune doresse (die 1795 Marie-Joseph Chenier als 'Kain' bezeichnete) lange nicht überwunden.

47 Eines der Stücke über Marats Ermordung soll Gerüchten zufolge schon *vor* dessen Tod geschrieben worden sein (vgl. Huet [wie Anm. 48], S. 15).

48 Grundlegend die ausführliche Studie von Marie-Hélène Huet: Rehearsing the Revolution. The Staging of Marat's Death 1793-1797. Berkeley 1982.

49 Während der Flucht des proskribierten Girondisten verfaßt, erschien es erstmals 1864 im Druck.

50 Charles Vatel: Charlotte de Corday et les Girondins. Paris 1864-1872, Bd. 1, S. CCXXIV Anm. 1, vermutet einen königstreuen Lieutenant namens D'Aigremont als Verfasser.

51 Cordays Ehegatte ist als Soldat der royalistischen Armee gefallen. Sie lebt in Caen, das sich gegen die Republik im Aufstand befindet und zur Zeit von republikanischen Truppen belagert wird. Sie dringt in das Lager der Republikaner ein und ermordet dort deren Anführer, einen lüsternen Menschen namens Marat. Corday sieht sich nicht als Meuchelmörderin, sondern als Soldatin, die nicht kämpft »pour ravir des trésors, / Mais pour défendre Dieu, Louis et la Patrie« (zit. n. Vatel [wie Anm. 50], Bd. 1, S. CCXX). Nach ihrer Rückkehr in die Stadt heiratet sie am Ende den Führer der Verteidiger und Befreier Caens, der an der Spitze seiner Truppen und unter der Losung »Guerre aux hommes des sang: Louis, Justice, Humanité« (ebd., S. CCXXII) just in dem Augenblick, da Charlotte den Holoferne second erstach, die Montagnards militärisch besiegte. Vgl. zu dem Stück: Vatel, Bd. 1, S. CCXIX-CCXXIV; Huet (wie Anm. 48), S. 91; sowie Joseph-Marie Quérard: Le Quérard. Paris 1855-1856, S. 443.

52 Die Zuschreibung des anonym und ohne Ort oder Verlag erschienenen Stücks

ist unsicher; vgl. Bonnet (wie Anm. 2), S. 252. Jedoch sprechen einige (von mir hier nicht zu referierende) Anhaltspunkte dafür, daß es tatsächlich Gamon war, der das Drama in seinem Schweizer Exil schrieb und publizierte; Yves Destianges gilt die Verfasserschaft Gamons ebenfalls als ausgemacht (Dictionnaire de Biographie Française, fascicule 86, Paris 1981, Sp. 316). - Gamon war Abgeordneter der Gesetzgebenden Versammlung und des Konvents, während der Terreur im Exil, machte am 2./3. Prairial An III (21./22. Mai 1795) während des letzten Kampfes der Sansculotterie noch einmal auf Regierungsseite von sich sprechen, da er einer gnadenlosen Verfolgung und Vernichtung der aufrührerischen Montagnards und Sansculotten das Wort redete.

53 Gamon meint hier die Erklärung der Menschenrechte (in diesem Text mit dem Datum des 14. Juli 1789 verbunden), sowie die Abschaffung der Monarchie (mit dem Datum des 10. August 1792 bezeichnet). Ich zitiere Gamons Vorwort und Stück nach dem Erstdruck 1795, wobei ich die originale, zum Teil von heutiger Gewohnheit stark abweichende Graphie beibehalte; Seitenzahlen und ggf. Akt- und Szenenzahl im folgenden direkt im Text nachgewiesen.

54 Sie ist eine der historischen »Heldenjungfrauen«, die in Waffen gleichberechtigt mit Männern in der Truppe fochten (vgl. z. B. Émile Félix Fleury: Die berühmten Damen während der Revolution und unter dem Kaiserreich. Berlin 1901, S. 177 f.); Hauptquelle de la Motte Fouqués sind die Mémoiren der Marie Louise Victoire Marquise de La Rochejacquelein (1772-1857), dt.: München 1906.

55 Karoline de la Motte Fouqué: Das Heldenmädchen aus der Vendée. Leipzig 1816, Bd. 1, S. 50.

56 Ebd., S. 49.

57 Fouqué gestaltet Robespierre durchaus sympathetisch: mit seiner deistischen Argumentation und Kinderfreundlichkeit (!) ist er der Autorin offensichtlich sympathischer als die freigeistigen Girondisten. Überhaupt brachten die adligen und gekrönten Häupter Mitteleuropas Robespierre Achtung entgegen: nachdem er offensichtlich *alleine* herrschte, erkannten sie ihn als einen beinah der ihren an (vgl. Michelet [wie Anm. 25], Bd. 5, S. 23 ff.).

58 Fouqué (wie Anm. 55), Bd. 1, S. 52; zu Römertum und Republikanismus vor der Republik vgl. unten meinen Exkurs zum klassischen Republikanismus im dritten Kapitel. Die Wendung »j'étais Républicaine bien avant la Révolution« stammt im übrigen von Charlotte Corday: eines der damals berühmtesten dicta heroica (vgl. z. B. Peinliches Verhör [...], S. 25; Defrance, S. 351; jeweils wie Anm. 3).

59 Louvets Schicksal. Nebst anderen Aufsätzen [...] hrsg. v. Carl Friedrich Cramer. Altona und Leipzig 1795, S. 132. (Ich zitiere im folgenden der Einfachheit halber gleich die Übersetzung Cramers; zu den drei zeitgenössischen Übersetzungen der Mémoiren Louvets vgl. »Beyträge zur Geschichte der französischen Revolution«, Bd. 7, 1796, S. 590 f.).

60 Louvet (wie Anm. 59), S. 134 Anm. a). - In der französischen Ausgabe im Volltext: Mémoires de Louvet de Couvray. Paris 1823, S. 97.

61 Louvet (wie Anm. 59), S. 111 und 120 f.

62 Marat ist für Louvet »der Urheber der Anarchie, das Haupt der Blutmänner, der große Vertilger, dieser verderbteste, verächtlichste, unverschämteste der durch die Fremden besoldeten Royalisten« (ebd., S. 120 f.); weitere »Werkzeuge

ausländischer Mächte« seien Dumouriez (S. 100 f.), Gusmann, Pache, Dufornoy (S. 132), Herault-Sechelles (S. 133), neben den schon erwähnten Chaumette und Hébert noch Chabot und Fabre d'Eglantine (S. 135), von anderen wie Pache und Bourdon werde man es noch erfahren, »sobald nur erst der Ausschuß des öffentlichen Heils seinen Vorteil dabei findet.« (ebd.); Danton galt den Girondisten ohnehin für einen »König« unter den Jakobinern (vgl. die Äußerungen bei Garat und Salle, sowie Louvets Zuruf »Danton, tu n'es pas encore Roi!«, zit. bei Vatel [wie Anm. 50], Bd. 1, S. XXXV; Bd. 2, S. 93; Bd. 1, S. XXXIV Anm. 1). Als die geflohenen Girondisten in Caen bemerkten, daß ihr General Wimpfen mit England konspiriert, brechen sie sofort jeden Kontakt mit ihm, »diese[m] würdige[n] Verbündete[n] des Bergs«, ab (Louvet [wie Anm. 59], S. 150).

63 Konrad Engelbert Oelsner: Luzifer, oder Gereinigte Beiträge zur Geschichte der Französischen Revolution [1797/99], Bd. 1, Brief LIX u. LXIV, zit. n. Horst Günther (Hrsg.): Die Französische Revolution. Berichte und Deutungen deutscher Schriftsteller und Historiker. Frankfurt/M. 1985, S. 326 u. 342.

64 Ebd., Brief LXIX, S. 372. Von Robespierre sagt Oelsner ebenfalls: »Wenn er mit Coblenz aus einer Karte spielte; er könnte unmöglich anders handeln.« (9. Brief, 28. 8. 1792; ebd., S. 393).

65 Eudämonia oder deutsches Volksglück, ein Journal für Freunde von Wahrheit und Recht 5 (1797), 6. St., S. 555 und 559; zit. n. Werner Greiling: Rebmanniana. Die Publizistik eines deutschen Jakobiners, in: Georg Friedrich Rebmann: Ideen über Revolutionen in Deutschland. Politische Publizistik. Hrsg. v. Dems. Köln 1988, S. 8.

66 Rebmann: Vorläufiger Aufschluß über mein sogenanntes Staatsverbrechen, meine Verfolgung und meine Flucht. In einem Schreiben an des Herrn Koadjutors von Dalberg Erzbischöfliche Gnaden, London 1796, zit. n. Rebmann (wie Anm. 65), S. 180.

67 Rebmann: Die Laterne für die mittlere Klasse des deutschen Volks. Erste Nummer, in: Die Geißel. Herausgegeben von Freunden der Menschheit, Heft 5, Upsala 1797, S. 3-33, zit. n. Rebmann (wie Anm. 65), S. 139; Rebmann kann es sich aber nicht verkneifen, doch ein Wort zur Ehrenrettung der Guillotine zu sagen, indem er fortfährt: »Bei der Revolution, welche sich von dem reiferen Geiste der Deutschen erwarten läßt, könnt ihr (wenn ihr nicht etwa bei den Hinrichtungen eurer Missetäter die Guillotine deswegen wählen wollt, weil sie sicherer trifft als das Schwert des Henkers) alle Ausgaben für diese Maschine ersparen.« (Ebd., S. 139).

68 Rebmann: Die Laterne [...], Nr. 1, zit. n. Rebmann (wie Anm. 65), S. 132.

69 Barbaroux äußert: »La liberté n'est plus: j'ai vu cette Assemblée, / A gouverner l'Etat par le peuple appellée, / Perdre par sa faiblesse, & trahir à la fois, / La liberté, sa gloire, & le peuple & ses droits.« (I, 3; S. 43).

70 Peinliches Verhör [...], S. 9 f.; vgl. Defrance, S. 351 (sie selbst sei eine derjenigen, »qui mettent l'intérêt particulier de côté, et savent se sacrifier pour leur patrie.«); beides wie Anm. 3.

71 A. de Pontmartin: Revue Littéraire: le Théâtre et les Livres, in: Revue des Deux Mondes, 20. Jg., Band 6,2, 1. April 1850, S. 181-188, hier 186.

72 Feuilleton de la »Presse«, 25. März 1850; zit. n. Vatel (wie Anm. 50), Bd. 1, S. CCCXXXVII.

73 Zit. n. Friedrich Kummer: Karl Kösting, ein Lebensbild, S. 66 f.; beigebunden Karl Kösting: Ausgewählte Werke. Hrsg. v. F. Kummer. Leipzig 1909, Bd. 3.

74 Allerdings wirft Franz Mehring Hauptmanns Stück vor, es sei gar kein Drama, sondern allenfalls ein Lesestück (Gerhart Hauptmanns »Florian Geyer« [1896], in: Aufsätze zur deutschen Literatur. Hrsg. v. Thomas Höhle, Hans Koch, Josef Schleifstein. Berlin 1976, S. 298-302); stellt sich abermals die Frage: ist die Revolution undramatisch, oder wenigstens untheatralisch?

75 Zit. n. Kummer (wie Anm. 73), S. 67.

76 Büchner (wie Anm. 11), S. 6.

77 Karl Gutzkow: Beiträge zu einer Geschichte der neuesten Literatur. Stuttgart 1836, Bd. 1, S. 261. Zu Gutzkow vgl. mein letztes Kapitel, S. 134 ff.

78 Gutzkow nennt die Emanzipation der Frau »die albernste Idee, welche unser Zeitalter ausgeheckt hat«, denn: »Wir suchen den freien Mann - nicht das freie Weib -, wir suchen die Wiedereinsetzung des Geistes - nicht die Wiedereinsetzung des Fleisches.« (zit. n. Susanne Ledanff: Nachwort zu Charlotte Stieglitz: Geschichte eines Denkmals. Frankfurt/M. und Berlin 1986, S. 220). Gutzkow polemisiert hier v. a. gegen Heine, der unter Aufnahme saint-simonistischen Gedankenguts für eine »Wiedereinsetzung« (Heine: Sämtliche Schriften. Hrsg. v. Klaus Briegleb. München 1976, Bd. 3, S. 568) bzw. »Rehabilition des Fleisches« (ebd., S. 402) stritt.

79 Beileidsschreiben des Berliner Lette-Vereins an die Familie Büchner, 1. Dezember 1877; zit. n. Margarete Dierks: Konservativ revolutionär - Luise Büchner. In: Georg Büchner 1813-1837 Revolutionär, Dichter, Wissenschaftler. Katalog der Ausstellungen Darmstadt 1987 und Weimar 1988. Frankfurt/M. 1987, S. 380.

80 Gerhard Schulz: Die deutsche Literatur zwischen Französischer Revolution und Restauration. Erster Teil: 1789-1806. München 1983, S. 150.

81 In der Regel bedeutet dies, daß die Frau so wie der Mann werden muß (vgl. etwa Amalia Holsts diesbezüglich wichtige Schrift »Ueber die Bestimmung des Weibes zur höhern Geistesbildung«, 1802 (Neuausgabe Zürich 1984); oder auch Mary Wollstonecrafts »Vindication of the Rights of Women«, 1792, dt. 1793 u. ö.). Ich habe die offene Formulierung gewählt, weil einzelne - provokativ - das weibliche als überlegenes Geschlecht behaupten: Franz von Kleist glaubt, »war die Natur gegen einen [sic] der beiden Geschlechter vorzüglich liebevoll, so war sie es gewis gegen das weiblich; hier stand sie an ihrer Vollendung« (An Gleim, 13. August 1793; zit. n. Felix von Kozlowski: Die Stellung Gleims und seines Freundeskreises zur französischen Revolution, in: Euphorion 11 (1904), S. 483). Christian Friedrich Jensch bestand darauf, »daß kein Mann so weit kommen kann als ein Weib. Sie sind in Naturanlage uns überlegen. Man setze sie nur in den Stand, sich zu entwickeln. Es ist Barbarei, Grausamkeit, sie von allen Stimmrechten in der bürgerlichen Gesellschaft auszuschließen.« (Am 20. Juni 1798, an Kants Mittagstisch; zit. n. Johann Friedrich Abegg: Reistagebuch von 1798. Hrsg. v. W. und J. Abegg. Frankfurt/M. 1976, S. 200).

82 Zu diesem Komplex vgl. Ariane Thomalla: Die »femme fragile«. Ein literarischer Frauentypus der Jahrhundertwende. Düsseldorf 1972; Carola Hilmes: Die Femme fatale. Ein Weiblichkeitstypus in der nachromantischen Literatur. Stuttgart 1990; Regina Schaps: Hysterie und Weiblichkeit. Wissenschaftsmythen über die Frau. Frankfurt/M., New York 1983.

83 Hebbel übrigens hält seine »Judith« für eine »Dichtung [...], die sich der Weiber-Emanzipation schroff gegenüberstellt [...]« (Tagebuch, 6. April 1841, Nr. 2324; Friedrich Hebbel: Tagebücher. Vollständige Ausgabe in drei Bänden. Hrsg. v. Karl Pörnbacher. München 1984, Bd. 1, S. 436).

84 Friedrich Hebbels sämtliche Werke in zwölf Bänden. Mit Einleitungen und Anmerkungen von Emil Kuh. Neu hrsg. v. Hermann Krumm. Leipzig 1900, Bd. 3, S. 235.

85 Tagebuch, [zwischen 3. und 12. September 1840], Nr. 2101; Hebbel (wie Anm. 83), Bd. 1, S. 401.

86 Das Lesen betone ich, da nur die Buchausgabe von 1841 diese Motive enthält, während für die damals gespielte Fassung gilt: »die Theater-Judith vollbringt den Mord an Holofernes aus rein religiösen Motiven.« (Emil Kuh, in: Hebbel [wie Anm. 84], Bd. 3, S. 236).

87 Vgl. Inge Stephan: Hexe oder Heilige? Zur Geschichte der Jeanne d'Arc und ihrer literarischen Verarbeitungen, in: Inge Stephan und Sigrid Weigel: Die verborgene Frau. Berlin 1983, S. 35-66, v. a. S. 58. Eine Kritik der Thesen Stephans, die hier ohne ästhetische Fragestellungen im engern Sinn einzubeziehen vorwiegend ideologiekritisch vorgeht, bei Claudia Albert: Friedrich Schiller, Die Jungfrau von Orleans. Frankfurt/M. 1988, S. 59 f.

88 »Marbacher Dramenverzeichnis«, 1797-1804 (Schillers Werke. Nationalausgabe. Bd. 12, Weimar 1982, S. 623 f.). Die Notiz »Charlotte Corday. Tragödie« stammt wahrscheinlich aus der Zeit nach dem 1. Januar 1803.

89 Zu Amalie Schoppes Roman vgl. weiter unten S. 31 ff. Zur nämlichen Zeit las Hebbel Stücke von Grabbe und Georg Büchner; wie nah Corday lag, läßt sich ermessen, wenn man bedenkt, daß Hebbel bei dem Drama auf Vorarbeiten (bis 1837) zurückgriff, die zu einer Zeit entstanden, als er sich noch nicht auf die Judith-Fabel festlegte. Nachher interpretiert Hebbel seine Judith durchaus mit Mustern, wie sie etwa von Jules Michelet (wie Anm. 25, Bd. 4, S. 224), auf Corday angewendet werden: »Nur aus einer jungfräulichen Seele kann ein Mut hervorgehen, der sich dem Ungeheuersten gewachsen fühlt [...]« etc. (Tagebuch, 3. Januar 1840, Nr. 1872; Hebbel [wie Anm. 83], Bd. 1, S. 354).

90 Vgl. Elisabeth Frenzel: Stoffe der Weltliteratur. 6. Aufl., Stuttgart 1983, S. 380.

91 Hebbel selbst sah im übrigen keinerlei Verwandtschaft zwischen seiner Judith und Charlotte Corday: er nennt diese »ein fanatisch-listiges Ungeheuer« (Hebbel, Mein Wort über das Drama [1843]; Werke [wie Anm. 84], Bd. 10, S. 22); hätte der Vorfall aber schon länger zurückgelegen und würden die Zeitgenossen Hebbels die Französische Revolution nicht noch als Zeitgeschichte empfinden, dann hätte einer Hebbelschen Uminterpretation der Corday nichts im Wege gestanden, so wie Schiller die Uminterpretation eines bald 400 Jahre zurückliegenden Ereignisses in seiner »Jungfrau von Orleans« auch nicht zum Problem wurde.

92 An Gleim, 13. August 1793; zit. n. Kozlowski (wie Anm. 81), S. 483.

93 Fritz Eickhorn: Charlotte Corday. Ein Trauerspiel. Düsseldorf 1856, S. 5 (I. Akt, 1. Szene).

94 Christian August Vulpius: Pantheon berühmter und merkwürdiger Frauen. Theil 3, Leipzig 1812, S. 209.

95 Ebd., S. 203 f.

96 Ebd., S. 227; das Ende der Geschichte soll nicht verschwiegen werden, obwohl es in meinem Zusammenhang unwesentlich ist: durch trickreiche Argumentation und geschickten Appell an die Eitelkeit der Königin erreicht sie Begnadigung, muß aber das Land verlassen.

97 Nach ebensolchem Muster ist auch der schon erwähnte, andere Unterhaltungsromane der Zeit weit überragende zweibändige historische Roman von Karoline de la Motte Fouqué (Das Heldenmädchen aus der Vendée. Leipzig 1816) gearbeitet.

98 Paris, an XI [1803]; nouvelle édition, 1820.

99 Damit reiht sich Segur in die Reihe der »Verleumder« ein, gegen die Gamon 1795 zu Felde zog; vgl. oben S. 14.

100 Segur (wie Anm. 98), 2. Aufl., 1820, Bd. 3, S. 188.

101 Frenzel (wie Anm. 90), S. 130: »Die naheliegende Zufügung einer Liebeshandlung hat dazu geführt, daß die Literatur der Heldin etwa zwanzig verschiedene Liebhaber andichtete.« Ich kann versichern: es sind noch mehr.

102 Dumanoir/Clairville: Charlotte Corday. Paris 1847. Uraufführung: 14. Juli 1847 im Théâtre Gymnase, Paris. Die Inszenierung war ein riesiger Erfolg, vielleicht wegen der Rührseligkeit der Fabel, nicht zuletzt aber durch die Besetzung der Titelrolle mit Rose Chéri, einer der beliebtesten Schauspielerinnen ihrer Zeit. Vgl. Vatel (wie Anm. 50), Bd. 1, S. CCLXXVII-CCXCVI (mit Dokumenten zur zeitgenössischen Rezeption).

103 Michelet (wie Anm. 25), Bd. 4, S. 224. Jedoch ist seit Lamartine auch eine andere Quelle bekannt, nämlich Fouquier-Tinville selbst, der dem Sicherheitsausschuß schrieb: »Je vous observe que je viens d'être informé que cet assassin femelle était l'amie des Belsunce, colonel tué à Caen dans une insurrection, et que depuis cette époque elle a conçu une haine implacable contre Marat, et que cette haine paraît s'être ranimée chez elle au moment où Marat a dénoncé Biron qui était parent de Belsunce et que Barbaroux paraît avoir profité des dispositions criminelles où était cette fille contre Marat, pour l'amener à exécuter cet horrible assassinat.« (Zit. n. Defrance [wie Anm. 3], S. 48 f.) Hans Hirschstein (Die französische Revolution im deutschen Drama und Epos nach 1815. Stuttgart 1912, S. 51 Anm. 13) endlich spricht »den Ruhm, das haltlose Märchen einer Liebe Charlotte Cordays zu Belsunce aufgetischt und dessen Tod in ursächlichen Zusammenhang mit der Ermordung Marats gebracht zu haben« Louis Prudhomme (Histoire générale et impartiale [...] des [...] révolutions de France; 1796-97, erneut 1824-25) zu. - Das mag alles wahr oder unwahr sein, zeigt aber das dringende Bedürfnis schon der Zeitgenossen, das ungeheuerliche Ereignis auf ein alltägliches Maß zu bringen, und darauf kommt es hier an.

104 Noch Albert Soboul, der es besser wissen müßte, nennt Corday, allerdings an entlegener Stelle, »royalist by sentiment« (Encyclopaedia Britannica, 14th edition, vol. 6, Chicago 1973, S. 487).

105 Vgl. oben meine Anm. 51.

106 Vatel (wie Anm. 50), Bd. 1, S. CCXL-CCLIV. Uraufführung: Paris, 23. 3. 1829; Musik von Alexandre Piccini. Stück in drei Akten und acht tableaux.

107 Vgl. auch Luise Büchner (wie Anm. 11, Bd. 2, S. 3): »Die Apathie, welche der Revolution und dem Aufschwung der Napoleonischen Zeit folgte, trug gleich-

falls das ihrige dazu bei, Charlottens Andenken zu verwischen; man wollte sich gar nicht mehr an jene aufgeregten Zeiten erinnern und war froh, von den Stürmen auszuruhen.«

108 Trotz aller Maskierungen bemerkten die Zeitgenossen natürlich sofort, daß es sich um ein Corday-Drama handelte: »Tout le monde a incontestablement reconnu les personnages de l'époque choisie dans ce dessein.« (Courrier des Théâtres, 25. 3. 1829; zit. n. Vatel [wie Anm. 50], Bd. 1, S. CCXLVI).

109 So jedenfalls läßt es sich dem Titelblatt des 1833 in Leipzig erschienenen Drucks entnehmen.

110 Vgl. Vatel (wie Anm. 50), Bd. 1, S. CCLV.

111 Dafür typisch sind Bemerkungen wie diese: »Es bleibt dem Darsteller der Rolle des Bruno überlassen, ob er hier singen will oder nicht.« (S. 37) »Bei Theatern, wo Ballet ist, beginnt hier der Tanz. Wo dies nicht ist, treten die Paare an, und in dem Augenblicke hört man einen Trommelwirbel.« (S. 58)

112 Der ehemalige Geliebte Ferdinand ist ganz vergessen und ohnehin hätte es seiner nicht bedurft, um die Handlung des Stücks zu motivieren; er diente von Beginn an nur dazu, die unglaubliche Bösartigkeit eines Marat zu illustrieren, Charlotte als mit Recht Unglückliche zu deklarieren sowie den Zuschauer emotional aufzuwühlen.

113 Zit. b. Luise Büchners (wie Anm. 11), Bd. 2, S. 27.

114 Nicht die 1848er haben ihn erfunden: nicht umsonst stammt der zitierte Satz aus dem Buch eines Republikaners von 1796. Doch diese Wendung wird erst wieder bei den 1848ern aufgenommen.

115 Luise Büchner (wie Anm. 11), Bd. 2, S. 7. Büchner lehnt sich wahrscheinlich an Gutzkow an, vgl. oben Anm. 77.

116 Die Erinnerungen der »Mme. de M[aromme]« gab [Auguste] Casimir Perier (1811-1876; der Sohn des berühmten Premierministers) 1862 anonym in der Revue des Deux Mondes (32. Jg., 2. Pér., Bd. 38, Paris, 1. April 1862, S. 597-617) heraus; dort heißt es (S. 606): »[...] car la tragédie sans amour répond pas au goût du siècle.«

117 August von Platens sämtliche Werke in zwölf Bänden. Hrsg. v. Max Koch und Erich Petzet. Leipzig 1910, Bd. 10, S. 220; I. Akt, 2. Szene, V. 93-97 und 109-115.

118 Ebd., S. 87-97; geschrieben 9.-10. August 1820; Erstdruck: Vermischte Schriften, Erlangen 1822. Platen zählte damals wenigstens den Einakter, der auch Beifall unter Freunden fand, zu seinen »bessern Sachen«; alle guten Stoffe seien schon in der Kindheit angelegt, räsonniert er in seinem Tagebuch und verweist auf das Jugendstück (August von Platen: Memorandum meines Lebens. Hrsg. v. Gert Mattenklott und Hansgeorg Schmidt-Bergemann. Frankfurt/M. 1988, S. 112).

119 Rudolf Schlösser, dessen Monographie (München 1910-1913) wegen ihrer positivistischen Faktenfülle bei einer Beschäftigung mit Platen immer noch unverzichtbar ist, glaubt, es sei »wohl kaum eine Frage, daß gerade die Unterredungen mit Gründler und Wagner über Sand [Platens] Aufmerksamkeit auf das Ende Marats zurückgelenkt hatten.« (S. 292) Über den Zusammenhang von Sands Attentat mit dem der Corday vgl. meine Ausführungen im fünften Kapitel.

120 Daher oft seine im Vergleich zu Danton höhere Akzeptanz: »wenigstens« kann Marat nicht der bewußte Zynismus eines Danton vorgeworfen werden, der nämlich das tut (Septembermorde!), wovon Marat oftmals nur redet; schlimmer aber noch: dies mit vollem Bewußtsein tut; Marat gilt Anfang des Jahrhunderts oftmals als *unbewußt* animalisch, während Danton *in Kenntnis* der Tugend ebenso handelt, was ungleich verwerflicher erscheint.

121 Platen (wie Anm. 117), Bd. 9, S. 92.

122 Adolf Thiers: Geschichte der Französischen Revolution. Leipzig 1848, Bd. 1, S. 324.

123 Amalie Schoppe: Marat. Historischer Roman. Braunschweig 1838, Bd. 2, S. 151.

124 Ebd., Bd. 2, S. 165.

125 Ebd., Bd. 2, S. 167.

126 Ebenda.

127 Ebd., Bd. 1, S. 44.

128 Ebd., Bd. 2, S. 181.

129 In Lessings »Emilia Galotti« (1772) schon wird gezeigt, daß der Rückzug aufs Land scheitern muß: jedenfalls läßt sich der Tod Appianis so lesen.

130 Gustav Sichelschmidt: Liebe, Mord und Abenteuer. Berlin 1969, S. 151.

131 Dieses Stück kenne ich nicht durch Autopsie; in deutschen Bibliotheken scheint es nicht mehr zu existieren, so daß es sich hier womöglich um eines handelt, das nach inzwischen zwei Weltkriegen verloren gegeben werden muß (erschienen Wien: Im Selbstverlag des Verfassers, 1867; ein Erstlingswerk, vermutlich in winziger Auflage gedruckt, in der Regel auch nicht unter Weltens Werken aufgeführt). - Ich folge hier Rita Minor: Charlotte Corday in der deutschen Dichtung. Wien 1909, S. 151-164; Minors Inhaltsangaben sind in der Regel zuverlässig, ihre ideologischen oder ästhetischen Wertungen allerdings meist nicht mehr zu gebrauchen. - Vgl. zu Welten auch die Angaben bei Hirschstein (wie Anm. 103), S. 164-165.

132 Welten, S. 60; zit. n. Minor (wie Anm. 131), S. 159.

133 Ebenda.

134 Ebd., S. 157.

135 Carl von Appen: Charlotte Corday. Trauerspiel in fünf Aufzügen. Kiel 1861; II. Akt, 8. Szene (S. 42 f.); III, 4 (S. 59).

136 Schon Gustave Drouineau klagte 1831 über das unbefriedigende Ende der Geschichte Cordays: »Sie denkt [nach dem Attentat] an die Zukunft, die sie ihrem Vaterlande errungen zu haben meint; ich wollte, ich könnte sagen, sie denkt auch an *Gott*...; allein sein Name kam, so viel mir bekannt ist, nicht aus Charlottens Munde; [...] und so bleibt jenes erhabne Trauerspiel in meinen Augen unvollständig, ohne ganz genügende Entwicklung.« (in: Morgenblatt für gebildete Stände. Stuttgart und Tübingen 1831, Nr. 290, S. 1162).

137 Alinda Jacoby [Maria Krug]: Charlotte Corday. Drama in fünf Aufzügen. Kempen 1910, S. 68.

138 Ebd., S. 22.

139 Otto Weddigen: Charlotte Corday, in: Otto Weddigen: Theater. Dramatische Dichtungen. 2. Aufl., Leipzig 1897, S. 1. Weddigens Stück ist eine Art Medley, das die besten Szenen aus den den Dramen Ponsards und Girndts vor allem

mit Anleihen aus Büchners »Dantons Tod« und Grabbes »Napoleon« vermengt.

140 Appen (wie Anm. 135), S. 38.

141 Carl Klausa: Berg und Gironde. Tragödie in fünf Aufzügen. Breslau 1862. Klausas Drama gibt einen Gesamtüberblick über die entscheidenden Phasen der Revolution 1792-1794. Es versammelt alle dummen Vorurteile über die Revolution und ihre Protagonisten, das aber mit Klasse, denn Klausa nutzt nur die allerdümmsten.

142 Klausa (wie Anm. 141), S. VI; ähnlich auch Weddigen (vgl. Hirschstein [wie Anm. 103], S. 344).

143 [Anonym]: Charlotte Corday. Trauerspiel in fünf Aufzügen. Als Manuscript gedruckt. Frankfurt a. M.: Druck von C. Adelmann, 1849. 8°, [II] u. 162 S. (StUB Ffm, Sign. 45.6404). Den Verfasser zu ermitteln, ist mir bislang nicht gelungen. (Es handelt sich entweder um einen noch Unbekannten, oder um den unbekannten Druck des zwar in seiner Existenz beglaubigten, bibliographisch jedoch bislang nicht nachgewiesenen Dramas von Karl Albert Türcke.) Jedenfalls ist dieses Stück meines Wissens bibliographisch bisher noch niemals erfaßt worden; also war es nie in einem Buchhandelskatalog verzeichnet, was bei der politischen Gesinnung des Stücks auch nicht weiter verwundert. Zu Zeiten des positivistischen Sammeleifers wurde das Stück (fälschlich) als das Senkenbergs identifiziert (davon zeugen Reste einer Bleistiftbeschriftung); nach Tilgung dieses Irrtums fiel das Stück offenbar dem Vergessen anheim; weder Minor (wie Anm. 131) noch Hirschstein (wie Anm. 103) ist das Stück bekannt.

144 Ebd., S. 146-154 (V. Akt, 5. Szene); daß sich Danton durch die edle und schöne Mörderin Marats rühren läßt, ist nicht einmal so selten: Bedeutung bekam dies Motiv, soweit ich sehe, vor allem durch François Ponsard, der mit Sicherheit das beste Corday-Drama des neunzehnten Jahrhunderts überhaupt schrieb (1848); in diesem Drama (es wurde häufiger auch ins Deutsche übersetzt) wird das idealistische Prinzip (Corday) mit dem realistischen (Danton) am Ende konfrontiert. Die Botschaft Ponsards, daß aus diesem Zusammenprall schließlich das Gute hervorgeht, ist auch die des deutschen Anonymus.

145 Anonymus (wie Anm. 143), S. 119 (IV. Akt, 5. Szene).

146 Im übrigen verkündet auch Ponsards Danton am Ende seines Stücks eine ähnliche »Moral von der Geschicht'«: »Elle aujourd'hui! - Demain les Girondins! - Puis moi! / - Puis les autres! - Telle est l'inévitable loi. / - C'est terrible et c'est grand. Soldat de son idée, / Chacun meurt pour sa foi, par son sang fécondée. Mais l'oeuvre est immortelle, et les hommes nouveaux, / Maudissant les acteurs, béniront les travaux.« (François Ponsard: Charlotte Corday. Tragédie en cinq actes, en vers. 2. Aufl., Paris 1879, S. 352). - Das »leidenschaftliche Bekenntnis für die Besiegten, jene Umwertung des realen Unterliegens im geistigen Triumph«, was Stefan Zweig (Romain Rolland. Der Mann und das Werk. Frankfurt/M. 1921, S. 87) an Romain Rollands »Triomphe de la Raison« (1899) so lobt, ist eine auch schon viel früher zu findende Haltung: »Der Sieger trägt zum Lohn / Den Tod davon, / Und des Besiegten Unglück ist das Leben«, heißt es in Johann Friedrich von Cronegks »Olint und Sophronia« (in: Lessings Jugendfreunde. Hrsg. v. Jacob Minor. Berlin und Stuttgart o. J.,

S. 179), das von Torquato Tasso stammende Motto (»Ove la morte al Vincitor si pone / In premio e'l mal del vinto è la salute«; ebd., S. 137) paraphrasierend. Was um die Jahrhundertwende bei Zweig oder Rolland noch einmal zum »Evangelium der inneren Freiheit« wird (Zweig, S. 87) war auch schon Sinn des italienischen spettacolo grande (vgl. Walther Rehm: Der Todesgedanke in der deutschen Dichtung [1928]. 2. Aufl., Darmstadt 1967, S. 263 ff.).

147 Carl Gustav Allhusen: Revolutionsbilder aus den Jahren 1789 bis 1794 [...]. Kiel 1852; Seitenangaben im folgenden direkt nachgewiesen. Vgl. auch ebd., S. 69: »Wäre Marat am Leben geblieben, so würde Robespierre nichtsdestoweniger ja wahrscheinlich um desto eher untergegangen sein, aber nicht durch die Reaction, sondern durch die Revolution, welche letztere ihren Lauf alsdann nicht zurückgelenkt, sondern fortgesetzt haben würde. Marat hätte alsdann seine vernünftigen Revolutionsgrundlagen vollständig zur Geltung gebracht, hätte in der kürzesten Zeit die reactionären Grundstoffe mit der Wurzel ausgerottet, hätte auf diese Weise Frankreich für die unumschränkte Volksherrschaft fähig gemacht; und dadurch würde höchstwahrscheinlich ein großer Teil Europa's binnen wenig Jahren auf dem Punkte angelangt sein, den es heut zu Tage nur als ein sehr entferntes Ziel vor Augen hat. Dies Alles wurde durch den Dolch des einfältigen Mädchens von Calvados verhindert.«

148 Zit. n. Bertuch/Kraus (Hrsg.): Journal des Luxus und der Moden, Dez. 1793, S. 618. Vgl. dazu z. B. Dominique Godineau: Citoyennes tricoteuses. Les femmes du peuple à Paris pendant la Révolution française. Aix-en-Provence 1988, bes. S. 149-179 u. 263-286; Dies.: Freiheit, Gleichheit und die Frauen, in: Die Französische Revolution 1789-1989 - Revolutionstheorie heute [Jahrbuch des IMSF 14 (1988)], S. 147-158, bes. 154; H. B. Applewhite und D. G. Levy, Reaktionen auf den politischen Aktivismus der Frauen [...], in: Jutta Held (Hrsg.): Frauen im Frankreich des 18. Jhdts. Berlin 1989, S. 67-91, bes. 85 ff.

149 Separat (?) erschienen in Stettin: J. S. Kaffke, 1794 (unsicherer bibliographischer Nachweis). Sicher in dem 2. Bd. der unter Pseudonym (Johann von Magdeburg) veröffentlichten Sammlung »Schwärmerey und Traum [...]«, Stettin 1794, S. 63-194; ich zitiere nach der Titelauflage (Zschokke: Kleine Schriften. Stettin 1800) dieser Sammlung: die Zitate werden direkt im Text mit der Seitenzahl dieser Sammlung nachgewiesen. (Eine Teilveröffentlichung ist auch in Zschokkes Zeitschrift »Literarisches Pantheon« [1794] enthalten.)

150 Eine andere solche Stelle ist das unmotivierte Auftauchen des doch noch lebenden Roberts im letzten Akt; jedoch kann so noch einmal eine rührselige Abschiedsszene auf die Bühne gebracht werden; Charlotte bleibt trotz dieser schweren Anfechtung standhaft; und drittens wird das zuvor laut beklagte Unrecht Charlottes gegen ihre Tante, die sie schmählich allein ließ, wieder zurecht gerückt, da Robert verspricht, nach Caen zu gehen und der Tante beizustehen.

151 Er offenbart in einem kurzen Monolog seine ganze Schlechtigkeit: »Ha, mag das Vaterland / Doch immerhin zusammenstürzen, mögen / Die deutschen Adler immerhin die Beute / Erobern, bliebt nur *eine* Hütte noch / Für mich und für Charlotten, o so spotte / Ich stolz der Erdengötter Herrlichkeit, / Des Lorbeers der Unsterblichkeit!« (S. 114).

152 Diese Haltung geht schon in Richtung eines romantischen Subjektivismus, der sich ähnlich - an Jacobi geschult - auch bei Jean Paul findet. Im Gegensatz dazu

stehen die Positionen der älteren Aufklärer in rationalistischer Tradition, etwa Wieland, Kant und andere (vgl. meine Ausführungen an entsprechender Stelle in dritten und vierten Kapitel).

153 Annette Graczyk: Der Zwang zum Heldentum. Das literarische Profil der Geschlechter im Theater der Französischen Revolution. Vortrag, 15. Juni 1989 in Marburg/Lahn (wie Anm. 155) und am 20. September 1989 in Paderborn. Dokumentiert in: Freiheit Gleichheit Schwesterlichkeit. Hrsg. v. d. Hessischen Landeszentrale für politische Bildung. Wiesbaden 1989.

154 André Chénier: Oeuvre posthumes. Hrsg. v. D. Ch. Robert. Paris 1826, S. 278 (Oeuvre Complètes. Hrsg. v. Gérard Walter. Paris 1950, S. 180): »[...] / Seule tu fus un homme, et vengeas las humains! / Et nous, eunuques vils, troupeau lâche et sans âme, / Nous savons répéter quelques plaintes de femme; / Mais le fer prèserait à nos débiles mains!« (Ode à Marie-Anne-Charlotte Corday, 11. Strophe).

155 Ich folge hier Pia Schmid: Weib oder Mensch? Weibliche Bildung in der deutschen Debatte zur Zeit der Französischen Revolution. Vortrag, gehalten am 16. Juni 1989 in Marburg/Lahn während der Tagung »Freiheit - Gleichheit - Schwesterlichkeit. Männer und Frauen zur Zeit der Französischen Revolution« (14.-16.6.1989). Dokumentiert in dem Reader zur Tagung (wie Anm. 153).

156 Einige Worte an meinen Leser; Zschokke (wie Anm. 149), Bd. 2, S. 65.

157 Vgl. zu diesem Komplex den Aufsatz von Victor Lange: Zur Gestalt des Schwärmers im deutschen Roman des 18. Jahrhunderts. In: Festschrift für R. Alewyn. Hrsg. v. H. Singer und B. v. Wiese. Köln und Graz 1967, S. 151-164; materialreich vor allem ist die Dissertation von Jürgen Viering: Schwärmerische Erwartung bei Wieland, im trivialen Geheimnisroman und bei Jean Paul. Köln und Wien 1976; unergiebig dagegen Alfred R. Wedel: Zum Motiv der Schwärmerei in Christoph Martin Wielands »Don Silvio«: Illusion - Desillusion; Platonismus - Erotismus, in: Aufnahme - Weitergabe: Literarische Impulse um Lessing und Goethe. Festschrift für H. Moenkmeyer. Hrsg. v. J. A. McCarthy und A. A. Kipa. Hamburg 1982, S. 219-232.

158 Eine eingehendere, auf Zschokkes Personaltheorie zielende Untersuchung müßte von der Philosophie Ernst Platners ausgehen, dessen »Philosophische Aphorismen« (in der umgearbeiteten dritten Auflage von 1793) Zschokke stark beeinflußten.

159 Wieland: Enthusiasmus und Schwärmerei (1775), [Zusätze zu Leonhard Meisters Vorlesungen über Schwärmerei, Bern 1775,] in: Sämmtliche Werke, 35. Bd., Leipzig 1858, S. 134-137, hier 136. (Ich zitiere die Göschen-Ausgabe, da die sonst üblicherweise zitierte Düntzer-Ausgabe (32. Th., Berlin [1880], S. 367-371) den Text nur gekürzt enthält; in die Ausgabe letzter Hand nahm Wieland den Text nicht auf.)

160 Johann Heinrich Zedler: Grosses vollständiges Universal Lexicon Aller Wissenschaften und Künste [...]. Bd. 35, Leipzig und Halle 1743, Sp. 1795 f. Vgl. auch Christoph Ernst Steinbach: Vollständiges Deutsches Wörter-Buch. Bd. 2, Breslau 1734, S. 535; Johann Christoph Adelung: Grammatisch-kritisches Wörterbuch der Hochdeutschen Mundart [...]. 3. Aufl., Bd. 3, Leipzig 1798, Sp. 1716 f.: Schwärmerey sei »die Fertigkeit, verworrne Vorstellungen, d. i. Einbildungen, und undeutliche Vorstellungen, d. i. Empfindungen, zum Nach-

theile klarer und deutlicher Vorstellungen, zum Bestimmungsgrunde seiner Urtheile und Handlungen zu machen.« - Das bedeutenste Werk, in dem dieser Schwärmereibegriff gestaltet ist, mag Lessings »Nathan der Weise« (1779) sein (v. a. I. Akt, Szene 1 u. 2); wichtig sind in diesem Zusammenhang auch Kants Aufsätze »Versuch über die Krankheiten des Kopfes« (1764: »Die Schwärmerei führt den Begeisterten auf das Äußerste, den *Mahomet* auf den Fürstenthron, und den *Johann von Leyden* aufs Blutgerüst.«) und »Über Schwärmerei und die Mittel dagegen« (1790) sowie die einschlägigen Passagen in der »Kritik der praktischen Vernunft« (1. Teil, 1. Buch, 3. Hauptstück; [wie Anm. 193], S. 93-95), dazu vgl. Salomon Maimon: »Über die Schwärmerei«, in: ΓΝΩΘΙ ΣΑΥΤΟΝ oder Magazin für Erfahrungsseelenkunde [...]. Hrsg. v. K. P. Moritz u. a. Zehnter Band, Zweites Stück, 1793; Neu hrsg. v. P. u. U. Nettelbeck. Nördlingen 1986, Bd. 10, S. 130-133.

161 Jacob und Wilhelm Grimm: Deutsches Wörterbuch. 9. Bd, bearb. v. Mori[t]z Heyne. Leipzig 1899, Sp. 2288. (Ich habe die Großschreibung in diesem Zitat entgegen der Vorlage wieder eingeführt.)

162 Johann Heinrich Campe: Wörterbuch der Deutschen Sprache. Vierter Theil, Braunschweig 1810, S. 321.

163 Tieck an Wackenroder, 12. Juni 1792 (W. H. Wackenroder: Werke und Briefe. Hrsg. v. Friedrich von der Leyen. 3., erg. Aufl., Heidelberg 1967, S. 314-324). Hoffmann an Hippel, 19. Februar 1795 (E. T. A. Hoffmanns Briefwechsel. Hrsg. v. Friedrich Schnapp. Bd. 1, Darmstadt 1967, S. 53 f.).

164 Carl Grosse: Der Genius. Hrsg. v. Günter Dammann. Frankfurt/M. 1982, S. 149; vgl. auch ebd., S. 13 f., 38, 75, 159, 207 f., 220 f., 224 ff., 242, 270 ff., 276 f., 284, 334, usw., um nur die deutlichsten Stellen der ersten beiden Theile zu nennen.

165 Adelung (wie Anm. 160), Sp. 1717.

166 Es sei hier nebenbei erwähnt, daß Zschokkes Lebenslauf bis 1790 geradezu penetrant mit dem des »Anton Reiser« übereinstimmt; daß sein Leben aber nicht nach der literarischen Vorlage sich gestaltet, erhellt sich daraus, daß Zschokkes Flucht aus der Enge des bürgerlichen Lebens zum Theater 1788 (also zwei Jahre vor Erscheinen des vierten Teils von Moritz' Roman) stattfand.

167 Daniel Jenisch: Über die Schwärmerey und ihre Quellen in unsern Zeiten, in: ΓΝΩΘΙ ΣΑΥΤΟΝ, Fünfter Band, Drittes Stück, 1787 (wie Anm. 160), Bd. 5, S. 211-224, hier 213.

168 Ebd., S. 215; für diese »positive« Schwärmerei möchte Jenisch die Bezeichnung »Enthusiasmus« reservieren; damit befindet er sich im Einklang mit einer Tradition, die von Shaftesbury ausgehend in Deutschland v. a. durch die Namen Wieland, Schiller, Jean Paul, Klinger repräsentiert wird (vgl. Lange [wie Anm. 157], S. 151 ff.)

169 Die Aufklärer denken bei den »Fanatici« vor allem und mit Schrecken an die später von Heine (wie Anm. 78, Bd. 6/2, S. 185 f.) als vorkommunistische Bewegung gefeierten Wiedertäufer in Münster zurück; in den zwanziger Jahren des 19. Jahrhunderts verdichtet sich die Erinnerung an die Bauernkriegszeit zum Topos der *deutschen* Revolution, nicht nur bei Heine, auch bei Zschokke zum Beispiel: »Einmal war Deutschland dazu reif«, nämlich zur Freiheit durch Selstbestimmung der Völker, so heißt es 1825 in der Schrift »Die Nord- und

Südstaaten Europens« (zit. n. Rolf Zschokke: Ueber Heinrich Zschokkes Geschichtsauffassung. Affoltern 1928, S. 54), »zur Zeit der Leibeigenschaft, als die Reformatoren von christlicher Freiheit und Gleichheit, vom menschlichen Recht redeten, wie heute die politischen Reformer [!] in romanischen Ländern - damals, als der Bauernkrieg ausbrach. Und wo zur Zeit Thomas Münzers das deutsche Landvolk stand, da steht heute die breite Masse in den romanischen Ländern, nur fehlt hier als Gegengewicht der gebildete Bürgerstand, der damals in Deutschland den Stoß milderte.« (Schon 1794 hatte Zschokke die Überzeugung ausgesprochen, »daß die Revolutionen des achtzehnten Jahrhunderts [...] von der Kirchenreformation des sechzehnten Jahrhunderts herfließen.« Litterarisches Pantheon, Bd. I, 1794, S. 233; zit. n. Rolf Zschokke, S. 83.)

170 Ludwig Tieck: William Lovell. Hrsg. v. Walter Münz. Stuttgart 1986, S. 402-405 (Zweiter Band, Drittes Buch).

171 Die schreibt sich Zschokke in seiner Autobiographie selbst zu; Zschokke: Eine Selbstschau. Erster Theil, 2. Aufl., Aarau 1842, S. 79.

172 Hans-Wolf Jäger: Gegen die Revolution. Beobachtungen zur konservativen Dramatik in Deutschland um 1790, in: Jahrbuch der deutschen Schillergesellschaft 22 (1978), S. 374 Anm. 34.

173 In: Humaniora. [Hrsg. v. L. F. Huber.] Erster Band, [Leipzig] 1796, S. 1-37 und 369-389.

174 Schulz (wie Anm. 80), S. 150.

175 Das Reden über dieses Drama, ohne daß man es kennte, scheint normal zu sein: Gustav Sichelschmidt (wie Anm. 130; S. 89) nennt das Corday-Stück unter den »Reißern«, mit denen Zschokke das Publikum fesselte (vgl. etwa Goethe: Tag- und Jahreshefte für 1795; Weimarer Ausgabe, Bd. 35, S. 50; Holtei, Der letzte Komödiant, I, 302, zit. b. Martin Schulz: Heinrich Zschokke als Dramatiker. Stuttgart 1914, S. 3 f.), obwohl das Drama vermutlich nie gespielt wurde; Zschokke im Vorwort: »Auf der Bühne wird diese Charlotte Corday schwerlich vor der Hand erscheinen, eben deswegen hab ich auch nicht daran gedacht, sie besonders für die Bühne zu akkomodiren.« (wie Anm. 149, Bd. 2, S. 66).

176 Zschokke: Metapolitische Ideen, [Einleitung]; wie Anm. 173, S. 4.

177 Beispielhaft für seinen Eklektizismus ist etwa die Aufnahme der volonté générale (»Das Gesetz ist der Gemeinwille des Volks [...]«, Metapolitische Ideen, [§] 60, ebd., S. 374; theoretisch kennt er sogar »Urversammlungen«, in denen »der Wille des Volks [...] unmittelbar« entscheidet [§] 48, ebd., S. 35), während er zugleich aus Angst vor »den Gefahren der Gesezlosigkeit« ([§§] 34, 48; hier ebd., S. 35) auf keinen Fall »die Masse des Volks, oder gar jedes Individuum« ([§] 17, ebd., S. 15) direkt an der Regierung teilhaben lassen möchte, denn: »Eine Panarchie [...] ist Anarchie.« (ebd.) Schon die in der Einleitung genannten »praktischen« Politiker, d. i. Armeeführer (es sind überhaupt die einzigen Namen, die in dem Text auftauchen), sprechen für sich, scheinen seine Helden doch »Washington, Hoche, Pichegrü u. a. m.« (ebd., S. 3) zu sein.

178 Zschokke (wie Anm. 149), Bd. 2, 1794, S. 55-58. (Die Seitenzahlen der entsprechenden Zitate sind im folgenden direkt im Text angegeben.)

179 Zschokke selbst stilisierte sich in seiner Autobiographie (wie Anm. 171, S. 60 f.) zu einem jugendlichen Ultrarevolutionär. In Wahrheit jedoch hätte der Fünfundzwanzigjährige keineswegs »jauchzend dem Recht der Wahrheit und

der Freiheit, mein Lebehoch vom Gipfel des Scheiterhaufens gerufen, wenn man mich nur des Märtyrerthums gewürdigt haben würde« (ebd., S. 61), sondern er gefiel sich in der Rolle des Frühgreisen und mühte sich, weise und liberal abgewogene Worte zu setzen. Verhängnisvoll ist, daß auch Darstellungen der Forschung bis auf unsere Tage sich von Zschokkes Selbstbiographie blenden lassen und Wertungen seines verklärenden Rückblicks leichtfertig übernehmen.

180 Zschokke (wie Anm. 149), S. 59-63. (Seitenzahlen im folgenden ebenfalls direkt nachgewiesen.)

181 Schillers sämmtliche Werke. Vollständige Ausgabe [...]. Stuttgart 1867, Bd. 1, S. 17.

182 Ebd., S. 16.

183 Zschokke (wie Anm. 149), Bd. 2, S. 67-69 (stark und ohne Rücksicht auf Versgegebenheiten gekürzt). Zitate aus dem Stück im folgenden direkt im Text nachgewiesen.

184 Zschokke (wie Anm. 149), Bd. 1, Vorbericht, S. [V].

185 Laurence Sterne: Yoricks empfindsame Reise durch Frankreich und Italien, nebst einer Fortsetzung von freundeshand. Aus dem Englischen v. J. J. Bode. [Neuausgabe] Nördlingen 1986, S. 150. (Nicht eingeklammerte Punkte finden sich so im Originaltext.)

186 Vgl. z. B. den klassizistisch geschulten Kunsthistoriker Carl Justi (Über »William Hogarth«, in: Zeitschrift für Bildende Kunst 7 (1872, S. 1-8 u. 44-54), der die »Nutzbarmachung der Kunst« als »ganz un- ja antikünstlerisch« ablehnt (S. 45) und demgegenüber betont, »wie sehr unser Leben holder Illusionen bedarf« (S. 8). Ähnlich fordert der verspätete Schillerepigone Ernst von Wildenbruch in seinem Buch »Das deutsche Drama, seine Entwicklung und sein gegenwärtiger Stand« (Berlin 1906) vom historischen und politischen Drama, daß es die Menschen der Gegenwart durch illusionshafte »Vorführung großer Menschenschicksale« »über Not und Last des Alltags hinwegzuheben« vermögen müsse.

187 Karl Marx: Der achtzehnte Brumaire des Louis Bonaparte, in: Marx/Engels: Werke. Bd. 8, Berlin 1960, S. 116.

188 Vgl. dazu Marianne Thalmann: Romantik des Trivialen. Von Grosses »Genius« bis Tiecks »William Lovell«. München 1970, S. 93-113, v. a. 108 ff.; Zschokke schreibt 1794: »Das Leben hat an sich keinen großen Reiz für mich. Warum arbeiten, kämpfen, sorgen und ermüden wir uns? - Für den Magen! Und wer setzt uns endlich die Krone auf nach zurückgelegter Laufbahn? - Der Tod und die Vergessenheit.« Und wenig früher: »Ein reizbares Nervensystem, ein daher entspringender hoher Grad der Empfindsamkeit und eine lebendige Einbildungskraft sind der Schlüssel zu dem geheimen Regione der Freude, von deren Existenz das Phlegma nichts ahnet; aber sie sind zugleich für uns, wo nicht die Quelle größerer Leiden, doch das, wodurch wir Unannehmlichkeiten der Welt zehnfach mehr empfinden, als der Mann im Lehnstuhl. Ihre Klagen, meine Beste, sind mir daher nicht unerwartet - ich *kann* nicht trösten, ich *will* nicht trösten, weil ich bisher immer geglaubt habe, daß der Himmel dem, welchem er viel Unglück aufbürdet, auch ein Herz gibt, vieles ertragen zu können. - Sehn Sie auf die Welt - wer ist glücklich unterm Himmel?« (Briefe vom

14. 12. 1794 und 24. 9. 1794; Slg. Varnhagen [vermißt]; zit. n. Ernst Reichmann: Die philosophischen Anschauungen des jungen Zschokke. Borna-Leipzig 1936, S. 50 f.).

189 Zschokke (wie Anm. 149), Bd. 1, S. III f.; in der Vorrede »An den Leser« zum ersten Bändchen der »Wallfahrt nach Paris« (Zürich 1796) heißt es entsprechend: »Ich schrieb, um die Summe meiner angenehmen Stunden zu vermehren, und wünsche nichts, als durch die Bekanntmachung dieser itinarischen Quisquilien bei meinen Lesern denselben Zwek zu erreichen. [...]« (S. IV).

190 Nur »in dem Reiche des ästethischen Scheins«, heißt es wenig später in Schillers 27. Brief »über die ästhetische Erziehung des Menschen« (Schriften [wie Anm. 181], Bd. 2, S. 1397), »wird das Ideal der Gleicheit erfüllt, welches der *Schwärmer* so gern auch dem Wesen nach realisiert sehen möchte« (Hervorhebung von mir, A.B.); vgl. auch Schillers zweite Anmerkung zum 13. Brief (ebd., S. 1374), in der er es als »Schwärmerei« bezeichnet, wenn man »dem *wirklichen* Menschen [...] in Gedanken den *Ideal*-Menschen unterschiebt«.

191 Zschokke (wie Anm. 171), S. 77: keinesfalls hätte er erwartet im republikanischen Frankreich »die elenden Dörfer, die kahlen Felder, die Bauern in Lumpen und Holzschuhen, und zwischen aller Armseligkeit hüben wie drüben, da und dort, ein[en] prächtige[n] Pallast mit hohen Baumgängen und weitläufigen Parks« zu sehen. Desillusioniert kehrt Zschokke von seiner »Wallfahrt nach Paris« (so der Titel seiner allerdings vor dem Grenzübertritt nach Frankreich schon abbrechenden Reisebeschreibung, die er 1796/97 veröffentlichte) in die Schweiz zurück.

192 Wieland [wie Anm. 159, S. 137 Anm. *)] nennt so die Gegenstände der Schwärmerei; vgl. auch »Don Silvio«, 1. Buch, 3. Kapitel (Sämmtliche Werke. [Ausgabe letzter Hand.] Bd. 11, Leipzig 1795 [Reprint, Bd. IV, Hamburg 1984], S. 14 f.).

193 Immanuel Kant: Kritik der praktischen Vernunft, 1. Teil, 1. Buch, 3. Hauptstück; Werke. Hrsg. v. Ernst Cassirer. Bd. 5, Berlin 1922, S. 95.

194 Ich schreibe den Namen dem Brauch seines Trägers entsprechend mit einfachem »k«, auch wenn seine Verwandtschaft als »Senckenberg« bekannter ist; ich folge dabei dem seinerzeit üblichen Gebrauch: Johann Georg Meusel (Lexikon der [...] Teutschen Schriftsteller; Bd. 12, Leipzig 1812) unterscheidet die Schreibung explizit bei H. C. Senckenberg (S. 110-124) und R. C. Senkenberg (S. 124-130); vgl. auch seine Begründung ebd., S. 110 Anm. *)

195 Schulz (wie Anm. 80), S. 150.

196 Minor (wie Anm. 131), S. 30 f.

197 Ebd., S. 29.

198 Vgl. v. a. Vatel (wie Anm. 50), Bd. 1, S. CCX f. und CCXVI; allerdings ist auch Vatel genug Kind seiner Zeit, als daß er nicht behauptet, das Stück sei so, wie es ist, hervorragend, sondern: »On doit regretter que l'auteur n'ait pas revu ce premier jet, qui avec quelque travail serait peut-être devenu une oeuvre remarquable.« Trotzdem: »Il est d'abord un fait très-singulier [...]« (CCX f.).

199 Minor (wie Anm. 131), S. 34.

200 Widmung der »Charlotte Gorday oder die Ermordung Marats dramatisirt«, Frankfurt/M. 1797, S. [IV]; daß Senkenberg keine Gattungsbezeichnung ein-

fällt, zeigt schon den ganz eignen Charakter seiner »Arbeit« bzw. des »Stücks«, wie er es dann im folgenden nennt (Vorrede, S. IX f.).

201 So nennt er sie in seinem selbstbiographischen Aufsatz, in: Friedrich Wilhelm Strieder: Grundlage zu einer Hessischen Gelehrten und Schriftsteller Geschichte. Bd. 14, Cassel 1804, S. 264.

202 Zu der Frage, inwieweit das »historische Schauspiel« sich im 18. Jahrhundert schon zu einer Art »Dokumentartheater« wandeln kann vgl. A. R. Schmitts Aufsatz »Christian Felix Weißes 'Jean Calas'« (in: Festschrift Moenkmeyer [wie Anm. 157], S. 2-30); Weiße sieht in der dokumentarischen Treue noch keinen Wert an sich, sondern sie erscheint ihm in Hinsicht auf den Endzweck des Dramas (»Täuschung und Rührung«) zweckdienlicher als alle Erfindung (ebd., S. 26 f.). Senkenberg ist da wesentlich »moderner«: er verteidigt die »Wahrhaftigkeit« seines Stücks entschlossen gegen alle Ansprüche der Poesie.

203 Marat ist natürlich in dem Stück ganz verzeichnet, spielt aber auch nur eine so untergeordnete Rolle, daß es schon gleichgültig wird.

204 Vorrede zur »Charlotte Gorday« (wie Anm. 200), S. VIII. Auch Heinrich Zschokke z. B. behauptet, vornehmlich »innerhalb den [sic] Schranken von dem zu wandeln, was *bekannt* war« (Zschokke [wie Anm. 149], Bd. 2, 1794, S. 66), was jedoch nicht stimmt.

205 Charlotte Gorday (wie Anm. 200), S. IX.

206 Ebd., S. XI.

207 Die Zitate aus dem Drama weise ich im folgenden direkt im Text nach: (3; 11) bedeutet, daß sich die Stelle in der dritten Szene findet, auf S. 11 der Buchausgabe 1797. - Ich will nur beiläufig darauf hinweisen, daß diese Selbstbestimmung diametral entgegengesetzt zu der des empfindsamen Menschen ist, der anstrebt, »soviel als möglich allen alles [zu] werden«, wie es im »Vorbericht zur ersten Ausgabe« des »Siegwart« (1776) von Johann Martin Miller heißt (zit. n. O. Reincke (Hrsg.): O Lust, allen alles zu sein. Deutsche Modelektüre um 1800. Köln 1989, S. 34); dem empfindsamen Verständnis ist dagegen Zschokke noch stark verpflichtet.

208 Schulz (wie Anm. 80), S. 150.

209 Zur Person Senkenbergs: Obwohl zwei Jahre nach Goethe geboren, meint man in Senkenberg einen verspäteten Angehörigen der Lessingzeit, einen Zeitgenossen Eschenburgs oder Hippels vor sich zu haben; das Todesdatum entspricht seinem Wesen mehr als sein Geburtstag. Schon seinen Zeitgenossen erschien er unzeitgemäß: In dem 1806 veröffentlichten Nachruf Adolf Heinrich Friedrich von Schlichtegrolls (Nekrolog [für] 1800, 11. Jg., II. Bd.) wird er als altmodischer und weltfremder Stubengelehrter gezeichnet. Schon in seiner Jugend lebte er angeblich zurückgezogen, galt als »Sonderling und Pedant« (S. 283), bekannte sich - »ohne Kopfhänger zu seyn« (S. 297) zum Glauben seiner Väter und schien überhaupt »einem andern Zeitalter zuzugehören« (S. 304). Nach dem Studium (zeitweilig zusammen mit mit Ulmenstein, Knigge und Leisewitz) und obligater Bildungsreise nach Italien (wo er als Polydorus Nemaeus Mitglied in der »Arkadischen Gesellschaft« war) wird er 1774 als Regierungsassessor in Gießen angestellt. Einige Bekanntheit erlangte er ungewollt 1778/79 als Schlüsselfigur im bairischen Erbfolgestreit, was ihn in Österreich zur persona non grata machte und ihm einige Monate Haft einbrachte.

Seit 1784 lebt er als privatisierender Regierungsrat in Gießen, allerdings »mit Beybehaltung Rangs, Titels und Freyheiten«, um sich »ganz allein der Erziehung meiner obgedachten einzigen Tochter, und der spät angefangenen aber jezt desto lieber gewordenen Schriftstellerey« zu widmen, wie er in seiner Autobiographie berichtet (S. 246). Im eigentlichen Sinn belletristische Werke hat Senkenberg tatsächlich nur drei verfaßt, wovon zwei sogar nur für den weiteren Freundeskreis bestimmt waren und nicht in den Buchhandel langten: Erstens »Polydori Nemaei Carmina varia selecta, latina et graeca« (1785), eine 64seitige Gedichtsammlung, die durch zwei oder drei Anhänge auf insgesamt 74 Seiten ergänzt wurde; der letzte Anhang enthält ein lateinisches Hexameter-Epos von 241 Versen mit dem Titel »Carolina Cordaea« (ca. 1793; vgl. Minor [wie Anm. 131], S. 26-28; Senkenberg: Selbstbiographie [wie Anm. 201], S. 255; das Gießener Exemplar ist 1944 verbrannt, das Marburger Exemplar der »Carmina« enthält nur den ersten Appendix (S. 65-68), ein weiteres Exemplar ist mir nicht bekannt); zweitens die einzige Sammlung deutscher Gedichte Senkenbergs, »Gedichte eines Christen« (1787; vgl. Strieder, S. 256; in deutschen Bibliotheken nicht vorhanden). Das dritte auch weiter verbreitete Werk ist sein einziges Drama, nämlich »Charlotte Gorday«. Ansonsten gibt es noch einzelne Gedichte in Zeitschriften (Humaniora, Bd. 2, 1797, S. 190; Christliche Monatsschrift 1 (1800), 6. Stck., S. 450 f.; J. H. M. Ernesti: Vorübungen zum ersten Unterricht [...]. Coburg und Leipzig 1801, S. 44; u. a. m.) Diese zeichnen sich in der Tat durch eine Art Altmodischkeit aus: besonders sein »Lied bei einem Gewitter« (1800) erinnert in Gehalt und Behandlung eher an Barthold Hinrich Brockes als an Gedichte der Zeitgenossen. Überhaupt scheinen Senkenbergs bevorzugte Autoren alle der Generation Gellerts, Klopstocks, Hallers, Karschs etc. anzugehören: der modernste seiner Lieblingsautoren ist Wieland (vgl. Gedanken über [...] die teutsche Sprache [wie folgende Anm.], S. III, 9, 18, 46, 77, 82, 90 et passim. Vgl. auch Selbstbiographie [wie Anm. 201], S. 233.

210 Senkenberg: Gedanken über einige Gegenstände, die teutsche Sprache betreffend. Frankfurt/M. 1798, S. 9.

211 Senkenbergs eigene Beziehung zu seiner Tochter war sehr innig, wenn auch vermutlich nicht inzestuös. Vgl. Selbstbiographie (wie Anm. 201), S. 241, 246, 247; Ernst Ludwig Wilhelm Nebel: Nachruf auf Senkenberg, in: Hessische Denkwürdigkeiten. Hrsg. v. Justi, III. Theil, Marburg 1802, S. 426 f.; Johann Heinrich Martin Ernesti: Hirsching's historisch-literarisches Handbuch. Bd. 12, Leipzig, 1809, S. 331; Schlichtegroll (wie Anm. 209), S. 298 f.

212 Minor (wie Anm. 131), S. 32.

213 Mario Praz: Liebe, Tod und Teufel. München 1963, S. 134-136. Fälschlich nimmt Praz Jacques Cazottes »Verliebten Teufel« (1772; letztgültige Fassung 1776) als Vorlage an. Karl S. Guthke (Die Herkunft des weltliterarischen Typus der »Femme Fatale« aus der deutschen Volkssage, in: Germanisch-Romanische Monatsschrift 37 (1956), S. 294-296) konnte zeigen, daß Lewis aus der Volkserzählung schöpft, wie sie ihm in Christiane Benedicte Eugenie Nauberts »Neuen Volksmärchen der Deutschen« (Bd. IV, 1793, v. a. »Der Fischer« und »Ottbert«) entgegentrat.

214 Daß dieser Typus von den Zeitgenossen als unerhört neu begriffen wurde, zeigt eine Besprechung von Lewis' »Monk«, die Samuel Taylor Coleridge 1797

veröffentlichte (Guthke [wie vorige Anm.], S. 295 und Anm. 4, verweist darauf).

215 Nach seiner Nobilitierung 1877 Rudolf von Gottschall.

216 Rudolph Gottschall: Die Göttin. Ein Hoheslied vom Weibe. Hamburg 1853, S. 169.

217 Elise Polko: Die Locke der Charlotte Corday, in: Die Gartenlaube. 13. Jg., Nr. 41, Leipzig 1865, S. 644.

218 Die Geschichte der Locke scheint authentisch zu sein und ihren Ursprung in den Mémoiren des Henkers zu haben: vgl. Sanson (wie Anm. 10), S. 321; Defrance (wie Anm. 3), S. 391; Focke (wie Anm. 11), S. 131 f.

219 Polko (wie Anm. 217), S. 644.

220 Michael Marrinan (Images and ideas of Charlotte Corday - Texts and Contexts of an Asassination, in: Arts Magazine 54 (1980), S. 170 f.) interpretiert Paul Baudrys berühmtes Gemälde »Charlotte Corday« (1860; heute Musée des Beaux-Arts, Nantes) als Bildnis einer Femme Fatale, die erste innerhalb der Cordayikonographie.

221 Minor (wie Anm. 131), S. 180.

222 Marie Eugenie delle Grazie: Robespierre. Ein modernes Epos. 2 Theile, Leipzig 1894; Seitenzahlen jeweils direkt nachgewiesen: (10; I, 337) bedeutet: Zehnter Gesang, Band 1, S. 337.

223 Vgl. 9. Gesang, S. 283 ff.; Minor (wie Anm. 131), S. 182.

224 Ein Motiv, das später durch Peter Weiss (Marat/Sade, 1964; ab 2. Fssg.) populär wurde, aber sich auch schon in den Notizheften Otto Ludwigs (Entwurf für den II. Akt, 1845; GSA Weimar, nicht publiziert; zit. n. Minor [wie Anm. 131], S. 87 et passim) findet.

225 Minor (wie Anm. 131), S. 181 Anm. 2 und Text.

226 Es handelt sich um den durch Freuds »Irma-Traum« (23./24. 7. 1895) als »Dr. M.« berüchtigten Lehrer Freuds; vgl. Sigmund Freud: Traumdeutung (1900); Gesammelte Werke, Bd. II/III, 6. Aufl., Frankfurt/M. 1976, S. 111 f., 112-123 u. S. 439 f.; R. Brown und R. J. Herrnstein: Grundriß der Psychologie. Berlin [usw.], 1984, S. 704 ff.

227 Gabriele D'Annunzio: Trionfo delle Morte (1894; erste Fassung 1889/90 unter dem Titel »L'Invincibile«); zit. n. Praz (wie Anm. 213), S. 184.

228 Ich zitiere diese Urteile aus der Schlesischen Zeitung, der Wiener Neuen Freien Presse, der New Yorker Staatszeitung nach Marie Eugenie delle Grazie: Sämtliche Werke. 2., vielfach verbesserte Auflage. Bd. 1, Leipzig 1903, Hinterer Umschlag (Innen- und Außenseite).

229 Ob diese Bilder zu Recht oder Unrecht die genannten Titel tragen (vgl. Lankheit [wie Anm. 37], S. 21), bleibt gleichgültig, da die Zeitgenossen mit oder ohne Einverständnis des Malers diese Bildidee als »Ermordung Marats« begriffen.

230 Vgl. Annie Carlsson: Edvard Munch. Leben und Werk. Stuttgart und Zürich 1989, S. 62 f. u. 68 ff.; Jörg Traeger: Der Tod des Marat. Revolution des Menschenbildes. München 1986, S. 9-11; Munch nahm das Thema 1933/35 noch einmal auf (»Marat und Charlotte Corday«, Munch-museet, Oslo), nunmehr aber entsexualisiert unter dem anderen Vorzeichen der tödlichen Pflege eines Kranken.

231 Marrinan (wie Anm. 220), S. 172.

232 Vor allem die Gemälde »La femme au stylet« (1931) und »Le Meurtre« (1934) und die Radierung »La mort de Marat« (1934) und andere mehr.

233 Die seit 1984 andauernde Arbeit an dem Zyklus zur Französischen Revolution bisher am besten dokumentiert in: Peter Gorsen (Hrsg.): Alfred Hrdlicka. Die Französische Revolution. Ein Katalog der Albertina Wien [...]. Mit Beiträgen von Peter Gorsen u.a. Frankfurt/M. und Wien 1989. Vgl. dazu auch A. Hrdlicka: Das Gesamtwerk. Hrsg. v. Michael Lewin. 4 Bde. Wien 1987 ff. [noch nicht abgeschlossen], bes. Bd. 3, 1989 und Ders.: Von Robespierre bis Hitler. Die Pervertierung der Revolution seit 1789. München 1988.

234 Michael Mathias Prechtl: Der unglückselige Tod des Jean-Paul Marat (1976), in: Ders.: Bilder und Zeichnungen 1956-1981. Frankfurt/M. 1981, Nr. 96; Hans Traxler: Charlotte Corday oder der Primat des Lustprinzips, in: Ders.: Leute von Gestern. Vierzig Bildergeschichten. Zürich 1981, S. 13-15; dazu S. 12.

235 Es sei eingeräumt, daß die sexuelle Komponente bei Knauss nur eine geringe Rolle spielt; lediglich das Messer wird zum »Liebespfand« (Sibylle Knauss: Charlotte Corday. Roman. Hamburg 1988, S. 275) und Corday verläßt ihr Hotel in Paris, wie es heißt, »zurechtgemacht für ein großes, lange ersehntes Rendezvous, das über alles entscheidet.« (ebd., S. 281).

236 Brief an Arnd Beise, 6. März 1989 (unpubliziert).

237 Büchner (wie Anm. 11), S. 8. - Vgl. auch Karl von Rotteck (Allgemeine Geschichte [...]. 8. Aufl., Bd. 9, Freiburg 1832, IV. Kap., § 13, S. 164 f. Anm. 1), der Corday »ein fanatisches Mädchen« nennt, ein Etikett, das selbstredend auch immer wieder auf Marat Anwendung findet.

238 Judith Kuckart: Charlotte Corday, Mörderin Marie, in: Dies. und Jörg Aufenanger: Eine Tanzwut. Das TanzTheater Skoronel. Frankfurt/M. 1989, S. 61-125.

239 Und innerhalb der Gruppe der Republikanerinnen müßte man auch noch unterscheiden zwischen Girondistinnen (Corday, Roland), Jakobinerinnen, Sansculottes (Frauen der Markthalle), Enragés (Claire Lacombe) usw.; ich verweise nur auf die im ersten Kapitel kurz angesprochene Diskussion der damaligen Zeit (vgl. z. B. Kestenholz [wie Anm. 14], S. 21 ff.).

240 [Anonym]: Warnung vor einer abscheulichen Mode, in: Bertuch/Kraus (Hrsg.): Journal des Luxus und der Moden, Bd. 8, 11. Stück, November 1793, S. 552 und 553.

241 Charlotte Corday: Adresse an die Franzosen (1793), zit. n. Landauer (wie Anm. 18), S. 119. Defrance (wie Anm. 3), S. 115: »Si je suis coupable, Alcide [gemeint: Herakles; A.B.] l'était donc lorsqu'il détruisait les monstres [...]?«

242 Adam Lux: Über Charlotte Corday, zit. n.: Petra und Uwe Nettelbeck: Charlotte Corday. Ein Buch der REPUBLIK. Nördlingen 1987, S. 31.

243 Auch der junge Georg Büchner sieht in den »Helden« des »Freiheits-Kampf[s] der Franken« »Männer, die mit einem Leonidas, Cocles, Scävola und Brutus um den Lorbeer ringen können«, so daß er es »nicht mehr nötig [habe], die Vorwelt um sie zu beneiden« (Helden-Tod der vierhundert Pforzheimer [1829/30], in: Werke und Briefe. Münchner Ausgabe. Hrsg. v. Karl Pörnbacher u.a. München und Wien 1988, S. 17 ff.).

244 Nettelbeck (wie Anm. 242), S. 32.

245 Vgl. Hans Robert Jauß: Schlegels und Schillers Replik auf die Querelle [...], in: Ders.: Literaturgeschichte als Provokation. Frankfurt/M. 1970, S. 67-106.

246 August von Kotzebue: [Glaubensbekenntniß], in: Erinnerungsblätter für gebildete Leser aus allen Ständen. [Hrsg.] v. August Schumann. 14. März 1819, zit. n. Peter Brückner: »... bewahre uns Gott in Deutschland vor irgendeiner Revolution!« Die Ermordung des Staatsrats v. Kotzebue durch den Studenten Sand. Berlin 1975, S. 33.

247 Briefe zur Beförderung der Humanität, siebte Sammlung; Herders sämmtliche Werke. Hrsg. v. Bernhard Suphan. Bd. 18, Berlin 1883, S. 5.

248 Briefe zur Beförderung der Humanität, fünfte Sammlung; wie Anm. 247, Bd. 17, 1881, S. 314.

249 Über die Legende; wie Anm. 247, Bd. 16, 1887, S. 396.

250 Saint-Just: Nachgelassene Schriften und Reden. Nach der französischen Ausgabe von Prévot. Leipzig 1851, S. 116, 118, 108, 46.

251 Karl Marx: Die Heilige Familie, in: Marx/Engels: Werke. Bd. 2, Berlin 1957, S. 128. - Vgl. zu dem Komplex generell: Harold T. Parker: The Cult of Antiquity and the French Revolutionaries. A Study in the Development of the Revolutionary Spirit. Chicago 1937 (Reprint New York 1965).

252 »Kolossale Täuschung« heißt es wörtlich bei Marx (ebd., S. 129); er nennt sie schon hier »geschichtlich zu rechtfertigen« und trotzdem »tragisch«.

253 Karl Marx: Der achtzehnte Brumaire des Louis Bonaparte (wie Anm. 187), S. 116.

254 Gedanken über die Nachahmung der griechischen Werke [...], in: Winckelmanns Werke in einem Band. Hrsg. v. Helmut Holtzhauer. 3. Aufl., Berlin und Weimar 1982, S. 2.

255 Werner Hofmann: Vom Freiheitsrausch bis Waterloo. Der Aufbruch in der Kunst, in: Der Spiegel, Nr. 7, 13.2.1989, S. 141. Solche Konstruktionen sind in der Kunstgeschichte nicht ungewöhnlich; auch Klaus Lankheit (Revolution und Restauration. Entwicklungslinien der Kunst von 1785-1855. Köln 1988, S. 116) gesteht angesichts Davids Gemälde »Der Tod des Marat« (1793): »Es zwingt uns zu einer Revision der Vorstellung, daß Kunst nur jenseits politischen Engagements blühen könnte.« Schon der erzreaktionäre H. A. O. Reichard hatte 1794 festgestellt: »Dieser David, einer der größten jetzt lebenden Mahler, gehört unter die Erz-Tollköpfe der Faction, und ist ein redender Beweis, daß man ein sehr großer Künstler, und deßwegen doch ein noch größerer Sudler in Politik, Völker-Glück und Staaten-Verwaltung seyn könne.« (Revolutions-Almanach von 1794. 2. Jg., Göttingen 1793, S. 381 Fußnote).

256 Schreiben vom 16. August 1785; zit. n. Lankheit (wie Anm. 255), S. 112.

257 17. September 1785; zit. ebd.

258 Vgl. Arnold Hauser (Sozialgeschichte der Kunst und Literatur. 2. Aufl., München 1958, Bd. 2, S. 152): »Die 'Horatier' wurden als das 'schönste Bild des Jahrhunderts' bezeichnet und man betrachtete die Tat Davids als eine wirklich revolutionäre. Das Werk erschien den Zeitgenossen als das Neuartigste und Gewagteste, das man sich vorstellen konnte [...].«

259 Jean-Germain Drouais, ein Schüler Davids, schreibt aus Rom an seine Mutter: »Es gibt keine Worte, um seine Schönheit zu beschreiben [...] Ob Italiener, Engländer, Deutscher, Russe, Schwede, was weiß ich, alle Nationen beneiden

Frankreich um das Glück, einen solchen Mann zu besitzen. Sein Bild ist öffentlich ausgestellt, und unablässig strömen Menschen herbei [...]« (zit. n. Antoine Schnapper: J.-L. David und seine Zeit. Würzburg 1981, S. 74). Eine genaue Analyse des Bildes in ideologiekritischer Absicht bietet Elmar Stolpe: Klassizismus und Krieg. Über den Historienmaler Jacques-Louis David. Frankfurt/M. und New York 1985, S. 55-129: Stolpe sucht den ungewöhnlichen Erfolg mit der nahtlosen Ins-Bild-Setzung der aufklärerischen Ideologie, die den Übergang von einer stratifikatorischen zu einer funktionalen Gliederung der Gesellschaft ermöglichte und vorantrieb, zu erklären.

260 Schnapper (wie Anm. 259), S. 98.

261 Schnapper (wie Anm. 259), S. 97; die Geschichte aus der römischen Sage war durch ein Gemälde Nicolas-Guy Brenets (Piété et Génerosité des dames romains, 1785) in frischem Gedächtnis (ursprünglich von Plutarch überliefert).

262 Hans-Wolf Jäger: Nachwort zu Campe: Briefe aus Paris. Reprint der Ausgabe 1790. Hildesheim 1977, Anhang S. 88.

263 Zit. b. Karl Marx: Heilige Familie (wie Anm. 251), S. 129 (Bericht Saint-Justs über die Verhaftung Dantons): »Die Welt ist leer seit den Römern, und nur die Erinnerung an sie erfüllt sie und prophezeit die Freiheit.« Saint-Just glaubt, »que les hommes révolutionnaires soient des Romains.« (ebenda).

264 Titan, 104. Zykel (Werke. Hrsg. v. G. Lohmann u. N. Miller. Bd. 3, München 1961, S. 581): »Nein, wir haben keine Gegenwart, die Vergangenheit muß ohne sie die Zukunft gebären.« Unter dem Eindruck der Ruinen des römischen Forums, beschließt Albano, im französischen Revolutionsheer zu kämpfen (105. Zykel; ebd., S. 586 ff.), um den »großen Schatten« Roms durch die Tat wert zu werden (103. Zykel; ebd., S. 574).

265 Kurt Wölfel: Jean Paul-Studien. Hrsg. v. Bernhard Buschendorf. Frankfurt/M. 1989, S. 316-359.

266 Vgl. in diesem Zusammenhang auch Blanckenburgs berühmte Abgrenzung (1774) des *Romans*, der »bürgerlichen« Literaturgattung schlechthin, vom *Epos*: »Das Heldengedicht enthält vorzüglich Thaten, Unternehmungen; und für den bloßen Unterthanen kann darin keine Theilnehmung liegen.« Daher Thema des Romans »das ganze *innre* Seyn der handelnden Personen« sei (Versuch über den Roman. Faksimiledruck der Originalausgabe von 1774. Stuttgart 1965, S. 14 f. Anm. g und S. 265).

267 Schiller: Don Carlos, Infant von Spanien (1785/87), in: Sämmtliche Werke (wie Anm. 181), Bd. 1, S. 292.

268 Jean Paul: Über Charlotte Corday; Werke (wie Anm. 264), Bd. 6, 1963, S. 344. - Laut Defrance (wie Anm. 3, S. 351) sagte die historische Charlotte Corday allerdings: »j'étais Républicaine bien avant la Révolution [...]«.

269 An Johann Martin Miller, 12. März 1774; Stolberg: Briefe. Hrsg. v. Jürgen Behrens. Neumünster 1966, S. 31.

270 Vgl. v. a. seinen »Freiheitsgesang aus dem zwanzigsten Jahrhundert« (Stolberg: Gesammelte Werke. Bd. 1, Hamburg 1820, S. 87-95) und die Schilderung des »poetischen Tyrannenhass[es]«, in den die »nach dem Blute solcher Wütriche lechzend[en]« Brüder Stolberg verfielen, als sie bei Goethes Eltern zu Gast waren (Goethe: Dichtung und Wahrheit, in: Werke. Hamburger Ausgabe. Hrsg. v. Erich Trunz. Neubearbeitung München 1981, Bd. 10, S. 126).

271 An Johann Martin Miller, 12. März 1774. Wie Anm. 269, S. 31.
272 Vgl. Wölfel (wie Anm. 265), S. 350.
273 An Johann Heinrich Voß, 29. März 1774; Briefe Stolbergs und der Seinigen an Voß. Hrsg. v. O. Hellinghaus. Münster 1891, S. 13. Diese Haltung wird natürlich auch ästhetisch wirksam: von seinem »Freiheitsgesang aus dem zwanzigsten Jahrhundert« sagt Stolberg, er stelle »wie ein Prophet die Zukunft als vergangene Zeit vor«, weshalb er Voß' Vorschlag eines Untertitels »für unsere Enkel« ablehnt, da ihm dies »der Illusion zu schaden« scheint (An Voß, 31. Januar 1775; ebd., S. 29).
274 Schiller, Sämmtliche Werke (wie Anm. 181), Bd. 1, S. 293.
275 An Therese Forster, 29. Juni 1793; Georg Forster: Im Anblick des großen Rades. Schriften zur Revolution. Hrsg. v. R.-R. Wuthenow. Darmstadt und Neuwied 1981, S. 203.
276 Werke (wie Anm. 264), Bd. 1, 1960, S. 928. Allerdings wird die feste Überzeugung Forsters von Jean Paul in seinem bewußt zweideutigen Satz relativiert; der Leser mag also - wenn er mag - (mit Jean Pauls Einverständnis) Viktors Äußerung 'mißverstehen', d. h. anders verstehen als sie die Romanfigur meint.
277 Werke (wie Anm. 264), Bd. 6, 1963, S. 353.
278 Titel einer Rede Zschokkes, gehalten am 10. April 1836; Günter Albrecht: Einleitung zu Heinrich Zschokke: Die Walpurgisnacht und andere Erzählungen. Berlin 1975, S. 22.
279 An Therese Forster, 26. Juni 1793; Forster (wie Anm. 275), S. 203 f.
280 Fichtes Werke. Hrsg. v. I. H. Fichte. Berlin 1971, Bd. 7, S. 259-499; bes. 2. u. 3., 9. u. 10. Rede, S. 280-311 u. 396-427.
281 Fichte: Grundzüge des gegenwärtigen Zeitalters (1806), erste Vorlesung, ebd., S. 12; vgl. auch die zweite Vorlesung, ebd., S. 21-31.
282 An Johanna Fichte, 3. Juni 1807; Fichte: Briefwechsel. Hrsg. v. Hans Schulz. Leipzig 1925, Bd. 2, S. 455 (Nr. 550). Zur Würdigung Pestalozzis durch Fichte vgl. auch diesbezügliche Passagen in der 9. Rede an die deutsche Nation (wie Anm. 280), S. 401-411.
283 Fichte, Dritte Rede an die deutsche Nation; ebd., S. 305 f.
284 Der »Zweck des Erdenlebens der Menschheit ist der, dass sie in demselben alle ihre Verhältnisse mit Freiheit nach der Vernunft einrichte.« (Fichte: Grundzüge des gegenwärtigen Zeitalters [wie Anm. 281], S. 7; vgl. dazu auch 2. und 3. Rede an die deutsche Nation, ebd., S. 293-295 und S. 306).
285 Wölfel (wie Anm. 265), S. 357.
286 Taschenbuch für 1801. Hrsg. v. F. Gentz, Jean Paul und J. H. Voß. Braunschweig 1800, S. 144. (In der zweiten Fassung hat Jean Paul das leicht abwertende »genialische« gestrichen; Werke [wie Anm. 264], Bd. 6, 1963, S. 344.)
287 Friedrich Schlegel: Athenäums-Fragment Nr. 80; Kritische Schriften. Hrsg. v. W. Rasch. Wien und München 1971, S. 34.
288 Novalis: Heinrich von Ofterdingen, Erster Theil, 5. Kapitel (Schriften. Die Werke Friedrich von Hardenbergs. Hrsg. v. Richard Samuel. 3. Aufl., Berlin, Köln und Mainz 1977 ff., Bd. 1, S. 257 f.); es ist bei Novalis ein sehr gebräuchlicher Topos, Vergangenheit und Zukunft reziprok aufeinander zu beziehen: »In der *künftigen* Welt ist alles, wie in der *ehemaligen* Welt - und *doch alles ganz Anders*.« (Das allgemeine Brouillon, Nr. [234]; Schriften, Bd. 3, S. 281) Beides

jedoch hat der Dichter (»Vorwärts und rückwärts. Methode des divinatorischen Genies«; Nr. [567], ebd., S. 364) im Kopf: »Nichts ist poetischer, als Erinnerung und Ahndung, oder Vorstellung der Zukunft.« (Blüthenstaub, Nr. 123; Schriften, Bd. 2, S. 468) Am Ende (»Die neuere Gesch[ichte] hat das Alterthum am Ende«; Brouillon, Nr. 99; Schriften, Bd. 3, S. 259), als angestrebte Utopie der »neuen Welt«, ist ohnehin »Keine Ordnung mehr nach Raum und Zeit / Hier [ist] Zukunft in der Vergangenheit.« (Heinrich von Afterdingen [sic], zweiter Theil, Astralis; Schriften, Bd. 1, S. 318).

289 Jean Paul, Vorschule der Ästhetik, § 22; Werke (wie Anm. 264), Bd. 5, 1963, S. 89.

290 Campe (wie Anm. 262), S. 29, 34, 94 Anm., 232, 119.

291 Jäger (wie Anm. 262), Anhang S. 94.

292 Kozlowski (wie Anm. 81), S. 467.

293 Zum Beispiel Johann Benjamin Erhard (einer der wenigen in Deutschland, die »Marat's, des Braven, des Rechtschaffenen Tod« beklagen; Erhard: Über das Recht des Volks zu einer Revolution und andere Schriften. Hrsg. v. H. G. Haasis. Frankfurt/M. 1976, S. 208) oder der kantianische Kreis in Jena um Reinhold und Fichte (vgl. Alain Ruiz: Universität Jena 1793/94 [...], in: Revolution und Demokratie in Geschichte und Literatur. Hrsg. v. J. H. Schoeps und I. Geiss. Duisburg 1979, S. 95-132). Kant selbst verschreckte seine Bekannten während der heißen Phase der Terreur zum Beispiel mit Äußerungen wie diesen: »Höchst wahrscheinlich hätten die Jakobiner Recht in allem, was sie thäten.« (Berichtet durch Ludwig Nicolovius an Jacobi, 23. Januar 1794; zit. n. Alfred Stern: Der Einfluß der Französischen Revolution auf das deutsche Geistesleben. Stuttgart und Berlin 1928, S. 178).

294 An Wilhelm Heinrich Wackenroder, 28. Dezember 1792; Wackenroder (wie Anm. 163), S. 405.

295 Gallerie merkwürdiger Frauenzimmer, [Erster Band,] Göttingen 1794, S. 307.

296 Schlegel: Über das Studium der griechischen Poesie (1795), in: Kritische Schriften (wie Anm. 287), S. 151.

297 Ebd.

298 Vgl. Hannelore Schlaffer: Herder und die Entstehung des ästhetischen Historismus, in: H. u. H. Schlaffer: Studien zum ästhetischen Historismus. Frankfurt/M. 1975, S. 25-36.

299 Gallerie merkwürdiger Frauenzimmer (wie Anm. 295), S. 307. Im folgenden sind die Zitate im Text direkt nachgewiesen.

300 Leicht gekürzt druckte Julius Gustav Meißner diese Biographie der Corday in seiner Sammlung »Charakteristischer Lebensgemälde« (Bd. 1, Wien 1799, S. 283-292) nach. Die moralischen Reflexionen und einige wenige andere Berichte des Anonymus entfielen bei dem Wiederabdruck.

301 Vgl. wider diese Ansicht Schlegel: Studium-Aufsatz (wie Anm. 296), S. 192 f. und 201 ff.

302 Auch Schlegel - wenngleich noch pessimistischer - hält immerhin das »Verhältnis des männlichen und des weiblichen Geschlechts im Ganzen bei den Modernen wenigstens etwas glücklicher, die weibliche Erziehung ein klein wenig besser, wie bei den Griechen.« (ebd., S. 199).

303 Das ist der Geburtsort der Charlotte Corday.

304 Hegel: Ästhetik. Hrsg. v. Friedrich Bassenge. 4. Aufl., Berlin und Weimar 1984, Bd. 1, S. 180 ff., Bd. 2, S. 422 f.

305 Ebd., Bd. 2, S. 423.

306 Gegen diese Bedenklichkeiten polemisiert später im Sinne seines »Cultus des Genius« (Julian Schmidt; vgl. Anm. 583) Jean Paul mit großer Heftigkeit. Vgl. auch mein viertes Kapitel insgesamt.

307 Dies schließt an die Grundthese von Kants »Kritik der reinen Vernunft« (1781; 1787) an, daß nämlich alle Bemühungen zur Gewißheit zu gelangen, notwendig scheitern müssen, da menschliche Erkenntis an das subjektive Erkenntnisvermögen gebunden ist; diese These des »Alleszermalmers« (Mendelssohn) stürzte viele junge Leute in sogenannte »Kant-Krisen«.

308 An Jean Paul, 23. November 1800; Jean Pauls Briefwechsel mit seinem Freunde Christian Otto. Berlin 1829, Bd. 3, S. 369.

309 Girtanner (wie folgende Anmerkung) erkannte Cordays Absicht, »ihr Leben auf[zu]opfern, um ihr Vaterland zu retten« (S. 119) zunächst als edel an.

310 Christoph Girtanner: Historische Uebersicht des verflossenen Jahres. (Fortsetzung), in: Politische Annalen, Bd. 5, 2. Heft: Februar 1794, S. 119 f.

311 Norbert Oellers: Literatur für die Mehrheit? Notizen zu H. A. O. Reichard und seinem »Revolutions-Almanach«, in: Französische Revolution und deutsche Literatur. Hrsg. v. Karl Eibl. Hamburg 1986, S. 32.

312 Revolutions-Almanach von 1794, S. 380. Schon im Almanach des vorigen Jahres hatte er anläßlich des Mordes (29. März 1792) am schwedischen Reformmonarchen Gustav III. durch den Parteigänger der entmachteten Feudalaristokratie, J. J. Anckarström, den Meuchelmord als »schon an sich das Feigste und Niederträchtigste [...], wodurch sich ein Mensch entehren kann« (Revolutions-Almanach von 1793, S. 273) bezeichnet.

313 Jean Paul: Der 17. Juli, in: Taschenbuch für 1801 (wie Anm. 286), S. 147.

314 Politische Annalen (wie Anm. 310), 5. Bd., 1794, S. 120.

315 An seine Frau, 20. Februar 1781; Sade: Ausgewählte Werke. Hrsg. v. Marion Luckow. Frankfurt/M. 1972, Bd. 6, S. 153; vgl. Gilbert Lely: Leben und Werk des Marquis de Sade. Düsseldorf 1961, S. 232.

316 Lely, ebd., S. 338 ff.

317 Discours aux mânes de Marat et de Le Pelletier (1793); Werke (wie Anm. 315), Bd. 2, S. 328-331; vgl. Lely (wie Anm. 315), S. 342 f.

318 Vgl. außer Marats Flugschrift vom 10. 8. 1792 (Marat: Schriften und Reden [wie Anm. 20], S. 122), seine Konventsrede vom 25. 9. 1792 (ebd., S. 128-134) sein Selbstporträt (14. 1. 1793; ebd., S. 65-72), und Hartigs Einleitung, ebd., S. 46. In der Tat hatte Marat, nachdem er 1792 in den Konvent gewählt worden war, seine Marschrichtung geändert und sich betont staatsmännisch und gemäßigt gezeigt, setzte seine Autorität sogar zur Rettung einzelner Girondisten ein, denen gegenüber man ein Gefühl der Rachlust bei Marat gut verstanden hätte.

319 Politische Annalen (wie Anm. 310), 5. Bd., 1794, S. 120 f.

320 Vgl. den ersten Abschnitt meines fünften Kapitels, S. 128 ff.

321 Zu Wielands Stellung in der ideologischen und publizistischen Auseinandersetzung um die Französische Revolution sind - neben allgemeinen Darstellungen - insbesondere zwei Studien zu nennen, nämlich die von Bernd Weyergraf (Der skeptische Bürger. Wielands Schriften zur Französischen Revolution. Stuttgart

1972) sowie der Aufsatz von Gonthier-Louis Fink (Wieland und die französische Revolution, in: Deutsche Literatur und Französische Revolution. Sieben Studien [...]. Göttingen 1974, S. 5-38; wieder in: C. M. Wieland. Hrsg. v. H. Schelle. Darmstadt 1981, S. 407-443).

322 Im übrigen wurden diese drei Schriften auch in einem Separatdruck von 78 Seiten (Klein-Oktav) in Frankfurt und Leipzig veröffentlicht und von Georg Gottlieb Schatz in der Neuen allgemeinen deutschen Bibliothek (Bd. 17, Kiel 1795, 2. St., S. 543-544) rezensiert. - Alle drei Schriften sind ebenfalls bei Nettelbeck (wie Anm. 242), S. 17-29 wiederabgedruckt (hiernach der Dialog zitiert); den Essay und die Anmerkungen sowie den Anhang Wielands zitiere ich nach: Wieland: Politische Schriften, insbesondere zur Französischen Revolution. Nördlingen 1988, Bd. 3, S. 167-186 (Zitate aus dieser Ausgabe in diesem Kapitel direkt im Text nachgewiesen; römische Zahl = Band, arabische = Seite).

323 Ob Wieland dies Totengespräch verfaßt hat, ist nicht sicher (daher es in der neusten Ausgabe der politischen Schriften Wielands nicht enthalten ist); jedoch könnte er es verfaßt haben - und wo nicht stilistisch, spiegelt es aber inhaltlich originale Auffassungen Wielands wieder, weshalb ich ihn hier der Einfachheit halber als Verfasser annehme.

324 Nettelbeck (wie Anm. 242), S. 17.

325 Ebd., S. 20.

326 Ebd., S. 17.

327 Ebd., S. 19.

328 Agathon, 10. Buch, 2. Kapitel; Werke (wie Anm. 192), Bd. 2, S. 260 f.

329 Ebd., S. 260.

330 Mit diesen Vorwürfen zielt Wieland zwar auf die Girondisten, jedoch entspricht dies seinen Ausführungen im Agathon, wo es von Dion heißt, er »wollte dem befreyten Syrakus eine Regierungsform geben, welche so nah als möglich an die Platonische Republik grenzte, - und verfehlte darüber, zu seinem eignen Untergang, die Mittel, ihr diejenige zu geben, deren sie fähig war.« (Ebd., S. 260).

331 Ebd., S. 260.

332 Ebd., S. 261.

333 Zu der Diskussion, inwieweit Schriftsteller in politischen Fragen kompetent seien und wie das Verhältnis von Literatur und Politik sich grundsätzlich bestimme vgl. den Überblick über die damalige Diskussion bei Inge Stephan (Die Debatte über die Beziehungen zwischen Literatur, Aufklärung und Revolution am Ende des 18. Jahrhunderts in Deutschland, in: Revolution und Demokratie [wie Anm. 293], S. 41-59).

334 Shakespeare: Julius Cäsar, II. Akt, 1. Szene; ich zitiere Shakespeare, soweit nicht allzustark vom Original abweichend, nach Wielands eigener Übersetzung (in: Wielands Gesammelte Schriften, 2. Abt., 2. Bd. Hrsg. v. Ernst Stadler. Berlin 1909, hier S. 221).

335 Shakespeare: Julius Cäsar, V. Akt, 9. Szene (bei Wieland; im Original 5. Szene), ebd., S. 272.

336 Jauß (wie Anm. 245), S. 91, 101 et passim.

337 Schlegel: Studium-Aufsatz (wie Anm. 296), S. 186 Anm. 1.

338 So Wielands erster Biograph J. G. Gruber (Wielands Leben, II. Theil, 3. Buch. Leipzig 1827, S. 372).

339 Obgleich als Mörder Brutus in einer blutgierigen Raserei gezeigt (Shakespeare: Julius Cäsar III, 1: »And let us bathe our hands in Caesar's blood / Up to the elbows [...]«; Complete Works. Ed. by G. L. Kittredge. Boston [usw.] 1936, S. 1096), ist der Mensch Brutus spätestens am Ende des Dramas als positiver Held der Sympathieträger (sein Leiden, seine Humanität, sein Tod haben die Untat gesühnt). Vgl. dazu die Hinweise Ernst Th. Sehrts (»Julius Cäsar«: Brutus, in: Sympathielenkung in den Dramen Shakespeares. Hrsg. v. W. Habicht u. I. Schabert. München 1978, S. 65-71). Bleibt das Bild des Brutus wenigstens zeitweilig ambivalent, so ist die Rezeption des bei Shakespeare eindeutig korrupten Schurken Cassius als des einzig Vernünftigen durch Wieland erstaunlich! Zumal er die zweifelhafte Äußerung des vom Blut berauschten Brutus (»laßt uns unsre Hände in Cäsars Blut bis an den Ellbogen baden«; III, 2; Wielands Übersetzung [wie Anm. 334], S. 238) in seiner Übersetzung einem andern (nämlich Casca) in den Mund legt und also an dieser Stelle den interpretativ später so belasteten Brutus im Stück selbst entlastet.

340 Die Auseinandersetzung zwischen Brutus und Cassius über diese Frage steht bei Shakespeare im Mittelpunkt der 2. Szene des II. Akts (Wielands Übersetzung [wie Anm. 334]: S. 223-227).

341 Agathon, 10. Buch, 2. Kapitel; Werke (wie Anm. 192), Bd. 2, S. 261. Mit Wielands Forderung nach »praktischer Klugheit« sind auch ästhetische Implikationen gegeben: Brutus-Schwärmern entspricht das »weinerlich-lächerliche Schauspiel«, wo »aus allen Kräften und mit der feierlichsten Ernsthaftigkeit leeres Stroh [...] gedroschen« wird (ebd., S. 262), während der nützlichen Redlichkeit und Klugheit der »realistische« Roman à la Wielands »Agathon« entspricht.

342 Nettelbeck (wie Anm. 242), S. 13.

343 Politisches Journal, 7. Stück, Juli 1793, S. 767.

344 Politisches Journal, 8. Stück, August 1793, S. 818.

345 Ebenda.

346 Wiewohl der Freiherr vom Stein später über Gentz schreibt, er sei »ein Mensch von vertrocknetem Gehirn und verfaultem Herzen« (Tagebuch, 13. Dezember 1814; Briefwechsel [...]. Hrsg. v. Erich Botzenhart. Bd. 5, Berlin 1933, S. 197) und ein »elende[r], feige[r], in Wollüsten untergegangene[r] Sophist« (An Heinrich von Gagern, 27. Februar 1826; ebd., Bd. 6, 1934, S. 360).

347 Zit. n. Jean Pauls Werke (wie Anm. 264), Bd. 6, S. 1266 f.

348 Kant: Kritik der Urteilskraft (Erster Teil, I. Abschnitt, 2. Buch, Allgemeine Anmerkung nach § 29); Werke (wie Anm. 193), Bd. 5, S. 347.

349 Meine Beobachtungen im Cellischen Zucht- und Irrenhause, in: Denkwürdigkeiten zur Bereicherung der Erfahrungsseelenlehre und Characterkunde. Hrsg. v. C. F. Pockels. Halle 1794, S. 175.

350 Christian Heinrich Spieß: Biographien der Wahnsinnigen [1795]. Hrsg. v. Wolfgang Promies. Neuwied und Berlin 1966, S. 7.

351 Hauptsächlich finden sich Bemerkungen dieser Art in der damals geführten »Lesewutdebatte«, deren Hauptanliegen es war, Frauen von der Lektüre empfindsamer Romane wieder abzubringen.

352 Kant: Betrachtungen über das Gefühl des Schönen und Erhabenen (1764); Werke (wie Anm. 193), Bd. 2, S. 272.

353 Humboldt: Über den Geschlechtsunterschied und dessen Einfluß auf die organische Natur (1794); Werke in fünf Bänden. Hrsg. v. A. Flitner und K. Giel. Bd. 1, Darmstadt 1960, S. 268-295.

354 Vgl. Walter Benjamin (Angelus Novus. Ausgewählte Schriften 2. Frankfurt/M. 1966, S. 487): »Eben dem aufgeklärten Staats-Absolutismus gehören Wielands Sympathien. Theoretisch ihn zu fundieren hat er freilich nicht einmal den Versuch gemacht. Alles beschränkt sich vielmehr auf eine mehr oder minder liebenswürdige argumentatio ad hominem oder - wie man hier besser sagen würde - ad populum. Bei der Demokratie scheinen ihm dessen Interessen ganz genau so schlecht aufgehoben wie später bei den Abderiten [...]. Ohne daß seine Zeitkritik sich irgend durch Originalität hervortut, kann man [...] sagen, daß er der einzige große (deutsche) Dichter des 18. Jahrhunderts ist, der ein lebhaftes politisches Interesse hatte.«

355 Vgl. Fink (wie Anm. 321), S. 16.

356 Lessings sämtliche Schriften. Hrsg. v. K. Lachmann, 3., aufs neue durchges. u. verm. Aufl., bes. v. F. Muncker. Bd. 10, Stuttgart (Leipzig) 1894, S. 118 f.

357 Vgl. auch Lessings Brief an Nicolai vom 13. 11. 1756: »Das Trauerspiel soll so viel Mitleid erwecken, als es immer nur kann; folglich müssen die Personen, die man unglücklich werden läßt, gute Eigenschaften haben, folglich muß die beste Person auch die unglücklichste sein, und Verdienst und Unglück in beständigem Verhältnis bleiben. Das ist, der Dichter muß keinen von allem Guten entblößten Bösewicht aufführen.« (Lessing [wie Anm. 356], Bd. 17, 1904, S. 67).

358 Ebd., S. 118.

359 Ob das »am Ende« wörtlich gemeint ist, scheint mir zweifelhaft. Aber es drängt sich eine Assoziation zu Michelet auf; der beschrieb Marat aus der Perspektive Cordays: »Das Zimmer war klein und dunkel. [...] Seine [Marats] fettigen Haare, die mit einem Taschentuch oder einem Handtuch umwunden waren, seine gelbe Haut und seine dünnen Glieder, sein großer Froschmund gaben nur eine schwache Vorstellung davon, daß dieses Wesen ein Mensch war.« Also wird bei Michelet das Nicht-Mensch-sein Marats zur Voraussetzung für Cordays Tat; hinterher bleibt sie versteinert, erwacht nur langsam aus der Trance. »Das einzige, was sie in Erstaunen setzte und quälte [...], waren die Schreie der Katherine Marat. Da zuerst ergriff sie der peinliche Gedanke, 'daß Marat schließlich ein Mensch war'. Sie schien zu sich selbst zu sagen: 'Wie denn? Er war geliebt!'« (Michelet [wie Anm. 25], Bd. 4, S. 229 und 230). *Mit* diesem Gedanken, glaubt Michelet, hätte sie die Mordtat offenbar gar nicht ausführen können.

360 An anderer Stelle schrieb er bereits von dem lebenden »allgemein verhaßte[n] Marat«, daß er »wofern er nicht von einem brennenden Freyheitsteufel besessen wäre, der größte Bösewicht, und wenn er weniger Bösewicht wäre, der erste Tollhäusler auf dem ganzen Erdenrunde seyn müßte« (III, 15).

361 Vgl. auch Schulz (wie Anm. 80), S. 149.

362 Vgl. in meinem vierten Kapitel die Ausführungen zur »Metaphysik der Sitten« (S. 115 f.).

363 Politische Annalen (wie Anm. 310), Bd. 5, 1794, S. 120. (Vgl. auch oben.) -

Wieland definiert diesen Ehrgeiz, in die politische Geschichte einzugehen, als eher männlich, wenn er zuvor bestimmt, daß an Corday »ohnehin nichts als ihr Geschlecht weiblich schien« (III, 178).

364 Dies trifft sich mit Cordays eignen Worten; sie sagte: »[...] je n'ai jamais manqué d'énergie.« Darauf der Präsident des Revolutionstribunals: »Qu'entendez-vous par énergie?« Corday: »La résolution que prennent ceux qui mettent l'intérêt particulier decôté, et savent se sacrifier pour leur patrie.« (Defrance [wie Anm. 3], S. 351).

365 Politische Annalen (wie Anm. 310), Bd. 5, 1794, S. 119.

366 Auch Jean Paul wird später Adam Lux, der ebenfalls zum Märtyrer wurde, ohne jedoch daß seine Worte oder Taten ein anderes Opfer forderten als ihn selbst, immerhin »reiner« als Corday bewerten. Vgl. unten mein viertes Kapitel.

367 Die Rede von der »sich selbst aufopfernden Tugend« mag an die tugendsamen Frauen à la Lucretia oder Emilia Galotti denken lassen, allein verkennt dies, daß Corday nicht in ihrer persönlichen Tugend gefährdet war, eher sich durch ihre Tat, deren Motive im Patriotismus allein liegen und daher in den Augen des 18. Jahrhunderts nicht originär weiblich sind wie die Emilias oder Lucretias (die den Tod auch passiv litten und nicht aktiv gaben!), selbst gefährdete.

368 Weiter oben hieß es: »Ich müßte mich sehr irren, oder der Ton und die Sprache der beyden Briefe selbst, die unsern Ungenannten so mächtig begeistert haben, verräth diesen Beweggrund [des Ehrgeizes] ziemlich deutlich; und warum sollte denn auch die bloße französische Eitelkeit, die schon so viel Wunder gethan hat, in der Seele eines romantischen çi-devant Demoiselle nicht« ihre Wirkung tun (III, 178); dies niederschreibend kannte Wieland nur die im vorstehenden Aufsatz abgedruckten Fälschungen, die weit über das Maß der Veränderung zum Beispiel bei Archenholz hinausgehen.

369 Aus Gleim: Als Charlotte Corday gestorben war (1793), in: Vor dem Untergang des alten Reichs 1756-1795. Hrsg. v. Emil Horner. Leipzig 1930, S. 208.

370 An Gleim, 2. October 1793; zit. n. Kozlowski (wie Anm. 81), S. 727. Im gleichen Brief mokiert er sich auch über Schirach, der seine Heldin »mit Koth bewarf« (ebd.) und einen andern Autor, der ganz unpassend »über sie deraisonirte«, womit nur Wieland gemeint sein kann (der Name allerdings ist - vermutlich von Archenholz selbst, als er die Briefe nach Gleims Tod wieder in die Hand bekam und Streichungen vornahm [vgl. Kozlowski, S. 726 Anm. 2] - unleserlich gemacht worden.)

371 Achter Band, Jahrgang 1793, Heft 11 (November), S. 551-556: »Warnung für einer abscheulichen Mode«.

372 Neuer Teutscher Merkur, Bd. 3, 11. Stück, November 1793, S. 260-275, hier 270 f.

373 Politisches Journal, Jg. 1793, zweyter Band, achtes Stück, S. 818.

374 Minerva, Achter Band, 1793, S. 1-4; vgl. Bd. 7, S. 193. Wiederabgedruckt in: Vor dem Untergang des alten Reiches (wie Anm. 369), S. 207 f. - Daß Gleims zeitpolitischen Gedichte poetisch wertlos sind, fiel auch manchem Zeitgenossen schon auf (vgl. Kozlowski [wie Anm. 81], S. 466); Archenholz dagegen bekannte brieflich, Gleims Gedichte seien »reitzend« und er kenne die Corday-Gedichte auswendig, stolz sei er, sie als erster drucken zu dürfen (An Gleim, 2.

Oct. 1793; sowie 29. Oct. 1794; ebd., S. 727 bzw. 729); jedoch wundert dies bei der bekannten Liebe zu seiner Heldin nicht. Ohnedies ist Archenholz Urteil ästhetisch belanglos, da nur auf die ideologische Rechtgläubigkeit zielend, was sich in der Beurteilung von Jean Pauls Essay (1799) erneut beweist.

375 Journal des Luxus und der Moden, Bd. 8, H. 11, S. 554 f. Fußnote der Herausgeber; das »in Musik gesetzte Gedicht« mit einem »sehr sauber in Kupfer« gestochenen »Bildnisse der Corday« erschien bei Breitkopf in Leipzig; es sei frei von jeglichem »Partheygeist«, in diversen »musikalischen Zirkeln [...] mit dem einstimmigsten Beyfall aufgenommen worden«; der unbekannte Autor versicherte von seinem »sehr sanfte[n] und geschmackvolle[n] Gesang« im Begleitschreiben an den Verlag: »Jeder Held, der seine Lorbeeren nicht 6 Meilen hinter seinen Batterien gesammelt hat, wird den Refrain meines Liedes gewiß aus ganzer Seele mitsingen [...].«

376 Vgl. dazu näheres im nächsten Kapitel.

377 K. A. Böttiger: Literarische Zustände und Zeitgenossen. Hrsg. v. K. W. Böttiger. Leipzig 1838, Bd. 2, S. 54 f.

378 Nach dem Bericht Böttigers; zit. b. Jean Paul: Sämtliche Werke. Hrsg. v. Eduard Berend. I. Abt., Bd. 13, Weimar 1935, Einleitung, S. LXXXII; ebenfalls b. Nettelbeck (wie Anm. 242), S. 7.

379 Geschichte der Deutschen Polenlitteratur. Bd. 1. Halle 1900, S. 162. Wenn Rebmann seinen Pudel »Marat« schimpft, mag das entweder auf den revolutionären Mythos des Jakobiners als »Wachhund der Revolution« anspielen, oder aber, das ist bei Rebmanns bekanntem Haß auf Marat, den er für einen agent provocateur im Dienste Pitts hält, wahrscheinlicher, er hält »Marat« allenfalls für den Namen eines Hundes; überdies assoziiert der Germanist heute bei einem schwarzen Pudel vor allem Goethes »Faust« (Werke [wie Anm. 270], Bd. 3, S. 42 ff.), wo sich als »des Pudels Kern« (V. 1323) der Teufel erweist.

380 An Caroline von Humboldt [Concept], 29. Januar 1803; Goethes Werke. Hrsg. im Auftr. der Großherzogin Sophie von Sachsen [Weimarer Ausgabe]. IV. Abt., 16. Bd., Weimar 1894, S. 176 f.

381 Louvets Schicksal (wie Anm. 59), S. 156-158 Anmerkung des Herausgebers.

382 Böttiger (wie Anm. 377), S. 54.

383 Walter Markov und Albert Soboul (Hrsg.): Die Sansculotten von Paris. Berlin 1957, S. 114-119, Nr. 24: Veuve Marat à la Convention.

384 So auch in Heymanns »Revolutions-Gallerie der französischen Republik« (einer Sammlung von Lebensbeschreibungen derer, die durch das Tribunal zum Tode verurteilt wurden), 1. H., Augsburg 1794, S. 33-35; die eben zitierten Formeln stammen aus diesem Aufsatz.

385 Minor (wie Anm. 131, S. 16) nennt noch ein weiteres Buch mit nämlichen Titel, was bibliographisch merkwürdig und weder damals noch heute auflösbar bleibt; fest steht lediglich, daß von Schelers Schrift mindestens zwei (wenn nicht drei) Auflagen erschienen (mir liegt die zweite vor; zu anderen datis vgl. Minor, S. 16 f., Meusel VII, S. 88, Kayser III, S. 496a u. IV, S. 199a, Reck-Malleczewen [wie Anm. 14], S. 324).

386 Scheler: Interessante Nachrichten von des berüchtigten Johann Paul Marats Leben und Tod [...]. Neue Auflage, Stuttgard [!] 1794, S. 133.

387 Rede am 5. November 1792; Markov (wie Anm. 12), Bd. 1, S. 267; Massin (wie

Anm. 25), S. 200; Robespierre: Reden und Schriften. Leipzig 1851, Bd. 1, S. 152.

388 Desodoards: Philosophische Geschichte der französischen Revolution [...] (zuerst Paris 1796, 2. Aufl. 1797). Züllichau und Freystadt 1797, S. 149 (2. Theil, 1. Abschnitt, 76. Kapitel).

389 Vgl. F. A. Mignet: Geschichte der Französischen Revolution von 1789 bis 1814. Leipzig 1975, S. 291 f. Mignet verurteilt Corday implizit, da sie vielleicht »hochherzig«, aber »nutzlos« war und darüberhinaus auch noch einen Märtyrer produzierte (was in seinen Augen nicht hätte sein *müssen*).

390 Seit Vatel (wie Anm. 50) geistert v. a. durch die französische Literatur (z. B. Defrance [wie Anm. 3], S. 398; und durch Übersetzung auch wieder in deutschen Büchern, z. B. Pernoud/Flaissier [wie Anm. 2], S. 267; zuletzt wieder in Ça ira! Das Lesebuch der Französischen Revolution. Hrsg. v. Thilo Lang. München 1989) als Verfasser ein gewisser *Klause*; jedoch handelt es sich bei »Klause« (unter dem Vorwort (S. [4]) steht »Klause, den 26. Oktober 1793«) offensichtlich um eine fingierte Ortsbezeichnung (es gibt weder noch gab es einen Ort namens Klause), jedoch nicht um ein Pseudonym (vgl. auch Focke [wie Anm. 11], S. 11 Anm. 1). Man mag - auch unter dem Eindruck des recht ungewöhnlichen Stils des Buchs - an den berühmtesten »Klausner« unter den Revolutionsbeobachtern denken, an Graf Gustav von Schlabrendorf, aber diese Assoziation ist nichts weniger als bewiesen.

391 Auffällig ist die sogar zum Teil wörtlich gleiche Metaphorik, die auch Jean Paul zur Kennzeichnung verschiedener Sphären benutzt, vor allem was das »Kotige« des Erdendaseins gegenüber der reinen Sphäre des Himmels betrifft. Vgl. zu »Kot und Äther« Peter Sprengel: Innerlichkeit. Jean Paul oder Das Leiden an der Gesellschaft. München und Wien 1977, S. 125-218 (bes. 153-199).

392 »Ser vile waren indessen geneigt,« heißt es von dem unmittelbaren Eindruck, den die Tat in Paris machte (S. 43), »es für einen Knif der Jakobiner zu halten. Der Eifer des Volks konnte erkülen, und doch hatten sie dessen in jezigen Umständen äusserst nötig.« Daher die Jakobiner den ohnehin kranken Marat mit einem *inszenierten* Mord zum nützlichen Märtyrer gemacht hätten, um gegen ihre Gegner dann um so heftiger vorgehen zu können - »und so schändeten selbst diejenigen, für welche das Ungeheuer getödet wurde, zuerst den Namen der Braven.«

393 Charles Nodier: Charlotte Corday (1833); Oeuvres Complètes, Bd. 9, Paris 1837 (Reprint Genève 1968), S. 18.

394 Siehe Anm. 88.

395 Vgl. etwa Schillers Brief an Caroline von Beulwitz, 10. Dezember 1788: »Die Geschichte ist überhaupt nur ein Magazin für meine Phantasie, und die Gegenstände müssen sich gefallen lassen, was sie unter meinen Händen werden.« Ausführlicher diskutieren Schiller und Goethe Fragen des historischen Dramas in ihrem Briefwechsel, v. a. Briefe vom 20. und 21. August 1799 (Briefwechsel zwischen Schiller und Goethe. Hrsg. v. Emil Staiger. 3. Aufl., Frankfurt/M. 1987, S. 803-806). Vgl. auch Schillers Brief vom 5. 1. 1798 (ebd., S. 534 f.) und Goethes Bemerkungen zu Eckermann am 31. 1. 1827 und 23. 7. 1827 (Eckermann: Gespräche mit Goethe in den letzten Jahren seines Lebens. Berlin 1938, Bd. 1, S. 237 ff. u. 274 f.) sowie desselben Bemerkungen anläßlich

Manzonis »Il Conte de Carmagnola« (Über Kunst und Alterthum, Bd. 2, H. 3, 1820): »Für den Dichter ist keine Person historisch; es beliebt ihm, seine sittliche Welt darzustellen, und er erweist zu diesem Zweck gewissen Personen aus der Geschichte die Ehre, ihren Namen seinen Geschöpfen zu leihen.«

396 Schaumann: Rezension zu Westphalens »Charlotte Corday«, in: Jenaische Allgemeine Literaturzeitung, Nr. 17, 19. 1. 1805, Sp. 134.

397 Schulz (wie Anm. 80), S. 149 f. u. 152.

398 Zur Datierung vgl. Schiller: Werke (wie Anm. 88), Bd. 12, 1982, S. 625 f.; die »Jungfrau« ist auch nicht durch das historische Ereignis des Attentats auf Marat angeregt, sondern v. a. durch Lektüre von Voltaires »Pucelle«.

399 Alle Dramen dieser Zeit sind der »gemeinsame[n] Grundidee« verpflichtet, »das Drama des politischen Lebens [der Gegenwart] in seinen Haupttendenzen auf die Schaubühne zu bringen« (Gert Ueding: Klassik und Romantik. München und Wien 1987, S. 231), und das heißt auch, jedes Drama sollte eine eigene Facette des Ganzen poetisch beleuchten.

400 Hegel (wie Anm. 304), Bd. 1, S. 542 f.

401 Schiller: Ankündigung. Die Horen [...], in: Werke (wie Anm. 88), Bd. 22, 1958, S. 106-109, hier 106. (Vgl. auch Ders.: Die Horen. Einladung zur Mitarbeit, 13. Juni 1794, ebd., S. 103-105, bes. 103.)

402 Schiller: Ankündigung. Die Horen; ebd., S. 106.

403 Engel Christine Westphalen, geb. von Axen, 1758-1840. Außer den zwei dramatischen Dichtungen (Charlotte Corday, 1804; Petrarca, 1806) veröffentlichte sie vornehmlich Gedichte (vier Bände, soweit gesammelt). Christine Westphalen und ihr Mann spielten eine bedeutende Rolle in der Hamburger Oberschicht; interessant in diesem Zusammenhang, daß ihr Haus »lange Zeit einen Mittelpunkt für die geistigen Celebritäten [bildete], namentlich zur Zeit der französischen Revolution, wo es von den französischen Flüchtlingen, auch von dem nachherigen Könige Louis Philippe, sowie von Bernadotte, damals Kronprinz, später König von Schweden, häufig besucht wurde.« (Lexikon der hamburgischen Schriftsteller bis zur Gegenwart, begr. v. Hans Schröder, fortg. v. A. H. Kellinghusen. Hamburg 1879, S. 633). Weitere biographische Angaben: Neuer Nekrolog der Deutschen 18 (1840), Bd. I, S. 547-559; Max Mendheim, in: Allgemeine Deutsche Biographie, Bd. 42, Leipzig 1897, S. 217 f.; der Joseph Hillebrand-Schüler J. Kehrein (Dramatische Poesie der Deutschen [...]. Leipzig 1840, S. 183, § 144) schätzt die »liebliche Dichterin« als Dramatikerin überhaupt nicht.

404 Briefe an Goethe. Regesten. Hrsg. v. K.-H. Hahn. Bd. 4, Weimar 1988, Nr. 1139 (S. 351), 1320 (S. 408), 1351 (S. 417 f.), 1458 (S. 452) und 1587 (S. 491); zum Teil gedruckt in: Goethe-Jahrbuch 20 (1899), S. 265-267; vgl. Goethe: Werke (wie Anm. 380), I. Abt., Bd. 4, S. 123 sowie dazu den Brief an Eichstätt, 27. 1. 1804, ebd., IV. Abt, Bd. 17, S. 35.

405 Vgl. etwa bei Minor (wie Anm. 131), S. 61 f.; aber auch noch in Hahns Briefausgabe in Regesten (vorige Anmerkung), Bd. 4, 1988, S. 490, Nr. 1582. Vgl. dagegen Goethes Gespräche. Hrsg. v. W. Herwig. Bd. 4, Zürich und München 1984, S. 174 (nach Oskar Fambach, Tübingen, mündl. Auskunft).

406 Schiller/Goethe: Briefwechsel (wie Anm. 395), S. 1002, Nr. 971.

407 Nach einem Brief von Heinrich Voß d. J. an Bernhard Rudolf Abeken, [vor

dem 21. Juli 1804]; zit. n. Goethes Gespräche. Hrsg. v. W. Herwig, Bd. 1, Zürich 1965, S. 960 f., Nr. 1986; vgl. Robert Steiger: Goethes Leben von Tag zu Tag. Eine dokumentarische Chronik. Bd. IV, Zürich und München 1986, S. 508.

408 An Eichstätt, 3. Oktober 1804; Goethes Werke (wie Anm. 380), IV. Abt., Bd. 17, 1895, S. 204.

409 Schaumann (wie Anm. 396) lobt denn auch vorsichtig die Tragödie, »die ihr *erster* Versuch [ist], und, als solcher, mit Achtung aufzunehmen« sei (Sp. 134); stellenweise sei das Stück sogar von außerordentlichem poetischen und theatralischen Wert, bemerkt Schaumann, obwohl er ganz im Sinne der Schillerschen Ästhetik die *Zeitgeschichte* an sich für unpoetisch hält und daher die Stoffwahl der Autorin bedauert.

410 Schulz (wie Anm. 80), S. 151.

411 Le Quérard, Deuxième Année. Paris 1856, S. 443. Quérard konnte diesen Zuschreibungsirrtum in einer späteren Lieferung aufgrund eines Artikels von F.-L. Hoffmann (13. 9. 1856, Hamburger Blätter für Literatur und Kritik) korrigieren, vgl. ebd., S. 566.

412 Anders als bei Schiller sind die Chöre nicht in die Handlung integriert, sondern trennen die Akte. Sie sind also, um mit Schiller zu sprechen, »lyrische Prachtgewebe« (Werke [wie Anm. 181], Bd. 1, S. 533), welche »die Reflexion von der Handlung absonder[n]« (ebd.) und daher im Sinne Nietzsches fast schon moderner; Nietzsche wollte bekanntlich den Chor entgegen irgendwelchen politischen Deutungen (J. M. R. Lenz; F. Schlegel; z. T. auch Schiller) ausschließlich »musikalisch« verstanden wissen (Geburt der Tragödie aus dem Geiste der Musik [1872], Kap. 7; Studienausgabe. Hrsg. v. Hans Heinz Holz. Frankfurt/M. und Hamburg 1968, Bd. 1, S. 50-54) - eine Funktion, die bei Schiller theoretisch zwar angedeutet ist, bei Westphalen aber ausgeführt.

413 Westphalens Praxis entspricht sogar mehr Schillers Bestimmung, »daß der Chor die Theile auseinander hält und zwischen die Passionen mit seiner beruhigenden Betrachtung tritt« (Werke [wie Anm. 181], Bd. 1, S. 534), als des Klassikers eigene Anwendung in der »Braut von Messina«.

414 Die neuere germanistische Forschung kennt außer in der Disseration von Minor (wie Anm. 131, S. 53-61) nur noch eine kursorische Erwähnung des Dramas im Tel-Aviver Jahrbuch für deutsche Geschichte 11 (1982); die Miszelle von Walter Koch zeichnet sich jedoch durch ästhetisch falsche Urteile aus wie sie auch ein schönes Beispiel für das historische Vergessen historischer Wissenschaften ist: Koch »entdeckt«, daß der bekannte Jakobiner H. C. Albrecht der Schwager Christine Westphalens war. Er bemerkt: »Es war bisher unbekannt, daß Albrecht verheiratet war« (S. 382), was falsch ist, da wir über diese familiären Verhältnisse auch durch Karl August Böttiger ([wie Anm. 377], 2. Bd., 1. Th., S. 47) unterrichtet sind.

415 Schiller (wie Anm. 181), Bd. 1, S. 532.

416 Westphalen: Charlotte Corday. Tragödie in fünf Akten mit Chören. Hamburg 1804; II. Akt, 1. Szene u. 6. Szene; bes. III, 4, S. 139-143.

417 III, 4; S. 137 ff.; diese bodenständigen und am Fortschritt der Produktivkräfte so interessierten Repliken tadelt Schaumann in seiner Rezension als ausgesprochen unpoetisch (wie Anm. 396, Sp. 135).

418 II, 6; S. 97 ff.

419 I, 7; S. 32 f.; Westphalen stellt auch einen Ungebildeten aus dem Volk, den Bedienten Lagardes, André, auf die Bühne und läßt ihn von der Freiheit, wo »wir bald alle Herren sind« träumen; diese Freiheit (Herrschaft) ist für ihn vor allem dadurch charakterisiert, daß er lesen können wird, denn »dann wüß't [sic] ich wohl von manchen Dingen mehr« (III, 7, S. 145 f.): bürgerliche Bildungsfreiheit und die Hoffnung der Bürger auf »Macht durch Wissen« ist damit wunderbar gestaltet. (Arnold Toynbee macht im 20. Jahrhundert die Frage nach der Entscheidungskompetenz des Einzelnen aufgrund ungehinderter Information zur Überlebensfrage der Menschheit: »Werden wir richtig informiert? Ich übertreibe nicht, wenn ich behaupte, daß von der Antwort auf diese Frage die Zukunft der menschlichen Gesellschaft abhängt.«) Die Erwartungen der untersten Klassen tragen die Jakobiner, das macht Westphalen klar, und Marat gilt denn André auch als »guter, braver, treuer Bürger« (III, 5 u. 7; S. 144 u. 145), Robespierre nicht weniger.

420 I, 9; S. 43.

421 Vgl. auch Schiller: Wilhelm Tell, V. 437: »Der Starke ist am mächtigsten *allein.*« (Werke [wie Anm. 181], Bd. 1, S. 572).

422 Westphalen vertritt insgesamt die Auffassung, daß weder das eine noch das andere allein bestehen kann, sondern nur die durch das Gefühl veredelte Vernunft die Menschen leiten solle; obgleich ihre eigenen Dichtungen bisweilen gefühlsüberladen sind, polemisiert sie wiederholt gegen jede »Mystik und [...] die heute frisch aufkeimende Neigung, natürlichen Sachen übernatürliche Kräfte beizulegen« und für eine Poesie, die zugleich »höchst nützlich« sein soll (Brief an G. A. von Halem, 16. August 1810; zit. n. G. Jansen: Aus vergangenen Tagen [...]. Oldenburg 1877, S. 199).

423 Der ist hier präzise unterschieden von dem »Wahnsinn«, wie er sich in »der Liebe Raserei« oder der »Verzweifelung im Unglück« zeigt und den Menschen zu einem »feige[n] Sklave[n]« macht (V, 1; S. 209).

424 Schiller, [Augustenburger Brief Nr. 2], 13. Juli 1793; Schillers Briefe über die ästhetische Erziehung. Hrsg. v. Jürgen Bolten. Frankfurt/M. 1984, S. 44.

425 V, 2; S. 222. Vgl. V, 3; S. 225 f.

426 Schiller, [Augustenburger Brief Nr. 2], 13. Juli 1793; wie Anm. 424, S. 45.

427 I, 8; S. 39. (Ebd., S. 40 nennt Corday »die Seele dieser Welt [...] in Harmonie mit meinem Selbst!«)

428 IV, Chor; S. 201.

429 Schiller, Ueber das Erhabene (1801); Werke (wie Anm. 181), Bd. 2, S. 1445.

430 Kant: Kritik der Urteilskraft, Erster Teil, I, 2; § 28; Werke (wie Anm. 193), Bd. 5, S. 336.

431 Jean Paul: Vorschule der Ästhetik, § 27; Werke (wie Anm. 264), Bd. 5, S. 108.

432 Ebd., § 33, S. 129.

433 Westphalen: Charlotte Corday, IV. Akt, 5. Szene; S. 196.

434 Ebd., V, 2; S. 217.

435 Eines der Axiome der Jacobischen Philosophie ist die gesicherte Annahme, daß es ein »Gefühl gibt, welches den Menschen [...] inne werden läßt: er habe einen Sinn für das Übersinnliche.« (F. H. Jacobi's Werke. Leipzig 1812-25 [Reprint Darmstadt 1968-76], Bd. 4, Vorbericht, S. XXI). »Und so gestehen wir denn

ohne Scham, daß unsere Philosophie von dem Gefühle, dem *objektiven* nämlich und *reinen*, ausgeht; daß sie seine Autorität für eine allerhöchste erkennt, und sich, als Lehre von dem Uebersinnlichen, auf diese Autorität allein gründet.« (Dass., Bd. 2, S. 61). »Die Vorstellungen des im Gefühle allein Gewiesenen, nennen wir Ideen.« (Ebd., S. 62).

436 Ebd., S. 63.

437 Jean Paul: Vorschule der Ästhetik, § 31; Werke (wie Anm. 264), Bd. 5, S. 125. Die Haltung des »als ob« ist konstitutiv für alle Bereiche Jean Paulscher Ästhetik und Grundlage seines Denkens. (Vgl. etwa Jean Pauls Beispiele mit Sancho Pansa (§ 28; ebd., S. 110) oder dem Fensterrahmen des Holländers (ebd., S. 112) bei der Erläuterung des Humorbegriffs.)

438 Ebd., S. 132 [ff.] (§ 34 der Vorschule; vgl. auch § 57, ebd., S. 210 ff., über die Bedeutung des Ichs für die humoristische Poesie bei der »Entstehung poetischer Charaktere«).

439 Ebd., S. 125; § 31 der Vorschule.

440 Ebd., S. 105; § 27 der Vorschule.

441 Jean Paul: Über Charlotte Corday. Ein Halbgespräch am 17. Juli, in: Werke. Hrsg. v. Norbert Miller. Bd. 6, München 1963, S. 347. - In diesem Kapitel sind alle Zitate aus der Miller-Ausgabe der Werke Jean Pauls direkt im Text nachgewiesen und zwar in folgender Form: ggf. Spezifizierung der Kapitel oder Paragraphen; römische Zahl = Band, arabische Zahl = Seite.

442 An Christian Otto, 23. Juni 1799; Sämtliche Werke. Hrsg. v. E. Berend. III. Abt.: Briefe, Bd. 3, Weimar 1959, S. 206.

443 In: Taschenbuch für 1801 (wie Anm. 286), S. 135-162.

444 Vgl. Jean Paul im Urteil seiner Kritiker. Hrsg. v. Peter Sprengel. München 1980, S. 46-48 sowie Anmerkungen und Einleitung des Herausgebers, ebd., S. XX.

445 Merkels Rezension in seinen »Briefen an ein Frauenzimmer über die neuesten Produkte der schönen Literatur in Teutschland«, Bd. 1, 10. Brief, 4. November 1800, S. 148-151; Jean Pauls Replik im »Einladungs-Zirkulare an ein neues kritisches Unter-Fraisgericht der Philosophen und Dichter« (III, 909-923; hier 915 f.).

446 Ralph-Rainer Wuthenow: Der Kardinal-Roman, in: Jean Paul: Titan. Frankfurt/M. 1983, S. 885-902, hier 887; ich erinnere an die beiläufige Ehrenrettung Merkels, die Walter Benjamin schon 1939 vornahm (Angelus Novus [wie Anm. 354], S. 355 f.), der immerhin eine knappe Edition (Berlin 1959) Merkelscher Texte folgte.

447 Neue allgem. deutsche Bibliothek 57 (1801), Nr. 2, S. 541 ff.; wieder in: Jean Paul im Urteil seiner Kritiker (wie Anm. 444), S. 46.

448 Z. B. Zeitung für die elegante Welt, Leipzig 1801; zit. n. Hans Henning: Nachwort, S. 22 (in: Taschenbuch für 1801 [wie Anm. 286], Anhang des Reprints Leipzig 1981). Dazu paßt auch, daß eine Übersetzung des Aufsatzes erschien in: Samling af Biografier, Delen 1. Strengnäs 1812, S. 117-144.

449 Taschenbuch für 1801 (wie Anm. 286), S. 139.

450 Wölfel (wie Anm. 265), S. 220 Anmerkung 65.

451 Vgl. Anm. 395; dazu evtl. noch Schillers Vorrede zum »Fiesco«, 1783 und sein Aufsatz »Über die tragische Kunst«, 1792.

452 Vgl. Wölfel (wie Anm. 265), S. 30 f. u. 58. In der »Vorrede« zum »Jubelsenior« (Prodromus Galeatus) setzt Jean Paul in seiner bekannten Definition Roman und Biographie gleich: »Eine Biographie oder ein Roman ist bloß eine *psychologische* Geschichte, die am lackierten Blumenstabe einer *äußern* emporwächst.« (IV, 411).

453 Nr. 1, 2. Januar 1801; zit. n. Nettelbeck (wie Anm. 242), S. 10.

454 An Jean Paul, 23. November 1800; Briefwechsel (wie Anm. 308), Bd. 3, S. 368-370.

455 Schon in der Antwort auf vorgenannten Brief Ottos räumt Jean Paul ein: »Manches aus der *Corday* würd' ich, wie Du, streichen [...]« (an Christian Otto, 26. Dezember 1800; ebd., S. 391).

456 Wölfel (wie Anm. 265), S. 52 f.

457 Ebd., S. 29.

458 Wuthenow (wie Anm. 446), S. 885 u. 888.

459 Vgl. auch Jean Pauls Vorschule der Ästhetik, § 34 und § 57 (V, 132-139 und 210-213), wo er über die Bedeutung des Ichs für die humoristische Poesie und die Charakterzeichnung handelt.

460 Wuthenow (wie Anm. 446), S. 888.

461 Friedrich Ohly (Jean Pauls Legende von Charlotte Corday, in: Wissen aus Erfahrung. Hrsg. v. A. v. Bormann u. a. Tübingen 1976, S. 322-337) arbeitet v. a. formale Affinitäten der Erzählung zur christlichen Heiligenlegende heraus, wobei seine immanente Literaturbetrachtung im Verein mit einer außerordentlichen Bibelkenntnis zu tragikomischen Fehlschlüssen führt, etwa wenn er vermutet, hinter der Rede vom »erblassten Gesichte, das schon von der Hand des Henkers durch einen Backenstreich verunreinigt worden« (VI, 342) stehe das Johannesevangelium (18,22) und eine vage Erinnerung an 'O Haupt voll Blut und Wunden' (Ohly, S. 331). Dahinter steht natürlich die Geschichte selbst, ein konkreter Augenblick am 17. Juli 1793, ungefähr um 18.30 Uhr. Kaum glaublich, daß Ohly dies nicht wußte; aber die angeführte Bibelstelle weist weder im Gehalt noch in der Diktion eine besondere Ähnlichkeit mit Jean Pauls Satz auf.

462 Ohly (wie vorige Anm.), S. 327 f.

463 Zum Corday-Aufsatz speziell vgl. Ursula Naumann: Predigende Poesie. Nürnberg 1976, S. 80-83.

464 Naumann (wie vorige Anm.), S. 81; sie bezieht sich dabei auf den Artikel im »RGG«, Bd. 3, Tübingen 1959, Sp. 172 f.

465 Jean Paul-Leser sind - bekannt mit den häufigen Wechselbezügen zwischen den verschiedensten Werken des Autors - geneigt im Grafen Albano zu erkennen, der am Ende des »Titan« zum Fürsten von Hohenfließ wird.

466 Ohly (wie Anm. 461), S. 329, behauptet das Gegenteil, um dann dem historischen Autor Jean Paul die Begründung einer größeren Gemeinde (mindestens dem Wunsche nach) kraft seiner Dichtung zuzumuten. Jedoch beachtet er weder die Einbettung des Legendenhaften in eine fiktive Erzählung wie die Differenz des Autors vom ebenso fiktiven Poeten der Novelle.

467 So von Joseph Kiermeier (Der Weise auf den Thron! Studien zum Platonismus Jean Pauls. Stuttgart 1980) und anderen, sogar von Kurt Wölfel (wie Anm. 265, S. 217 und v. a. 233 f.).

468 Werke (wie Anm. 247), Bd. 16, 1887, S. 388, 392, 396.

469 Die Seitenzahlen dieses und des folgenden Absatzes beziehen sich auf das Taschenbuch für 1801 (wie Anm. 286).

470 Vgl. neben der Dissertation auch den früheren Aufsatz Ursula Naumanns (»Denn ein Autor ist der Stadtpfarrer des Universums«, in: Jean Paul. Hrsg. v. Uwe Schweikert. Darmstadt 1974, S. 451-484).

471 Werke (wie Anm. 247), Bd. 16, 1887, S. 393.

472 Wölfel (wie Anm. 265), S. 292.

473 Wölfel (wie Anm. 265), S. 33; vgl. auch ebd., S. 36 f.; Walter Benjamin: Der Erzähler, in: Illuminationen. Ausgewählte Schriften 1. Frankfurt/M. 1977, S. 385-410, hier 389.

474 Werke (wie Anm. 247), Bd. 16, 1887, S. 397.

475 Ebd., S. 395 f. Es wäre vielleicht weiter zu untersuchen, ob oder inwieweit Jean Paul auch durch Moritz' »Neue Cecilia« (1794; Reprint hrsg. v. H. J. Schrimpf. Stuttgart 1962), eine Erzählung, die man als Legende einer »weltlichen Märtyrerin« für die Kunst und Natur/Liebe (Nachwort Schrimpf, S. 86) lesen kann und die Jean Paul nachweislich 1795 gelesen hat (vgl. Briefe (wie Anm. 442), Bd. 2, 1958, S. 561-563 über Jean Pauls Lektüre), beeinflußt wurde.

476 Norbert Miller: Zur Naturgeschichte des Sonderlings, in: Jean Paul: Dr. Katzenbergers Badereise. München und Zürich 1987, S. 319-355, bes. S. 320, 323 ff.

477 Schlegel: Athenäumsfragment Nr. 421; Kritische Schriften (wie Anm. 287), S. 81.

478 Miller (wie Anm. 476), S. 324.

479 Wölfel (wie Anm. 265), S. 96.

480 Ebd., S. 35.

481 Schlegel, Athenäumsfragment Nr. 421 (1798); Kritische Schriften (wie Anm. 287), S. 80; Schlegel hatte in diesem Fragment Jean Paul vorgeworfen, er könne wohl nicht »gut erzählen«, da er »die Anfangsgründe der Kunst nicht in der Gewalt« habe (ebd.).

482 Helmina von Chézy berichtet von einem Besuch Jean Pauls im Januar 1801 in Berlin: »Jean Pauls Weichheit schloß eine gewisse gerechte Strenge nicht aus [...]. Charlotte Corday besaß seine volle Bewunderung; darüber geriethen wir in Streit.« (Zit. n. Jean Paul: Sämtliche Werke. Hrsg. v. E. Berend. Ergänzungsband. Weimar und Berlin 1956, S. 69).

483 Goethe: Die Leiden des jungen Werther, Brief vom 16. Junius; Werke (wie Anm. 270), Bd. 6, S. 26 f.

484 Goethe, Die Leiden des jungen Werther, Brief vom 29. Julius; ebd., S. 75.

485 Auch von Albano wird berichtet (Titan, 17. Zykel; III, 102), daß sein Lehrer Magister Wehmeier ihm »aus dem Plutarch - dem biographischen Shakespeare der Weltgeschichte -, nicht die Schattenwelt von Staaten, sondern die darin glänzenden Engel der Gemeine zitiert, die heilige Familie großer Menschen«.

486 Auch Jean Pauls Bild hing seit April 1798 in Gleims Sammlung; 1798-1802 standen sie im Briefwechsel. Gleim schätzte seinen »Hans Paul«, den »Millionär an Verstand« sehr: »Welch ein Gottgenius ist unser Friedrich Richter! Eben lese ich zum Zweitenmale seine Blumenstücke [Siebenkäs]! Hier ist mehr als Shakespeare, sagt' ich bei fünfzig angestrichenen Stellen!« (zit. n. Carl Becker: Der Freundschaftstempel im Gleimhause [...]. Halberstadt 1911, S. 39).

Gleim hätte also froh sein können, daß ein Größerer als Shakespeare sich seiner Corday annahm, forderte er doch Oktober 1793 einen deutschen Shakespear auf, dies Thema zu gestalten: »Solch eine Heldenszene / Gab noch kein Trauerspiel zu sehn! / Auf Shakespear! Wer ist's? Aufs höchste Wohlergehn / Des Deutschen, der es ist! Charlotte Corday gebe / Vom Himmel ihm den Segen, er / Kann Shakespear, kann mehr, / Den Deutschen sein! Er lebe!« (»Charlotte Corday«, zit. n.: Vor dem Untergang des alten Reichs [wie Anm. 369], S. 207).

487 Ich zitiere nach der Neuedition (wie Anm. 170) der ersten Fassung (9 Bücher in drei Bänden; 1795/96), die oft von der letzten Fassung der Gesamtausgabe (10 Bücher in zwei Bänden; 1828) abweicht. Hier I. Band, 1. Buch, 8. Brief (Amalie an Karl) und 10. Brief (William an Eduard), S. 29 und 34. Vgl. auch III. Band, 2. Buch, 43. Brief (Blackstone an Mortimer), S. 562.

488 Ebd., S. 96 (I. Bd., 2. Buch, 25. Brief: William an Amalie) und S. 241 (II. Bd., 1. Buch, 18. Brief: Eduard an William).

489 Schiller: Der Spaziergang unter den Linden (1782); Werke (wie Anm. 181), Bd. 2, S. 1097. Da Schiller mit Juliette und Laura unwillkürlich Rousseau und Petrarca ins Gedächtnis ruft, hat er in dieser kurzen Erzählung bald die gesamte aktuelle Erfolgsliteratur anspielend vereinigt.

490 Vgl. Franz Muncker: Friedrich Gottlieb Klopstock. Stuttgart 1893, S. 515.

491 Vgl. Goethe: Dichtung und Wahrheit; Werke (wie Anm. 270), Bd. 9, S. 268. Wackenroder und Tieck gestanden sich, Klopstock habe »eher einen komischen als erhabnen Eindruck gemacht« (Rudolf Köpke: Ludwig Tieck. Leipzig 1855, Bd. 1, S. 187); Roger Paulin (Ludwig Tieck. München 1988, S. 47) vermutet außerdem, die auffällig plazierte Corday-Büste habe die jungen Romantiker in ihren jakobinischen Gefühlen gekränkt.

492 Humboldt: Reisetagebuch 1796, in: Ders.: Sein Leben und Wirken. Hrsg. v. Rudolf Freese. Darmstadt 1986, S. 199; Humboldt notiert weiter: »Es ekelt einen an, von einem wirklich großen Manne solche Elendiglichkeiten niederzuschreiben, aber diese Verirrungen selbst zeigen doch im Grunde dasselbe Feuer und dieselbe Begeisterung, die seine Größe ausmacht.« (ebd.). Auch Hegel erkennt später noch im »haltungs- und fassungslosen« Scheitern Klopstocks exzeptionelle Größe an (wie Anm. 304, Bd. 2, S. 512).

493 Zu Wackenroder und Tieck, Mai 1794; zit. n. Köpke (wie Anm. 491), S. 186.

494 Zu Jean Pauls »Antiklassizismus und Empfindsamkeit« vgl. generell den gleichnamigen Aufsatz Wölfels (wie Anm. 265, S. 238-258).

495 So vor allem Wolfgang Harich (Jean Pauls Revolutionsdichtungen. Reinbek 1974, S. 434-533, v. a. 478-503); dagegen Gert Ueding (wie Anm. 399, S. 429-436), der im »Titan« sowohl größte Nähe als auch größte Ferne zum klassischen Weimar feststellt, wobei die Nähe eher die thematischen und formalen Aspekte betrifft, die Ferne die inhaltlich-wertenden und ideologischen.

496 Vgl. den Beitrag von Kurt Bartsch (Tradition der Empfindsamkeit und Zeitkritik: Jean Paul, in: Zmegacs (Hrsg.): Geschichte der deutschen Literatur. Bd. I/2, 2. Aufl., Königstein 1984, S. 86-91, bes. S. 86 f.)

497 Ernst Beutler (Ursprung und Gehalt von Goethes 'Novelle', in: DVJLG 16 (1938), S. 324-352, bes. S. 345 ff.) hält das Hauptmotiv (die Überwindung des Unbändigen und der Gewalt durch »Liebe und Frömmigkeit«: Goethe am 18.

1. 1827; Eckermann [wie Anm. 395], Bd. 1, S. 220) für »christliche Rückbesinnung«, jedoch nicht im Sinne kirchlichen Dogmas, sondern allgemeiner Religiösität, die sich christlicher Bilder nur deshalb bediene, da hier allein »eine religöse Sprache mit tatkräftigen Formeln, um eigenes religiöses Empfinden allgemeinverständlich auszusprechen« (Beutler, S. 346) vorhanden war. Demgegenüber scheinen mir eine Interpretation wie die von Werner Keller (J. W. Goethe, in: Handbuch deutscher Erzählung. Hrsg. v. K. K. Pohlheim. Düsseldorf 1981, S. 88-90) aber brauchbarer, indem er sozialgeschichtlich argumentiert.

498 Goethe: Orpheus (Nachträgliches zu Philostrats Gemählden; aus dem Nachlaß); Werke (wie Anm. 380), I. Abt., Bd. 49, 1898, S. 146-147; hier S. 146.

499 Karl Philipp Moritz: Götterlehre oder Mythologische Dichtungen der Alten. Hrsg. v. W. Haupt. Bremen 1966, S. 240; vgl. auch ebd., S. 146; sowie Horatuis Flaccus: Ars poetica, V. 291 f.: »silvestris homines sacer interpresque deorum caedibus et victu foedo deterruit Orpheus.«

500 Benjamin Hederich: Gründliches mythologisches Lexicon [...]. Leipzig 1770, Sp. 1811.

501 Vgl. das eben angeführte Goethezitat, und Moritz (wie Anm. 499), S. 146, wo Orpheus ausdrücklich »der Dichter« heißt.

502 Hederich (wie Anm. 500), Sp. 1811.

503 Vgl. Ueding (wie Anm. 399), S. 427-429. Es sei eigentlich Erziehung, so Jean Paul, dem Anthropolithen »nun von so vielen Gliedern die Steinrinde wegzubrechen, daß sich die übrigen selber befreien können« (§ 26; V, 561) hießt es in der »Levana oder Erziehlehre« weiter.

504 Katzenberger ist wie Siebenkäs, Schoppe, Corday und Lux »ein freier Geist«, der kraft »seiner innern Freiheit sich allen gesellschaftlichen Bindungen und Konventionen überlegen« (Herman Meyer: Der Sonderling in der deutschen Dichtung. München und Wien 1963, S. 97) weiß; trotzdem vermag er diese Freiheit im Gegensatz zu den anderen, eher empfindsamen Helden zu objektivieren und entemotionalisieren.

505 Carl Sternheim: Die Hose III, 1 (Darmstadt und Neuwied 1980, S. 73 f.); allerdings steht Katzenberger dem zupackenden Realismus eines Theobald Maske näher als der hohlen Phrasenwelt des Décadents Scarron.

506 Katzenberger antwortet auf Nieß-Theudobachs Frage, ob ihm bei der Trennung von seiner Braut nicht das Herz schwer geworden sei, sein Herz wäre ebenso wie das des Dichters ein Kilogramm schwer, damals wie heute (11. Summula; VI, 119).

507 Jean Paul schreibt hier Louvets Mémoiren (wie Anm. 60, S. 115) aus, wo es heißt: »Ne savions-nous pas bien qu'il était alors tellement dévoré d'une maladie cruelle, qu'il lui restait à peine deux jours d'existence?...«. Bei Louvet wird die Krankheit nicht als Geschlechtskrankheit bezeichnet, was Jean Paul zufügt (auch Taschenbuch für 1801 [wie Anm. 286], S. 142, 1. Anm.) - eine allerdings sozusagen normale Verleumdung; so berichtet auch Schirachs »Politisches Journal«, 7. Stück, 1793, S. 766: »Dieser Bösewicht war schon so sehr vom Laster verzehrt, daß er an einer venerischen Krankheit ohne Hoffnung darnieder lag. Nur noch ein paar Tage konnte er leben.«

508 Vgl. den Aufsatz von Wieland, der nach der Lektüre der unechten deutschen

Briefe auch den Eindruck hatte, hier spreche eine auf eitlen Ruhm bedachte Superba. Jean Paul empfindet dies auch, zieht aber, obwohl er die Originale kennt, nicht den Schluß, die deutschen Übersetzungen von Archenholz seien unrichtig, sondern glaubt im auffälligeren Fall an zwei Briefe an den Vater (VI, 354), während ihm im Falle des langen Briefes an Barbaroux - vermutlich aus Flüchtigkeit - nichts auffällt.

509 Trotzdem der Graf ihm versicherte, bei ihm habe der Blitz noch nie eingeschlagen, beharrt der Präsident darauf, es gäbe »die moralische Pflicht der Lebens-Schonung,« gegen die er »um keinen Preis verstoßen will.« (VI, 342). Jean Paul polemisiert damit vor allem gegen Sätze aus Kants »Metaphysischen Anfängen der Tugendlehre« (1797; Werke [wie Anm. 193], Bd. 7, z. B. § 5, S. 232): »Die, wenn gleich nicht vornehmste, doch *erste* Pflicht des Menschen gegen sich selbst in der Qualität seiner Tierheit ist die *Selbsterhaltung* in seiner animalischen Natur.«

510 Kant: Metaphysische Anfangsgründe der Tugendlehre, § 6; ebd., S. 234.

511 Ebd.

512 Ebd.

513 Auf die Frage: »Quelles étaient vos intentions en tuant Marat?« antwortet Corday: »De faire cesser les troubles et de passer en Angleterre, si je n'eusse point été arrêtée.« (Defrance [wie Anm. 3], S. 350). Vgl. Peinliches Verhör und Urthel [wie Anm. 3], S. 14; vgl. Politische Annalen (wie Anm. 310), Bd. 4, 1793, S. 49.

514 Kant: Religion innerhalb der Grenzen der bloßen Vernunft; Werke (wie Anm. 193), Bd. 6, S. 224 Anmerkung.

515 Ein Argument, das auch Kant gelten lassen würde, da ihm Leben und Menschenwürde Zweck an sich selbst ist, über den »als bloßes Mittel zu einem ihm beliebigen Zweck zu disponieren« dem Menschen (Tugendlehre, § 6; Werke [wie Anm. 193], Bd. 7, S. 234) nicht erlaubt ist. Die historische Corday übrigens argumentiert ganz mit dem Nutzen, den ihr Leben bringt: »[...] in Paris sind so gute Republikaner, daß man nicht begreift, wie ein unnützes Weib, dessen längstes Leben keinen Wert hätte, sich kalten Blutes opfern kann, um ihr Vaterland zu retten«, spottet sie in dem bekannten Brief an Barbaroux (zit. n. Landauer [wie Anm. 18], Bd. 2, S. 125).

516 Der Heros, das stellte schon Wölfel (wie Anm. 265, S. 224 f.) dar, unterliegt nicht dem Legalitätsprinzip. Wölfel vergaß, deutlich zu machen, daß Jean Paul damit nicht das Legalitätsprinzip als solches in Frage stellt, sondern im Gegenteil als gültig betont, da nur dessen prinzipielle Anerkennung die Ausnahme für den Heros zuläßt; vgl. dazu im übrigen auch Jean Pauls Argumentation in Zusammenhang mit Sands Mord an Kotzebue (mein fünftes Kapitel).

517 Ebd., S. 221.

518 In der Erzählung ist die heiligende Verklärung mit dem Bild der Berufung Mohammeds durch Allah umschrieben: »Als Gott (nach der Fabel) die Hände auf Muhammed legte, wurd' ihm eiskalt; wenn ein unendlicher Genius die Seele mit dem höchsten Enthusiasmus anrührt und begabt, dann wird sie still und kalt, denn nun ist sie auf ewig gewiß.« (VI, 349) - Überhaupt ist das Wesen der »genialen« Menschen *kalt* und *hell* und - *tot*. »Warme Freuden« des irdischen Lebens nennt »der handelnde Republikaner, der gottbegeisterte

Mensch« nicht mehr sein (VI, 348); das ist der Preis, den er entrichten muß, das ist gewissermaßen die »Dialektik der Seligkeit«, die sich in diesen ambivalenten Bewertungen ausdrückt. Bezeichnend auch in diesem Zusammenhang, daß Jean Paul die Weimarer Klassiker, besonders Goethe mit »Kälte«-Metaphorik beschreibt: vor dessen Erscheinen preßt »eine Kühle der Angst [...] die Brust«, dann »trit der Gott her, kalt, einsylbig«, »jedes Wort sei Eis«, sein Herz liege unter einer »Eiskruste«, ja »ganz kalt für alle Menschen und Sachen auf der Erde« werde er geschildert - »blos Kunstsachen wärmen noch seine Herznerven an« (An Christian Otto, 18. Juni 1796; Briefe (wie Anm. 442), Bd. 2, 1958, S. 211 f.); Jean Paul begegnet einem Hohen Menschen, mehr noch: dem Olympier [Zeus] selbst!

519 Der Hohe Mensch stellt nicht unbedingt Jean Pauls positive Utopie dar; schon die ambivalente Zeichnung des Genies deutet darauf hin. Ich werde weiter unten noch darauf eingehen. Im übrigen vgl. den Aufsatz von Paul Böckmann über »Die drei Wege des Glücks in den Romanen Jean Pauls« (in: Akzente 10 (1963), S. 544-566). In dem Brief an Friedrich Wernlein (28. April 1790; Briefe (wie Anm. 442), Bd. 1, 1956, S. 292) findet sich das Motiv der »Menschen höherer Gattung« zum ersten Mal. »Man könte«, schreibt Jean Paul, »das Wesen dieses [höheren, edlen] Prinzips in Losreissung vom Irdischen sezen oder in Anpichung an dasselbe [...].«

520 Vgl. Böckmann (wie Anm. 519), S. 565.

521 Des Luftschiffers Giannozzo Seebuch, »Komischer Anhang zum Titan«, 2. Bdchn. (III, 925-1010). - Gianozzo, durchaus revolutionär gesinnt, erhebt sich mit einem Luftschiff über die Welt, wird jedoch vom Blitz getroffen und stürzt ab. Er geht an seiner »Einkräftigkeit« (vgl. Brief an Friedrich Heinrich Jacobi, 8. September 1803; Briefe (wie Anm. 442), Bd. 4, 1960, S. 236 f.) zugrunde, die Wolfsgruben und Beinhäuser im von weit oben »klein und eitel« (Vorschule, § 33; V, 129) erscheinenden Weltlauf nicht wahrnimmt.

522 Sprengel (wie Anm. 391), S. 258.

523 Ebd., S. 260.

524 Ebd.

525 Im übrigen lernen wir von Katzenberger (also dem Jean Paul des Spätwerks), daß wir nicht bloß das Ideal des Hohen Menschen in uns tragen, sondern genauso »in jedem von uns [...] Ansätze zu einem Monstrum« sind (24. Summula; VI, 198).

526 Wölfel (wie Anm. 265), S. 224.

527 Taschenbuch für 1801 (wie Anm. 286), S. 157. - In der Novelle ist der Unterschied abgeschwächt, es heißt von Lux er sei »rein und groß zugleich« (VI, 353), auch etwas das für Corday so (»zugleich«) nicht zutrifft.

528 Cordays Wesen wird davon aber so wenig angefochten wie die Tatsache, daß Raffael das »größte malerische Genie gewesen wäre, wenn er unglücklicherweise ohne Hände geboren worden« wäre, was Lessings Überzeugung ist. Wölfel (wie Anm. 265, S. 226) weist darauf hin, daß Lessings Auffassung von der Apriorität des individuellen Wesens gegenüber der bloß zufälligen und nachrangigen Aktualisierung auch Jean Pauls Auffassung ist. Vgl. dazu auch Jean Pauls dichtungstheoretischen Äußerungen in der »Vorrede« zum »Jubelsenior« (Prodromus Galeatus), die dem Dichter völlige Herrschaft über

das »Reich des Zufalls« zubilligen (»Ohne alles Bedenken kann ein Dichter morden, rauben, krönen, heilen [...]«), nicht aber über das apriorische, wahre »geistige« Sein seiner Helden (der Dichter »ist niemals imstande, in einem Lovelace mit allem Weihwasser seines Dintenkessels den Teufel zu ersäufen, oder einen Tom Jones zum puritanischen Durchbruch und Klosterprofeß zu bringen, oder das das heilige Feuer eines Agathons mit Dinte auszugießen.«); alle Zitate: IV, 411 f.

529 Jens Tismar: Gestörte Idyllen. München und Wien 1973, S. 30. - Vgl. dazu ebenfalls Wölfel (wie Anm. 265, S. 163 Anm. 27), der die »Enthobenheit aus aller sozioökonomischen Enge und materialen Bedingtheit« als Voraussetzung »heroischen Daseins und Handelns« heraushebt; in der Regel also sind Jean Pauls »idealische« Helden daher Adlige; wenn es ausnahmsweise Bürger sind, stehen ihnen große Erbschaften zur Verfügung (vgl. Schoppe im »Titan«, bes. deutlich im Brief an Albano, 122. Zykel; III, 692 f.).

530 Zwar hat jeder Mensch, wie schon mehrfach erwähnt, seinen »idealen Preismenschen« anfänglich in sich (Levana, § 26; V, 560), durch Arbeit jedoch wird er ihn nie befreien: »Diese Denkungsart [des Hohen Menschen] wird weder von der Philosophie noch Religion noch Poesie verliehen aber wol gestärkt; und durch Geselschaften, Arbeiten, Aemter - entnervt.« (An Friedrich Wernlein, 28. April 1790; Briefe (wie Anm. 442), Bd. 1, 1956, S. 292).

531 Böckmann (wie Anm. 519), S. 564.

532 Vgl. dazu die Ausführungen bei Kiermeier (wie Anm. 467), S. 151 f.

533 Meyer (wie Anm. 504), S. 92.

534 Die hohen Menschen »bauen sich mit ihrer innern Welt gegen Kälte und Glut der äußern ein, wie der Wahnsinnige im schlimmen Sinn«, heißt es da. Vgl. auch (in der Wertung von mir unterschieden) Wölfel (wie Anm. 265), S. 214.

535 Untersuchungen über die französische Revolution nebst kritischen Nachrichten von den merkwürdigsten Schriften, welche darüber in Frankreich erschienen sind. Zwei Theile. Hannover und Osnabrück 1793; hier nach einem Jean Paul zugegangenen Buch von Karl Morgenstern (De Platonis Republica. Commentationes Tres, Halis Saxorum 1794, S. 273) zitiert (da nicht bekannt, ob Jean Paul das Original kannte): zit. b. Kiermeier (wie Anm. 467) S. 150.

536 Eine Haltung, die sich mit der des späten Goethe deckt, der am poetischen Ideal als Kontrapost zu Wirklichkeit festhält, in dem Wissen aber, daß es nicht in die Wirklichkeit einzuführen sei: »Das geht nun einmal nicht, das Ideal und die gemeine Wirklichkeit müssen streng geschieden bleiben«, räsonniert er in einer Unterhaltung mit dem Kanzler Müller, am 13. Juni 1824 (zit. n. K. O. Conrady: Goethe. Leben und Werk. Frankfurt/M. 1987, Teil II, S. 510).

537 Vgl. Kiermeier (wie Anm. 467), S. 151. Es bleibt jedoch nicht bei dem Abscheu oder »Ekel«. Für Katzenberger, eine Gestalt die Jean Paul »in durchaus bejahendem Sinn geschaffen hat« (Meyer [wie Anm. 504], S. 97) ist der Ekel »nur eine lächerliche Konvention«. In der Vorrede zur zweiten Auflage des »Katzenberger«-Korpus spricht Jean Paul sogar von der »stärkenden Verjüngung«, die ein »Blutbad« bringen kann (VI, 84); allen »Abscheu« hat er da abgestreift. Vgl. dazu auch R.-R. Wuthenow: Ein roter Faden, in: Jahrbuch der Jean Paul-Gesellschaft 3 (1968), S. 49-68, hier bes. S. 51. Sechs Jahre später schwärmt der Gymnasiast und Jean Paul-Leser Georg Büchner in seiner Rede

über den »Helden-Tod der vierhundert Pforzheimer« mit Bezug auf die Französische Revolution von dem »blutige[n] aber gerechte[n] Vertilgungs-Kampfe« (!), »der die Menschheit in ihrer Entwickelung um mehr denn ein Jahrhundert in gewaltigem Schwunge vorwärtsbrachte« (Werke und Briefe [wie Anm. 243], S. 18).

538 Vgl. dazu z. B. Heidemarie Bade: Jean Pauls politische Schriften. Tübingen 1974, S. 26 f. und Wuthenow (wie Anm. 537), S. 63; hierbei wird allerdings übersehen, daß Lux durch seinen Cato-Tod in der Nachfolge Cordays einen etwas anderen Status bekam als der »unbelehrbare« Forster.

539 Taschenbuch für 1801 (wie Anm. 286), S. 157.

540 Georg Kerner, [Über Adam Lux], Anmerkung zu seinem dritten Brief aus Paris, in: Neue Klio. Eine Monatsschrift für die französische Zeitgeschichte 1 (1795). (Reprint Nendeln: Kraus, 1972.) Wieder in: Nettelbeck (wie Anm. 242, S. 33-49, Zitate hier S. 35. - Zu Lux vgl. auch Ludwig Bamberger (1866; ebd.), Georg Wedekind (Beyträge zur Geschichte der Französischen Revolution, Bd. 3, 8. Stück, 1795, S. 291-306; Reprint 1972); Alfred Börckel: Adam Lux, ein Opfer der Schreckensherrschaft. Mainz 1892.

541 Harich (wie Anm. 495, S. 119 ff.) hat den politischen Standort Jean Pauls feinfühlig analysiert; seine Ergebnisse diesbezüglich haben Bestand, wie immer man zu seinen Äußerungen zur »politischen Poetik« des Autors stehen mag (sogar Kurt Wölfel verliert ob ihrer »Bodenlosigkeit« (Wölfel [wie Anm. 265, S. 224 Anm.; vgl. ebd., S. 35) einen Augenblick lang - leider - die Contenance).

542 An Christian Otto, 12. Juni 1796; Briefe (wie Anm. 442), Bd. 2, 1958, S. 208.

543 Taschenbuch für 1801 (wie Anm. 286), S. 140 Anmerkung.

544 Ebd., S. 139.

545 Vgl. z. B. Campe (wie Anm. 262), S. 138 f.; 1789 glaubte Campe, »das Prognosticon, welches ein reisender Engländer« dem französischen Volk gestellt habe, sei in Erfüllung gegangen: »wenn dieses Volk einmal aufhören wird zu pfeifen, zu singen und zu tanzen, so wird es frei werden.« (S. 139); nun handle es sich bei diesem Volk nicht mehr um *»Franzosen* in demjenigen Sinne des Worts [...], den wir bis jetzt in Deutschland damit verbanden und den wir uns nunmehr wol werden abgewöhnen müssen« (S. 232).

546 Roger Ayrault: Heiliges Römisches Reich und Französische Revolution im Werk Jean Pauls (1961), wieder in: Jean Paul. Hrsg. v. Uwe Schweikert. Darmstadt 1974, S. 170-180, hier S. 172 und 180.

547 Lützeler hat in der umfangreichen Einleitung zu dem von ihm herausgegebenen Band romantischer »Europa«-Visionen (Europa. Analysen und Visionen der Romantiker. Frankfurt/M. 1982, S. 9-53) einfühlsam herausgearbeitet, inwieweit die aber objektiv nicht anders als reaktionär zu nennenden politischen Vorstellungen ursprünglich einmal revolutionären oder jedenfalls vorwärtsgewandten Utopien entsprang.

548 Vgl. dazu Harich (wie Anm. 495), S. 123 f., 429 f., v. a. 367-370.

549 Karl Marx: Die heilige Familie (wie Anm. 251), S. 130.

550 Am 2. Frimaire, An III (= 22. November 1794); zit. n. Soboul (wie Anm. 20), Bd. 2, S. 395.

551 Ebd. - Eine der gelungensten künstlerischen Umsetzungen jener Zeit der *»Bälle der Opfer*, bei denen die schamlose Unzucht ihre falsche Trauer in wü-

sten Orgien austobte« (Michelet [wie Anm. 25], Bd. 5, S. 186) sind die entsprechenden Szenen in Abel Gances »Napoleon« (1927). Jedoch fehlt diesem Film ganz die Relativierung des ästhetisch und in seiner Amoralität faszinierenden Phänomens durch die politische Seite dieser Lust, nämlich den »weißen Terror« des Thermidors und der Directoirezeit.

552 Bezüglich Büchners Beziehungen zu Jean Paul vgl.: Paul Requadt: Zu Büchners Kunstanschauung, in: Ders.: Bildlichkeit der Dichtung. München 1974, S. 106-138; Bernhard Böschenstein: Büchners Jean Paul-Rezeption, in: Akten des 5. Internationalen Germanisten-Kongresses. Bern und Frankfurt/M. 1975, H. 4, S. 67-73. - Büchners Gemeinsamkeiten mit Jean Paul bleiben nicht auf die »Freiheitsauffassung« beschränkt. In seinen frühen Briefen stilisiert sich Büchner durchaus zu einem Humoristen Jean Paulscher Manier (vgl. z. B. Werke und Briefe [wie Anm. 243], S. 285 f.).

553 Soboul (wie Anm. 20), Bd. 2, S. 396.

554 Edmund Th. Kauer: Vorbemerkung zu Louvet: Chevalier de Faublas. Berlin 1929, S. XIII.

555 Börne: Denkrede auf Jean Paul. Vorgetragen im Museum zu Frankfurt, am 2. Dezember 1825; Werke in zwei Bänden. Hrsg. v. H. Bock und W. Dietze. 4. Aufl., Berlin und Weimar 1981, Bd. 1, S. 148.

556 Zu den Gemeinsamkeiten dieser Reihung von Marat über Jean Paul und Börne bis zu Büchner gehört auch die Betonung des reinsten sozialen Mitleids, die bei Georg Büchner topisch wurde, aber auch von Fabre d'Eglantine als Handlungsmovens Marats identifiziert wird (vgl. Fabre d'Eglantine: Marats Portrait, in: Minerva, Bd. II, Hamburg 1794, S. 8-37, hier S. 20 f. und 28 f.).

557 Börne (wie Anm. 555), S. 148, 151, 147.

558 Bade (wie Anm. 538), S. 102 f.

559 Fabre d'Eglantine (wie Anm. 556), S. 11.

560 Börne (wie Anm. 555), S. 149 f.

561 An Emanuel Osmund, 20. Juli 1817; Briefe (wie Anm. 442), Bd. 7, 1954, S. 125. (Es muß ehrlicherweise angemerkt werden, daß sich die Briefstelle auf ein von dem hier Verhandelten ganz unterschiedenes Ereignis in Heidelberg bezieht.)

562 Vgl. zum Beispiel Börckels Lux-Monographie (wie Anm. 540) oder auch schon die Anmerkung Wilhelm Hauffs zu der anonymen Drouineau-Übersetzung im Cottaschen Morgenblatt (Stuttgart 1831, Nr. 291, S. 1162): »Warum erwähnt der Verfasser mit keiner Sylbe des hochherzigen Mainzers Lux, den Charlottens Heldenthat in so hohem Grade begeisterte, daß er gegen die Blutsäufer sie laut und offen vertretend, das Schaffot kurz nach ihr bestieg?«

563 Schlagendes Beispiel: Das »dramatische Gedicht« von Julius Bamme (1852), ein letztlich unverständliches Werk. Charles Vatel (wie Anm. 50) über das Stück: »Les nébuleuses que l'auteur a épaissies autour de sa pensée soutelles suffisament accessibles au vulgaire? Nous avouons notre insuffisance; nous avons fait nos efforts pour donner une idée d'un ouvrage qui nous paraissait sérieux: mais trop souvent nous n'avons pas réussi à percer des profondeurs audessus de notre portée.« (S. CCCLXXXV) Auch Rita Minor (wie Anm. 131) hat Mühe, höflich zu bleiben: »Vielleicht wollte der Verfasser philosophische Gedanken hier zur Erörterung bringen, aber es fehlt ihm jedenfalls die Fähigkeit sich verständlich auszudrücken.« (S. 121)

564 Erinnerungsblätter für gebildete Leser aus allen Ständen. Hrsg. v. August Schumann, Jg. 1819, No. 14 vom 4. April 1819, No. 16 vom 18. April 1819, No. 17 vom 25. April 1819; zit. n. Brückner (wie Anm. 246), S. 44 f.

565 End., S. 43.

566 Vgl. Franz Schnabel: Deutsche Geschichte im neunzehnten Jahrhundert. Bd. 2, Freiburg 1933, S. 255 f.; Heinrich von Treitschke: Deutsche Geschichte im neunzehnten Jahrhundert. Bd. 2, Leipzig 1882, S. 526 f.

567 Brief an E. H. von Sengbusch, 11. Juni 1819; zit. n. Brückner (wie Anm. 246), S. 52-56.

568 Tagebucheintrag (aus: Max Dobinger: Quellen und Darstellungen, Bd. 8, S. 151-153); zit. n. Brückner (wie Anm. 246), S. 51.

569 Treitschke (wie Anm. 566), S. 526.

570 Michelet (wie Anm. 25), Bd. 4, S. 237.

571 Puschkin: Gesammelte Werke. Hrsg. v. Harald Raab. Frankfurt/M. 1973, Bd. 1, S. 114 (»An Sturdsa«), S. 144 f. (»Der Dolch«), S. 226 ff. (»An André Chenier«), entstanden 1819-1825. Besonders die Hymne an den »Dolch« preist die »jungfräuliche Eumenide« Corday sowie den »edlen Jüngling Sand«. Puschkins Haß auf die in eine Reihe gestellten »Tyrannen« Marat, Kotzebue und Alexander I. entstammt den besonderen Bedingungen des historisch - wenn man westeuropäische Maßstäbe anlegt - rückständigen Zarenreichs; daher seine Corday-Rezeption ganz anderen Bedingungen gehorcht als die westeuropäische.

572 Treitschke, S. 525. Vgl. auch Schnabel, S. 256 (beide wie Anm. 566).

573 Brief an die Mutter des Attentäters vom 31. 5. 1819; zit. n. Nettelbeck (wie Anm. 242, S. 146; anfänglich ergänzt durch einen Satz nach Treitschke (wie Anm. 566), S. 526.

574 Schnabel (wie Anm. 566), S. 256.

575 Brückner (wie Anm. 246), S. 58. Kotzebue kurz vor seinem Tod: »Warlich, jeder Vater muß jetzt zittern, einen Sohn auf die Universität zu schicken; er muß gerade dann am meisten zittern, wenn der junge Mensch lebhaft und geistreich ist [...]; denn in dieser sogenannten akademischen Freiheit gehen fürwahr mehr gute Köpfe *unter*, als deren entwickelt werden.« (Erinnerungsblätter, No. 11, 14. März 1819, zit. ebd., S. 32 f.) - denn an den Universitäten, dieser Brutstätte der Revolutionen, wird der begabte Jüngling höchstwahrscheinlich ein Opfer des »Haufen[s] verwilderter Professoren und verführter Studenten«, wie sich Karl Albert von Kamptz, der Polizeichef der Berliner Regierung, auszudrücken beliebte.

576 § 2 der Bundestagsbeschlüsse; zit. n. Brückner (wie Anm. 246), S. 77.

577 Zit. n. Georg Büchner 1813-1837 (wie Anm. 79), S. 101.

578 Zit. n. Wolfgang Venohr und Friedrich Kabermann: Brennpunkte deutscher Geschichte. Kronberg/Ts. 1978, S. 222.

579 Körners Werke: Hrsg. v. Augusta Weldler-Steinberg. Berlin (usw.) 1908, Teil 1, S. 9. Dem Essay von Gerald Sammet (Carl Ludwig Sand. Eine deutsche Rebellion. In: H. Zimmermann (Hrsg.): Schreckensmythen - Hoffnungsbilder. Frankfurt/M. 1989, S. 162-173, hier 172) zufolge trug Sand (der übrigens aus demselben fränkischen Dorf Wunsiedel stammt wie Jean Paul) auch noch das Johannes-Evangelium mit sich; den Jean Paul-Text erwähnt Sammet nicht.

580 Jean Paul: Über Charlotte Corday; Werke (wie Anm. 264), Bd. 6, S. 337.

581 Corday etwa sah sich selbst als erste Kriegerin des aufständischen Heeres, das sich in der Normandie sammelte. An Barbaroux schrieb sie: »Sagen Sie dem General Wimpfen [dem Anführer der Insurrektionsarmee], daß ich glaube, ich habe ihm geholfen, mehr als eine Schlacht zu gewinnen [...].« (Landauer [wie Anm. 18], Bd. 2, S. 128). In besonderer Weise verstärkt hat Sibylle Knauss (wie Anm. 235) das Motiv 1988 wieder aufgenommen.

582 Jean Paul: Über Charlotte Corday; Werke (wie Anm. 264), Bd. 6, S. 337.

583 Geschichte der deutschen Literatur, zweite Ausgabe, 1855, Bd. 1, S. 258. »Der Cultus des Genius, an den Jean Paul in seinen Romanen so vielen Weihrauch verschwendet hat, war nicht die Religion, die unser Zeitalter erlösen konnte«, meint der Liberale Schmidt im Gegensatz zu Puschkin im Weiteren.

584 Merkwürdig ambivalent bleibt das Urteil über Sand bei Franz Schnabel (wie Anm. 566, S. 256 f.), der sich nicht recht entscheiden kann, ob er den exaltierten Radikalen Sand betont (und damit erledigt) oder doch lieber den Vorkämpfer für die nationale Einheit (der 1869 ein Denkmal bekam und von Nationalisten gefeiert wurde).

585 Jean Paul: Anmerkung zu »Charlotte Corday«; Werke (wie Anm. 264), Bd. 6, S. 337.

586 In der Tat suchte Jean Paul seinem Sohn Max, der stark für den Mörder Kotzebues schwärmte, »das ganz falsche Urtheil über Sand« auszutreiben, »dessen eben so unsittliche als unverständige That Deutschland eben auf die Sandbank wieder gebracht [hat]. [...] Sterben für eine Idee ist leichter als für eine leben.« (An Max Richter, 16. Juli 1821; Briefe (wie Anm. 442), Bd. 8, 1955, S. 127): eine Argumentation, die neben dem moralischen Argument des Liberalen ebenso die Abneigung gegen einen ganz nutzlosen und nach hinten ausschlagenden politischen Aktionismus des Realpolitikers kennt. Vgl. auch Karoline de la Motte Fouqué (»Heldenmädchen«, I. Theil, Leipzig 1816, S. 83; vgl. mein erstes Kapitel), wo die moralisch unbeugsame Elisabeth dem Girondisten Barbaroux dieselbe Lebensferne vorwirft: »In Wahrheit [...], diese Helden großer Systeme mögen besser zu sterben verstehen, als sie zu leben wissen. Ihre rohe Erhabenheit preßt alles warme Herzblut aus dem Leben, und macht die menschliche Größe sehr zweideutig.«

587 Jean Paul: Anmerkung zu »Charlotte Corday« (wie Anm. 585), S. 337.

588 Die Ansicht, daß der argumentativ Unwiderlegbare nur noch mit dem Dolch widerlegt werden könnte, findet sich häufiger, zum Beispiel auch in bezug auf Marat (Anonymus (Hrsg.): Marat, Ami du peuple. Hamburg 1846, S. 76; vgl. gegen meine Ansicht Hartig [wie Anm. 20], S. 45). Ähnliches wurde auch über Jean Jaurès geschrieben, von dem der französische Philosoph Alain (d. i. Emilie Chartier) sagte, man könne ihn nicht widerlegen, da er unangreifbar sei: »Man konnte ihn nur ermorden, nur ihm kam diese Ehre zu.« (zit. n. Heinz Abosch: Jean Jaurès. München und Zürich 1986, S. 144).

589 Rezension der zweiten Auflage des Katzenbergers, in: Wegweiser im Gebiete der Künste und Wissenschaften. Beilage der Dresdner Abend-Zeitung, Nr. 55, 9. Juli 1823, S. 217-218; erneut in: Sammlung der zeitgenössischen Rezensionen von Jean Pauls Werken. Hrsg. v. Kurt Wölfel, Bd. 3 (Jahrbuch der Jean Paul-Gesellschaft 18, 1983), S. 174-177; Zitat S. 176 f.

590 Uwe Schweikert (Jean Paul und die Restauration, in: Jahrbuch der Jean Paul-Gesellschaft 10 (1975), S. 123-149) stellte heraus, daß dies kein Zeichen von Opportunismus ist, der Jean Pauls ansonsten klar oppositionelle Haltung relativiert, sondern einem Argumentationszusammenhang entspringt, wie ich ihn in Anmerkung 586 ansprach. Der Opportunismusvorwurf braucht aber gar nicht aufkommen, wenn man den Text genau liest, da er ja offenbar eine Zensurfinte ist.

591 Hoffmann hatte als Richter der Berliner Immediatskommission, die gegen »staatsgefährdende Elemente« vorgehen sollte, entgegen ministeriellen Weisungen gehandelt und sich daher Verfolgung zugezogen. Insbesondere ging es in der Affäre, bei der Hoffmann jede schriftstellerische Tätigkeit verboten werden sollte und in der der schon erwähnte von Kamptz eine Hauptrolle spielte, um die Satire »Meister Floh«, die schon vor Drucklegung beschlagnahmt wurde; die vor allem inkriminierte Knarrpanti-Episode konnte so erst 1906 aus den Akten des Geheimen Staatsarchives in Berlin veröffentlicht werden. Vgl. dazu die Dokumentation in: Hoffmann: Späte Werke. Hrsg. v. W. Müller-Seidel und W. Segebrecht. Darmstadt 1985, S. 899-913; sowie Klaus Günzel: E. T. A. Hoffmann. Düsseldorf 1979, S. 373-494.

592 Vgl. Börckel (wie Anm. 540), S. 85; Jean Paul - Leben, Werk, Wirkung. Hrsg. v. F. Kemp, N. Miller, G. Philipp. München 1963, S. 251-252; sowie Nettelbeck (wie Anm. 242), S. 42-48.

593 Eduard Heinrich Gehe: Charlotte Corday, in: Ders.: Historische Novellen und Erzählungen. Leipzig: Focke, 1832 (= Bibliothek historischer Romane und Erzählungen in Originalwerken der vorzüglichsten vaterländischen Schriftsteller, Bd. 10); in wissenschaftlichen Bibliotheken Deutschlands nicht mehr vorhanden.

594 Heinrich Laube: Die französische Revolution. Von 1789 bis 1836. Berlin 1836, S. 34.

595 Ebd., S. 25-27.

596 Hirschstein (wie Anm. 103), S. 42 Anm. 33, vermutet, Gutzkow beziehe sich auf Gehes Novelle (1832).

597 Gutzkow: Beiträge zur Geschichte der neuesten Literatur, Bd. 1. Stuttgart 1836, S. 261.

598 Vgl. Gert Ueding: Rhetorik der Tat: Ludolf Wienbarg [...], in: Ders., Die anderen Klassiker. München 1986, S. 89-109.

599 Wienbarg: Ästhetische Feldzüge. Hrsg. v. W. Dietze. Berlin und Weimar 1964, S. 159.

600 Ebd., S. 87.

601 Ebd., S. 90.

602 Ebd., S. 189.

603 Ebd., S. 87.

604 Vgl. dazu auch Heines Polemik in der »Romantischen Schule« (Schriften [wie Anm. 78], Bd. 3, S. 357-504), wo er den Realisten E. T. A. Hoffmann gegen den Romantiker Novalis ausspielt. Hoffmann, der »sich doch immer an der irdischen Realität festklammert« und daher »als Dichter viel bedeutender« sei als Novalis (S. 440), ist die Lieblingslektüre, ja das »einzige Vergnügen« einer »heiteren, dicken, rotbäckigen Frau mit einem hohen Busen«, die »tätig, wirt-

schaftlich, praktisch« genannt werden muß (S. 443), während ihre »blasse zarte Schwester« schon beim »Anblick eines Hoffmannschen Buches die unangenehmste Empfindung« verspürt und daher Novalis »Heinrich von Ofterdingen« vorzieht (ebd.).

605 Wienbarg: Wanderungen durch den Thierkreis. Hamburg 1835, S. 240.

606 Ebd., S. 249.

607 Ueding (wie Anm. 598), S. 106.

608 Wienbarg (wie Anm. 599), S. 76.

609 Zit. n. Ludwig Marcuse: Ludwig Börne. Zürich 1977, S. 203.

610 Ebd., S. 223.

611 Wienbarg (wie Anm. 599), S. 71.

612 Gutzkow (wie Anm. 597), S. 261.

613 In dieser Art taucht Charlotte Corday später in den Dramen der letzten Erben eines politischen Idealismus auf: in Romain Rollands »Triomphe de la Raison« (1899) und in Stefan Zweigs »Adam Lux« (1913/1928) zum Beispiel.

614 Eduard Beurmann: Die Pommer'sche Dichterschule, in: Phönix, Nr. 180, 1. August 1835, Literatur-Blatt Nr. 30, S. 718.

615 Zit. n. Theodor Mundt: Charlotte Stieglitz. Ein Denkmal (zuerst: Berlin 1835), wieder in: Ledanff (wie Anm. 78), S. 7-116.

616 Vgl. Ledanff (wie Anm. 78): Nachwort, ebd. S. 185-230, hier bes. 223 und 225.

617 Gutzkow, [Rezension zu] Charlotte Stieglitz. Ein Denkmal [von Theodor Mundt], in: Phönix, Nr. 240, 10. Oktober 1835, Literatur-Blatt Nr. 40, S. 960.

618 Ebd.

619 Beide vorherigen Zitate: ebd.

620 Alle Zitate des Absatzes aus Gutzkow: Cypressen für Karoline Stieglitz, in: Phönix, Nr. 48, 25. Februar 1835, Literatur-Blatt Nr. 8, S. 189-191, hier 189 f.

621 An Gutzkow, 1836 aus Straßburg, nicht datiert; Büchner (wie Anm. 243), S. 319. Vgl. auch den Brief an die Familie, 1. Januar 1836, ebd., S. 312 f., wo er sich entschieden von Gutzkow distanziert.

622 Allenfalls ein Satiriker und begnadeter Witzbold wie Hans Traxler (wie Anm. 234) braucht Marat nicht sterben zu lassen; doch ist dies wirklich erst heute möglich und setzt als ausgemacht voraus, daß Marat normalerweise zu sterben hat.

623 Gutzkow [Rezension zu Mundts 'Denkmal'], in: Phönix, Nr. 240, 10. Oktober 1835, Literatur-Blatt Nr. 40, S. 960.

624 Ebd.

625 Zum Beispiel »Wally, die Zweiflerin« (1835); im Vorwort zur zweiten Ausgabe 1852 heißt es: »Dieser Roman, veranlaßt durch den Tod der Charlotte Stieglitz, wollte den Versuch machen, ein Interesse an den Ideen wie eine persönliche und reine Herzensangelegenheit darzustellen.« (Zit. n. Anhang zum Reprint der 1. Aufl. 1835, hrsg. v. J. Schillemeit. Göttingen 1965, S. 12*).

626 Vgl. dazu Jean Paul: Charlotte Corday; Werke (wie Anm. 264), Bd. 6, S. 345: Corday »achtete die Männer wenig, weil eine weibliche Seele in der Liebe ein höheres Wesen sucht und ihre erhabnere nicht einmal das ähnliche fand«.

627 Gustav Kühne: Weibliche und männliche Charaktere. Leipzig 1838. Erster Teil, Bd. 6, S. 115-154 (Vorabdrucke in: Zeitschrift für die elegante Welt, 1835, Nr. 181-205); hier zit. n. Ledanff (wie Anm. 78), S. 151-154.

628 Lamartine: Histoire des Girondins. Leipzig 1847, Bd. 6, S. 124-176, erzählt im Livre Quarante-Quatrième eine wirklich schöne Geschichte von Charlotte Corday, deren einziger Nachteil ist, daß sie nicht wahr ist - wenn das denn ein Nachteil ist.

629 Otto Ludwig: Plan zu einer Corday-Tragödie; nicht publiziertes Notizheft; Goethe-Schiller-Archiv Weimar. Zit. b. Minor (wie Anm. 131), S. 98.

630 Aufschlußreich ist ein dem Drama von Alinda Jacoby [Maria Krug] (Kempen 1910) praktischerweise gleich beigehefteter »Bestellschein« (inklusive der »Bezugs-Bedingungen« und einiger werbender Worte) des »Ateliers für historische Kostüme« eines gewissen Conrad Jansen; der wirbt damit, daß sein Kostümlager das wohl größte Deutschlands sei und »Kostüme aller Völker und aller Zeiten bis zur Mitte des 19. Jahrhunderts« enthalte; einschließlich bengalischer Salonfeuer und Blitzpatronen bietet diese merkwürdige Parasitenindustrie alles was es braucht, um ein Drama so recht im Stil der Meininger auf die Bühne zu stellen: die treffliche Kostümierung »mit Waffen, Schmucksachen, Panzer usw.« scheint im Bewußtsein der Zeitgenossen »sehr viel zum guten Gelingen der Vorstellungen bei[zutragen]«, wie man beigefügten Referenzen einzelner Leihbezieher entnehmen kann. Außer Jansen wirbt im selben Heft noch ein zweiter Theater-Kostüm-Verleih per Anzeige um Kunden: davon konnte man damals offensichtlich leben.

631 Sengle: Das deutsche Geschichtsdrama [später unter dem Titel »Das historische Drama«]. Stuttgart 1952, [Einleitung,] S. 1: »Mit Schrecken erinnert man sich der zahllosen epigonenhaften 'Oberlehrerdramen', welche die Bezeichnung 'historisches Trauerspiel' trugen und durch einen Firnis gelehrter Bildung über ihre dichterische Unzulänglichkeit hinwegtäuschen wollten.«

632 Robert Griepenkerl: Ausgewählte Werke. Hrsg. v. Heinz Amelung. Berlin 1921. Vgl. bes. S. 180.

633 Es handelt sich um die Dramen von Friedrich Eisele (1848), Ernst Rommel (1856), Fritz Eickhorn (1856) und Otto Girndt (1867).

Bildnachweis

Abbildungen

1 Johann Jacob Hauer (1751-1829): Charlotte Corday. Ölgemälde (60 x 47 cm) 1793. Versailles, Musée National du Chateau.

2 Augusta Lebaron-Nesves (1804-?): Charlotte Corday. Ölgemälde (129 x 96 cm) 1842. Caen, Musée des Beaux-Arts.

3 Christophe Thomas Degeorge (1786-1854): Charlotte Corday. Grisaille (55 x 46 cm) um 1845/48. Clermont-Ferrand, Musée Bargoin. Nach einem Relief von Anthony Samuel Adam-Salomon (1818-1881): Charlotte Corday. 1845/46 oder 1848. Verschollen.

4 Jules Charles Aviat (1844- nach 1905): Charlotte Corday. Ölgemälde (275 x 200 cm) 1880. Rouen, Musée des Beaux-Arts.

5 Jean François Gigoux (1806-1894): Charlotte Corday. Zeichnung (96 x 72 cm) 1848. Verschollen. Nachstich in: L'Artiste, Série V, Tome 1, Nr. 9, 1. 6. 1848, gegenüber S. 152.

6 Johann Heinrich Lips (1758-1817): Charlotte Corday. Kupferstich nach einer Zeichnung von Bréa (auch: de Bré; Lebensdaten unbekannt) (8 x 13 cm) In: Neue Klio. Eine Zeitschrift für französische Zeitgeschichte. Leipzig 1796, 1. Band, 5. Heft.

7 Jean Duplessi-Bertaux (1747-1819): Marie Anne Charlotte Corday d'Armans. Kupferstich. An VI (= 1797/98). In: Collection complètes des Tableaux historiques de la Révolution française, en trois volumes. Paris an XI (= 1802).

8 Johann David Schubert (1761-1822), Zeichner, und Ernst Ludwig Riepenhausen (1765-1840), Stecher: Marat stierbt des Tod's, den er für andere gepredigt hatte. Kupferstich (6 x 10 cm) 1793. In: Revolutions-Almanach von 1794. Göttingen 1793, N° 12, gegenüber S. 380.

9 Unbekannter Künstler: Zur Erinnerung an Marat, den Freund des Volkes, ermordet am 13. Juli 1793. Kupferstich 1793. Paris, Bibliothèque Nationale.

10 Claude Louis Desray (auch: Desrais; 1746-1816): Die Ermordung Marats. Kupferstich 1793. Paris, Bibliothèque Nationale.

11 Louis Brion de la Tour (vor 1781 - nach 1823): Die Ermordung des Jean Paul Marat. Kupferstich (30 x 40 cm) 1793. Paris, Bibliothèque Nationale.

12 Henri Scheffer (1798-1862): Die Verhaftung der Charlotte Corday. Ölgemälde (130 x 163 cm) 1830. Grenoble, Musée de Peinture et de Sculpture. Hier ein Nachstich von August Thomas Marie Blanchard (1819-1898).

13 Louis Léopold Boilly (1761-1845): Die Verhaftung der Charlotte Corday. Lavierte Zeichnung (50 x 60 cm) 1793. Versailles, Musée Lambinet.

14 Johann Heinrich Ramberg (1763-1840): Der Tod des Marat. Aquarellierte Zeichnung (43 x 45 cm) 1793. München, Staatliche Graphische Sammlung.

15 Unbekannter Künstler: Der Tod des Patrioten Jean Paul Marat. Kupferstich (17 x 27 cm) 1793. Paris, Bibliothèque Nationale.

16 Jean-Joseph Weerts (1847-1927): Die Ermordung Marats. Ölgemälde (267 x 360 cm) 1880. Roubaix, Musée Weerts.

17 Alfred Hrdlicka (geb. 1928): Der Tod des Marat (aus einem 9teiligen Zyklus). Pastell- und Ölgemälde (200 x 160 cm) 1986/87. Privatbesitz.

18 Michael Mathias Prechtl (geb. 1926): Der unglückselige Tod des Jean-Paul Marat. Mischtechnik (50 x 60 cm) 1976. Privatbesitz.

19 Edvard Munch (1863-1944): Frau und nackter Mann / Charlotte Corday. Ölgemälde (62 x 69 cm) 1933/35. Oslo, Munch-museet.

Literatur / Ausstellungskataloge

Gabriele Sprigath: Paul Baudrys »Charlotte Corday« im Pariser Salon von 1861. Ein Beitrag zur Realismus-Debatte um 1860. In: Städel-Jahrbuch, N.F. Bd. 5. München: Prestel, 1975, S. 200-226.

Michael Marrinan: Images and Ideas of Charlotte Corday - Texts and Contexts of an Assassination. in: Arts Magazine 54 (1980), S. 158-176.

Michael Mathias Prechtl: Bilder und Zeichnungen 1956-1981. Frankfurt/M.: Büchergilde Gutenberg, 1981.

Ulrich Wiesner: Picasso - Todesthemen. Bielefeld: Kunsthalle, 1984.

Arne Eggum: Edvard Munch. Gemälde, Zeichnungen und Studien. Stuttgart: Klett-Cotta, 1986.

Jörg Traeger: Der Tod des Marat. Revolution des Menschenbildes. München: Prestel, 1986.

Jean-Claude Bonnet (Hrsg.): La Mort de Marat. Paris: Flammarion, 1986.

Michel Vovelle [und Catherine Schubert]: La Révolution Française. Images et Recit 1789-1799. 4 vols. Paris: Éditions Messidor / Livre Club Diderot, 1986.

Jean-Jacques Lévêque: L'art et la Révolution Française 1789-1804. Neuchâtel: Éditions Ides et Calendes, 1987.

Peter Gorsen: Alfred Hrdlicka, Die Französische Revolution. Katalog der Albertina, Wien. Frankfurt/M. [usw.]: Schirmer, 1989.

La Révolution Française et L'Europe. 1789-1799. (XXe exposition du Conseil de l'Europe.) 3 vols. Paris: Éd. de la Réunion des musées nationaux, 1989.

1789 - 1989. Zweihundert Jahre Französische Revolution. Berlin: Staatliche Kunsthalle, 1989.

Freiheit Gleichheit Brüderlichkeit. 200 Jahre Französische Revolution in Deutschland. Nürnberg: Germanisches Nationalmuseum, 1989.

Charlotte Corday. Une Normande dans la Révolution. Rouen: Musées dept. de la Seine-Maritime, 1989.

Literatur

Primärliteratur

[Anonym]: An die Freiheit. (Ode; unterzeichnet: B. in Hornung, 1793. A.) In: Der Neue Teutsche Merkur vom Jahre 1793. Hrsg. v. C[hristoph] M[artin] Wieland. Erster Band, Drittes Stück: März 1793, Weimar [und Leipzig]: Expedition des NTM [u. Göschen], 1793, S. 333-334.

[Anonym]: Assassinat de Marat, en vaudeville. Paris: Jean, o.J. Wieder in: Jean-Claude Bonnet (Hrsg.): La Mort de Marat. Paris: Flammarion, 1986, S. 455-459.

[Anonym]: Charlotte Corday ou la Judith moderne. Tragédie en trois actes et en vers. Caen: Imprimeries des Nouveautés, 1797.

[Anonym]: Charlotte Corday. Trauerspiel in fünf Aufzügen. Als Manuscript gedruckt. Frankfurt/M.: C. Adelmann, 1849.

[Anonym]: Charlotte Korday. Ein Versuch. O. O. [Altona]: o. V. [= Hammerich?], 1794.

[Anonym]: Gallerie merkwürdiger Frauenzimmer aus der ältern und neuern Zeit. Zwei Bände. Göttingen: Vandenhoek und Ruprecht, 1794 und 1798.

[Anonym]: Peinliches Verhör und Urthel [sic] Maria Anna Charlotte Corday, Mörderin des berüchtigten Volksdeputirten Marat. O. O. [Nürnberg?]: o. V., 1793.

[Anonym]: Präservativ gegen eine Modekrankheit, aus dem Pariser Nationalconvente. In: Journal des Luxus und der Moden. Hrsg. v. F[riedrich] J[ustin] Bertuch und G. M. Kraus. Achter Band, Jahrgang 1793, 12. Stück: Dezember, Weimar: Industrie-Comptoir, 1793, S. 615-622.

[Anonym]: Warnung vor einer abscheulichen Mode. In: Journal des Luxus und der Moden. Hrsg. v. F[riedrich] J[ustin] Bertuch und G. M. Kraus. Achter Band, Jahrgang 1793, 11. Stück: November, Weimar: Industrie-Comptoir, 1793, S. 551-556.

Abegg, Johann Friedrich: Reisetagebuch von 1798. Hrsg. v. Walter und Jolanda Abegg in Zusammenarbeit mit Zwi Batscha. Frankfurt/M.: Insel, 1987 (zuerst 1976).

Adler, Emma: Die berühmten Frauen der französischen Revolution 1789-1795. Mit 9 Porträts. Wien: C. W. Stern, 1906.

[Allhusen, Carl Gustav]: Revolutionsbilder aus den Jahren 1789 bis 1794. Nebst Ursachen von Revolutionen und Art und Weise, dem Uebel derselben vorzubeugen. Aus dem Französischen. Kiel: C[arl] G[ustav] Allhusens Selbstverlag, 1852 (= Allhusen's populäre und sociale Flugschriften, H. 7).

Appen, Carl von: Charlotte Corday. Trauerspiel in fünf Aufzügen. (Den Bühnen gegenüber als Manuskript gedruckt.) Kiel: Carl Schröder, 1861.

Bamme, Julius: Charlotte Corday. Dramatisches Gedicht. Magdeburg: Walter Delbrück, 1852.
Barrau, Jean-François: La Mort de Marat. Tragédie en trois actes, suivi de son Apothéose, en un acte et en vers. Toulouse: Baour[-Lormian], 1793. UA: l'an II, 15 pluviôse; 3.2.1794).
Benoît, Peter und Van de Ven: Charlotte Corday. Oper. Antwerpen 1876. UA: Brüssel, Wintersaison 1877/78.
Beurmann, Eduard: Die Pommer'sche Dichterschule. In: Phönix II (siehe dort), Nr. 180, 1. August 1835, Literatur-Blatt Nr. 30, S. 717-719.
Beyträge zur Geschichte der französischen Revolution. [Hrsg. v. Peter Paul Usteri.] Sieben Bände. [Leipzig: Peter Philipp Wolf,] 1795-1796 (Reprint Nendeln: Kraus, 1972). Fortgesetzt u. d. T.: Humaniora.
Börne, Ludwig: Werke in zwei Bänden. Ausgewählt und eingeleitet v. Helmut Bock und Walter Dietze. 4. Aufl., Berlin und Weimar: Aufbau, 1981.
Böttiger, Karl Aug[ust]: Literarische Zustände und Zeitgenossen. In Schilderungen aus Karl Aug[ust] Böttiger's handschriftlichem Nachlasse. Hrsg. v. K[arl] W[ilhelm] Böttiger. Zwei Bändchen. Leipzig: F. A. Brockhaus, 1838.
Briefe an Goethe. Gesamtausgabe in Regestform. Bisher vier Bände, hrsg. v. Karl-Heinz Hahn, redigiert von Irmtraud Schmid. Weimar: Hermann Böhlaus Nachfolger, 1980 ff. (zuletzt Bd. 4, 1988).
Büchner, Georg: Werke und Briefe. Münchner Ausgabe. Hrsg. v. Karl Pörnbacher, Gerhard Schaub, Hans-Joachim Simm, Edda Ziegler. München: Hanser, 1988.
Büchner, Luise: Nachgelassene belletristische und vermischte Schriften in zwei Bänden. [Hrsg. v. Ludwig Büchner.] Frankfurt/M.: J. D. Sauerländer, 1878.
Burke, Edmund: Betrachtungen über die Französische Revolution (aus dem Englischen übertragen von Friedrich Gentz). Gedanken über die französischen Angelegenheiten (aus dem Englischen übertragen von Rosa Schnabel). Hrsg. v. Ulrich Frank-Planitz. Zürich: Manesse, 1987.
Ça ira! Das Lesebuch der Französischen Revolution. Hrsg. v. Thilo Lang. München: Knaur, 1989.
Campe, Joachim Heinrich: Briefe aus Paris zur Zeit der Revolution geschrieben. [Reprint der Ausgabe 1790.] Mit Erläuterungen, Dokumenten und einem Nachwort von Hans-Wolf Jäger. Hildesheim: Gerstenberg, 1977.
Chénier, André: Ode IX, à Marie-Anne-Charlotte Corday. In: Ders.: Oeuvres posthumes. èd. par D. Ch. Robert. Paris: Guillaume, 1826, S. 275-278. Wieder in Ders.: Oeuvres Complètes. Hrsg. v. Gérard Walter. Paris: Gallimard, 1950, S. 178-180.
Colet, Louise: Charlotte Corday et Madame Roland. Tableaux dramatiques. Paris: Berquet et Petion, 1842. Dies.: Un des Jurés de Charlotte Corday. Esquisses dramatiques en trois tableaux, en prose (Vatel, S. CCCCXVI ff.).
Corradini, Enrico: Carlotta Corday. Dramma in tre atti. Napoli: Perrella, 1908.
Couet de Gironville: Charlotte Corday decapitée à Paris, ou Mémoires pour servir à l'histoire de la vie de cetre femme celebre. Paris: o. V., an IV [1796].
Cronegk, Johann Friedrich: Olint und Sophronia. In: Lessings Jugendfreunde. Hrsg. v. Jacob Minor. Berlin und Stuttgart o. J., S. 137-199.
Delle Grazie, Marie Eugenie: Robespierre. Ein modernes Epos. Zwei Theile. Leipzig: Breitkopf und Härtel, 1894.

Delle Grazie, Marie Eugenie: Sämtliche Werke. 9 Bände. 2., vielfach verbesserte Auflage. Leipzig: Breitkopf und Härtel, 1903 ff.

Desodoards, Anto[i]n[e] Fantin: Philosophische Geschichte der französischen Revolution von der Zusammenberufung der Notabeln bis zur Auflösung der National Convention. Mit einigen Berichtigungen eines Augenzeugen. Zwei Theile. Züllichau und Freystadt: Friedrich Frommann, 1797.

Digand, Frédéric: Charlotte Corday, ou la Mort de Marat. [Tragédie en trois actes et en vers.] Bruxelles: Perichon, 1847.

Dornfeld, V. [d. i. Viktor Sabarth]: Charlotte Corday. Trauerspiel in vier Acten. O. O. [Nehte bei Hannover]: o. V. [Selbstverlag des Verfassers], o. J. [1895].

Drieu la Rochelle, Pierre: Charlotte Corday. Pièce en trois actes; Le Chef. Pièce en quatre actes. Paris: Gallimard, 1944.

[Drouineau, Gustave]: Charlotte Corday. [= Deutsche Übersetzung der 9. Erzählung »Une maison de la rue de l'école de médecine« aus: Paris ou Le livre des Cent-et-un, Bd. 1, Paris: Ladvocat, 1831.] In: Morgenblatt für gebildete Stände. Redaktion: Wilhelm Hauff. Stuttgart und Tübingen: J. G. Cotta, Nr. 289 (3. 12. 1831), S. 1153-1155, Nr. 290 (5. 12. 1831), S. 1158 f., Nr. 291 (6. 12. 1831), S. 1161 f.

Ducange, Victor und Anicet Bourgeois: Sept heures [ou Charlotte Corday]. [Mélo]drame en trois actes [et six tableaux]. Musique de Alexandre Piccini. Paris: Bezou, 1829; 2. Aufl., 1829; 3. Aufl.: Paris: Barba et Delloye, 1839. 4. Aufl.: Paris: C. Tresse, 1844. Siehe auch unter Meyer, Ludwig.

Dumanoir [d.i. Philippe-François Pinel] und Clairville [d.i. Louis François Nicolaïe]: Charlotte Corday. Drame en trois actes, mêlé de chants. Paris: Michel Lévy [auch: Dondey-Dupré], 1847.

Eckermann, Johann Peter: Gespräche mit Goethe in den letzten Jahren seines Lebens. 1823-1832. Zwei Bände in einem Band. Berlin: C. A. Koch Nachf. (Dt. Buchgem.), o. J. [1938].

Eickhorn, Fritz: Charlotte Corday. Ein Trauerspiel. Düsseldorf: Wilhelm Kaulen, 1856 (Innentitel) bzw. 1857 (Außentitel).

Eisele, Friedrich [d. i. Friedrich Freihold]: Charlotte Corday. Gemälde aus Frankreichs erster Revolution. Erfurt: Hennings und Hopf, 1848.

Erhard, Johann Benjamin: Über das Recht des Volks zu einer Revolution und andere Schriften. Hrsg. und mit einem Nachwort v. Hellmut G. Haasis. Frankfurt/M.: Syndikat, 1976.

Esquiros, Alphonse: Charlotte Corday. 2 vols. Paris: Desessart, 1840.

Eyre, Edmund-John: The Maid of Normandy, or the Death of the Queen of France. Tragedy in four acts. Wolverhampton: Longman, [1793/94].

Fabre d'Eglantine, Philippe François Nazaire: Marats Portrait. Uebersetzt von [Johann Friedrich] Schink. In: Minerva. Ein Journal historischen und politischen Inhalts hrsg. v. J[ohann] W[ilhelm] v[on] Archenholz. Zweyter Band für das Jahr 1794. Hamburg: J. W. v. Archenholz und bey B. G. Hoffmann, S. 8-37.

Ferrero, Lorenzo und Giuseppe Di Leva: Charlotte Corday. Oper in drei Akten. UA: Rom, 1989. Dt. Erstaufführung: Bremen, 28.4.1990. Libretto, übers. v. W. Humburg u. A. Linoli, in: Bremer Theater, Programmheft 21, Redaktion Jürgen Nees. Bremen 1990, [S. 29-46].

Fichte, J[ohann] G[ottlieb]: Briefwechsel. Kritische Gesamtausgabe. Gesammelt und hrsg. v. Hans Schulz. Zwei Bände. Leipzig: H. Haessel, 1925. (Mit einem Nachtrag 1930).

Fichte, Johann Gottlieb: Werke. Hrsg. v. Immanuel Fichte. [Reprint der Ausgaben Bonn 1834 f. und Berlin 1845 f.]. Berlin: Walter de Gruyter, 1971.

Forster, Georg: Im Anblick des großen Rades. Schriften zur Revolution. Hrsg. v. Ralph-Rainer Wuthenow. Darmstadt und Neuwied: Luchterhand, 1981 (SL 375).

Fouqué, Caroline Baronin de la Motte: Das Heldenmädchen aus der Vendée. Ein Roman [in] zwei Theile[n]. Leipzig: bei Gerhard Fleischer dem Jüngern, 1816.

Frenzel, Karl: Charlotte Corday. Historischer Roman. Hannover: Carl Rümpler, 1864.

Frenzel, Karl: Der historische Roman. In: Deutsches Museum 16 (1866), Erster Halbband, S. 3-12. Auszugsweise wieder in: Gerhard Plumpe (Hrsg.): Theorie des bürgerlichen Realismus. Eine Textsammlung. Stuttgart: Reclam, 1985 (RUB 8277), S. 247-249.

[Gamon, François Joseph]: Charlotte Corday. Tragédie en trois actes et en vers. O. O. [Lausanne]: o. V. [Pott], 1795.

Gance, Abel: Napoléon. Film, 1927 bzw. 1934, Rekonstruktion 1981. Siehe unter Brownlow, Kevin.

Gasc, P. C.: Charlotte Corday, ou les Girondins. Tragédie en trois actes et en vers, trilogie historique. Bruxelles: Decq., 1848.

Gehe, Eduard Heinrich: Charlotte Corday. In: Historische Novellen und Erzählungen. Leipzig: Focke, 1832 (= Bibliothek historischer Romane und Erzählungen in Originalwerken der vorzüglichsten vaterländischen Schriftsteller, Bd. 10).

Geibel, Emanuel: Werke. Hrsg. v. Wolfgang Stammler. Kritisch durchgesehene und erläuterte Ausgabe. Drei Bände. Leipzig und Wien: Bibliographisches Institut, o. J. [1920].

[Giles, M. C. E.]: Charlotte Corday. A Play, in four Acts. London: Simpkin, 1870.

Girndt, Otto: Charlotte Corday. Drama in fünf Acten. In: Dramatische Werke. Erster Band. (Den Bühnen gegenüber als Manuscript.) Hamburg: Otto Meißner, 1867, S. 3-86.

ΓΝΩΘΙ ΣΑΥΤΟΝ oder Magazin zur Erfahrungsseelenkunde als ein Lesebuch für Gelehrte und Ungelehrte. Mit Unterstützung mehrerer Wahrheitsfreunde hrsg. v. Karl Philipp Moritz, [Carl Friedrich Pockels und Salomon Maimon.] Zehn Bände (1783-1793). Neu verlegt Nördlingen: Greno, 1986. (= Karl Philipp Moritz: Die Schriften in dreißig Bänden. Hrsg. v. Petra und Uwe Nettelbeck, Bd. 1-10).

Goethe, Johann Wolfgang: Werke. Hamburger Ausgabe in vierzehn Bänden. Hrsg. v. Erich Trunz. Neubearbeitung. München: C. H. Beck, 1981.

Goethe, Johann Wolfgang: Werke. Hrsg. im Auftrage der Großherzogin Sophie von Sachsen [Weimarer Ausgabe]. IV Abteilungen mit 133 in 143 Bänden. Weimar: Böhlau, 1887-1919.

Goethe: Briefwechsel mit Schiller: siehe Schiller.

Goethes Gespräche. Eine Sammlung zeitgenössischer Berichte aus seinem Umgang auf Grund der Ausgabe und des Nachlasses von Flodoard Freiherrn von Biedermann. Ergänzt u. hrsg. v. Wolfgang Herwig. Fünf Bände. Zürich [und Stuttgart, später München]: Artemis, 1965-1987.

Gottschall, Rudolf von: Charlotte Corday (= Frauen der französischen Revolution, Folge 4). In: Die Gartenlaube. Illustrirtes Familienblatt. Hrsg. v. Ernst Keil. 29. Jg., 1881, Nr. 35, S. 572-575.

Gottschall, Rudolph: Die Göttin. Ein Hoheslied vom Weibe. Hamburg: Hoffmann und Campe, 1853.

Griepenkerl, Robert: Ausgewählte Werke. Hrsg. v. Heinz Amelung. Berlin: Dom-Verlag, o. J. [1921] (Der Domschatz, Bd. 1).

Grosse, Carl: Der Genius. Aus den Papieren des Marquis C von G. Mit einem Nachwort von Günter Dammann. Textredaktion Hanne Witte. Frankfurt/M.: Zweitausendeins, 1982 (2. Aufl. 1984).

Günther, Horst (Hrsg.): Die Französische Revolution. Berichte und Deutungen deutscher Schriftsteller und Historiker. Frankfurt/M.: Deutscher Klassiker Verlag, 1985 (Bibliothek der Geschichte und Politik, hrsg. v. Reinhart Koselleck und Horst Günther, Band 12).

[Gutzkow, Karl]: [Rezension zu] Charlotte Stieglitz. Ein Denkmal. [Von Theodor Mundt.] Berlin, Veit und Comp. 1835. In: Phönix II (siehe dort), Nr. 240, 10. Oktober 1835, Literatur-Blatt Nr. 40, S. 960.

[Gutzkow, Karl]: Cypressen für Karoline [sic] Stieglitz. In: Phönix I (siehe dort), Nr. 48, 25. Februar 1835, Literatur-Blatt Nr. 8, S. 189-191.

Gutzkow, Karl: Beiträge zur Geschichte der neuesten Literatur. Zwei Bände. Stuttgart: P. Baltz, 1836 (Reprint, hrsg. v. Alfred Estermann, Frankfurt/M.: Athenäum, 1973).

Gutzkow, Karl: Wally, die Zweiflerin. Roman. Faksimiledruck nach der 1. Auflage von 1835, mit der Vorrede und dem Anhang zur 2. Auflage von 1852. Mit einem Nachwort von Jost Schillemeit. Göttingen: Vandenhoeck & Ruprecht, 1965.

Hebbel, Friedrich: Sämtliche Werke in zwölf Bänden. Mit Einleitungen und Anmerkungen von Emil Kuh. Neu hrsg. v. Hermann Krumm. Leipzig: Max Hesse, o. J. [1891; revidiert 1900].

Hebbel, Friedrich: Tagebücher. Vollständige Ausgabe in drei Bänden. Hrsg. und mit Anmerkungen versehen von Karl Pörnbacher. München: dtv, 1984.

Hederich, Benjamin: Gründliches mythologisches Lexicon, worinnen so wohl die fabelhafte, als wahrscheinliche und eigentliche Geschichte der alten römischen, griechischen und ägyptischen Götter und Göttinnen, und was dahin gehöret, nebst ihren eigentlichen Bildungen bey den Alten, physikalischen und moralischen Deutungen zusammen getragen [...] worden. [...] sorgfältigst durchgesehen, ansehnlich vermehret und verbessert von Johann Joachim Schwaben. Leipzig: Gleditsch, 1770 (auch als Reprint Darmstadt: Wissenschaftliche Buchgesellschaft, 1967).

Hegel, Georg Wilhelm Friedrich: Ästhetik. Hrsg. v. Friedrich Bassenge. Zwei Bände. Vierte Auflage, Berlin und Weimar: Aufbau, 1984. (Dass. Berlin: Europäisches Buch, 1985).

Heine, Heinrich: Sämtliche Schriften in zwölf Bänden. Hrsg. v. Klaus Briegleb. Frankfurt/M., Berlin und Wien: Ullstein, 1981 (zuerst in sechs Bänden München: Hanser, 1976).

Herder, Johann Gottfried: Sämmtliche Werke. 33 Bände. Hrsg. v. Bernhard Suphan. Berlin: Weidemann, 1877-1909.

Heymann, P. (Hrsg.): Revolutions-Gallerie der französischen Republik; enthaltend: Namen, Geburtsorte, Stand, ehemaligen Charakter und Würde, Alter und letzte merkwürdige Worte aller derjenigen Personen, welche durch das Revolutionsgericht entweder als Verräther gegen das Vaterland, oder unschuldig zum Tode verurtheilt worden sind, nebst Angabe dessen, was ihnen als Verbrechen beygelegt wurde. Sechs Hefte. Augsburg: bey C. F. Bürglen, 1794-1796.

Hoffmann, E[rnst] T[heodor] A[madeus]: Späte Werke. [Hrsg. v.] Walter Müller-Seidel und Wulf Segebrecht. [Gesammelte Werke in Einzelbänden, Bd. IV.] Darmstadt: Wissenschaftliche Buchgesellschaft, 1985 (Lizenz Winkler).

Hoffmann: E[rnst] T[heodor] A[madeus]: Briefwechsel. Gesammelt und erläutert v. Hans von Müller und Friedrich Schnapp. Hrsg. v. Friedrich Schnapp. Drei Bände. Darmstadt: Wissenschaftliche Buchgesellschaft (Lizenz München: Winkler), 1967-1969.

Holst, Amalia: Über die Bestimmung des Weibes zur höhern Geistesbildung (1802). Neuausgabe, [mit Materialien] hrsg. v. Berta Rahm. Zweite erw. Aufl., Zürich: Ala, 1984.

Hrdlicka, Alfred: Von Robespierre zu Hitler. Die Pervertierung der Französischen Revolution seit 1789. Hrsg. v. W. Schurian. Hamburg: Rasch und Röhring, 1988.

Humaniora. [Hrsg. v. Ludwig Ferdinand Huber.] Drei Bände. O. O. [Leipzig]: o. V. [Peter Philipp Wolf], 1796-1797 (Reprint Nendeln: Kraus, 1972). Vorher u. d. T. Beyträge zur Geschichte der französischen Revolution. (Siehe dort.)

Humboldt, Wilhelm von: Sein Leben und Wirken, dargestellt in Briefen, Tagbüchern und Dokumenten seiner Zeit. Hrsg. v. Rudolf Freese. Darmstadt: Wissenschaftliche Buchgesellschaft, 1986.

Humboldt, Wilhelm von: Werke in fünf Bänden. Hrsg. v. Andreas Flitner und Klaus Giel. Darmstadt: Wissenschaftliche Buchgesellschaft, 1960-1981.

Jacobi, Friedrich Heinrich: Werke. Sechs Bände. Leipzig: bey Gerhard Fleischer, 1812-1825 (Reprint, hrsg. v. Friedrich Roth und Friedrich Köppen. Darmstadt: Wissenschaftliche Buchgesellschaft, 1968-1976).

Jacoby, Alinda [d. i. Maria Krug]: Charlotte Corday. Drama in fünf Aufzügen. Kempen/Rhein: Thomas, o. J. [1910].

Jean Paul Fr[iedrich] Richter: Der 17. Juli oder Charlotte Corday. In: Taschenbuch für 1801 (siehe dort), S. 135-162.

Jean Paul im Urteil seiner Kritiker. Dokumente zur Wirkungsgeschichte Jean Pauls in Deutschland. Hrsg., eingel. u. komm. v. Peter Sprengel. München: C. H. Beck, 1980.

Jean Paul. Leben, Werk, Wirkung. Texte hrsg. v. Friedhelm Kemp, Norbert Miller, Georg Philipp. München: Piper, 1963 (erneut als Vorschule zu Jean Paul, München: Piper, 1987).

Jean Paul: [Sämtliche] Werke. [Abteilung I: Hauptwerke.] Hrsg. v. Gustav Lohmann (Bd. 2, 1959) und Norbert Miller (Bd. 1, 1960; Bd. 3, 1961; Bd. 4, 1962; Bd. 5, 1963; Bd. 6, 1963). München: Carl Hanser Verlag.

Jean Paul: Aphorismen. Ausgewählt von Haso Jappe. Weimar: Hermann Böhlaus Nachfolger, o. J. [1934].

Jean Paul: Sammlung der zeitgenössischen Rezensionen von seinen Werken. Hrsg.

v. Kurt Wölfel. Bd. 1: Jahrbuch der Jean-Paul-Gesellschaft (JdJPG) 13 (1978); Bd. 2: JdJPG 16 (1981); Bd. 3: JdJPG 18 (1983); Bd. 4: JdJPG 23 (1988).

Jean Paul: Sämtliche Werke. Abteilung II: Jugendwerke und Vermischte Schriften. Hrsg. v. Norbert Miller. Bd. 1, 1974; Bd. 2, 1976; Bd. 3, 1978; Bd. 4, 1985. München: Carl Hanser Verlag.

Jean Pauls Briefwechsel mit seinem Freunde Christian Otto. Drei Bände (von 1790-1800). Berlin: bei G. Reimer, 1829. Vierter Band: [Ergänzungen 1801-1825; Briefe J.P.s an A...], Berlin: bei G. Reimer, 1833.

Jean Pauls Sämtliche Werke. Historisch-kritische Ausgabe. III. Abteilung: Briefe. Hrsg. v. Eduard Berend. Bd. 1, 1956; Bd. 2, 1958; Bd. 3, 1959; Bd. 4, 1960; Bd. 5, 1961; Bd. 6, 1952; Bd. 7, 1954; Bd. 8, 1955; Bd. 9, 1964. Berlin: Akademie Verlag.

Jean Pauls Sämtliche Werke. Historisch-kritische Ausgabe. Ergänzungsband: Jean Pauls Persönlichkeit in Berichten seiner Zeitgenossen. Hrsg. v. Eduard Berend. Berlin: Akademie Verlag und Weimar: Hermann Böhlaus Nachfolger, 1956.

Jenisch, D[aniel]: Die französische Revoluzion, was sie war, und was sie geworden ist. Eine Threnodie. In: Neuer Teutscher Merkur vom Jahre 1793. Hrsg. v. C[hristoph] M[artin] Wieland. Dritter Band, Elftes Stück. Weimar [und Leipzig]: Expedition des NTM [u. Göschen], 1793, S. 260-275.

Jenisch, Daniel: Über die Schwärmerey und ihre Quellen in unsern Zeiten. In: ΓΝΩΘΙ ΣΑΥΤΟΝ, Bd. 5, S. 211-224.

Jost, Peter: Endlose Strände mit jubelnden Völkern. [Drama.] Oktober 1986. Uraufführung: 21. Mai 1987, Zürich, Theater am Neumarkt. Nicht publiziert - verwendet mit freundlicher Erlaubnis des Autors.

Jost, Peter: Unheimliche Vertrautheiten (Die Reise der Charlotte Corday). Hörspiel. Radio DRS, Zürich, Regie: Franziskus Abgottspon, 1986. Nicht publiziert - verwendet mit freundlicher Erlaubnis des Autors.

Justi, Carl: William Hogarth. In: Zeitschrift für Bildende Kunst, Bd. 7, 1872, S. 1-8 und 44-54.

Kant, Immanuel: Werke. 11 Bände. Hrsg. v. Ernst Cassirer u. a. Berlin: Bruno Cassirer, 1912-1922.

Klausa, Carl: Berg und Gironde. Tragödie in fünf Aufzügen. Breslau: E. Morgenstern, 1862.

Knauss, Sibylle: Charlotte Corday. Roman. Hamburg: Hoffmann & Campe, 1988.

Kolmar, Gertrud [d. i. Gertrud Chodziesner]: Das lyrische Werk. Hrsg. v. Hermann Kasack. Nachwort von Jacob Picard. Heidelberg und Darmstadt: Lambert Schneider, 1955.

Körner, Theodor: Werke. Zwei Teile in einem Band. Hrsg. u. mit einem Lebensbild versehen v. Augusta Weldler-Steinberg. Berlin, Leipzig, Wien und Stuttgart: Deutsches Verlagshaus Bong, o. J. [1908].

Kösting, Karl: Ausgewählte Werke. Hrsg. v. Friedrich Kummer. Drei Bände. Dresden und Leipzig: Carl Reissner, o. J. [1909]. (Enthält dem dritten Band beigebunden die separat paginierte Biographie Köstings von Friedrich Kummer.)

Kralik, Richard von: Die Revolution. Sieben Historien. Ravensburg: Friedrich Alber, 1908.

Krickeberg, Karl: Charlotte Corday. Drama in vier Aufzügen. Rostock: Hermann Koch, 1901.

Kröger, Alfred: Ça ira! Die Französische Revolution in Tatsachenberichten deutscher Zeitungen. Berlin: Bernhard Hahnefeld, 1939.

Kuckart, Judith: Charlotte Corday, Mörderin Marie. In: Judith Kuckart und Jörg Aufenanger: Eine Tanzwut. Das TanzTheater Skoronel. Frankfurt/M.: Fischer, 1989, S. 61-125.

Lamartine, A[lphonse] de: Histoire des Girondins. Huit Tomes. Leipzig: Brockhaus & Avenarius, 1847.

Landauer, Gustav: Briefe aus der Französischen Revolution. Zwei Bände. Dritte, neubearbeitete Auflage, hrsg. v. Gerhard Hendel. Berlin: Rütten & Loening, 1985.

[Laube, Heinrich]: Die französische Revolution. Von 1789 bis 1836. Berlin: Alexander Duncker, 1836 (Reprint, hrsg. v. Alfred Estermann, Frankfurt/M.: Athenäum, 1973).

Lessing, Gotthold Ephraim: Sämtliche Schriften. Hrsg. v. Karl Lachmann, dritte, auf's neue durchges. u. verm. Aufl., besorgt durch Franz Muncker. 23 Bände. Stuttgart (später Leipzig, Berlin und Leipzig): G. J. Göschen (zuletzt Walter de Gruyter), 1886-1924.

Lichtenberg, Georg Christoph: Vermischte Schriften. Neue, vermehrte, von dessen Söhnen veranstaltete Original-Ausgabe. Acht Bände. Göttingen: Dietrich, 1853.

Louvet de Couvray, Jean Baptiste: Mémoires, avec une notice sur sa vie, des notes et des éclaircissemens historiques. Paris: Baudouin Frères, 1823.

Louvet de Couvray, Jean Baptiste: Die schönsten Abenteuer des Chevalier de Faublas. Übertragen und bearbeitet [u. mit einer Vorbemerkung vers.] v. Edmund Th. Kauer. Berlin: Hans Heinrich Tillgner, 1929 (= Klassiker der Erotischen Literatur, hrsg. v. E. T. Kauer, Bd. 9).

Louvets Schicksal. (Nebst andern Aufsätzen von Riouffe, Isnard, Madame Roland, den Reden im Convent, etc. über den Märtyrertod, die Flucht, und die Wiedereinsetzung der Girondisten.) Gesammelt und übers. v. Carl Friedrich Cramer. Altona und Leipzig: in der Kavenschen Buchhandlung, 1795.

Magdeburg, Johann von: siehe unter Zschokke.

Maimon, Salomon: Über die Schwärmerei. In: ΓΝΩΘΙ ΣΑΥΤΟΝ, Bd. 10, S. 130-133.

Marat, Jean Paul: »Ich bin das Auge des Volkes«. Ein Porträt in Reden und Schriften. Hrsg. v. Aglaia I. Hartig. Berlin: Wagenbach, 1987.

Marat, Jean Paul: L'Ami du peuple. Skizzen aus Marat's journalistischem Leben. [Kommentierte Teilübersetzungen aus seiner Zeitung.] Hamburg: Hoffmann und Campe, 1846.

Marx, Karl und Friedrich Engels: Werke. 26 Bände. Hrsg. v. Institut für Marxismus-Leninimus beim ZK der SED. Berlin: Dietz, 1956-1968.

Meißner, Julius Gustav (Hrsg.): Charakteristische Lebensgemälde unserer denkwürdigsten und berüchtigsten Zeitgenossen. [Erster Band.] Wien: bey Anton Doll, 1799.

Meyer, Ludwig: Charlotte Corday. Oder: Marat's Tod. Dramatisches Gemälde aus der französischen Revolution in fünf Abtheilungen. Nach Victor Ducange, frei bearbeitet von Ludwig Meyer. Leipzig: Bei Otto Wigand, 1833.

Michelet, Jules: Die Frauen der französischen Revolution. Frei bearbeitet und mit

geschichtlichen Anmerkungen von Eduard Maria Oettinger. Brüssel und Leipzig: August Schnée, 1854.
Minerva. Ein Journal historischen und politischen Inhalts, hrsg. v. J[ohann] W[ilhelm] v. Archenholz. [Vier Bände für jedes Jahr, Jg. 1 u. 2 durchgezählt, ab 1794 separat]. Hamburg: im Verlage des Herausgebers und in Commission bey B. G. Hoffmann, II. Jg., 1793 und III. Jg., 1794.
Moritz, Karl Philipp [und andere] (Hrsg.): ΓΝΩΘΙ ΣΑΥΤΟΝ siehe unter ΓΝΩΘΙ ΣΑΥΤΟΝ.
Moritz, Karl Philipp: Die neue Cecilia. Faksimiledruck der Originalausgabe von 1794. Mit einem Nachwort v. Hans Joachim Schrimpf. Stuttgart: Metzler, 1962.
Moritz, Karl Philipp: Götterlehre oder Mythologische Dichtungen der Alten. [Hrsg. und mit einem] Nachwort v. Wilhelm Haupt. Bremen: Carl Schünemann, o. J. [1966].
Nettelbeck, Petra und Uwe (Hrsg.): Charlotte Corday. [Texte 1793-1799.] Ein Buch der REPUBLIK. Mit einer Portraitgalerie der Revolution nach Levacher und Duplessis-Bertaux [sic]. Nördlingen: Greno, 1987 (= Veränderter Nachdruck von: Die Republik. 1. Jg., 17. Juli 1977, Nr. 16-17: Charlotte Corday. Hrsg. v. Uwe Nettelbeck. Salzhausen: Republik, 1977).
Nietzsche, Friedrich: Studienausgabe in vier Bänden. Ausgewählt und eingeleitet von Hans Heinz Holz. Frankfurt/M. und Hamburg: Fischer, 1968.
Nodier, Charles: Charlotte Corday. (Zuerst in Revue de Paris, Tome XLV, Octobre 1833.) Erneut in: Oeuvres Complètes de Charles Nodier. Tome IX: Souvenirs et Portraits. Genève: Slatkine Reprints, 1968 (= Reprint der Ausgabe Paris 1832-1837), S. 3-35.
Novalis: Schriften. Die Werke Friedrich von Hardenbergs. Begr. v. Paul Kluckhohn und Richard Samuel. Hrsg. v. Richard Samuel, in Zusammenarbeit mit H. J. Mähl und G. Schulz. Hist.-krit. Ausg. in vier Bänden, einem Materialien- und einem Ergänzungsband. [...] Dritte, erg., erw., verb. u. durchges. Aufl. Berlin, Köln und Mainz: Kohlhammer (auch Darmstadt: Wiss. Buchges.), 1977 ff. (zuletzt Bd. 5, 1988; Bd. 4 noch in 2. Aufl., 1975).
Perier, [Auguste] Casimir: La jeunesse de Charlotte Corday. [Mémoires de Mme. de Maromme et deux lettres de Charlotte Corday.] In: Revue des Deux Mondes, 32. Jg., 2. Pér., Bd. 38, Paris, 1. April 1862, S. 597-617.
Pernoud, Georges und Sabine Flaissier (Hrsg.): Die Französische Revolution in Augenzeugenberichten. Mit einem Vorwort von André Maurois. Deutsch von Hagen Thürnau. 5. Aufl., München: dtv, 1983 (zuerst Düsseldorf: Rauch, 1962).
Phönix. Frühlingszeitung für Deutschland. Hrsg. v. Eduard Duller. Mit einem Literaturblatt, [redigiert von] Karl Gutzkow. Jahrgang 1835 in zwei Bänden. Reprint, hrsg. v. Alfred Estermann, Frankfurt/M.: Athenäum, 1971.
Platen, August Graf von: Sämtliche Werke in zwölf Bänden. Historisch-kritische Ausgabe mit Einschluss des handschriftlichen Nachlasses. Hrsg. v. Max Koch und Erich Petzet. Leipzig: Max Hesse, o. J. [1910]. (Reprint Hildesheim und New York: Georg Olms, 1969.)
Platen, August von: Memorandum meines Lebens. (Eine Auswahl aus den Tagebüchern.) Hrsg. v. Gert Mattenklott und Hansgeorg Schmidt-Bergemann. Frankfurt/M.: Athenäum, 1988.

Pockels, Carl Friedrich (Hrsg.): Denkwürdigkeiten zur Bereicherung der Erfahrungsseelenlehre und Characterkunde. Ein Lesebuch für Gelehrte und Ungelehrte. Erste Sammlung [mehr nicht erschienen], Halle: Renger, 1794.

Politische Annalen. Hrsg. v. Christoph Girtanner. Vierter Band: Oktober. November. Dezember. Berlin: bey Johann Friedrich Unger, 1793. Fünfter Band: Januar, Februar, März. Ebenda, 1794.

Politisches Journal nebst Anzeige von gelehrten und andern Sachen. Jahrgang 1793. 12 Monats-Stücke. Hrsg. v. einer Gesellschaft von Gelehrten [d. i. Gottlieb Benedict Schirach]. Hamburg: Hoffmann, 1793.

[Polko, Elise]: Die Locke der Charlotte Corday. In: Die Gartenlaube. Illustrirtes Familienblatt. Hrsg. v. Ernst Keil. 13. Jg., 1865, Nr. 40, S. 625-628, Nr. 41, S. 641-644, Nr. 42, S. 657-660, Nr. 43, S. 686-688.

Ponsard, François: Charlotte Corday. Tragédie en cinq actes, en vers. Nouvelle Éditon. Paris: Calmann Lévy, 1879.

Ponsard, François: Charlotte Corday. Drama in fünf Aufzügen. Metrisch übertragen von Bernhard Schumann. Leipzig: Reclam, o. J. [1881], RUB 1485.

Puschkin, Alexander Sergejewitsch: Gesammelte Werke. [Hrsg. v. Harald Raab.] Sechs Bände. Frankfurt/M.: Insel, 1973 (Lizenz Aufbau-Verlag).

[Rebmann, Andreas Georg Friedrich]: Katheder-Beleuchtung, von Justinus Pfefferkorn. Erste Beleuchtung [mehr nicht erschienen]. Göttingen, Jena, Leipzig: o. V., 1794.

Rebmann, [Andreas] Georg Friedrich: Ideen über Revolutionen in Deutschland. Politische Publizistik. Hrsg. v. Werner Greiling. Mit einem Essay: Rebmanniana. Die Publizistik eines deutschen Jakobiners. Köln: Röderberg, 1988 (zuerst Leipzig: Reclam, 1988).

Reck-Malleczewen, Fritz: Charlotte Corday. Geschichte eines Attentats. Berlin: Schützen-Verlag, 1938. (Zweite Auflage: Wiesentheid: Droemer, 1947).

Reck-Malleczewen, Fritz: Jean Paul Marat. Freund des Volkes. Roman. München: Drei Masken-Verlag, 1929.

Regnier-Destourbet [auch: d'Estourbet], Hippolyte F.: Charlotte Corday. Drame en cinq actes et en prose. Paris: Dumont et Barba, 1831.

Reichard, Heinrich August Ottokar (Hrsg.): Revolutions-Almanach von 1793. [Erster Jahrgang.] Göttingen: bey Johann Christian Dieterich, [1792]; Revolutions-Almanach von 1794. [Zweiter Jahrgang.] Ebenda, [1793]. Revolutions-Almanach von 1795. [Dritter Jahrgang.] Ebenda, [1794].

Restif de la Bretonne, [Nicolas Édmé]: Revolutionäre Nächte in Paris. Hrsg., übers. u. mit einem Nachwort vers. v. Ernst Gerhards. Bremen: Manholt, 1989.

Robespierre, Maximilian: Reden und Schriften. Zwei Bände. Leipzig: Arnold, 1851 (= Beiträge zur Geschichte der Französischen Revolution von 1789, 1. Abtheilung; erneut Kassel: Balde, 1852).

Rolland, Romain: Das Gewissen Europas. Tagebuch der Kriegsjahre 1914-1919. Aufzeichnungen und Dokumente zur Moralgeschichte Europas in jener Zeit. Dt. v. Cornelia Lehmann. 3 Bde. 2. Aufl., Berlin: Rütten & Loening, 1983.

Rolland, Romain: Le Triomphe de la Raison (1899). Paris: Albin Michel, o. J. [1913/14].

Rolland, Romain: Theater der Revolution. Drei Dramen: Spiel von Liebe und Tod; Triumph der Vernunft; Tragödien des Glaubens. Zürich: Rotapfel, 1925.

Rommel, Ernst: Charlotte Corday. Eine historische Tragödie in fünf Acten. Hannover: Victor Lohse, 1856.

Rotteck, Karl von: Allgemeine Geschichte vom Anfang der historischen Kenntniß bis auf unsere Zeiten. Für denkende Geschichtsfreunde. Neun Bände. Achte verm. u. neu durchges. Original-Auflage. Freiburg i. Br.: Herder, 1832-1833.

Sade, Donatien Alphonse François Marquis de: Schriften aus der Revolutionszeit (1788-1795). Hrsg. v. Georg Rudolf Lind. Frankfurt/M.: Insel, 1969 (si 48).

Sade, Donatien Alphonse François Marquis de: Ausgewählte Werke. Sechs Bände. Hrsg. v. Marion Luckow. Frankfurt/M.: Fischer, 1972.

Saint-Amand, Gassier: L'ami du Peuple ou la Mort de Marat. Fait historique en un acte, suivi de sa Pompe funèbre. Paris: Toubon, 1794. UA: 8.8.1793.

Saint Just, [Antoine Louis Leon de]: Nachgelassene Schriften und Reden. Nach der französischen Ausgabe von Prévot. Leipzig: Arnold, 1851 (= Beiträge zur Geschichte der Französischen Revolution von 1789, 2. Abtheilung; erneut Kassel: Ernst Balde, 1852).

Salle, Jean Baptiste: Charlotte Cordai. Tragoedie en cinq actes et en vers [1793]. Texte integral, éd. Charles Vatel. In: Vatel 1864-72, Bd. 2, S. 1-93.

Sanson, Henry: Die Henker von Paris. Sieben Scharfrichter-Generationen. [Hrsg.,] bearb., ausgew. [u. mit einem Vowort] von Eugen Schmahl. Berlin: Verlag für Kulturpolitik Otto Schaffer, o. J. [1939].

[Schaumann, Johann Christian]: [Rezension zu Engel Christine Westphalen,] Hamburg, b. Hoffmann: Charlotte Corday. Tragödie in fünf Acten, mit Chören. In: Jenaische Allgemeine Literatur-Zeitung vom Jahre 1805. Zweyter Jahrgang, Erster Band: Januar, Februar, März. Jena und Leipzig, Nr. 17, 19. Januar 1805, Sp. 134-136.

[Scheler, Eugen Karl Ludwig von]: Interessante Nachrichten von des berüchtigten Johann Paul Marats Leben und Tod mit einer kurzen Geschichte seiner Mörderin Charlotte Corday. Nebst Marats Portrait und einer Karikatur. Neue Auflage, Stuttgard [sic]: bei Johann Friedrich Steinkopf, 1794.

Schiller, Friedrich: Sämmtliche Werke. Vollständige Ausgabe in zwei Bänden. Stuttgart: J. G. Cotta, 1867.

Schiller, Friedrich: Werke. Nationalausgabe. Begr. v. Julius Petersen, fortgef. v. Lieselotte Blumenthal und Benno von Wiese, hrsg. v. Norbert Oellers und Siegfried Seidel. (Bisher 39 Teilbände erschienen). Weimar: Hermann Böhlaus Nachfolger, 1943 ff. (zuletzt Bd. 39/1, 1988).

Schiller/Goethe: Der Briefwechsel zwischen Schiller und Goethe. Hrsg. v. Emil Staiger. 3. Aufl., Frankfurt/M.: Insel, 1987.

Schillers Briefe über die ästhetische Erziehung. Hrsg. v. Jürgen Bolten. Frankfurt/M.: Suhrkamp, 1984.

Schlegel, Friedrich: Kritische Schriften. Hrsg. v. Wolfdietrich Rasch. Wien und München: Carl Hanser, 1971.

Schmidt von Lübeck, [Georg Philipp]: Charlotte Corday. Am Morgen ihrer Hinrichtung. In: Taschenbuch zum geselligen Vergnügen. Hrsg. v. W. G. Becker. Zwanzigster Jahrgang, 1810. Leipzig: bei Johann Friedrich Gleditsch, 1809, S. 219-223.

Schoppe, Amalia: Marat. Historischer Roman. In zwei Theilen. Braunschweig: Georg Westermann, 1838.

Schütz, Wilhelm von: »Aus einer Tragödie: Charlotte Corday.« In: Musen-Almanach für das Jahr 1814. Hrsg. v. Joh[ann] Erichson. Mit Kupfern und Compositionen. Wien: bei Carl Gerold, 1813, S. 125-127.

Segur, Joseph-Alexandre de: Les Femmes, leur condition et leur influence chez différents peuples anciens et modernes. Paris: Didot jeune, an XI [1803]; nouvelle édition Paris: Corbet, 1820.

[Senkenberg, Renatus Carl von]: Polydori Nemeaei Carmina Varia Selecta, Latina et Graeca. O. O. [Gießen]: o. V., MDCCLXXXV [1785]. - [Prima] appendix poëmatum selectorum recentiorum. O. O. [Gießen]: o. V., o. J. [zwischen 1785 und 1793].

[Senkenberg, Renatus Carl von]: Charlotte Gorday oder die Ermordung Marats dramatisirt. Der Durchlauchtigsten Prinzessin Louise von Hessen-Darmstadt gewidmet. Frankfurt am Mayn: bey Georg Ludwig Macklot, 1797.

Senkenberg, Renatus Carl von: [Andere Dichtungen: Gedichte.] 1. Gedichte eines Christen. O. O. [Giessen]: o. V., 1787; 2. Der General Kleber vor Frankfurt. Im Sommer 1796. [Latei-nisch.] In: Humaniora. Zweiter Band, 1797, S. 190; 3. Lied bei einem Gewitter. In: Christliche Monatsschrift. Zur Stärkung und Belebung des christlichen Sinns. 1. Jg., 6. Stck., Nürnberg: Raw, 1800, S. 450-451; 4. Die zergliederte Hündin (Eine wahre Begebenheit). In: Johann Heinrich Martin Ernesti: Vorübungen zum ersten Unterricht in der Muttersprache zur Entwikkelung der Seelenkräfte, zur Bildung des Geistes und Geschmacks. 4. Aufl., Coburg und Leipzig: Sinner, 1801, S. 44.)

Senkenberg, Renatus Carl von: Gedanken über einige Gegenstände die Teutsche Sprache betreffend. Der königlichen Gesellschaft der Wissenschaften zu Berlin gewidmet. Frankfurt/M.: bei Georg Ludwig Macklot, 1798.

Shakespeare, William: Julius Cäsar, ein Trauerspiel. [Dt. v. C. M. Wieland.] In: [Christoph Martin] Wielands Gesammelte Schriften. Zweite Abteilung, zweiter Band. Hrsg. v. Ernst Stadler. Berlin: Weidmann, 1909, S. 205-272.

Shakespeare, William: The Complete Works. Editet by George Lyman Kittredge. Boston, New York, Chicago [u. a.]: Ginn, 1936.

Spieß, Christian Heinrich: Biographien der Wahnsinnigen. (Zuerst 1795 f.) Ausgew., hrsg. u. mit einem Nachwort vers. v. Wolfgang Promies. Neuwied und Berlin: Luchterhand, 1966.

Stein, [Heinrich Friedrich Karl] Freiherr vom [und zum]: Briefwechsel, Denkschriften und Aufzeichnungen. [Hrsg. v.] Erich Botzenhart. Sieben Bände. Berlin: Carl Heymann, 1931-1937.

Stein, Heinrich von: Gesammelte Dichtungen. Drei Bände. Hrsg. v. Friedrich Poske. Leipzig: Insel, o. J. [1916].

Steinbach, Christoph Ernst: Vollständiges Deutsches Wörter-Buch vel Lexicon Germanico-Latinum. Zwei Bände. Breslau: Johann Jacob Korn, 1734 (Reprint Hildesheim und New York: Georg Olms, 1973).

Sterne, Laurence: Yoricks empfindsame Reise durch Frankreich und Italien, nebst einer Fortsetzung von Freundeshand. Aus dem Englischen von J[ohann] J[oachim] Bode. Neu verlegt Nördlingen: Greno, 1986.

Stolberg, Christian und Friedrich Leopold, Grafen zu: Gesammelte Werke der Brüder. Zwanzig Bände. Hamburg: Perthes und Besser, 1820 ff. (Reprint in 10 Bänden Hildesheim und New York: Georg Olms Verlag, 1974).

Stolberg, Friedrich Leopold Graf zu: Briefe. Hrsg. v. Jürgen Behrens. Neumünster: Wachholtz, 1966 (= Kieler Studien zur deutschen Literaturgeschichte, Bd. 5).

Stolberg, Friedrich Leopolds Grafen zu, und der Seinigen: Briefe an Johann Heinrich Voß. Hrsg. v. Otto Hellinghaus. Münster i. W.: Aschendorff, 1891.

Taine, Hippolyte: Die Entstehung des modernen Frankkreich. Revolution und Kaiserreich. Deutsch von Leopold Katscher (1877 ff.), [in Auswahl neu] hrsg. v. Hans Eberhard Friedrich. Berlin und Frankfurt/M.: S. Fischer, 1954.

Taschenbuch für 1801. Hrsg. v. Friedrich Gentz, Jean Paul und Johann Heinrich Voß. Braunschweig: bey Friedrich Vieweg, [1800]. Reprint, mit Beiträgen von Hans Henning und Erwin Kohlmann, Leipzig: Edition Leipzig, 1981.

Tieck, Ludwig: William Lovell. Hrsg. v. Walter Münz. Stuttgart: Reclam, 1986 (RUB 8328).

Träger, Claus (Hrsg.): Die Französische Revolution im Spiegel der deutschen Literatur. Frankfurt/M.: Röderberg, 1979 (zuerst Leipzig: Reclam, 1975).

Traxler, Hans: Leute von gestern. Vierzig Bildergeschichten. Zürich: Diogenes, 1981 (2. Aufl., 1986).

Vatel, Charles: Charlotte de Corday et les Girondins. Drei Bände [durchgehend paginiert]. Paris: Henri Plon, 1864-72.

Villiet-Marcillat, N.N.: Charlotte Corday. Tragédie en cinq actes. In: Ders.: Oeuvres. T. 1: Théâtre. Riom: Leboyer, 1858, S. 107-198.

Vor dem Untergang des alten Reichs 1756-1795. Hrsg. v. Emil Horner. Leipzig: Reclam, 1930 (= Deutsche Literatur. Sammlung literarischer Kunst- und Kulturdenkmäler in Entwicklungsreihen: Politische Dichtung, Bd. 1).

[Vulpius, Christian August]: Pantheon berühmter und merkwürdiger Frauen. Fünf Theile. Leipzig: bei Caspar Fritsch [Th. 1 u. 2] bzw. bei Hahn [Th. 3-5], 1809-1816.

Wackenroder, Wilhelm Heinrich: Werke und Briefe. Hrsg. v. Friedrich von der Leyen. [3., erg. Aufl.] Heidelberg: Lambert Schneider, 1967 (= erg. Reprint der 2. Aufl., Berlin: L. Schneider, 1938).

Weddigen, Otto: Erinnerungen aus meinem Leben. Gotha: Richard Schmidt, 1902.

Weddigen, Otto: Theater. Dramatische Dichtungen. Zweite, vermehrte Auflage. Leipzig: Robert Friese, o. J. [1897] (= Gesammelte Werke, zweite Auflage, Bd. 6).

Wedekind, Georg: Ueber Adam Lux. In: Beyträge zur Geschichte der französischen Revolution (siehe dort), Bd. 3, 8. St., 1795, S. 291-306.

Weiss, Peter: Die Verfolgung und Ermordung Jean Paul Marats dargestellt durch die Schauspielgruppe des Hospizes zu Charenton unter Anleitung des Herrn de Sade. Vom Autor revidierte Fassung 1965. Frankfurt/M.: Suhrkamp, 1965.

Welten, Oskar [d. i. Georg Doleschall]: Charlotte Corday. Tragödie in fünf Akten. Wien: Im Selbstverlag des Verfassers, 1867.

[Westphalen, Engel Christine]: Charlotte Corday. Tragödie in fünf Akten mit Chören. Mit einem Kupfer. Hamburg: Hoffmann, 1804.

Wetzel, Friedrich Gottlob: Physiologie (über die Empfindung nach dem Tode). In: Berliner Abendblätter, hrsg. v. Heinrich von Kleist, 45. Bl., 21. 11. 1810, S. 176 f. (Reprint, hrsg. v. Helmut Sembdner. Wiesbaden: VMA, o. J.).

Wieland, [Christoph Martin]: Werke. [Hrsg. v. Heinrich Düntzer.] 40 Theile in 16 Bänden. Berlin: Gustav Hempel, o. J. [1879-1880].

Wieland, C[hristoph] M[artin]: Enthusiasmus und Schwärmerei (1775). In: Sämmtliche Werke, Bd. 35: Vermischte Schriften. Leipzig: G. J. Göschen, 1858, S. 134-137.

Wieland, C[hristoph] M[artin]: Sämmtliche Werke. [Sog. »wohlfeile« Ausgabe letzter Hand.] 39 und 6 Supplement-Bände. Leipzig: Georg Joachim Göschen, 1794-1811 (Reprint in 14 Bänden Hamburg: Hamb. Stiftg. f. zur Fördg. v. Wiss. u. Kultur, 1984).

Wieland, Christoph Martin: Politische Schriften, insbesondere zur Französischen Revolution. [Hrsg. v. Jan Philipp Reemtsma, Hans und Johanna Radspieler.] Drei Bände, Nördlingen: Greno, 1988 (= Werke in Einzelausgaben).

Wieland: Shakespeareübersetzung, siehe unter Shakespeare.

Wienbarg, Ludolf: Ästhetische Feldzüge [und andere Schriften]. [Hrsg. u.] eingel. v. Walter Dietze. Berlin und Weimar: Aufbau, 1964.

Wienbarg, Ludolf: Wanderungen durch den Thierkreis. Hamburg: bei Hoffmann und Campe, 1835 (Reprint, hrsg. v. Alfred Estermann, Frankfurt/M.: Athenäum, 1973).

Winckelmann, Johann Joachim: Werke in einem Band. Ausgew. u. eingel. v. Helmut Holtzhauer. 3. Aufl., Berlin und Weimar: Aufbau, 1982.

Wollstonecraft, Mary: Verteidigung der Rechte der Frauen. Zwei Bände. Übertragen von Bertha Pappenheim (1899). [Mit Materialien neu] hrsg. v. Berta Rahm. Zürich: Ala, 1976-78.

Zedler, Johann Heinrich: Grosses vollständiges Universal Lexicon Aller Wissenschaften und Künste [...]. 64 Bände (und 4 Supplementbände). Leipzig und Halle: J. H. Zedler, 1732-1750 (Reprint Graz: Akademische Druck- und Verlagsanstalt, 1961-1964).

Zschokke, Heinrich: Die Walpurgisnacht und andere Erzählungen. Hrsg. u. eingel. v. Günter Albrecht unter Mitwirkung v. Barbara Albrecht. Berlin: Verlag der Nation, 1975.

Zschokke, Heinrich: Eine Selbstschau. Erster Theil: Das Schicksal und der Mensch. Zweiter Theil: Welt- und Gottanschauung. Zweite, unveränderte wohlfeilere Ausgabe. Aarau: Heinrich Remigius Sauerländer, 1842.

Zschokke, Heinrich: Kleine Schriften. Zwei Theile. Stettin: bei Johann Sigismund Kaffke, 1800 [Titelauflage von Johann von Magdeburg (d. i. H. Zschokke): Schwärmerey und Traum in Fragmenten, Romanen und Dialogen. Zwei Theile. Stettin: bei Johann Sigismund Kaffke, 1791 und 1794].

[Zschokke, Heinrich]: Meine Wallfahrt nach Paris. Erstes Bändchen. Zürich: o. V., 1796; Die Wallfahrt nach Paris. Zweiter Theil. O. O. [Zürich]: o. V., 1797.

Zschokke, Heinrich: Metapolitische Ideen. In: Humaniora, Erster Band, 1796, S. 1-37 und 369-389.

Zweig, Stefan: Das Lamm des Armen [und andere] Dramen. Hrsg. u. mit einer Nachbemerkung von Knut Beck. Frankfurt/M.: S. Fischer, 1984 (= Gesammelte Werke in Einzelbänden).

Zweig, Stefan: Romain Rolland. Der Mann und das Werk. Frankfurt/M.: Rütten & Loening, 1921.

Sekundärliteratur

[Anonym]: Charlotte Corday als Dramenheldin. In: Frankfurter Zeitung, Nr. 177 und 178, Frankfurt/Main, 1886.

Abosch, Heinz: Jean Jaurès. Die vergebliche Hoffnung. München: Piper, 1986.

Adelung, Johann Christoph: Grammatisch-kritisches Wörterbuch der Hochdeutschen Mundart [...]. Vier Theile. Zweyte vermehrte und verbesserte Ausgabe, Leipzig: Breitkopf und Härtel, 1793-1801 (Reprint Hildesheim und New York: Georg Olms, 1970).

Adorno, Theodor W[iesengrund]: Prismen. Kulturkritik und Gesellschaft. Hrsg. v. Rolf Tiedemann. Frankfurt/M.: Suhrkamp, 1976.

Albert, Claudia: Friedrich Schiller, Die Jungfrau von Orleans (Neufassung). Frankfurt/M.: Diesterweg, 1988 (Grundlagen zum Verständnis des Dramas).

Allgemeine Deutsche Biographie. Herausgegeben durch die historische Commission bei der Königlichen Akademie der Wissenschaften. 56 Bde, Leipzig: Duncker & Humblot, 1875-1912.

Apel, Friedmar: Kleists Kohlhaas. Ein deutscher Traum vom Recht auf Mordbrennerei. Berlin: Wagenbach, 1987.

Applewhite, Harriet B. und Darline Gay Levy: Reaktionen auf den politischen Aktivismus der Frauen des Volks im revolutionären Paris 1789-1793. In: Jutta Held (Hrsg.): Frauen im Frankreich des 18. Jahrhunderts: Amazonen, Mütter, Revolutionärinnen. Berlin: Argument, 1989, S. 67-91.

Arnold, Robert F[ranz]: Geschichte der Deutschen Polenlitteratur. Erster Band [mehr nicht erschienen]: Von den Anfängen bis 1800. Halle a. S.: Max Niemeyer, 1900.

Ayrault, Roger: Heiliges Römisches Reich und Französische Revolution im Werk Jean Pauls [zuerst 1961]. In: Jean Paul. Hrsg. v. Uwe Schweikert. Darmstadt: Wissenschaftliche Buchgesellschaft, 1974 (= Wege der Forschung, Bd. 336), S. 170-180.

Bade, Heidemarie: Jean Pauls Politische Schriften. Tübingen: Niemeyer, 1974 (= Studien zur deutschen Literatur, Bd. 40).

Balvet, Marie: Itinéraire d'un intellectual vers le fascisme: Drieu la Rochelle. Paris: Presses Universitaires de France, 1984.

Barth, Hans: Masse und Mythos. Die ideologische Krise an der Wende zum 20. Jahrhundert und die Theorie der Gewalt: Georges Sorel. Hamburg: Rowohlt, 1959 (rde 88).

Barthes, Roland: Michelet. Aus dem Französischen von Peter Geble. Frankfurt/M.: Suhrkamp, 1984 (es 1206).

Bartsch, Kurt: Tradition der Empfindsamkeit und Zeitkritik: Jean Paul. In: Viktor Zmegac (Hrsg.): Geschichte der deutschen Literatur vom 18. Jahrundert bis zur Gegenwart. Bd. I/2. Zweite, durchges. Aufl. Königstein/Ts.: Athenäum, 1984, S. 86-91.

Becker, C[arl]: Der Freundschaftstempel im Gleimhause zu Halberstadt. Katalog der Bildnisse, Biographische Notizen, Verzeichnisse der Maler. Halberstadt: J. Schimmelburg, o. J. [1911].

Benjamin, Walter: Angelus Novus. Ausgewählte Schriften 2. Frankfurt/M.: Suhrkamp, 1966 (als Taschenbuch 1988).

Benjamin, Walter: Illuminationen. Ausgewählte Schriften [1]. Ausgew. v. Siegfried Unseld. Frankfurt/M.: Suhrkamp, 1977.
Beutler, Ernst: Ursprung und Gehalt von Goethes 'Novelle'. In: Deutsche Vierteljahresschrift für Literaturwissenschaft und Geistesgeschichte 16 (1938), S. 324-352.
Blanckenburg, Friedrich von: Versuch über den Roman. Faksimiledruck der Originalausgabe von 1774. Mit einem Nachwort v. Eberhard Lämmert. Stuttgart: Metzler, 1965.
Blos, Wilhelm: Die französische Revolution. Volksthümliche Darstellung der Ereignisse und Zustände in Frankreich von 1789 bis 1804. Stuttgart: J. H. W. Dietz, 1889.
Bobbio, Norberto: Profilo ideologico del Novecento. In: Emilio Cecchi und Natalino Sapegno (Hrsg.): Storia della Letteratura Italiana. Volume Nono: Il Novecento. Milano: Garzanti, 1969, S. 119-228.
Böckmann, Paul: Die drei Wege des Glücks in den Romanen Jean Pauls. In: Akzente. Zeitschrift für Dichtung 10 (1963), S. 544-566.
Bonnet, Jean-Claude (Hrsg.): La Mort de Marat. [Mit Beiträgen von Lise Andries, Georges Benrekassa, Jean-Claude Bonnet, Yves Chastagnaret, Michel Delon, Pierre Frantz, Jacques Guilhaumou, Tanguy L'Aminot, Jean-Rémy Mantion, Michel Noiray, Philippe Roger, Chantal Thomas, Eric Walter]. Paris: Flammarion, 1986.
Börckel, Alfred: Adam Lux, ein Opfer der Schreckensherrschaft. Nach seinen Schriften und den Berichten seiner Zeitgenossen. Mainz: Victor von Zabern, 1892.
Böschenstein, Bernhard: Büchners Jean Paul-Rezeption. In: Akten des 5. Internationalen Germanisten-Kongresses in Cambridge 1975 (= Jahrbuch für Internationale Germanistik, Reihe A, Bd. 2), Heft 4. Bern und Frankfurt/M.: Lang, 1976, S. 67-73.
Brown, Roger und Richard J. Herrnstein: Grundriß der Psychologie. Deutsch von S. Ertel. Berlin, Heidelberg, New York, Tokyo: Springer, 1984.
Brownlow, Kevin: »Napoleon«. Abel Gance's Silent Classic. London: Cape [Random House], 1983.
Brückner, Peter: »...bewahre uns Gott in Deutschland vor irgendeiner Revolution!« Die Ermordung des Staatsrats v[on] Kotzebue durch den Studenten Sand. Berlin: Wagenbach, 1975.
Bruller, Jacqueline: Charlotte Corday. Paris: Albin Michel, 1988.
Büchner, Georg, 1813-1837 Revolutionär, Dichter, Wissenschaftler. [Katalog der Ausstellungen Darmstadt 1987 und Weimar 1988.] Basel und Frankfurt/M.: Stroemfeld/Roter Stern, 1987.
Bürger, Christa, Peter Bürger und Jochen Schulte-Sasse (Hrsg.): Zur Dichotomisierung von hoher und niederer Literatur. Frankfurt/M.: Suhrkamp, 1982 (es 1089; Hefte für Kritische Literaturwissenschaft 3).
Bürger, Christa: Literarischer Markt und Öffentlichkeit am Ausgang des 18. Jahrhunderts in Deutschland. In: Aufklärung und literarische Öffentlichkeit. Hrsg. v. Christa Bürger, Peter Bürger und Jochen Schulte-Sasse. Frankfurt/M.: Suhrkamp, 1980 (es 1040; Hefte für Kritische Literaturwissenschaft 2), S. 162-212.

Büttner, Ludwig: Robert Griepenkerl. Das Schicksal eines freien deutschen Schriftstellers. Nürnberg: Hans Carl, 1980.

Cabanès, [Auguste]: Marat inconnu. L'Homme privé, le médecin, le savant. D'après des documents nouveaux et inédits. Deuxième édition, refondue et tres notablement augmentée. Paris: Albin Michel, o. J. [1911].

Campe, Joachim Heinrich: Wörterbuch der Deutschen Sprache. Fünf Theile. Braunschweig: Schulbuchhandlung, 1807-1811. Mit einem Ergänzungsband zu Adelung und Campe: Ebenda, 1813.

Carlsson, Anni: Edvard Munch. Leben und Werk. Stuttgart und Zürich: Belser, 1989.

Charlotte Corday. Une Normande dans la Révolution. [Katalog einer April bis Dezember 1989 in Le Petit-Couronne, Vimontiers und Versailles gezeigten Ausstellung.] Rouen: Musées dept. de la Seine-Maritime, 1989.

Chastagnaret, Yves: La légende de Marat et de Charlotte Corday dans le théâtre du XIXe siècle. In: Bonnet (siehe dort), S. 289-310.

Conrady, Karl Otto: Goethe. Leben und Werk. Zwei Teile in einem Band [Sonderausgabe]. Frankfurt/M.: Athenäum, 1987.

Defrance, Eugène: Charlotte Corday et la Mort de Marat. Documents inédits sur l'histoire de la terreur [...]. Paris: Mercure de France, 1909.

Denkler, Horst: Restauration und Revolution. Politische Tendenzen im deutschen Drama zwischen Wiener Kongreß und Märzrevolution. München: Fink, 1973.

Duby, Georges: Der Sonntag von Bouvines. 27. Juli 1214. Aus dem Französischen von Grete Osterwald. Berlin: Wagenbach, 1988.

Empfindsamkeit. Theoretische und kritische Texte. Hrsg. v. Wolfgang Doktor und Gerhard Sauder. Stuttgart: Reclam, 1976 (RUB 9835).

Engler, Winfried: Lexikon der französischen Literatur. Stuttgart: Alfred Kröner, 1974.

Epois, Jean: L'affaire Corday-Marat. Prélude à la Terreur. Les Sables d'Olonne: Cercle d'Or, 1981.

Ernesti, Johann Heinrich Martin: Hirsching's historisch-literarisches Handbuch. Zwölfter Band. Leipzig: Schwickert, 1809.

Fink, Gonthier-Louis: Wieland und die Französische Revolution. In: Deutsche Literatur und Französische Revolution. Sieben Studien von Richard Brinkmann u. a. Göttingen: Vandenhoeck & Ruprecht, 1974, S. 5-38. Wieder in: Christoph Martin Wieland. Hrsg. v. Hansjörg Schelle. Darmstadt: Wiss. Buchges., 1981 (WdF, Bd. 421), S. 407-443.

Fleury, Graf [Émile Félix]: Die berühmten Damen während der Revolution und unter dem Kaiserreich. Autorisierte Übersetzung von S. J. Berlin: Karl Sigismund, o. J. [1901].

Focke, Rudolf: Charlotte Corday. Eine kritische Darstellung ihres Lebens und ihrer Persönlichkeit. Leipzig: Duncker & Humblot, 1895.

Fournel, Victor: Le Culte de Marat, Le Pelletier, Chalier, Lazowski. In: Revue de la Révolution 3 (Mai 1884), S. 329-351 und S. 451-467, sowie 4 (Juli 1884), S. 5-25.

Frenzel, Elisabeth: Stoffe der Weltliteratur. Ein Lexikon dichtungsgeschichtlicher Längsschnitte. 7. Aufl., Stuttgart: Kröner, 1988.

Freud, Sigmund: Gesammelte Werke, chronologisch geordnet. Hrsg. v. Anna

Freud, E. Bibring, W. Hoffer, E. Kris, O. Isakower. 17 Bände. London: Imago, 1940-1952 (wiederholt als Titelauflage in Frankfurt/M.: S. Fischer). Bd. 18: Register. Frankfurt/M.: S. Fischer, 1968.

Furet, François und Denis Richet: Die Französische Revolution. Aus dem Französischen von Ulrich Friedrich Müller. Frankfurt/M.: Fischer, 1987 (zuerst Paris 1965-1966).

Guilhaumou, Jacques: 1793 - La mort de Marat. Bruxelles: Complexe, 1989.

Godineau, Dominique: Citoyennes tricoteuses. Les femmes du peuple à Paris pendant la Révolution française. Aix-en-Provence: Alinéa, 1988.

Godineau, Dominique: Freiheit, Gleichheit und die Frauen. In: Die Französische Revolution 1789-1989 Revolutionstheorie heute. Marxistische Studien, hrsg. v. Johannes Henrich von Heiseler. Jahrbuch des IMSF 14 (1988), S. 147-158.

Graczyk, Annette: Vorhang auf für die Revolution. Das französische Theater 1789-1794. Weinheim: Quadriga, 1989.

Graczyk, Annette: Der Zwang zum Heldentum. Das literarische Profil der Geschlechter im Theater der Französischen Revolution. In: Freiheit Gleichheit Schwesterlichkeit. Hrsg. v. der Hess. Landeszentrale f. polit. Bildg. Wiesbaden 1989.

Grimm, Jacob und Wilhelm: Deutsches Wörterbuch. 16 in 32 Bänden. Leipzig: Hirzel, 1852-1960.

Grimm, Reinhold und Jost Hermand (Hrsg.): Deutsche Revolutionsdramen. Frankfurt/M.: Suhrkamp, o. J. [1969].

Groß, Heinrich (Hrsg.): Deutsche Dichterinen und Schriftstellerinen [sic] in Wort und Bild. Drei Bände, Frankfurt/M.: Goldstein, 1893.

Gruber, J[ohann] G[ottfried]: C[hristoph] M[artin] Wielands Leben. Neun Bücher in vier Theilen. Leipzig: Georg Joachim Göschen, 1827-1828 (Reprint in einem Band, Hamburg: Hmbg. Stiftg. z. Förderg. v. Wiss. u. Kultur, 1984).

Guérin, Daniel: Klassenkampf in Frankreich. Bourgeois et »bras nus« 1793-1795. Übersetzt von Jürgen Hoch. Frankfurt/M.: Suhrkamp, 1979 (zuerst Paris: Gallimard, 1973).

Gumbrecht, Hans-Ulrich: Funktionen parlamentarischer Rhetorik in der Französischen Revolution. Vorstudien zur Entwicklung einer historischen Textpragmatik. München: Fink, 1978.

Günzel, Klaus: E. T. A. Hoffmann. Leben und Werk in Briefen, Selbstzeugnissen und Zeitdokumenten. Düsseldorf: Claassen, 1979.

Günzel, Klaus: König der Romantik. Das Leben des Dichters Ludwig Tieck in Briefen, Selbstzeugnissen und Berichten. 2. Aufl., Berlin: Verlag der Nation, 1986.

Guthke, Karl S.: Die Herkunft des weltliterarischen Typus der »Femme Fatale« aus der deutschen Volkssage. In: Germanisch-Romanische Monatsschrift 37 (1956), N. F. Bd. VI, S. 294-296.

Harich, Wolfgang: Jean Pauls Revolutionsdichtungen. Reinbek: Rowohlt, 1974.

Hartig, Aglaia I[rmgard]: Der heilige Revolutionär. In: Jean Paul Marat: Ich bin das Auge des Volkes. Berlin 1987, S. 7-49.

Haselberg, Peter von: Musivisches Vexierstroh. Jean Paul, ein Jakobiner in Deutschland. In: Zeugnisse. Theodor W. Adorno zum 60. Geburtstag. Hrsg. v. Max Horkheimer. Frankfurt/M.: Europäische Verlagsanstalt, 1963, S. 162-182.

Hausenstein, Wilhelm: Georg Büchner. Zum Säkulartag seiner Geburt. In: Die weißen Blätter 1 (1913), S. 134-151.

Hauser, Arnold: Sozialgeschichte der Kunst und Literatur. Zwei Bände. 2. Aufl., München: C. H. Beck, 1958 (zuerst 1953).

Herding, Klaus: Davids »Marat« als »dernier appel à l'unité révolutionnaire«. In: Idea. Jahrbuch der Hamburger Kunsthalle, II (1983): Kunst um 1800. Hrsg. v. Werner Hofmann und Martin Warnke. München: Prestel, 1983, S. 89-112.

Hirschstein, Hans: Die französische Revolution im deutschen Drama und Epos nach 1815. Stuttgart: Metzler, 1912 (Breslauer Beiträge zur Literaturgeschichte, hrsg. v. Max Koch und Gregor Sarrazin, N. F., H. 31).

Hocks, Paul und Peter Schmidt: Literarische und politische Zeitschriften 1789-1805. Von der politischen Revolution zur Literaturrevolution. Stuttgart: Metzler, 1975 (SM 121).

Hofmann, Werner: Vom Freiheitsrausch bis Waterloo. Der Aufbruch in der Kunst (Die Französische Revolution, Folge VII). In: Der Spiegel, hrsg. v. Rudolf Augstein, 43. Jg., Nr. 7, Hamburg 13. Februar 1989, S. 132-147.

Holzapfel, Kurt und Michael Zeuske: Die heroische Illusion und das 19. Jahrhundert. Größe und Begrenztheit der bürgerlichen Revolution in Frankreich. In: Die Französische Revolution 1789-1989 Revolutionstheorie heute. Marxistische Studien, hrsg. v. Johannes Henrich von Heiseler. Jahrbuch des IMSF 14 (1988), S. 196-218.

Huet, Marie-Hélène: Rehearsing the Revolution. The Staging of Marat's Death 1793-1797. Translated by Robert Hurley. Berkeley, Los Angeles, London: University of California Press, 1982.

Jäger, Hans-Wolf: Gegen die Revolution. Beobachtungen zur konservativen Dramatik in Deutschland um 1790. In: Jahrbuch der deutschen Schillergesellschaft 22 (1978), S. 362-403.

Jansen, G.: Aus vergangenen Tagen. Oldenburg's literarische und gesellschaftliche Zustände während des Zeitraums von 1773 bis 1811. Oldenburg: Schulze, 1877.

Jaurès, Jean: Histoire socialiste de la Révolution Française. [Zuerst 1901-1908.] Édition revue et annotée par Albert Soboul. Sieben Bände. Paris: Messidor-Éditions sociales, 1968-1973.

Jauß, Hans Robert: Literaturgeschichte als Provokation. Frankfurt/M.: Suhrkamp, 1970 (8. Aufl. 1986; es 418).

Kappeler, Alphons: Ein Fall von »Pseudologia phantastica« in der deutschen Literatur: Fritz Reck-Malleczewen. Mit Totalbibliographie. Zwei [durchpaginierte] Bände. Göppingen: Alfred Kümmerle, 1975 (= Göppinger Arbeiten zur Germanistik, Nr. 72).

Priester, Karin: Der italienische Faschismus. Ökonomische und ideologische Grundlagen. Köln: Pahl-Rugenstein, 1972.

Kehrein, Joseph: Die Dramatische Poesie der Deutschen. Versuch einer Entwikkelung derselben von der ältesten Zeit bis zur Gegenwart. Beitrag zur Geschichte der deutschen Nationalliteratur. Zwei Bände. Leipzig: J. C. Hinrichs, 1840.

Keller, Werner: Johann Wolfgang Goethe. In: Handbuch der deutschen Erzählung. Hrsg. v. Karl Konrad Polheim. Düsseldorf: Bagel, 1981, S. 72-90.

Kestenholz, Salomé: Die Gleichheit vor dem Schafott. Portraits französischer Revolutionärinnen. Darmstadt und Neuwied: Luchterhand, 1988 (SL 818; zuerst Zürich 1984).

Kiermeier, Joseph: Der Weise auf den Thron! Studien zum Platonismus Jean Pauls. Stuttgart: Klett-Cotta, 1980.

Kirschbaum, Klothilde: Deutsche Zeitgenossen zu den Gewalttaten der Französischen Revolution. Meinungsbildung, Erlebnisweise, Urteilsbegründung in der Schicht der deutschen Gebildeten. Diss. Göttingen: masch., 1951.

Kleines Literarisches Lexikon. Begr. v. Wolfgang Kayser, hrsg. v. Horst Rüdiger und Erwin Koppen. Drei Bände (in vier). Vierte, neu bearb. u. stark erw. Aufl. Bern und München: Francke, 1966-1973.

Knapp, Gerhard P.: Robespierre. Prolegomena zu einer Stoffgeschichte der Französischen Revolution. In: Elemente der Literatur. Beiträge zur Stoff-, Motiv- und Themenforschung. Elisabeth Frenzel zum 65. Geburtstag. In Verbindung mit Herbert A. Frenzel hrsg. v. Adam J. Bisanz und Raymond Trousson. Band 1, Stuttgart: Kröner, 1980, S. 129-154.

Koch, Walter: Heinrich Christoph Albrecht und Christine Westphalen. Eine neuentdeckte Quelle über den norddeutschen Jakobiner. In: Jahrbuch des Institutes für Deutsche Geschichte, Tel Aviv 11 (1982), S. 381-385.

Köpke, Rudolf: Ludwig Tieck. Erinnerungen aus dem Leben des Dichters nach dessen mündlichen und schriftlichen Mittheilungen. Zwei Theile, Leipzig: Brockhaus, 1855.

Kozlowski, Felix von: Die Stellung Gleims und seines Freundeskreises zur französischen Revolution. Nach ungedruckten Briefen. In: Euphorion 11 (1904), Teil 1: S. 464-484, Teil 2: S. 723-731.

Krauß, Henning (Hrsg.): Literatur der französischen Revolution. Eine Einführung. Stuttgart: Metzler, 1988.

Kropotkin, Pjotr Alexejewitsch: Die Große Französische Revolution 1789-1793. Aus dem Französischen übersetzt von Gustav Landauer. Mit einem Nachwort von V. M. Dalin, Anmerkungen von A. W. Gordon und J. W. Starosin und mit einem Essay von Gustav Landauer. Zwei Bände. Leipzig und Weimar: Kiepenheuer, 1982.

Lange, Viktor: Zur Gestalt des Schwärmers im Deutschen Roman des 18. Jahrhunderts. In: Festschrift für Richard Alewyn. Hrsg. v. Herbert Singer und Benno von Wiese. Köln und Graz: Böhlau, 1967, S. 151-164.

Lankheit, Klaus: Jacques-Louis David, Der Tod Marats. [Eine] Einführung. Stuttgart: Reclam, 1962 (= Werkmonographien zur Bildenden Kunst. Hrsg. v. Carl Georg Heise, Nr. 74).

Lankheit, Klaus: Revolution und Restauration [Entwicklungslinien der Kunst von] 1785-1855. Köln: DuMont, 1988.

Ledanff, Susanne (Hrsg.): Charlotte Stieglitz, Geschichte eines Denkmals. Frankfurt/M. und Berlin: Ullstein, 1986.

Lely, Gilbert: Leben und Werk des Marquis de Sade. [Teilübersetzung der französischen Ausgabe Paris: Gallimard, 1952 und 1957.] Düsseldorf: Karl Rauch, 1961.

Lexikon der hamburgischen Schriftsteller bis zur Gegenwart. begründet von Hans Schröder, fortgesetzt von A. H. Kellinghusen. Acht Bände, Hamburg: Verein für hamburgische Geschichte/Mauke's Söhne, 1851-1883.

Lukács, Georg: Schriften zur Literatursoziologie. [Hrsg. u.] mit einer Einführung v. Peter Ludz. Frankfurt/M., Berlin und Wien: Ullstein, 1985 (zuerst Luchterhand 1961, 1977).

Lützeler, Paul Michael: Einleitung, in: Europa. Analysen und Visionen der Romantiker. Hrsg. u. eingel. v. Paul Michael Lützeler. Frankfurt/M.: Insel, 1982, S. 9-53.

Mandt, Hella: Tyrannislehre und Widerstandsrecht. Studien zur deutschen politischen Theorie des 19. Jahrhunderts. Darmstadt und Neuwied: Luchterhand, 1974 (= Politica, Bd. 36).

Manko, Gerda: Frauen der Konterrevolution: Charlotte Corday. Radioessay. Sendetermin: Radio Bremen 2, 16. Juli 1989, 21.30 bis 22.00 Uhr.

Marcuse, Ludwig: Ludwig Börne. Aus der Frühzeit der deutschen Demokratie. Zürich: Diogenes, 1977 (zuerst 1967; Zürcher Marcuse Ausgabe, Bd. 8).

Markov, Walter und Albert Soboul (Hrsg.): Die Sansculotten von Paris. Dokumente zur Geschichte der Volksbewegung 1793-1794. Mit einem Vorwort von Georges Lefebvre. Berlin: Akademie-Verlag, 1957.

Markov, Walter und Albert Soboul: 1789 - Die Große Revolution der Franzosen. 3. Aufl., Köln: Pahl-Rugenstein, 1989 (zuerst Berlin: Akademie-Verlag, 1973).

Markov, Walter: Revolution im Zeugenstand. Frankreich 1789-1799. Bd. 1: Aussagen und Analysen; Bd. 2: Gesprochenes und Geschriebenes. Leipzig: Reclam, 1986.

Marrinan, Michael: Images and Ideas of Charlotte Corday - Texts and Contexts of an Assassination. In: Arts Magazine 54 (1980), New York, S. 158-176.

Martini, Fritz: Deutsche Literatur im bürgerlichen Realismus 1848-1898. Vierte, mit neuem Vorwort und erweitertem Nachwort versehene Auflage, Stuttgart: Metzler, 1981.

Massin, Jean: Marat. [Zuerst Paris 1960, 2. Aufl. 1970.] Aix-en-Provence: Alinéa, 1988.

Massin, Jean: Robespierre. Aus dem Französischen von Oskar Tyszko. Berlin: Deutscher Verlag der Wissenschaften, 1972, 5. Aufl., 1977.

Mattenklott, Gert und Klaus Scherpe (Hrsg.): Literatur der bürgerlichen Emanzipation im 18. Jahrhundert. Kronberg/Ts.: Scriptor, 1973.

Mattenklott, Gert und Klaus Scherpe (Hrsg.): Demokratisch-revolutionäre Literatur in Deutschland: Jakobinismus. Kronberg/Ts.: Scriptor, 1975.

Mehring, Franz: Aufsätze zur deutschen Literatur von Hebbel bis Schweichel. Berlin: Dietz, 1976 (= Gesammelte Schriften, hrsg. v. Thomas Höhle, Hans Koch, Josef Schleifstein, Bd. 10).

Melchior-Bonnet, Bernadine: Charlotte Corday. Paris: Perrin, 1972. Reédition: Paris: Tallandier, 1989.

Meusel, Johann Georg: Lexikon der vom Jahr 1750 bis 1800 verstorbenen Teutschen Schriftsteller. 15 Bände. Leipzig: Bey Gerhard Fleischer dem Jüngern, 1802-1816.

Meyer, Herman: Der Sonderling in der deutschen Dichtung. Frankfurt/M., Berlin und Wien: Ullstein, 1984 (zuerst München und Wien: Carl Hanser, 1963).

Meyer, Richard M[oritz]: Die deutsche Litteratur des Neunzehnten Jahrhunderts. Berlin: Georg Bondi, 1900.

Michelet, Jules: Geschichte der Französischen Revolution. Zehn Bücher in fünf

Bänden. Herausgegeben, kommentiert und mit einem Register versehen von Jochen Köhler. Übersetzt von Richard Kühn [1929/30]. Frankfurt/M.: Eichborn, 1988.
Mignet, François Auguste: Geschichte der Französischen Revolution von 1789 bis 1814. Aus dem Französischen von Friedrich Köhler, durchges. v. Kurt Holzapfel. Vorwort von Walter Markov. Anmerkungen von Bernd Jeschonnek. Leipzig: Reclam, 1975.
Miller, Norbert: Zur Naturgeschichte des Sonderlings. »Dr. Katzenbergers Badereise« und Jean Pauls Abwendung vom italienischen Roman. Nachwort zu Jean Paul: Dr. Katzenbergers Badereise nebst einer Auswahl verbesserter Werkchen. [Werke in Einzelausgaben 2]. München und Zürich: Piper, 1987 (SP 572), S. 319-355.
Minor, Rita [bzw. Margarete]: Charlotte Corday in der deutschen Dichtung. Diss. Wien: handschriftlich, [Juni] 1909.
Morris, M[ax]: Miscelle 7, An den Genius anderer Welten. In: Goethe-Jahrbuch 20 (1899), S. 265-267.
Muncker, Franz: Friedrich Gottlieb Klopstock. Geschichte seines Lebens und seiner Schriften. Ausgabe in einem Band, Stuttgart: Göschen, 1893.
Naumann, Ursula: »Denn ein Autor ist der Stadtpfarrer des Universums«. Zum Einfluß geistlicher Rede auf das Werk J. P. F. Richters. In: Jean Paul. Hrsg. v. Uwe Schweikert. Darmstadt: Wissenschaftliche Buchgesellschaft, 1974 (Wege der Forschung, Bd. 336), S. 451-484 (Originalbeitrag 1972).
Naumann, Ursula: Predigende Poesie. Zur Bedeutung von Predigt, geistlicher Rede und Predigertum für das Werk Jean Pauls. Nürnberg: Hans Carl, 1976 (= Erlanger Beiträge zur Sprach- und Kunstwissenschaft, Bd. 55).
Nebel, [Ernst Ludwig Wilhelm]: [Nachruf auf Renatus Carl] Frhr. von Senkenberg. In: Hessische Denkwürdigkeiten. Hrsg. v. Karl Wilhelm Justi. III. Theil. Marburg: in der neuen akademischen Buchhandlung, 1802, S. 418-434.
Neuer Nekrolog der Deutschen. Achtzehnter Jahrgang, 1840. Erster Theil, Weimar: Bernh[ard] Friedr[ich] Voigt, 1842.
Neumann, Peter Horst: Die Werkchen als Werk: Zur Form und Wirkungsgeschichte des Katzenberger-Korpus von Jean Paul. In: Jahrbuch der Jean-Paul-Gesellschaft 10 (1975), S. 151-186.
Oellers, Norbert: Literatur für die Mehrheit? Notizen zu Heinrich August Ottokar Reichard und seinen »Revolutions-Almanach«. In: Französische Revolution und deutsche Literatur. Hrsg. v. Karl Eibl. Hamburg: Felix Meiner, 1986 (= Aufklärung. Interdisziplinäre Halbjahresschrift zur Erforschung des 18. Jahrhunderts und seiner Wirkungsgeschichte, 1. Jg., 2. Heft), S. 25-41.
Ohly, Friedrich: Jean Pauls Legende von Charlotte Corday. In: Wissen aus Erfahrungen. Werkbegriff und Interpretation heute. Festschrift für Herman Meyer. Hrsg. v. Alexander von Bormann u. a. Tübingen: Niemeyer, 1976.
Paulin, Roger: Ludwig Tieck. Eine literarische Biographie. München: Beck, 1988.
Petzold, Joachim: Wegbereiter des deutschen Faschismus. Die Jungkonservativen in der Weimarer Republik. Zweite, überarbeitete Auflage, Köln: Pahl-Rugenstein, 1983.
Praz, Mario: Liebe, Tod und Teufel. Die schwarze Romantik (1930). Deutsch von Lisa Rüdiger. München: Carl Hanser, 1963.

Quérard, [Joseph-Marie]: Le Quérard. Archives d'Histoire Littéraire, de Biographie et de Bibliographie Françaises. Complément périodique de la France littéraire. Deux Années. Paris: Bureau du Journal, 1855-1856.

Realismus und Gründerzeit. Manifeste und Dokumente zur deutschen Literatur 1848-1880. Mit einer Einführung in den Problemkreis und einer Quellenbibliographie hrsg. v. Max Bucher, Werner Hahl, Georg Jäger und Reinhart Wittmann. Zwei Bände. Stuttgart: Metzler, 1975-1976.

Reichmann, Ernst: Die philosphischen Anschauungen des jungen Zschokke. Ein Beitrag zur Lebensgeschichte Heinrich Zschokkes. Diss. Berlin. Borna-Leipzig: Robert Noske, 1936.

Reincke, Olaf (Hrsg.): O Lust, allen alles zu sein. Deutsche Modelektüre um 1800. Köln: Röderberg, 1989 (zuerst Leipzig: Reclam, 1978).

Religion in Geschichte und Gegenwart (RGG). Handwörterbuch für Theologie und Religionswissenschaft. Dritte, völlig neu bearbeitete Auflage, hrsg. v. Kurt Galling. Fünf Bände und Registerband. Tübingen: J. C. B. Mohr (Paul Siebeck), 1957-1965.

Requadt, Paul: Zu Büchners Kunstanschauung: das »Niederländische« und das Groteske, Jean Paul und Victor Hugo. In: Ders.: Bildlichkeit der Dichtung. Aufsätze zur Literatur vom 18. bis 20. Jahrhundert. München: Fink, 1974, S. 106-138 und 263-266.

Ruiz, Alain: Universität Jena 1793/94. Ein jakobinischer Student und Geheimagent im Schatten Reinholds und Fichtes. In: Revolution und Demokratie in Geschichte und Literatur. Zum 60. Geburtstag Walter Grabs. Hrsg. v. Julius H. Schoeps und Immanuel Geiss. Duisburg: Braun, 1979, S. 95-132.

Saine, Thomas P.: Charlotte Corday, Adam Lux, and »Hermann und Dorothea«. In: Exile and enlightenment. Studies in German and comparative literature in honor of Guy Stern. Hrsg. v. Uwe Faulhaber, Jerry Glenn [u.a.]. Detroit: Wayne Univ. Press, 1987, S. 87-96.

Sammet, Gerald: Carl Ludwig Sand. Eine deutsche Rebellion. In: Schreckensmythen - Hoffnungsbilder. Die Französische Revolution in der deutschen Literatur. Essays, hrsg. v. Harro Zimmermann. Frankfurt/M.: Athenäum, 1989, S. 162-173.

Sauder, Gerhard: Popularphilosophie und Kant-Exegese: Daniel Jenisch. In: Idealismus und Aufklärung. Kontinuität und Kritik der Aufklärung in Philosophie und Poesie um 1800. Hrsg. v. Christoph Jaume und Gerhard Kurz. Stuttgart: Klett-Cotta, 1988 (= Deutscher Idealismus, Bd. 14), S. 162-178.

Schanze, Helmut: Drama im bürgerlichen Realismus (1850-1890). Theorie und Praxis. Frankfurt/M.: Klostermann, 1973.

Scharper, Rainer Michael: Das Attentat im Leeren (= Kleine Porträtgalerie der Französischen Revolution, Folge II: Charlotte Corday). Radioessay. Sendetermin: Deutschlandfunk, 25. Juni 1989, 9.30 bis 10.00 Uhr.

Schlaffer, Hannelore und Heinz: Studien zum ästhetischen Historismus. Frankfurt/M.: Suhrkamp, 1975 (es 756).

Schlichtegroll, Friedrich: Nekrolog auf das Jahr 1800. Enthaltend Nachrichten von dem Leben merkwürdiger in diesem Jahr verstorbener Deutschen. Eilfter Jahrgang, Zweyter Band, Gotha: bey Justus Perthes, 1806.

Schlösser, Rudolf: August Graf von Platen. Ein Bild seines geistigen Entwicklungs-

ganges und seines dichterischen Schaffens. Zwei Bände. München: Piper, 1910 und 1913.
Schmid, Pia: Weib oder Mensch? Weibliche Bildung in der deutschen Debatte zur Zeit der Französischen Revolution. In: Freiheit Gleichheit Schwesterlichkeit. Hrsg. v. der Hess. Landeszentrale f. polit. Bildg. Wiesbaden 1989.
Schmidt, Julian: Geschichte der deutschen Literatur im neunzehnten Jahrhundert. Drei Bände. Zweite, durchaus umgearbeitete, um einen Band vermehrte Ausgabe, Leipzig: Friedrich Ludwig Herbig, 1855.
Schmitt, Albert R.: Christian Felix Weißes »Jean Calas« - Dokumentarisches Theater im 18. Jahrhundert. In: Aufnahme - Weitergabe: Literarische Impulse um Lessing und Goethe. Festschrift für Heinz Moenkmeyer. Hrsg. v. John A. McCarthy und Albert A. Kipa. Hamburg: Helmut Buske, 1982, S. 2-30.
Schnabel, Franz: Deutsche Geschichte im neunzehnten Jahrhundert. Vier Bände. Freiburg im Breisgau: Herder, 1929, 1933, 1934, 1937.
Schnapper, Antoine: J.-L. David und seine Zeit. Würzburg: Edition Popp, 1981.
Schulz, Gerhard: Die deutsche Literatur zwischen Französischer Revolution und Restauration. Erster Teil: Das Zeitalter der Französischen Revolution 1789-1806. München: C. H. Beck, 1983 (= Geschichte der deutschen Literatur von den Anfängen bis zur Gegenwart. Begr. v. Helmut de Boor und Richard Newald, Bd. VII/1).
Schulz, Martin: Heinrich Zschokke als Dramatiker. (Kapitel III., IV., und VIII.) Diss. Breslau. Stuttgart: Metzler, 1914 [mehr nicht erschienen].
Schweikert, Uwe: Jean Paul und die Restauration. In: Jahrbuch der Jean-Paul-Gesellschaft 10 (1975), S. 123-149.
Sehrt, Ernst Th.: »Julius Cäsar«: Brutus. In: Sympathielenkung in den Dramen Shakespeares. Studien zur publikumsbezogenen Dramaturgie. Hrsg. v. Werner Habicht und Ina Schabert. München: Fink, 1978, S. 65-71.
Sengle, Friedrich: Das deutsche Geschichtsdrama. Geschichte eines literarischen Mythos. Stuttgart: Metzler, 1952.
Sichelschmidt, Gustav: Liebe, Mord und Abenteuer. Eine Geschichte der deutschen Unterhaltungsliteratur. Berlin: Haude & Spener, 1969.
Soboul, Albert: Die Große Französische Revolution. Ein Abriß ihrer Geschichte (1789-1799). Zwei Bände. Hrsg., übers. u. mit einem Nachwort vers. v. Joachim Heilmann und Dietfrid Krause-Vilmar. Frankfurt/M.: Europäische Verlagsanstalt, 1973.
Soboul, Albert: Französische Revolution und Volksbewegung: die Sansculotten. Die Sektionen von Paris im Jahre II. Übersetzung von Claus Werner. Bearbeitet und hrsg. v. Walter Markov. Frankfurt/M.: Suhrkamp, 1978 (es 960). Zuerst Berlin: Rütten & Loening, 1962.
Soboul, Albert: Sentiment religieux et cultes populaires: Saintes patriotes et martyrs de la liberté (1957). Wieder in: Ders.: Comprendre la Révolution. Problèmes politiques de la révolution française 1789-1797. Paris: Maspero, 1981, S. 169-185.
Soucy, Robert: Fascist Intellectual. Drieu la Rochelle. Berkeley, Los Angeles, London: University of California Press, 1979.
Sprengel, Peter: Innerlichkeit. Jean Paul oder Das Leiden an der Gesellschaft. München und Wien: Carl Hanser, 1977.

Steiger, Robert: Goethes Leben von Tag zu Tag. Eine dokumentarische Chronik. Bisher: fünf Bände. Zürich und München: Artemis, 1982 ff. (zuletzt Bd. 5, 1988).

Stephan, Inge: Die Debatte über die Beziehungen zwischen Literatur, Aufklärung und Revolution am Ende des 18. Jahrhunderts in Deutschland. In: Revolution und Demokratie in Geschichte und Literatur. Zum 60. Geburtstag Walter Grabs. Hrsg. v. Julius H. Schoeps und Immanuel Geiss. Duisburg: Braun, 1979, S. 41-59.

Stephan, Inge: Faszination und Abwehr. Französische Revolution und Deutsche Literatur. In: Freiheit, Gleichheit, Brüderlichkeit. 200 Jahre Französische Revolution in Deutschland. Katalog zur Ausstellung in Nürnberg 24.6.-1.10.1989. Bearbeitet von Rainer Schoch [u. a.]. Nürnberg: Germanisches Nationalmuseum, 1989, S. 99-118.

Stephan, Inge: »Die erhabne Männin Corday«. Christine Westphalens Drama »Charlotte Corday« (1804) und der Corday-Kult am Ende des 18. Jahrhunderts. In: Sie, und nicht Wir. Die Französische Revolution und ihre Wirkung auf Norddeutschland und das Reich. Hrsg. v. Arno Herzig, Inge Stephan, Hans G. Winter. Hamburg: Dölling und Galitz, 1989, Bd. 1, S. 177-205.

Stephan, Inge: Gewalt, Eros und Tod. Metamorphosen der Charlotte Corday-Figur vom 18. Jahrhundert bis in die Gegenwart. In: Die Marseillaise der Weiber. Frauen, die Französische Revolution und ihre Rezeption. Hrsg. v. ders. u. Sigrid Weigel. Berlin: Argument, 1989, S. 128-153.

Stephan, Inge: Hexe oder Heilige? Zur Geschichte der Jeanne d'Arc und ihrer literarischen Verarbeitung. In: Inge Stephan und Sigrid Weigel: Die verborgene Frau. Sechs Beiträge zu einer feministischen Literaturwissenschaft. Berlin: Argument, 1983, S. 35-66.

Stern, Alfred: Der Einfluß der Französischen Revolution auf das deutsche Geistesleben. Stuttgart und Berlin: Cotta, 1928.

Strieder, Friedrich Wilhelm: Grundlage zu einer Hessischen Gelehrten und Schriftsteller Geschichte. Seit der Reformation bis auf gegenwärtige Zeiten. 18 Bde., Göttingen, später Cassel: J. H. G. Griesebach, 1781-1819 [Reprint erscheint zur Zeit].

Süllwold, Erika: Christine Westphalens Drama »Charlotte Corday« aus dem Jahr 1804. Vortrag Paderborn, 20.9.1989.

Thalheim, Hans-Günther: Schillers Stellung zur Französischen Revolution und zum Revolutionsproblem. In: Ders.: Zur Literatur der Goethezeit. Berlin: Rütten & Loening, 1969, S. 118-145.

Thalmann, Marianne: Romantik des Trivialen. Von Grosses »Genius« bis Tiecks »William Lovell«. München: List, 1970 (List Taschenbücher der Wissenschaft; Literaturwissenschaft, Bd. 1442).

Thiers, Adolf: Geschichte der Französischen Revolution. Aus dem Französischen von Ed. Burckhardt und Fr. Steger. Zwei Bände. Leipzig: Carl B. Lorck, 1848.

Thomas, Chantal: Portraits de Charlotte Corday. In: Bonnet (siehe dort), S. 271-288.

Tismar, Jens: Gestörte Idyllen. Eine Studie zur Problematik der idyllischen Wunschvorstellungen von Jean Paul, Adalbert Stifter, Robert Walser und Thomas Bernhard. München und Wien: Carl Hanser, 1973.

Traeger, Jörg: Der Tod des Marat. Revolution des Menschenbildes. München: Prestel, 1986.

Treitschke, Heinrich von: Deutsche Geschichte im neunzehnten Jahrhundert. Fünf Theile. Leipzig: Hirzel, 1879-94 (= Staatengeschichte der neuesten Zeit, Bd. 24-28).

Ueding, Gert: Die anderen Klassiker. Literarische Porträts aus zwei Jahrhunderten. München: C. H. Beck, 1986.

Ueding, Gert: Glanzvolles Elend. Versuch über Kitsch und Kolportage. Frankfurt/M.: Suhrkamp, 1973 (es 622).

Ueding, Gert: Klassik und Romantik. Deutsche Literatur im Zeitalter der Französischen Revolution 1789-1815. München und Wien: Carl Hanser, 1987; dass. München: dtv, 1988 (= Hansers Sozialgeschichte der deutschen Literatur, hrsg. v. Rolf Grimminger, Bd. 4).

Varnhagen von Ense, K[arl] A[ugust]: Graf Schlabrendorf, amtlos Staatsmann, heimathfremd Bürger, begütert arm. Züge zu seinem Bilde. In: Historisches Taschenbuch. Hrsg.v. Friedrich von Raumer. Dritter Jahrgang. Leipzig: F. A. Brockhaus, 1832, S. 247-308.

Vatel, Charles: Charlotte de Corday et les Girondins. Drei Bände [durchgehend paginiert]. T. 1: Préface. Bibliographie dramatique-historique de Charlotte de Corday. T. 2: Charlotte Cordai. Tragédie par Salle. [Documents à l'égard de Salle]. T. 3: Appendice. Supplement. Table Analytique. Table de Matières. Paris: Henri Plon, 1864-72.

Venohr, Wolfgang und Friedrich Kabermann: Brennpunkte deutscher Geschichte 1450-1850. Kronberg/Ts.: Athenäum, 1978.

Viering, Jürgen: Schwärmerische Erwartung bei Wieland, im trivialen Geheimnisroman und bei Jean Paul. Köln und Wien: Böhlau, 1976 (= Literatur und Leben, N. F., Bd. 18).

Volke, Werner, Ingrid Kussmaul und Brigitte Schillbach: »O Freyheit! Silberton dem Ohre...« Französische Revolution und deutsche Literatur 1789-1799. Eine Ausstellung des Deutschen Literaturarchivs. Marbach a. N.: Deutsche Schillergesellschaft, 1989 (= Marbacher Kataloge 44), bes. S. 342-367: »Ein Weib, Namens Corday...«.

Vovelle, Michel: Heldenverehrung und Revolution. Die Produktion von Helden zur Zeit der französischen Revolution. In: Kultur zwischen Bürgertum und Volk. Hrsg. v. Jutta Held. Berlin: Argument, 1983, S. 98-116.

Wagner, Rudolph: Samuel Thomas von Sömmering's Leben und Verkehr mit seinen Zeitgenossen. Zwei Abtheilungen. Leipzig: Leopold Voß, 1844.

Wedel, Alfred R.: Zum Motiv der Schwärmerei in Christoph Martin Wielands »Don Silvio«. Illusion - Desillusion; Platonismus - Erotismus. In: Aufnahme - Weitergabe: Literarische Impulse um Lessing und Goethe. Festschrift für Heinz Moenkmeyer. Hrsg. v. John A. McCarthy und Albert A. Kipa. Hamburg: Helmut Buske, 1982, S. 219-232.

Weyergraf, Bernd: Der skeptische Bürger. Wielands Schriften zur Französischen Revolution. Stuttgart: Metzler, 1972.

Wölfel, Kurt: Jean Paul-Studien. Hrsg. v. Bernhard Buschendorf. Frankfurt/M.: Suhrkamp, 1989; darin bes. die Studien: Zum Bild der Französischen Revolution im Werk Jean Pauls (zuerst 1974), S. 140-170; Jean Pauls poetischer Republikanismus (zuerst 1976), S. 171-237; Antiklassizismus und Empfindsamkeit (zuerst 1977), S. 238-258; Prophetische Erinnerung. Der klassische Republikanismus [...] als utopische Gesinnung (zuerst 1982), S. 316-359.

Wuthenow, Ralph-Rainer: Der Kardinal-Roman. Nachwort zu Jean Paul: Titan. Frankfurt/M.: Insel, 1983, S. 885-902.

Wuthenow, Ralph-Rainer: Ein roter Faden. Jean Pauls Politische Schriften und sein Verhältnis zur Französischen Revolution. In: Jahrbuch der Jean-Paul-Gesellschaft 3 (1968), S. 49-68.

Ziegler, Eugen: Das Drama der Revolution. Berlin: Wiegandt & Grieben, 1911.

Zintz, Klaus: Ein deutlicher Ausdruck der Entrüstung. [200 Jahre Guillotine: Wie lange kann das Gehirn im abgeschlagenen Kopf noch Sinneseindrücke wahrnehmen?] In: Bild der Wissenschaft, Nr. 2, 1989, S. 12-13.

Zschokke, Rolf: Ueber Heinrich Zschokkes Geschichtsauffassung. Diss. Zürich. Affoltern a. A.: J. Weiss, 1928.

Nachbemerkung: Das Literaturverzeichnis strebt, was Literarisierungen des Cordaystoffs betrifft, nicht Vollständigkeit an, verzeichnet aber mehr Titel als im Text besprochen. Vorliegende Studie war bereits Mitte 1989 fertiggestellt. Seither erschienene Sekundärliteratur ist nur ausnahmsweise nachgetragen. Auf die, einige Texte ganz anders interpretierenden, Artikel von Inge Stephan weise ich hiermit besonders hin. Burghard Dedner, Wolfgang Ferchl und Jörn Garber sei an dieser Stelle gedankt, daß sie halfen, die Studie zum Druck zu befördern.

Germanistik und Literaturwissenschaft bei HITZEROTH

Romantik im Vormärz
Burghard Dedner u. Ulla Hofstaetter (Hrsg.)
210 S., kart., DM 48,-
ISBN 3-89398-061-X
(Marburger Studien zur Literatur, 4)

Unter der Themenstellung »Romantik im Vormärz« hat die Marburger »Forschungsstelle Georg Büchner« am 20. und 21. Juni 1990 ein Kolloquium veranstaltet, in dem das positive oder kritische, aneignende oder abweisende Verhältnis der Vormärzautoren zur Romantik diskutiert wurde. Verfolgt Jost Hermand die »nur schwer zu romantisierende Geschichte der Juden« am Beispiel von Heines »Rabbi von Bacherach«, so beschreibt Joseph A. Kruse »Romantische Weltuntergänge – auch bei Büchner und Heine«. Angeregt durch die Frage des Prinzen Leonce »... wißt ihr auch, was Caligula und Nero waren?«, untersucht Hans-Georg Werner die »Zuspitzung eines romantischen Problems in Büchners »Leonce und Lena«. Burghard Dedner fragt nach Relikten politischer Romantik und Schauerromantik in »Dantons Tod«. Weitere Beiträge befassen sich mit romantischen Elementen im politischen und historischen Denken Ludwig Börnes (Hans Wißkirchen) und mit der Philisterkritik bei Brentano, Eichendorff und Heine (Ulla Hofstaetter). Rudolf Drux schließlich verfolgt den romantischen Motivbereich der »scheinlebendigen Frauen« in Heines Werk, und Alfons Glück stellt Heine und Hegel als »Kritiker der Romantik« dar.

Dichtung und Heimat
Sieben Autoren unterlaufen ein Thema
Wilhelm Solms (Hrsg.)
1990, 198 S., Engl. Broschur, DM 29,80
ISBN 3-89398-042-3

»Dichtung und Heimat« – spontan denkt man an Hermann Löns und die Heide, an Ludwig Ganghofer, Berge und Wälder. Dieses Buch beantwortet die Frage, wie jüngere zeitgenössische Autoren reagieren, wenn man sie mit diesem Thema konfrontiert. Nehmen sie etwa teil an der Renaissance von »Heimat« und Heimatliteratur, oder schlagen sie sich auf die Seite derer, die in den 70er Jahren von Österreich ausgehend die Anti-Heimatliteratur propagiert haben? Gemeinsam ist den Autoren, die aus den verschiedenen Gebieten der deutschsprachigen Literatur stammen, daß sie das Idyll, die Heimat als Ort einer heilen und intakten Welt, ablehnen, dies nicht als literarisches Thema akzeptieren wollen. Grundlage ihres literarischen Schaffens aber bleibt die Idee einer »Heimat« als Utopie, im Gegensatz oder in der Konfrontation mit einer beschädigten Wirklichkeit – oder Sprache. So versuchen sie als Zeitgenossen bei ihren Lesern die Sehnsucht nach Überwindung der als »entfremdet« verstandenen Welt zu wecken oder zu bestärken.